公路建设百问丛书

隧道施工百问

Questions & Answers in Tunnel Construction

李树忱　俞文生　马腾飞　等　编著

人民交通出版社

内 容 提 要

本书以隧道施工过程中遇到的各种具体问题为突破点，系统回答了隧道施工组织与管理、安全生产与文明施工、环境保护与水土保持、地质预报与监控量测、施工方法与掘进、支护与衬砌、防水与排水、辅助工法、特殊工法、质量管理及风险分析等施工过程中可能遇到的各种问题，内容翔实、深入，对提高我国隧道施工与管理水平具有很强的指导作用。

本书可供隧道施工、设计等技术管理人员以及在校学生参考使用。

图书在版编目(CIP)数据

隧道施工百问/李树忱等编著. —北京：人民交通出版社，2014.4

(公路建设百问丛书)

ISBN 978-7-114-11213-3

Ⅰ. 隧… Ⅱ. ①李… Ⅲ. ①隧道施工—问题解答 Ⅳ. ①U455-44

中国版本图书馆 CIP 数据核字(2014)第 036416 号

公路建设百问丛书

书　　名：隧道施工百问
著 作 者：李树忱　俞文生　马腾飞　等
责任编辑：王文华
出版发行：人民交通出版社股份有限公司
地　　址：(100011) 北京市朝阳区安定门外外馆斜街 3 号
网　　址：http://www.ccpress.com.cn
销售电话：(010) 59757973
总 经 销：人民交通出版社股份有限公司发行部
经　　销：各地新华书店
印　　刷：北京市密东印刷有限公司
开　　本：720×960　1/16
印　　张：23
字　　数：408 千
版　　次：2014 年 4 月　第 1 版
印　　次：2021 年 8 月　第 2 次印刷
书　　号：ISBN 978-7-114-11213-3
定　　价：49.00 元

前言

Qianyan

近年来我国大量隧道及地下工程项目的建设,为多种施工方法的应用提供了广阔的舞台。我国隧道建设广泛吸纳世界各国先进的建设理念、方法与技术,引进大量先进的机械设备,并在此基础上实现自主创新、设计与施工。相信通过工程实践不断创新,将逐步形成具有我国特色的隧道及地下工程修建方法与技术体系,使我国隧道及地下工程修建技术进入跨越性发展的轨道,成为引领世界隧道及地下工程修建技术的国家。

为帮助读者有针对性地了解近年来我国公路隧道工程方面的施工技术,提高分析问题和解决问题的能力,在中铁十四局集团第二工程有限公司和江西省高速公路投资集团有限责任公司修建的众多隧道工程实践的基础上,结合有关隧道的科研成果及相关技术规范,作者编写了这本《隧道施工百问》。

本书共分十一章,涵盖了隧道施工组织与管理、安全施工、地质预报与监控量测、钻爆法与 TBM 法施工、辅助工法,并包括针对不良地质条件的特殊工法、质量管理与风险分析等内容。第一章简要概括了我国隧道施工概况、隧道施工的特点以及常用的施工方法等;第二章涉及隧道施工总体规划、管理机构设置等问题;第三章涉及安全生产与文明施工等问题,包括事故应急预案等应对措施;第四章主要探讨隧道施工前后的环保问题;第五章包括隧道施工期间地质预报与监控量测的各种方法及实施程序等;第六章主要涉及钻爆法以及 TBM 掘进机法等施工方法;第七章涉及隧道开挖后衬砌以及锚杆作业等问题;第八章主要介绍隧道施工防排水工法;第九章主要涉及辅助工法选定及各种辅助工法的施工特点等问题;第十章主要涉及斜井、竖井、洞口施工等相关问题,以及针对特殊地质条件的施工应对措施;第十一章主要涉及隧道施工的质量管理及风险分析等问题。

本书由李树忱、俞文生、马腾飞等共同编写。引证的资料绝大多数取自书后列举的国内外目前现行的规范、指南及有关文献和部分科研成果（国家自然科学基金 51179098、教育部新世纪人才支持计划 NCET－12－0339 和教育部博士点基金的部分科研成果），其中部分技术资料来源于锦屏辅助洞、太兴铁路隧道群及井冈山隧道等工程，在此一并表示感谢。

在本书编写过程中，我们虽力求通俗易懂，准确科学，但由于本书题量较大，涉及面广，实践性强，加上时间仓促和编者的水平有限，只针对性地涉及隧道施工的主要问题，漏错和不当之处在所难免，恳切希望读者给予批评指正，以便不断修正和提高。

作者

2014 年 1 月

目录

Mulu

第一章 绪论

第二章 施工组织与管理

第三章 安全生产与文明施工

第四章 环境保护与水土保持

第五章 地质预报与监控量测

第六章 施工方法与掘进

第八章　防水与排水

第九章　辅助工法

第十章　特殊工法

第十一章　质量管理及风险分析

第一章　绪　论

1. 我国隧道修建的意义是什么?

答:隧道既是铁路、公路、城市地铁等交通路网的重要组成部分,也是地下空间利用的基本形式。由于其具有占地少、无污染、使用可再生能源等优点,隧道及地下工程被誉为"绿色工程"。隧道及地下工程在国民经济发展中占有重要地位,地下空间是人类生存活动的第二个空间。

我国是世界上隧道及地下工程规模最大、数量最多、地质条件和结构形式最复杂、修建技术发展速度最快的国家。随着我国经济建设的高速发展和城市人口急剧膨胀,所带来的生存空间拥挤、交通阻塞等问题日益凸显,为满足高速增长的资源流动性需求,我国交通路网建设中需要大量的深埋长大山岭隧道和浅埋城市地下铁道。其次,改革开放政策使得国际交流广泛增长,我国与世界各国间的交通联系也在加强,为促进国家地区边贸经济发展,需要修建大量的隧道。

大量隧道及地下工程项目建设的同时,为多种施工方法的应用提供了广阔的舞台。在建设过程中,广泛吸纳世界各国先进的建设理念、方法与技术,引进大量先进的机械设备,并在此基础上实现了自主创新、设计与施工。目前,我国隧道修建技术已有长足的发展,许多成果已处于国际先进水平,部分成果已达到国际领先水平。相信通过工程实践不断创新,将逐步形成具有我国特色的隧道及地下工程修建方法与技术体系,使我国隧道及地下工程修建技术进入跨越性发展的轨道,成为引领世界隧道及地下工程修建技术的国家。

2. 隧道及地下工程的建设特点是什么?

答:隧道及地下工程的建设特点主要表现为建设工程构筑体处于地质体中,建筑基础理论体系尚不成熟,处于以经验设计和工程类比法为主的建筑现状,具有建设过程复杂、影响因素及不确定因素多、涉及学科范围广、建设过程需与建设环境相协调等特点。这些特点使得其对工程问题的研究方法涉及领域更广泛,方法更多、更复杂。

(1)建设工程构筑体处于地质体中

工程岩(土)体是地下工程结构的一部分。这些地下工程埋设在不同的地层中,可能遇到各种各样的复杂地质问题。因此,地下工程的设计、施工均与建筑地区的地质条件有着密切的关系。地质环境对地下工程设计、施工的影响主要表现在以下6个方面。

①地貌与气候对地下工程的影响

地形地貌对隧道建设的影响主要表现在地应力特征上,隧道处于沟谷地带时,隧道结构将承受较大的水平应力或偏压应力,在隧道设计时需要特殊考虑;气候对地下工程的影响以温度和降雨量两因素最为显著,在特定的地质条件下可引起围岩工程特性的变化,产生新的工程地质问题。

②地质构造对地下工程的影响

地质构造是指在造山运动等大规模的地壳变动中,岩体产生变形、断裂、破碎后留下的痕迹,如褶皱、断层、挤压破碎带、节理裂隙带等。褶皱和断层对隧道建设的影响,前者主要表现在成为瓦斯和水的汇集场所,后者则主要表现在围岩力学性质发生巨大劣化,围岩破碎,易引起隧道坍塌等。

③岩(土)体结构对地下工程的影响

岩(土)体结构是岩(土)体中结构面和结构体的总称,它表达了结构面的发育程度及组合关系,反映了结构体的规模、形态及排列情况。岩体结构对地下工程的影响主要表现在:

a. 节理裂隙降低围岩力学指标,增大力学性质的各向异性。

b. 结构面改变了围岩应力传导途径。

c. 岩石空隙成为地下水的通道和储存场所。

d. 结构面成为剪切滑移面。

e. 岩体结构是进行围岩质量评定与围岩分级的依据。

f. 岩体结构是进行岩(土)体力学分析时建立力学模型的基本依据。

④岩(土)体性质对地下工程的影响

由于围岩中的岩石(土)是地壳中由地质作用所形成的固态物质,主要是由造岩元素所构成的玻璃或矿物的天然集合体,地质作用的历史及性质使得这一作用的产物——岩(土)体呈现出复杂多变的承载特性。其矿物组成及结构不同,力学性质也不同。岩性反映了岩石的基本力学性质及物理化学性质。

⑤地质体赋存环境对地下工程的影响

地质体赋存环境因素主要有三种:地应力、地下水、地温。它们对岩(土)体的变形、破坏和力学性质具有重要的控制作用。

初始地应力对隧道建设的影响主要表现在决定隧道所处位置的应力状态(方向)及应力水平上,它决定着“平衡拱”的形状和尺度,因此,也直接决定着隧道支护结构的荷载。

地下水是造成洞室围岩失稳的一个重要原因。水对隧道建设的影响表现在两个方面:第一,形成流体能量,产生隧道涌泥、涌石、涌水。第二,弱化岩体的强度,降低围岩承载能力。

在深埋地层中,地温常常是地下工程施工的一个重要控制因素,地温对地下工程的影响主要表现在温度增高会引起人员、设备工作效率的降低,不做特殊处理无法施工;另一方面,从能量转化的角度出发,温度升高,预示着地质环境中能量活动增大,能量转化的几率增大,处理不当可引起相应的工程问题。

⑥特殊地质与地下工程

所谓特殊地质,可定义为在承载特性及施工安全上需进行特殊设计和施工的地质条件。按其对隧道修建的影响特性,可分为结构突变型、应力时效型及有害物质型三类。

结构突变型,如隧道穿越岩溶洞穴、断层带、岩堆体等。这类地质的特点是围岩的承载特性突然发生巨大的改变,导致隧道稳定性及施工安全性受到威胁,往往造成重大地质灾害,其共同特点是突发性和劣化性。

应力时效型,如高地应力、膨胀岩、黄土、冻土等。这类地质的特点是隧道周边围岩压力随时间发生较大变化,使隧道结构发生过度变形或破坏的特性。

有害物质型,如瓦斯、放射线等。这类地质的特点是危及施工人员及机械设备的安全,需要进行特殊防护与施工控制。

(2)基础理论体系尚未建成

地下工程建设涉及的学科范围很广,学科的科学思想体系、研究对象、服务领域及在工程技术上的广泛应用,使其具有地学、力学、技术学科的特征和显著的多学科交融的性质,既具有基础研究的内容,又带有强烈的实践性特点。由于对地下工程建设环境——地质体的变形、破坏力学机制的理论研究尚未取得突破,地质工程独立的理论体系尚未完全形成;地下工程设计施工应用层面的理论研究尚未取得成熟的成果,地下工程的设计仍采用以经验为主的工程类比方法。

(3)建设过程具有复杂性

地下工程受地理与地质环境、工程情况、经济水平、材料科学发展水平、施工过程控制水平以及地下工程在国民经济中的地位等因素的影响,其建设过程具有复杂性。地理与地质环境本身就是复杂的,它是天然的介质(涉及地应力、地下水、岩性、地质结构、地质构造等),几乎没有地质条件完全相同的两个工程。

工程情况则是指工程规模、断面形状与尺寸、施工技术、过程控制、环境控制、工程材料和人机料的协调水平等，这些因素又具有显著的历史特征与动态特征。工作面状态在时间和空间上的动态性、技术发展的历史性均增加了地下工程的复杂性。这也是我们特别强调的动态信息化施工、动态信息化设计、结合实际的动态信息化管理在地下工程建设中的重要性和特别性。

3. 隧道的施工方法主要有哪些？

答：在隧道修建方法中，根据不同的结构用途、水文地质条件、周边环境要求、安全风险分析、成本投入、工程规模、我国国情等条件，根据支护结构设计理论的不同，诞生出不同设计、施工特点的中国隧道及地下工程修建方法，主要有钻爆法、浅埋暗挖法、明挖法、掘进机法、盾构法、沉埋管段法和辅助工法。

(1)**钻爆法**。该法是以钻孔、装药、爆破为开挖手段，以“围岩—结构”共同作用为支护设计理论，采用复合式衬砌结构，以钻爆开挖作业线、装渣运输作业线、初期支护与防排水作业线、二次模筑衬砌作业线、辅助施工作业线为特点的应用极广的隧道施工方法。

(2)**浅埋暗挖法**。该法是针对隧道埋深浅，多在软弱地层中穿过，环保要求高，施工难度大，强调保护、提高围岩的自承能力，按照“管超前、严注浆、短开挖、强支护、快封闭、勤量测”的18字方针，采用复合式衬砌和中小型机械开挖，应用多种辅助工法为特征的、重要的、首选施工方法。

(3)**明挖法**。该法以基坑开挖为特点，以支挡隧道侧向压力与基坑底部围岩抗滑(涌)为支护设计理论，进行围护结构作业、支撑体系作业、分层分段土方开挖作业，同时进行主体结构施作、回填覆盖作业的常用且影响环境的一种施工方法。

(4)**掘进机法**。该法以开敞式掘进机破岩，具有开挖、支护过程为一体的自动化特征，以围岩自承为主的复合式衬砌结构作为支护设计理论，适用于硬岩特长隧道的施工方法。

(5)**盾构法**。盾构机是针对流塑软弱、不能自稳围岩的开挖支护机械，该法以高度自动化为特征，以“围岩—支护”共同作用为支护设计理论，适用于不稳定地层的施工方法。该法适用于隧道长度不小于6km的隧道开挖，此条件下的开挖最经济合理。

(6)**沉埋管段法**。该法以预制的方法分段形成隧道主体结构，以水下基槽开挖、浮运、沉放、对接、回填及辅助作业为特征，是隧道施工安全性很高的方法，适用于水流平缓、基底软弱的水下隧道施工。

（7）**辅助工法**。辅助工法是指在各种施工方法中，为满足安全、快速、环保等目的，而对软弱围岩和地下水进行处理，保证围岩稳定的一系列技术方法。其应用范围涉及前面六种主要施工方法，每种施工方法都需要辅助工法配套，隧道才能安全优质建成。

本书主要对钻爆法、掘进机法、辅助工法等施工方法进行阐述。

第二章 施工组织与管理

一、施工总体规划

1. 隧道施工的指导思想是什么?

答:隧道施工的指导思想见表2.1。

隧道施工的指导思想　　表2.1

预防为主,防患未然	高压大流量地下水以及高地应力岩爆等工程常见的不良地质问题,是严重影响隧道施工的不利因素,因此施工过程中必须做到先探后掘、探明再掘、三级预警、预案在先,以确保施工安全
百年大计,质量为先	高起点、高标准制定完善的工程质量管理制度,建立有效的、系统的质量保证体系,从保证质量的组织措施、管理措施、控制措施、技术措施、经济措施等多方面入手,严格确保工程质量
统筹规划,科学组织	隧道施工往往强度高、工期紧、建设周期长、不可预见因素多,因此在不影响主要隧道掘进的情况下,在施工中见缝插针地安排其他工作,充分发挥统筹方法、相互支援的功效,以利于应变难以预见因素的发生,确保工期
技术领先,方案严谨	应用先进的施工技术及工法,组织破岩、装运、支护、衬砌全系列机械化作业,推广TBM快速施工、皮带机连续出渣系统、全断面开挖、光面爆破、喷锚支护、激光导向、量测反馈、整体模板台车衬砌等新技术、新工艺
设备先进,配套齐全	机械设备是隧道施工的关键,选配先进高效的机械,合理的搭配,科学的使用,在管好用好的同时,最大限度地发挥机械设备的资源优势,是节能增效的根本出发点
着眼大局,综合管理	多家作业,界面多,接口多,平行作业多,投入的资源多,施工干扰大,是对管理水平的综合检验。施工单位应建立有效的制度和流程,树立大局思想,综合管理,服从大局,有条不紊地开展工作
强力协调,和谐并进	作为施工联合体,充分发挥各自的专业优势,构建一个协调统一的群体,紧密合作不分彼此,是确保工程顺利建设的关键之一

2. 隧道施工的目标是什么?

答:隧道施工的目标见表 2.2。

隧道施工的目标 表 2.2

安全目标	不发生生产性人身伤亡事故,不发生生产性原因造成的直接经济损失的机械设备、交通和火灾事故,不发生生产性原因造成的重大环境污染事故和重大坍塌事故,不发生重大工程质量事故,不发生性质恶劣、影响较大的其他责任事故
质量目标	严格按照质量管理体系组织施工,符合国家、行业施工规范和验收标准,确保单位工程合格率 100%,杜绝质量事故发生,建造用户满意工程
工期目标	通过早进场、早开工,加强协调,制订详细的工程进度计划,采用先进的施工技术和管理方法,科学安排施工,开展劳动竞赛、奖优罚劣等制度,以保证按时完成工程
文明施工目标	按照有关规定进行管理,建立文明工地,机械设备停放有序、出场清洗,遵守规则,文明驾驶;施工完成后,要清理材料和场地,物料堆放整齐,分级分类标识清晰,防潮防盗;成立管理委员会,积极防火、防盗、防洪、防疫等
环境保护目标	现场扬尘、噪声、污水和废弃物排放,应符合当地政府规定,洞内生产性粉尘浓度、有毒物质浓度控制符合相关规定,施工现场自然环境、生态环境保护满足国家和地方政府法律、法规要求
水土保持目标	采取各种有效措施,防止在其防治范围内发生水土流失,避免对其范围外的土地进行扰动、破坏地表植被,避免对周边生态环境的影响;严格按照水土保持要求进行施工,施工过程中,如需进行设计变更,及时与建设单位、设计单位和监理单位协商,按相关程序变更或补充设计批准后,再进行相应的施工;植物措施施工过程中,应注意加强绿化植物的后期抚育工作,确保各种植物的成活率,尽早发挥植物措施的水土保持效益
劳动安全和职业健康目标	严格执行《中华人民共和国安全生产法》、《中华人民共和国劳动法》、《中华人民共和国职业病防治法》等法律法规;保证安全费用投入,完善各种安全设施,配备足够劳保用品;坚持三级教育,维护职工权益;定期体检,加强防疫,杜绝传染病的发生
工程协调目标	施工单位应服从大局,服从建设总体规划、总体方案、总体目标,自觉服从业主、监理的各项指令和有关部门的协调;各标段之间应及时进行沟通,协调施工方案和部署;在防洪、抢险等紧急情况下,人员、物资、设备无条件接受业主调度,帮助险情单位抢险

3. 隧道施工组织文件需要包括哪些方面?

答:隧道施工组织文件需要包括以下 15 个方面的内容。

(1)总说明书

总说明书内容主要包括隧道概况、地质条件和采用的施工方法、各项编制依据、合同工期要求、施工中可能遇到的困难和采取的相应措施,以及其他需要说明的问题。

(2)洞口场地平面布置图

洞口场地平面布置图,应反映出主要施工设施、施工便道、弃渣场地、各种管线、材料存放场、车辆停放地、生活办公设施等工程构造物、重要地物的平面位置。

(3)施工作业计划

①坑道施工工区的划分。用隧道纵断面图显示隧道工区的划分情况,并表示出划分的工区数、各工区施工方向、各工区起始点与终结点的桩号,简要说明工区划分的理由、费用和施工难易程度。

②辅助坑道的设置。用平面图、纵断面图反映辅助坑道与主洞的相对位置,用横断面图反映辅助坑道的断面形状和尺寸,以及支护类型和数量,并对其用途、进度、安全性、经济性、施工性、作业性加以说明。对于临时性辅助坑道还需提出施工完成后的处理措施。

③施工方法的选定。就其工程内容分别用文字和图表的形式说明选定的施工方法,用作业流水线图说明施工顺序。

除包括上述各项内容外,还要明确各工种的作业分担和保障安全作业的指挥系统。

(4)施工进度图

施工进度图常用横道图或斜条图或网络计划等常用方法表述隧道施工总体进度计划。总体进度计划中,从临时设施等准备工作开始,到施工结束后的收尾工作都要有条不紊地全部纳入所需工期之中,在施工进度计划中必须明确有关工作所需的天数和工作间的相互关系以及各项工作的控制日期,还要考虑气象条件对工期的影响。

在总体进度计划的控制下编制年度、月份进度计划,以确定年度、月份的施工任务和施工进度。

(5)工程数量表

按划分的施工范围,换算各项工程内容的工程数量,如某工区的洞内开挖、衬砌、回填和洞门、仰坡土石方排水系统以及辅助坑道等各项工程数量，并用工程数量表反映各项工程量的计算结果。

(6)人员安排和劳动组织计划

根据进度安排和工程数量，包括洞外各项工程、临时工程和附属辅助作业等，按劳动定额和工班组织分期安排劳动组织计划。编制表格反映工班组人员工种的组成，绘制折线图反映各时间段的人员总数。

(7)施工机具设备计划

根据施工方法和进度安排以及供风、供电方案，对需用的机具，按型号、规格计算数量，编制机械和设备计划表，包括管线路、拱架、钢模及斗车等。

(8)主要材料供应计划

根据工程数量、施工进度和机械运转计划，按材料消耗定额计算出分年度、季度供应的主要材料数量表，如爆破器材、木料、水泥、钢材、各种燃料和油料等。

(9)大堆材料数量和运量计划

按各施工口的进度分年度、季度，计算需用砂、碎石、片石等数量，并按额定加损耗计算运量。可用表格和折线图反映大堆材料数量的供应计划。

(10)临时工程计划

对生产、办公和生活房屋，运输公路和其他道路，风、水、电设施和管线路的运输和架设、安装，供水用的储水池和机械用的循环水池以及其他大型辅助设施等，分别算出工程数量、主要材料数量和劳动工天数，并用图表表示。

(11)洞口有关工程

对洞外路基、支护挡墙和桥涵等与隧道施工有干扰的工程，计算其工程数量及需用的主要材料、劳动工天和必要的机具设备，与隧道施工统筹安排，并提出避免或减少干扰的具体措施。

(12)施工技术措施

针对施工中容易发生的工程质量、施工安全和影响施工进度的问题，提出具体有效措施；在施工中推广新技术和新工艺，以保证质量、节省工料、降低成本、加快进度；为保证在施工期内全面完成任务采取相应的措施等。

(13)施工管理计划

规定出工程管理、质量管理、安全管理等施工管理的管理项目、管理方法、管理体制，用图表格式反映各项管理的标准值或目标值以及数据等，并对工程管理项目所需的设备列出计划。

(14)安全卫生管理计划

就安全指挥系统的组成、联络网路的构成、安全规则的设定、安全教育体制的形成等进行编制，制订安全卫生对策，要将平常的管理按以人为本的原则进行，对异常时的灾害等情况有所防备。

(15)环境保护计划

针对隧道施工影响周边环境的噪声、振动、枯水、地基变形、污浊排水、建筑废料、交通阻塞等现象，采取相应的解决对策。

4. 隧道施工计划变更一般包括哪些方面?

答:隧道施工计划变更一般包括以下 4 个方面。

(1)施工方法的变更

施工前虽然仔细地进行了调查，但要想把隧道全长的地质及其他条件完全预测准确是困难的。施工中出现地质条件比预计的更坏、涌水增加等这类情况是难免的，当根据对围岩状态的观察与量测，判断出当前施工方法不能确保安全时，或判断出对周围环境产生显著恶劣影响时，技术负责人在认定正在进行的施工方法不适合现场情况时，应以安全为主旨，一方面采取应急措施，或暂时停工，同时要毫不迟疑地改变施工方法。

(2)施工组织的变更

实际施工进度会因施工方法的改变、材料供应的滞后、工程内容的增加、围岩条件的恶化等因素，与计划进度有较大出入，有时会严重影响按期竣工。隧道施工管理人员，一旦发现此类事件苗头，应分析问题的关键所在，通过调整人员、设备、材料的分配，或改变施工组织方式，尽量保证按期完工。

(3)环境保护对策的变更

环境保护对策包括周边环境对策和洞内作业环境管理。虽然通过对周边环境和地层条件的调查，对影响周边环境的噪声、振动、枯水、地基变形、排放污水、交通障碍进行了预测并制订了对策，对洞内的空气环境、温热条件、能见度环境、声音环境等作出了规定和采取了措施，但事关人们生存环境和身体健康，应慎之又慎。一旦发现有遗漏或措施无效，应及时采取补救。

(4)出现异常、紧急情况时应对措施的变更

出现异常气象时的应对措施指对大雨、强风、雪崩、雷击、地震、海啸等自然灾害的情报收集、报警、减灾、恢复作业等；出现洞内紧急情况时的应对措施指隧道内发生火灾、出现可燃气体、造成缺氧现象采取的预测、防止、避难、救护等。不论自然灾害还是洞内灾害，其规模和造成的损失都是事前难以预计的，作为亡羊补牢、防患于未然，对其措施加以完善也是非常必要的。

二、机构及主要职责

5. 项目管理工作的准则是什么?

答:项目管理工作的准则如下:

(1)领导精干务实,部门职责清晰

项目领导需要选用具有丰富的管理和施工经验、责任心强、业绩突出的人员担任。部门的设置根据工程的需要和业主的要求配置,做到责任清晰,分工明确,不浪费资源,不留管理漏洞。

(2)规章制度健全,工作流程科学

制度是工作质量的保证,流程决定工作的效率。项目部将根据业主要求和项目管理的需要建立人员、物资、设备、财务、合同、计划、调度、劳务、技术、安全、质量等方面的制度和流程,确保项目顺利实施。

(3)分级分区管理,全程教育培训

隧道施工属于高风险作业,施工人员的管理难度较大,必须实行分级分区管理,在日常管理和安全上全过程、全方位进行培训。

(4)确保安全质量,坚持以人为本

安全质量既是工程的要求,也是企业发展的需要。安全工作是项目实施的重点,必须坚持以人为本的理念,让员工行使知情权、教育权,任何时候都要把员工的生命放在第一位。

(5)服从统一调度,主动对外沟通

施工区各标段既相互独立,又互相牵连,树立大局观念尤为重要。在服从业主和建立调度指挥的同时,还要主动与其他承包人沟通,在不影响工期的情况下主动避让,有理有节。

(6)突出关键线路,适时动态调整

按照业主总体安排,确保实现总工期,在此前提下,突出关键线路,均衡安排施工强度,做到均衡生产。

6. 项目经理部的主要职责是什么?

答:以项目经理为首建立的工程项目经理部,是工程项目的一级管理机构,其主要职责如下:

(1)全面履约工程承包合同,承担工程项目从开工到竣工的全过程施工生产、计划经营管理等。

(2)项目经理部在项目经理的领导下,需精心组织施工,严格履行合同,负责贯彻执行有关的法律、法规和各种规定。

(3)负责合同履约过程的检查监督和结算,经过审验后办理合同终结。

(4)组织制订工程施工总进度计划、技术方案、质量安全计划和资金使用计划,确定相应控制目标。

(5)组织、领导、检查工程的质量、进度、安全、文明施工、环境保护、资金的使用情况,严格控制成本,加强质量安全管理,确保工程形象进度满足合同要求,组织设备采购、租赁和物资供应,合理配置生产要素。

(6)组织竣工资料整理、验收,办理工程价款结算,以及剩余材料的处理等。

(7)建立精简高效的质量保证组织机构,确保项目部质量保证体系的有效运行。

(8)负责项目决策管理层至作业人员等各级人员的思想政治工作,加强精神文明建设。

(9)协调与业主、监理人、设计、地方政府以及其他承包人等的对外关系。

7. 项目部主要负责人的职责是什么?

答:项目部主要负责人的职责见表2.3。

项目部主要负责人的职责 表2.3

分工	职　责
项目经理	(1)作为联合体的全权代表,按照国家现行的法律法规和各项规程规范,全面负责组织履行合同,包括:安全、质量、进度、文明施工、环境保护等,项目经理具有联合体授权下的对涉及项目人、财、物的独立调配权,对人员有调配、辞退及除名等处理权; (2)代表项目经理部对外进行交往和谈判、商讨与工程有关的事务; (3)根据需要配置项目的人员、设备、材料、施工环境等资源,明确各部门和主要施工管理人员的职责; (4)有计划组织施工队伍及设备、材料的进场; (5)确定工程质量目标和阶段目标,进行目标分解; (6)制订并贯彻落实安全、文明生产责任制、施工质量管理责任制等有关规章、规程及制度; (7)负责进行质量、安全的工作督查,消除事故隐患,制止违章作业,负责重大技术、经营问题的决策,协调各方关系; (8)制订竣工计划,组织好竣工验收的各个环节,包括:竣工自检、资料汇编、竣工图绘制、质量评定书等,办理移交清单和移交手续

续上表

分工	职　　责
项目总工程师	(1)主持项目生产技术业务的管理工作,为项目技术工作的第一责任人; (2)主持编制工程施工组织设计、重大施工方案、工程竣工报告,组织项目成果资料的整理、汇总、编写、归档等工作,参与项目的生产经营活动; (3)负责项目组织施工,检查监督项目管理层和操作层的工序质量,确保工程施工的安全、质量、进度和文明施工; (4)负责项目技术交底和施工技术管理,协助项目经理处理内外关系; (5)负责组织公司的生产技术、质量、安全、文明施工、环境保护等制度的贯彻落实,及时处理施工中出现的技术问题
项目钻爆副经理	(1)代表项目经理组织钻爆法各分部工程的施工及施工管理、物资供应,以及各分部工程制度的落实、检查; (2)负责协调不同工序之间的关系,确保生产进度按计划完成,并进一步提高生产效率; (3)负责工程钻爆设备及辅助设施的建设、维护、管理,保证主体工程的正常进行
项目 TBM 副经理	(1)主持项目 TBM 施工的管理工作,为 TBM 运行管理的第一责任人; (2)建立健全 TBM 管理、维修保养等各项管理规章制度; (3)全面负责项目 TBM 的安装、调试工作; (4)做好 TBM 设备相关配套的运行管理、维护保养,为项目生产组织的顺利进行提供保障; (5)负责对 TBM 性能改造提出方案或建议
项目安全副经理	(1)负责工程安全保证体系的正常有效运行,并对其进行优化和改进; (2)负责工程的各项安全工作,根据工程的特点,遵照国家现行的有关规定和业主及监理工程师的具体要求,制定各项安全规章制度,确保实施; (3)负责建立安全事故紧急处理机制和相应的处理程序
总质检师	(1)在项目经理领导下,负责检查、监督施工组织设计质量保证措施的实施和质量监督工作; (2)监督国家、行业、企业技术规范、技术标准及作业指导书在工程项目上的应用; (3)领导质量部按照规范规定的分部分项工程的检验方法和验收评定标准,正确进行自评和实测实量,填报各项检查表格,对不符合工程质量评定标准要求的分部分项工程提出整改或返工意见,并督促实施; (4)负责监督检查工程项目质量计划和施工进度计划执行情况,并对分部分项工程状态及最终产品标识进行监督管理; (5)对工程中出现的质量问题组织调查、分析,作出处理方案及制订纠正和预防措施,并报经有关主管领导批准后,监督实施; (6)监督班组按操作规程作业,主持对分部分项及最终产品按相关标准进行的质量评定; (7)组织编制并组织实施工程质量回访计划,并接受用户投诉; (8)组织交验,负责监督质量回访和用户投诉质量问题的纠正措施的实施

续上表

分工	职　　责
统筹副经理	(1)在项目经理的领导下,全面组织现场施工生产,负责工程总体部署,辅助项目经理进行工程的管理,协调各部门的关系,合理组织生产; (2)参与制订项目经理部的质量方针和目标,保证施工符合质量管理体系的要求; (3)监督工程的组织、管理、生产,使之符合施工方案要求,做好与监理等外协单位的协调工作; (4)负责工程的物资管理、设备管理和分供方的评审工作,负责物料供应和后勤保障; (5)负责施工现场的标准化管理,负责调控项目部的计划进度、实际进度,确保工程如期完工; (6)负责临时设施的建设管理,负责验交管理工作,负责对外日常协调
商务副经理	(1)在项目经理的领导下,主持项目工程的合同评审工作; (2)负责具体实施项目合同的管理工作; (3)负责工程中的洽商、设计变更等工作,监督合同的履行情况; (4)主持与业主和监理的年、月报的核实与工程款的核对,并做好阶段性的结算工作; (5)根据合同条款和有关法律依据,主持工程索赔工作; (6)负责全面核算,做好成本分析计算,为项目经理提供决策依据
专家委员会主任	(1)负责有关专家的招集、联络; (2)主持召开专家会对项目施工组织设计和专项施工方案进行评审; (3)负责向专家组成员汇报项目进展情况,并接受专家的质询; (4)负责搜集整理项目需要咨询和研讨的事项,提前把相关信息和资料发给专家; (5)负责把专家的意见和建议整理,并安排相关人员细化实施; (6)负责科技创新成果的整理

8. 管理层各部门的职责是什么?

答:管理层各部门的职责见表2.4。

管理层各部门的职责　　表2.4

部门	职　　能
工程技术部	(1)在项目总工程师的指导下,负责编制工程施工总进度计划、施工组织设计、施工措施计划、施工技术方案、施工生产计划、各类工艺设计、作业指导书和进行技术交底,以及施工图纸绘制及校核等,保证工程形象进度满足合同要求; (2)负责工程控制测量和施工测量工作,负责测量仪器的日常维护保养及检测工作,负责测量控制点的埋设及保护工作; (3)负责工程地质编录及测绘、围岩类别的判定及超前地质预报工作;

续上表

部门	职　　能
工程技术部	(4)负责工程的临时监测及永久监测工作,进行量测仪器的安装、埋设,使用仪器进行现场量测和反馈分析; (5)负责工地现场试验室的日常管理工作; (6)负责项目档案管理工作,对工程施工技术文件资料进行接收、审查、管理及归档,以及竣工资料的收集、整理、移交和各类档案的清理移交等工作,并建立计算机管理档案系统; (7)负责开展科研攻关和技术革新,提高工程项目技术含量和工艺水平,进一步提高企业技术实力; (8)一般设部长1名、副部长2名,下设:技术室、测量班、地质预报组、施工监控量测班、档案室等
调度协调部	(1)协助项目经理和项目总工程师进行全过程施工生产管理,全面负责施工的组织、指挥、协调,具体安排各施工队的施工任务; (2)负责施工现场有序管理的调度和人财物的调配; (3)负责协调与其他承包人的关系; (4)负责接受业主、监理对工程下达的指令和计划安排; (5)负责信息系统的管理和监控,及时把情况向副经理和经理汇报; (6)依据工程施工总进度计划、施工组织设计、施工措施计划、施工技术方案、施工生产计划及施工图纸确定的直线工期和控制性工期目标,精心组织施工,严格过程控制,保证施工进度、质量和安全,制订分阶段的施工组织措施和年、季、月施工计划,监督旬、月计划的执行,加强现场的资源调度,确保直线工期和控制性目标的如期实现,满足工程形象进度合同要求; (7)一般设部长1名、副部长1名,下设:施工调度室、工程管理室
安全监察部	(1)负责工程建立安全体系,负责编制安全管理制度和操作规程; (2)负责编制工程项目安全实施计划、危险源识别; (3)负责施工安全防护用品的计划、安全防护用品的检验和发放等管理工作; (4)负责制订项目涌水、涌泥、岩爆等应急预案; (5)负责应急抢险物资的计划及人员的培训、演练; (6)负责设立安全文明施工警示牌和信号装置; (7)负责对施工现场巡查和监督管理,维护、维修用于安全的设施; (8)协助项目经理、副经理进行全过程安全、文明施工管理,制订安全、文明工作计划,编制实施安全、文明施工保证措施; (9)建立安全事故奖罚、追究制度和奖惩实施细则,并严格执行;指导、协调、监督及检查安全、文明工作,对现场安全、文明生产监督管理,享有安全否决权; (10)实行安全防护设施验收、检查制度,保持齐全、完好,采取强制措施,防止违法行为; (11)一般设部长1名、副部长1名,下设:安全技术组、安全保障组、安全监察组、资料室

续上表

部门	职　能
机电设备部	(1)协助项目TBM副经理进行TBM等大型设备及辅助设备的安装、施工运行、维护维修、拆卸等全过程的TBM设备施工生产管理； (2)负责建立机电设备管理制度、维修保养制度、安全操作规程、施工用电管理制度,并制订出安装、维修保养、用电施工、用电线路维护作业指导书,监督各制度的实施、执行,对制度运行中出现的问题及时调整、完善,及时纠正违反规定的行为,并按项目有关规定进行处罚； (3)依据工程施工要求,编写机电设备、配件、租赁的配置计划、年度购置计划、设备及特种设备采购计划,以及保管、维护和供应、标识、运输计划,并进行市场调查、寻价,筛选能满足施工要求的合格分供方设备,组织招标采购,负责设备到货后的验收； (4)负责对设备操作人员进行岗前培训,制订安全操作规程、运转记录、保养规定等,定期对设备进行巡检,掌握设备状况,对使用中出现的设备故障及时解决,对性能不足的地方进行技术改造,对需报废设备进行技术鉴定并申报； (5)根据设备维修保养及要求和实际使用情况制订维修保养计划,并监督执行,对需中、大修设备进行技术鉴定,并申报计划进行维修,对维修保养完的设备进行验收； (6)根据工程施工要求做好用电规划,解决实施中的技术问题,对已架设完成的用电线路进行定期巡检查,对电器设备按规定组织维修保养,并对完成的维修保养工作验收,及时处理运行的电器故障； (7)负责进场机电设备产品说明书等相关资料的收集、整理和保管工作,调查各分部工程施工中原始配件等的消耗量和维护维修工作量,进行日、周、月汇总,建立计算机管理档案系统;配合计划合同部做好对设备的材料消耗、维修保养费用、中大修费用、设备性能改造、设备安装等的成本核算； (8)一般设部长1名、副部长1名,下设:TBM室、钻爆设备室、电气室
质量部	(1)协助项目经理、项目安全副经理和项目总工程师进行全过程施工质量检查管理,制订质量保证体系和工作计划,全面执行质量体系程序文件； (2)编制实施施工保证措施,建立质量事故奖罚、追究制度和奖惩实施细则,确保项目部质量保证体系的有效运行； (3)指导、协调、监督及检查质量工作,对隐蔽工程和关键部位进行跟班旁站检查,严格执行以项目部为核心的质量检查工作,享有质量否决权,对发生的质量缺陷要逐一进行评定,并按不合格品控制程序处置； (4)对重大质量缺陷坚决追究有关责任人的责任,确保工程施工质量满足合同要求,创优质工程； (5)参加工程决算工作,组织工程的检查、验收、签证,参与竣工资料的整理工作； (6)一般设部长1名、副部长1名

续上表

部门	职　　能
物资部	(1)根据工程施工总体安排,制订物资、材料、配件的采购、保管、维护和供应、标识、运输计划,并组织招标采购,按计划分期分批采购进货,做好节假日仓储准备,做到定额储备、计划用料,为顺利施工提供可靠的物资保障; (2)负责物资、材料、配件的保管、维护和供应,包括工程需要的各种建筑材料等; (3)制订施工物资合同分供方名册,对进场的物资进行管理、保管、维护及调配,按工程施工需要合理配置生产要素,保证工程所需的机械设备状况的完好和物资的良好供应; (4)按要求对到场的材料进行质量检验,严禁不合格品进入施工现场,确保工程施工进度对物资的需求; (5)负责对进场原材料的质保书、产品说明书等相关资料的收集、整理和保管工作,调查各分部工程施工中原始配件、材料的消耗量,进行日、周、月汇总,建立计算机管理档案系统; (6)调查材料余缺,处理积压料具,做好废旧料具的回收和修理工作;及时掌握市场信息,搞好成本核算,提高经济效益;工程竣工验收后,负责对剩余材料进行处理; (7)一般设部长1名、副部长1名,下设:材料室、采购室、库管室、漫水湾转运室等
计划合同部	(1)在项目商务副经理的指导下,负责建立健全合同管理体系,研究合同边界条件,明确职责权限,及时准确地收集、妥善保存合同执行过程中的原始资料; (2)负责编制工程报表、预算及工程施工资金使用计划,制订相应的控制目标,监督资金使用情况,严格控制成本; (3)参与工程验收,依据合同按时办理工程价款结算及竣工决算和工程价款的回收,办理合同变更,对剩余材料进行处理; (4)按照公司的要求,上报产值,施工进度,成本控制,工程质量,安全生产月、季、年报表,依照业主要求报送有关报表; (5)按照总量控制、丰歉互补的原则,制订合理的分配方案; (6)负责对分包单位的资质进行审查,合理确定分包单价,按照分包单价、进度和有效量对分包单位进行结算,严禁超价、超量、超前结算; (7)办理与业主、监理方、设计方、地方政府关系协调中的具体事宜; (8)对于合同执行过程中发生的工期、质量标准变动,以及合同变更事项和不可抗力因素造成的危害,及时通过项目经理向企业法人请示、报告; (9)一般设部长1名、副部长1名,下设:计划合同室、统计室等

续上表

部门	职　能
财务部	(1)依据工程进度制订工程施工资金使用计划,进行成本控制、成本管理、资金使用和管理等财务活动,保证工程所需的资金; (2)负责建立工程资本纽带,按投资资本运营对工程设备资产保值、增值进行监督,保证生产经营活动正常运行; (3)负责拟订工程财务管理办法、成本费用控制办法、机关费用控制办法,编制对内、对外的各种财务报表,并组织实施; (4)负责工程的成本统计、核算、经济分析,办理工程价款结算; (5)负责税务申报和依法纳税; (6)一般设部长1名、副部长1名
环境保护部	(1)负责工程施工环境保护、水土保持及洪水、气象灾害的防护等,建立环保和水保施工体系; (2)具体负责施工期间有关环境保护和水土保持的联络、组织和落实; (3)协助当地环境保护机构开展日常工作; (4)制订严格的作业制度,规范施工人员作业行为,做到文明施工、科学施工,避免有害物质或不良行为对环境造成污染或破坏; (5)编制工程施工区、生活区环境保护措施计划,设立文明施工、环境保护警示牌和信号装置,以及人员、设备、仪器保证计划; (6)负责对施工现场进行巡查和时时监督管理,维护、维修用于环保、水保的设备和仪器,对施工人员进行文明施工、环保及水保施工培训; (7)一般设部长1名、副部长1名,下设:环保水保室、文明施工室等
综合办公室	(1)负责日常行政管理、后勤生活保障、劳动人事管理,协调内外部关系,以及施工期间的治安、消防、保卫工作; (2)协助领导决策层处理日常工作; (3)负责对文件收发和管理; (4)负责项目有关指令的起草和文字工作; (5)负责对外招待、接待工作; (6)负责会议记录和会议纪要的形成; (7)负责编写工程大事记; (8)一般设主任1名、副主任1名,下设:办公室、接待室、急救站和食堂、消防室、保卫室、小车班等

续上表

部门	职　　能
人力资源部	(1)负责项目人力资源的选用、聘任、考核； (2)负责考勤、休假等制度的编制和实施； (3)负责用工的使用计划、招聘和管理； (4)负责工资标准的制订和工资表的制订； (5)负责劳动保护事宜； (6)负责外聘专家待遇的拟订； (7)负责项目奖罚的公布和处理； (8)一般设部长1人，下设劳资室、用工管理室、人事室

9. 执行作业层岗位职责是什么？

答：执行作业层岗位职责见表2.5。

执行作业层的岗位职责　　表2.5

班组	岗位职责
TBM掘进施工队	(1)负责工程TBM设备施工段的施工准备、TBM设备安装和拆卸、TBM设备掘进、施工期排水、照明和通风、超前支护、塌方处理、临时支护、一次喷射混凝土、连续皮带机运行，以及TBM设备及辅助设备的维护保养、洞室完工前的维护等项目的施工作业； (2)负责制订TBM设备开挖施工作业计划，其内容包括：TBM设备性能及主要技术参数，TBM设备安装及调试运行计划，TBM设备初始掘进计划，针对不同围岩的掘进作业计划及超前预报作业计划，出渣方式、能力及布置，TBM设备安装、拆卸及运输计划等； (3)负责TBM设备施工段各生产班次的TBM设备和操作记录，包括：推力、刀盘扭矩、撑靴支撑力、刀盘转速、掘进净速率、刀盘电流、日开挖进尺、岩石支护及材料消耗、塌方和特殊情况原因及处理方法、劳动力和设备使用状况、TBM设备状况及零部件损耗和更换量、每一操作的时间、循环时间、质量检查及验收等，并进行日、周、月汇总。负责TBM设备的维护、保养等
开挖支护施工队	(1)负责钻爆法施工设备的使用、维护和调度； (2)负责制订钻孔和爆破施工作业计划，其内容包括：爆破钻孔的布置和参数、爆破孔使用的炸药和雷管的类型及装药量、炸药爆破系数、爆破试验方案和监测方法、出渣方式、能力及布置等施工作业计划等； (3)负责施工期的安全，防止洞室内发生塌方，做好围岩稳定、施工机械和施工人员的安全保护等；

续上表

班组	岗位职责
开挖支护施工队	(4)负责各生产班次的开挖进尺、火工材料的消耗量、岩石支护及材料消耗、塌方和特殊情况原因及处理方法、劳动力和设备使用状况、施工机械设备状况及零部件损耗和更换量、每一操作的时间、循环时间、质量检查及验收等,并进行日、周、月汇总; (5)负责实施施工计划,调整资源分配,确保主线工期; (6)负责钻爆法施工人员的培训和分工; (7)配合测量和试验以及监控量测人员的工作; (8)负责向主管人员汇报施工情况; (9)有责任和义务对洞内设施进行有效使用和保护
设备维护保养队	(1)负责机电设备的维修、保养和 TBM 刀具的更换; (2)根据 TBM 设备制造商提供的维修指南制订 TBM 设备维修的日检、周检、月检计划,并按计划执行和进行维修记录; (3)负责工程所有施工机械设备、电气设备的维修、运行维护、保养、大修及调度; (4)负责制订设备的维修、保养计划,设置有效的、必要的防洪设施; (5)负责完工后厂区的清理和整治; (6)负责记录 TBM 设备施工段各生产班次的原材料、配件的损耗量,记录各类施工机械设备、电气设备的维修、保养工作量及零部件损耗和更换量,进行日、周、月汇总
电工班	(1)负责工程 TBM 设备施工段和钻爆法隧道施工、附属设施的临时及永久电气工程、电压补偿装置的施工运行及管理; (2)记录各生产班次的电量及原材料的损耗量,进行日、周、月汇总
辅助工程施工队	(1)TBM 辅助工班负责工程 TBM 设备施工段 TBM 设备后配套系统:机械设备、通风系统、排水系统、通信系统、运输系统、TBM 设备辅助装置的安装及拆卸、可靠运行及管理,尽量减少施工干扰,以及洞内的排淤、清渣等辅助作业; (2)钻爆法辅助工班负责钻爆法辅助系统的安装、拆卸、维护和运营管理,并记录相关数据,保障正常施工
监测仪器安装量测室	(1)依据设计图纸要求和监理工程师指示,负责工程地下洞室施工开挖及支护过程中的临时监测和工程永久监测仪器、设备的购货、安装、埋设,使用仪器进行现场量测和反馈分析,以及仪器、设备的验收、保管、安装使用前的率定、施工期埋设仪器的维护; (2)负责制订监测仪器和设备的选购计划,编制率定、安装、埋设、现场监控量测措施计划,永久观测项目施工期观测规程及符合总进度的进度计划,安装、埋设、监测程序及工艺,质量保证措施,以及人员、设备、仪器保证计划; (3)记录监测仪器和设备的率定、安装埋设和维护状况,以及围岩监测基础数据,及时处理出现的问题;

续上表

班组	岗位职责
监测仪器安装量测室	(4)负责施工期监测和监测资料的整理、成果分析、图件的绘制，编写监测成果分析报告和竣工验收报告，并提供相应的成果分析报告，为业主接受施工期监测资料提供必要的条件，以及完工后的清理和整治，竣工资料的收集、整理、移交和各类档案的清理移交等
地质预报组	(1)负责了解工程区的地形地貌、水文地质条件和工程地质结构，对可能出现围岩失稳、涌水、岩爆等不良地质现象的地段进行预测，提出适合工程的防护处理措施； (2)负责在工程地下洞室开挖施工过程中，进行地质条件监测、围岩分类判定、超前地质勘探、超前地质预报、开挖石渣观察等，根据取得的资料对前方围岩状态做出判断，为 TBM 设备和钻爆法顺利通过不良地质地段提出预防处理措施； (3)负责进行施工地质描述记录，包括：围岩岩性、断裂、涌(渗)水情况、岩爆，开挖石渣的粒径、形状和质量，围岩分类变化情况，涌(渗)水点的位置、涌(渗)水量、水温等； (4)负责施工期地质资料的整理，编写成果分析报告和竣工验收报告，并提供相应的成果资料
综合运输队	(1)负责工程所有开挖弃渣装载、运输、破碎及混凝土运输等； (2)负责皮带机、轨道、各种车辆等运输设备的管理、维修和保养； (3)记录各生产班次使用材料的运输量及往返车次等，并进行日、周、月汇总； (4)负责工程所有施工供风、供水、供电及洞外的施工通风作业和设备的运行、维修、保养； (5)负责进行供风、供水、供电量及通风形式的设计，编制施工供风、供水、供电运行作业措施计划和场地布置规划，制订施工供风、供水、供电及洞外的施工通风所需设备、设施的配备和设备维修、保养计划； (6)负责设置有效的、必要的防洪设施； (7)负责完工后的清理和整治，负责记录各类材料、水、电的消耗量及零部件损耗和更换量，并进行日、周、月汇总
衬砌施工队	(1)负责工程所有施工及永久期临时喷锚支护与衬砌支护作业，包括：钢筋、锚筋场内设计、加工制作、运输及现场安装、焊接、临时排架搭设，锚杆、喷射混凝土(素混凝土、钢筋网混凝土、钢纤维混凝土)、钢支撑、现浇混凝土衬砌及超前支护等； (2)负责进行现场工艺试验，即：喷混凝土试验、钢筋焊接试验、锚杆拉拔试验等； (3)负责现场锚杆、钢支撑、喷射混凝土材料及相关设备仓库管理； (4)负责提供喷锚、衬砌支护时间和完成工程量统计记录，材料试验成果资料、质量检查、检测及事故处理记录等； (5)记录各分部工程施工中各生产班次的原材料消耗量，并进行日、周、月汇总； (6)负责施工期喷锚、衬砌支护资料的整理，绘制喷锚、衬砌支护竣工图，编写喷锚、衬砌支护各种原材料试验成果报告、支护结构现场监测、试验报告、质量检查、检测及事故处理报告和竣工验收报告等，并提供相应的成果资料

续上表

班组	岗位职责
注浆施工队	(1)负责工程所有回填注浆、固结注浆、超前注浆及排水孔等的施工作业，其主要作业包括：回填、固结注浆和超前注浆的注浆孔钻孔及冲洗、压水试验、镶筑孔口管、注浆及终孔封堵，注浆用水泥浆混合料的拌和、试验、供应，注浆检查孔钻孔、取芯及压水试验，注浆时隧道围岩及衬砌混凝土变形观测，排水孔钻孔、冲洗、PVC 管的埋设，以及其他质量检查孔的钻孔、取芯等； (2)负责制订施工措施计划，其内容包括：钻孔、注浆的施工平面布置图，施工程序、工艺和参数，质量保证措施，施工进度计划，以及材料、设备、仪器保证计划；负责进行现场工艺试验，即：注浆试验和浆液配比试验； (3)负责记录：各项目完成工程量和累计工程量，原材料试验和质量检验成果，钻孔、冲洗、压水、注浆及变形观测，压水试验成果，岩芯取样试验成果，质量检查及质量事故处理记录等； (4)记录各分部工程施工中各生产班次的原材料消耗量，并进行日、周、月汇总； (5)负责竣工验收资料的收集整理及整编等，并提供相应的成果资料
混凝土临时拌和站	(1)负责工程前期所需的各类混凝土的拌和，拌和设备及其他辅助设备、设施的维修、保管，混凝土原材料的验收和保管等； (2)负责制订混凝土拌和站场地规划，主要内容包括：拌和站、供电系统、排水系统、堆料场、运输线路、装料站、废弃物处理的布置设计和所需设备、设施的配备计划等； (3)负责设置有效的、必要的防洪设施； (4)负责完工后场区的清理和整治，负责记录各类混凝土的生产量，并进行日、周、月汇总
物资材料转运站	(1)负责工程所有物资材料、设备的采购、租赁、保管、维护、供应及调配，以及仓库的管理，编制仓库等建筑物场地布置规划及设计； (2)根据工程施工总体安排，制订购置计划，分期分批采购进货，做好节假日仓储准备；制订施工机械设备、物资名册，对进场的各类机械设备、配件、物资按要求进行质量检验，严禁不合格品进入施工现场；负责调查各分部工程施工中原始配件、材料的消耗量，进行日、周、月汇总； (3)调查材料余缺，处理积压料具，做好废旧料具的回收和修理工作；及时掌握市场信息，做好成本核算； (4)负责设置有效的、必要的防洪和消防设施，以及完工后仓库区的清理和整治； (5)工程竣工验收后，负责对剩余材料进行处理

续上表

班组	岗位职责
测量班	(1)负责对工程业主提供的测量基准点(线)进行精度校测,复核其资料的准确性; (2)依据精度要求测设工程的自设局域施工控制网,以及工程所需的全部施工测量放线(包括施工前的实测地形和开挖放样剖面),并负责保护各类基准点(线)及自设的控制网点; (3)施工过程中,负责及时校核测量开挖平面位置、水平高程、控制桩号、水准点及边坡坡度等; (4)负责编制施工测量措施计划、测量精度控制技术方案、质量保证计划; (5)负责所使用的测量器具检查,保证均满足所需的精度要求,并在检测有效期内使用; (6)建立测量设备档案和测量资料档案,负责测量数据和资料的整理、图件的绘制,并提供相应的成果资料,及时报送监理工程师,以及竣工资料的收集、整理、移交和各类档案的清理移交等
试验室	(1)负责对工程所有的进场原材料按规定进行现场取样、检验和试验,包括:材料(如钢筋、水泥、混凝土集料、锚杆、外加剂、金属件、土工合成材料及工程指定的其他材料等)试验、混凝土配合比试验、混凝土质量检测试验、注浆浆液试验等; (2)负责混凝土成品(包括混凝土预制件)的质量跟踪控制,金属结构构件的成品、半成品的检验和试验; (3)负责制订试验措施计划及符合总进度的试验进度计划、试验程序及工艺、质量保证措施,以及人员、设备、仪器保证计划; (4)负责试验资料的整理、成果分析、图件的绘制,并提供相应的成果资料,及时报送监理人,以及竣工资料的收集、整理、移交和各类档案的清理移交等
档案室	(1)负责工程所有档案资料的收集、整理、归档管理、信息传递和管理,以及国内外先进技术信息的收集和发布,进行资料、信息管理规划,建立资料档案和信息管理系统、传输系统,使工程的资料、信息实时得到可控和共享; (2)负责档案室、信息传输设备的维护、维修,以及竣工资料的收集、整理、移交和各类档案的清理移交等

10. 主要特殊工种基本操作规程是什么?

答:主要特殊工种基本操作规程见表2.6。

主要特殊工种基本操作规程　　表 2.6

工种	基本操作规程
电工	(1)电器技工,必须是经一定时期专业技术培训、经考试合格且有劳动部门颁发的"电工操作证"的人员担任; (2)电器技工,必须持证上岗,并严格执行"施工一般安全规定"和"施工现场用电安全防护措施"; (3)洞内外高空作业时,必须带有牢固的安全带,并戴安全帽,上下传递物件时,采取防止砸伤人员或损坏器材的措施,全部停电及部分停电工作均须严格执行停电、验电、监护等制度; (4)在有易燃易爆的粉尘和气体的车间或其他场所检修电气设备时,须停电进行或遵守有关专业规程,长期未用或作备用的电动机、电缆等设备材料,在使用前应摇测绝缘电阻; (5)机电设备的自动装置(包括保护、启动、自控以及联锁装置等)随时监视,定期检查、调整及试验; (6)手动工具的接地装置,在每次使用前应进行检查,看接触是否良好,接地线有无折断现象; (7)车间或其他重要用电场所的电气线路要按平面布置图,标明导线线号、闸箱、闸板位置和所带设备的名称
电气焊工	(1)电焊、气焊工均为特殊工种,除身体检查合格外,必须经专业技术学习、训练和考试,合格者在领取焊工操作证后方能独立操作; (2)焊接场地禁止放易燃易爆物品,备有消防器材,并有足够的照明和良好的通风,操作场地 10m 内不储存油类或其他易燃易爆物品,临时工地若有此类物品应采取有效防护措施; (3)工作前必须穿戴好防护用具和绝缘鞋,操作时(打渣)戴好防护镜或面罩,仰焊时应扣紧衣领,扎紧袖口,戴好防护帽; (4)进行焊接、切割、密闭气体工件时,必须留有出气孔,在容器内焊接,照明电压采用 12V,禁止在已做过油漆或涂过塑料的容器件上焊接; (5)电焊机接地零线及电焊工作回线都不准搭在易燃易爆的物品上,也不准搭在管道和设备上,工作回线绝缘良好,机壳接地必须符合要求; (6)洞内钢筋作业人员必须系安全带,采取防护设施,并不准将工作回线缠在身上,地面上要有人监护; (7)工作完毕后应检查场地、灭绝火种,切断电源后才能离开,助手必须懂得电焊、气焊的安全知识,操作者必须注意助手的安全

续上表

工种	基本操作规程
装载机驾驶员	(1)针对工程所选的装载机类型，驾驶员必须经过专门训练，了解机械性能、构造、保养规程，熟悉操作方法，并经考试合格取得驾驶执照者方能进行工作； (2)装载机开动前，驾驶员对各运转部分、制动器、灯光、仪表等进行全面检查，判断各部件是否灵敏、安全、可靠； (3)隧道内作业时，工作场地必须有足够的照明设备，机械前后灯光齐全完好； (4)机械运行中，禁止任何人员上下机械或传递物件，铲斗内严禁站人，装载机在铲、卸料过程中，禁止在铲斗下面进行任何工作； (5)进行保养检修或加油时，铲斗必须落地，装载机发生故障时，禁止在斜坡上修理； (6)启动发动机时将变速杆放在空挡位置； (7)发动机运转后，判断试验离合器制动装置油压操作系统各部分的作用是否灵活可靠； (8)转弯时，必须看左右前后有无人和物，当使用拖拉物件时，驾驶员必须前后照顾人员、物件安全； (9)燃油式装载机加油时，禁止吸烟或接近明火，加油后将油渍擦净
起重工	(1)起重工要由体检合格，经过安全规程学习、考试合格，且持有国家劳动部门颁发的操作证者担任； (2)吊车开动前，驾驶员对机械运转部分、吊钩、制动器、卷扬机、滑轮、钢丝绳、仪表等进行全面检查，判断各部件是否灵敏、安全、可靠； (3)吊车不准吊起重物行走，吊重物时四个支脚要垫平稳，地面必须坚实，在松软的地面上起吊重物时，要有适当的安全措施； (4)吊车不准在架空输电线路下面工作，在架空输电线路一侧工作时，吊臂、钢丝绳或重物与架空线路距离不小于6m(指1～220kV电压)； (5)驾驶员要监督起吊重物拴绑的牢固、平稳情况，做到不安全不起吊，不准超负荷起吊，运行中不准修理、加油等； (6)重物不得斜拉、斜吊，不准起吊压埋在地下的重物，不准有人在吊起的重物下面操作、站立或通过，回转角度范围内不准站人，驾驶员要监督上述各点正确执行； (7)吊车开动前要发出信号，起吊重大物件时要经过试吊，试吊高度不超过0.1m(指重物离地面)，此时要指定专人进行检查，确认安全时才能正式起吊； (8)起吊重物时要有专人指挥，吊起的重物不准在空中长时间停留，吊车运行时，驾驶员不准离开操作室； (9)驾驶员对吊车负有维护保养的责任，维护保养按有关规定执行，有关汽车部分行驶和维护按交通部门规定执行； (10)遇大风、大雨、大雪天气时，不得从事起吊工作

续上表

工种	基本操作规程
凿岩爆破工	(1)凿岩爆破工,必须是经一定时期专业技术培训,经考试合格且有公安部门颁发的"炮工操作证"人员担任; (2)在隧道中施工,要做到班班"敲帮问顶",随时了解施工部位的地质情况,发现险情,及时排除; (3)使用凿岩机施工时,胶皮风管不准缠绕和打结,不得用折弯气管的方法制止通气,凿岩时钎杆与孔位必须保持在一条直线上,更换钻头时先关闭风门; (4)放炮后最少要两人巡视放炮地点,检查处理危岩、支架、瞎炮、残炮; (5)由于接线不良的瞎炮可以重新连线起爆,严禁用掏挖或者在原炮眼内重新装炸药,应在距离原炮眼60cm外的地方,另打眼放炮,在瞎炮未处理完毕前,严禁在该地区进行其他作业
混凝土工	(1)服从现场技术员的施工指导,听从班组长的施工安排和调度; (2)熟悉混凝土施工的各种施工工艺和技术要求,熟悉混凝土施工机具设备的性能和操作规程; (3)熟悉混凝土施工的各种安全防护措施及操作技能,了解施工计划的安排,施工过程中遵守安全生产和文明施工的要求; (4)负责混凝土的养护,熟悉不同环境中各种混凝土养护的要求; (5)负责工具设备材料的维护、回收工作
架子工	(1)服从现场技术员的施工指导,听从班组长的施工安排和调度; (2)熟悉搭建工序要点,熟悉各种脚手架、材料和工具的技术性能、操作规程、安全防护技能和自我保护的意识,能够按时完成施工任务;施工过程中遵守安全生产和文明施工的要求; (3)负责工具材料的维护、回收工作; (4)完成临时安排的各项施工任务
模板工	(1)服从现场技术员的施工指导,听从班组长的施工安排和调度; (2)熟悉各种木质、胶质、钢模板的加工、安装工艺和技术要求,熟悉模板工程机具设备的性能和操作规程; (3)熟悉模板工程的各种安全防护要求及操作技能,了解施工计划的安排; (4)负责模板的加固和拆除,模板工程施工过程中遵守安全生产和文明施工的要求; (5)负责工具设备材料的维护、回收工作

续上表

工种	基本操作规程
调度长	(1)在项目经理的领导下从事标段施工计划的管理及日常施工的调度组织工作; (2)负责根据施工总体进度计划,结合标段实际施工生产能力及设备状况,编制每日、每周、每月度施工计划,报上级审核; (3)负责各部室、班组的调度组织工作,合理调配与施工相关的各种人员、设备、物料供应等资源配置; (4)负责了解各项施工动态和掌握施工进度,检查各部门施工计划的完成情况,并将计划执行情况定期向项目经理汇报; (5)以施工方案及施工计划为依据,以安全生产为前提,合理安排、积极协调各项施工任务安排; (6)及时发现和解决施工中出现的问题,重大问题必须及时向上级有关领导汇报; (7)及时向上级领导通报施工计划落实情况
皮带机操作工	(1)服从现场技术员的施工指导,听从班组长的施工安排和调度; (2)熟悉皮带输送机的机械性能、操作规程和安全防护措施; (3)负责皮带输送机的启动、停机和日常运行管理,负责皮带输送机的维护和保养,负责皮带输送机张紧装置及皮带延长操作; (4)负责观察皮带输送机的运转情况,当发现输送带有松弛或走偏现象时,应停机进行调整;负责运行过程的安全防护和驱动设备管理; (5)施工过程中遵守安全生产和文明施工的要求

11. 项目管理主要措施有哪些?

答:项目管理工作水平的高低,是决定工程能否满足质量要求并且顺利实施的关键因素之一,项目管理主要措施包括以下4个方面。

(1)贯彻项目法施工管理

针对项目特点,选用具有丰富专业知识同时又有较强管理能力和管理经验的高级员工成立项目经理部,确定一名经双方法人授权、在实施合同中全面代表公司履行相关义务的项目经理。项目经理具有企业法人授权下的对涉及项目人、财、物的独立调配权,对人员有调配、辞退及除名等处理权。

项目经理部全权负责对项目相关的人、财、物的管理工作,组织项目管理部门,安排有关岗位人员,制订具体的部门职能、岗位职责以及施工现场相关的生产、安全、文明施工、环境保护等规章制度,协调各个管理部门之间的关系,充分利用各项资源,使得整个项目能够高效、有序地进行。代表投标人协调与业主、设计、监理、施工所在地各个管理部门以及当地居民的关系,创造良好的施工环境。

(2)人员培训

机构设置上建立人力资源部,负责培训计划的搜集和制订。项目的各级人员培训工作贯穿项目的始终。主要培训内容包括:管理层对合同内容的学习培训,管理层及技术人员对于规范、技术条例的学习培训,TBM 操作技术培训,管理层 TBM 施工技术培训,全员安全法律、法规、技术措施、预案的学习、培训与演练,全员质量标准的学习培训,作业层施工作业工艺标准、作业指导书的培训,皮带机连续出渣系统的操作维护培训,超前地质预报的技术培训,管理层信息化培训,施工调度培训,全员文明施工、环保目标、措施的学习培训,消防知识培训,项目部各项管理规章制度的学习培训,以及其他相关知识培训。

项目部各级管理部门都有履行培训工作的义务。在项目部的监督下,各部门都要应制订详尽的培训计划并保证实施。培训内容除了相关专业知识和操作规程以及各项规章制度之外,对于现场出现的各种质量、生产、进度、安全、环保等问题及时进行有针对性的分析、研究,并提出应对措施或预防措施。

通过持续不断的、不同形式、不同内容的培训,使得项目人员的作业水平以及综合素质不断提高,进一步保证项目的顺利实施。

(3)建立制度体系和制度检查体系

根据项目的实际情况,应制订若干有关生产、进度、质量、安全、环保等方面的规章制度,通过这些规定,建立一套符合实际的、周密的、高效的、可操作性的项目管理程序,项目管理中的所有活动都按照这些程序进行。避免因为人为管理而导致的不良后果。

项目部制订的所有规章制度,是所有施工人员必须认真执行的工作标准和行为准则,所有违反有关规定的人员都将按有关规定受到处罚。

根据客观情况的不同,项目部制订的所有规章制度要随时进行改进和完善,对于这些制度的培训学习要按计划经常进行,使得所有项目人员都熟悉有关规定并能够照章执行,努力使所有人员更多地具备遵章守纪的意识。

在制订和落实项目部有关规章制度的同时,建立以项目经理为首的制度执行检查机构,对各个部门落实有关规章的情况经常进行检查,发现问题及时处理,将规章制度落在实处,使之行之有效。

(4)建立项目人员考核体系

项目主要人员的考核工作是确保整个项目团队充满朝气与活力的最关键措施,每一个环节需要每一个成员恪尽职守,不能出丝毫纰漏,否则将对整个项目的进展带来无法估量的损失。

项目部各部门副部长以上人员考核工作由项目经理亲自主持,项目部分管副经理、总工及总质检师作为考核组成员，考核内容主要是各个部门履行其部门职能以及部门间配合的情况和每个岗位应尽职责的情况；部门其他成员由部门部长考评，考核结果报项目经理审核。考评结果每年向专家委员会汇报。考核工作每旬实行一次，考核结果直接与员工的收益挂钩，并作为项目部人员晋升、提拔录用或降级使用直至撤职不用的主要依据。

三、施工总平面布置及进度计划

12. 施工总平面布置的原则是什么？

答：施工总平面布置规划要充分利用施工场区地形和区域条件，尽量少占施工用地，既要有利于生产、易于管理，又要方便于生活，同时还要充分考虑满足国家有关安全、防火、卫生、环境保护等规定。其布置原则如下：

（1）利于施工、方便生活、便于管理，体现精简适用的特点。

（2）所有临建设施、施工辅助设施及施工道路，均按招标文件的要求，布置在业主提供的场地范围内。

（3）符合工程布置特点及工程地形特点，既相对集中，又适当分散，有利于充分发挥各设施的生产能力，满足施工总进度和施工强度的要求。

（4）按合同规定做好防洪安全和环境保护规划，采取必要的措施，保护临时设施周围开挖后的河道、冲沟和边坡。

（5）临时生产管理、生活设施，按总规划和布置实施，所有建筑均采用活动板房或砖混结构房屋。

（6）根据工程地形条件，在布置上总体分散、局部相对集中，合理组织洞内外工程的施工、物流、人流、生活、办公等，减少相互干扰，同时，施工场区及生活营地要整洁有序。

（7）满足工程进度、质量、安全、文明施工及环境保护目标的要求。

13. 施工总平面布置有哪些注意事项？

答：施工总平面布置应注意以下事项：

（1）洞口场地布置应考虑周全，不应遗漏重要项目

一般要综合考虑施工设施、施工便道、弃渣场地、各种管线、材料存放场、车辆停放地、生活办公设施等与工程构造物、重要地物的平面位置。施工设施包括：空压机房、锻钎机房、通风机房、充电房、搅拌机站、修配车间、钢筋加工棚、木

工房、抽水机房、蓄水池、发电房、配电室、变电站等。各种管线主要指:轨道、高压风管、供水管、排水沟、高压电路等。材料存放地有:水泥库、配件库、炸药库、雷管库、钢材库及砂石木材堆放场。车辆停放地指钻孔台车、喷混凝土三联机、衬砌台车、装渣机械、运输车辆等停放检修地。生活办公设施包括:卫生所、办公室、招待所、宿舍、浴室、食堂及俱乐部。

(2)合理布置施工设施、施工便道、材料存放场、车辆停放地,以利于加快隧道施工进度

尤其是长隧道和特长隧道工程量大,要求进度快,施工机械化程度高,更应注意合理的布置,以使洞内外各项工作协调配合,充分发挥机械效率。一般情况下,空压机房、通风机房、搅拌机站、蓄水池、抽水机房应靠近洞口布设;钢筋加工棚、木工房、充电房、修配车间、发电房、配电室、变电站等尽量布置在洞口附近;大堆材料堆放场应安排在拌和机械附近并便于运输,常与水泥库以及材料加工房一起规划,其场地面积应考虑在洪汛期内储备量的堆放,并应结合地形条件,尽量利用高站台低货位,以利装车进洞。

(3)妥善布置生活房屋、爆破器材库等,确保施工人员有较好的生活条件和安全保障

隧道施工工期长、劳动强度大、每天工作时间不固定,因而保持施工人员具有良好的体力非常重要。所以,生活房屋与洞口宜保持一定的距离,使工人有安静的休息环境,但也不要设在隧道洞顶附近,以免生活用水大量渗入隧道,同时还要考虑避免火灾、洪水、滑坡等灾害的威胁。炸药库、雷管库需分别单独布设,要有一定的安全距离,常设在远离施工场地的小山头或背坡上。

(4)灵活布置场内便道、车辆停放地、大堆材料堆放场地等,以节约开辟场地所需花费

山岭隧道的洞口一般多受地形条件限制,长隧道施工设施多,往往难于一次布置妥当,利用弃渣场、洞口路基逐步发展,使臻完善,是一项很好的措施。一般是将易于搬迁、变动的场地或前期不急需的场地作二次布置,但要注意二次布置场地时,不应对隧道施工产生延误或与其他工程施工发生干扰。场内便道常需多次布设才能完善,进场便道与之衔接点的确定应考虑到这种变化,通常放在较为开阔平坦的大堆材料堆放场处。如果弃渣场地、进场便道处在不良地质地段,要注意不得因弃渣、加载引起滑坡。

(5)洞口场地布置图的详略程度,应根据工程规模大小确定

长隧道和特长隧道工程量大、施工设施多、机械化程度高,为能合理地布置,应做出场地总布置图。中、短隧道的工程量相对小,需要的施工设施和使用的机

械设备较少，洞口场地布置图可以从简，有些短隧道则可以与其附近的长隧道或路基、桥涵等工程合并布置。

洞口场地布置应在地形图上按比例标绘，将需布置的各种设施、欲修建的构造物、原有的地物等用简明的符号标示。洞口场地布置示意图如图2.1所示。

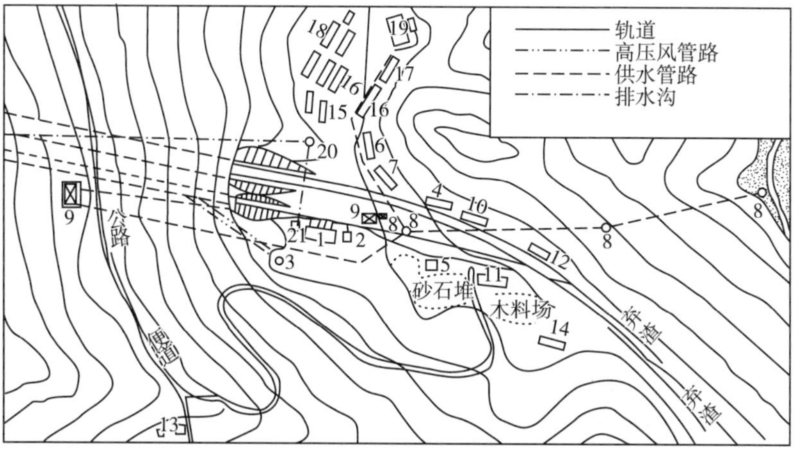

图2.1 洞口场地布置示意图

1-空压机房；2-锻钎机房；3-通风机房；4-充电房；5-搅拌机；6-修配车间；7-木工房；8-抽水机棚；9-蓄水池；10-发电房；11-水泥库；12-材料库；13-炸药、雷管库；14-供应站；15-卫生所；16-办公室；17-招待所；18-宿舍；19-食堂及俱乐部；20-配电室；21-变电站

14. 施工区必要防洪措施有哪些？

答：施工区必要防洪措施如下：

(1)施工场区及临时设施区和施工区内的交通道路等，在施工期间应采取防护措施，保证洪水期的安全，防止洪水影响临时工程和主体工程的安全。施工过程中将及时收集水文预报、超短时预报、短时暴雨预报等资料，做好防汛准备。

(2)在暴雨来临前，仔细检查施工区域排水系统是否通畅，及时清理排水系统内的沉积物，由于排水系统过窄等原因不能满足暴雨洪水的及时排泄时，加大、加宽、加深排水系统。

(3)暴雨洪水来临前，仔细检查临时设施区临近山体及道路，及时采用挖除或加固的方法处理局部存在的滑坡塌方山体，对于可能发生大面积滑坡塌方的地方，及时将施工人员和物资撤离。

(4)降雨高峰期雨水量较大,将会增加地下水补给量,引发新的地下水涌水点或增加已有地下水涌水点的涌水量。施工过程中及时接受降雨预报资料,观测、监控地下水涌水量的动态变化并记录,及时向业主或监理工程师汇报,对可能出现的险情及时做出应急反应,采取应急措施。

15. 施工工期编制原则是什么?

答:根据现场自然条件、工程特点及工程总量,合理配置生产要素,科学计划安排,精心组织施工,在确保安全、质量的前提下,满足业主对工期的要求。确保主要控制性节点工期提前完成及合同总工期如期实现。

运用网络技术,统筹兼顾,合理安排,组织均衡生产,提高设备、器材利用率,做到少投入、多产出,确保分项工程工期及总工期目标的实现,并保证主隧道与相关的地下厂房洞群、施工排水洞、周边辅助通道的施工进度相协调。

在确保安全、质量的前提下,运用系统工程原理,科学、合理地计算关键线路,充分、合理地配置资源,突出关键线路。同时,发挥专业优势,采取先进、成熟的技术、工艺、设备,在确保大型机械设备顺利施工的前提下,统筹兼顾好其他项目,使工程整体协调推进,尽量缩短工期。

16. 施工工期保障措施有哪些?

答:施工工期保障措施见表2.7。

施工工期保障措施 表2.7

组织保障	(1)发挥专业优势,保障施工生产; (2)加强网络计划管理; (3)科学组织、加强协调; (4)抓好资金管理,确保资金投入; (5)搞好对外关系,确保施工生产顺利进行; (6)优化人员配置,发挥人才优势; (7)强化设备物资,发挥应有功效
技术保障	(1)优化组织,科学编制; (2)改进工艺,提高效果; (3)巷道通风,改善环境; (4)科学支护,安全生产; (5)高效指挥,灵敏调度; (6)超前预报,强化量测; (7)专家指导,动态管理

续上表

计划保障	（1）制订详细的施工进度计划； （2）确保重点、难点工程的施工进度； （3）加强对施工计划落实情况的监督、检查、跟踪、督促； （4）制订影响工期事件的预防方案； （5）对工程项目实施动态管理； （6）统筹规划，确保施工计划的严肃性
设备和原材料的保证措施	（1）建立分级管理的资源供给保障制度与预警系统； （2）配备性能良好、数量充足的施工机械设备和备用设备，加强对机械设备的日常维护与保养，安排技术熟练的专业人员及时抢修，确保机械化施工连续进行； （3）配备充足的应急物资、材料和通信器材，并设专人进行值班，保障设备和人员的安全； （4）保障油料、水泥、钢筋、砂石料等施工材料供应及时、足量，确保工程施工所需物资的需求
外部环境保障	重点处理好与当地政府、当地人民群众、业主、监理及设计单位，以及周边和其他单位的关系，为施工生产创造一个宽松和谐的外部环境

17. 隧道施工资源配置原则是什么？

答：隧道施工资源配置原则如下：

（1）采购施工设备应通过国内外技术交流、公开招标、优选购置。

（2）综合业主提供给承包人的部分施工设备，进行合理的配套。

（3）同类设备尽可能采用相同厂家同型号设备，方便配件供应和维修。

（4）按底拱与边顶拱分作的原则配置底拱台车和衬砌台车，并相应配置附属配套设备。

（5）由于工程量大、强度高、作业循环周期长，在资源配置上优先选用先进的快速施工设备，并适时组织多工作面同时开展作业。

（6）主要施工机械设备由承包人的设备物资部门统一调配，以满足工程需要，施工机械设备需要提前通过公路、铁路运输到达现场，确保施工需要。

（7）在施工过程中，根据具体施工进度，适时调整施工机械设备，以达到科学、优化、合理的配置，保障施工生产。

（8）施工过程中，备足材料和机械备件，确保连续生产。

（9）人力资源除配备充足的专业技术人员外，全部技术工人必须经过专业技能培训，考试合格后持证上岗。

第三章 安全生产与文明施工

一、安全生产管理

1. 安全责任制度、现场安全生产管理保障措施有哪些?

答:成立安全生产管理委员会,制订安全生产责任管理制度,将安全生产的各个方面责任进行剖析,分配到各级生产和管理人员当中,职责明确,职能到位,具体见表3.1。

安全生产管理委员会职能分配表　　　　表3.1

职能部门 标准要求	项目部	人力资源部	质量部	安全监察部	工程技术部	调度协调部	财务部	机电设备部	物资部	综合办公室	计划合同部	完工资料室	测量队	试验室	施工作业厂队
总要求	▲														
方针	▲			△											
危险源				▲	△			△		▲	△				▲
法律法规和其他要求	△	△	△	▲	△	△	△	△	△	△	△	△	△	△	▲
目标和指标	▲	△	△	▲	△			△		△					▲
职业健康安全管理方案	▲	△		▲	△			△		△					△
组织机构和职责	▲	△		▲											▲

续上表

标准要求＼职能部门	项目部	人力资源部	质量部	安全监察部	工程技术部	调度协调部	财务部	机电设备部	物资部	综合办公室	计划合同部	完工资料室	测量队	试验室	施工作业厂队
培训、意识和能力		▲	△	▲	△	△		△							▲
协商	▲					▲				△					△
沟通	△	△	△	▲	△	▲	△	△		△	▲	△	△	△	▲
文件和资料的控制		△	△	▲	△	△	△	△	△	△	△	△	△	△	△
运行控制			△	▲	△	△		△	△	△	△		△	△	▲
应急准备和响应	△	▲	△	▲	△			△	▲	△					△
绩效监视和测量			△	▲	△	△		△	△	△	△				▲
事故、事件纠正和预防措施	▲	△	△	▲	△	△		△	△						▲
不符合、纠正和预防措施	△		△	▲	△			△							△
记录和记录控制		△	△	▲	△	△	△	△	△	△	△	△	△	△	△
内部审核			△	▲											
评审	▲		△	▲											

注：①▲－主要职能；△－相关职能。

②施工作业厂队包括各种类型厂、队和相关方。

应当在施工现场入口处、施工起重机械、临时用电设施、脚手架、各种孔洞井口、爆破物及有害危险气体和液体存放处、岩爆及涌(突)水可能发生地段等危险部位,按照《安全色》(GB 2893—2008)和《安全标志及其使用导则》(GB 2894—2008)规定设置明显的安全警示标牌、标志和警示灯。在施工区内设置一切必需的标志,包括标准道路标志、报警标志、危险标志、控制标志、安全标志、指示标志。

2. 安全监测保障措施有哪些?

答:加强施工监测,对各种危害人员、设备安全的危险源进行调查、预测、归类整理,建立专业监测小组。及时收集、整理各项监测资料,对资料进行计算、分析、对比,预测各种危险源的稳定性和安全性,提出工序施工的调整意见及应对的安全措施,保证整个工程施工能安全可靠。

安全检查、控制程序框图见图3.1。

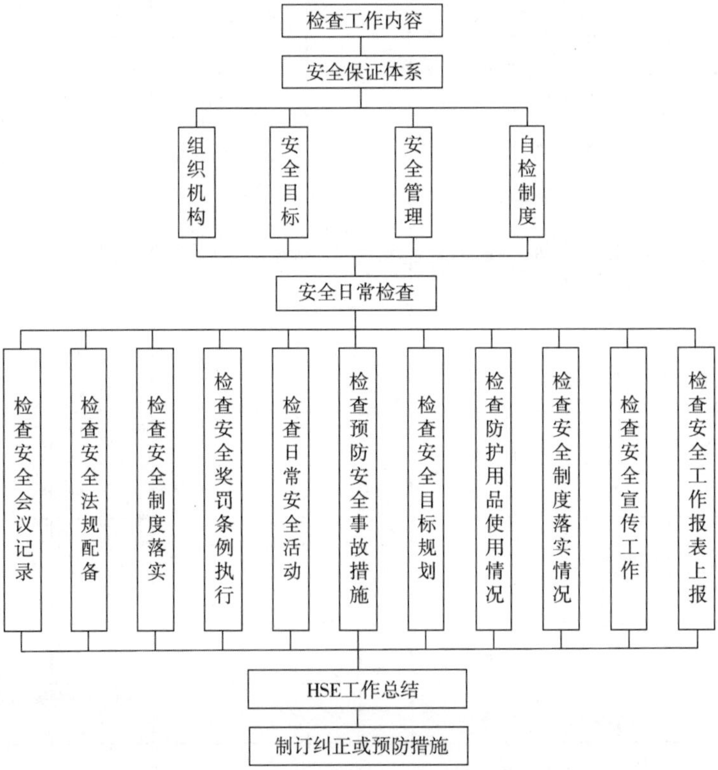

图3.1 安全检查、控制程序框图

3. 安全检查处理措施有哪些?

答:安全检查处理措施如下:

(1)对安全监察员检查出的隐患、违章作业,应立即发出整改通知单。整改通知单应列明安全隐患的时间及空间要素,违章作业违反的法律、法规、规程的相关条款,安全隐患、违章作业可能造成或已经造成的危害,明确相关人员的责任,对安全隐患、违章作业的原因进行分析,指出纠正、整改、教育和预防措施的处理意见。

(2)安全监察员对检查出的安全隐患、违章指挥和违章作业行为,应向责任人当场予以指正,对安全隐患、违章指挥和违章作业行为进行记录,限期整改或纠正。在隐患没有消除前,必须采取可靠的防护措施,如有危及人身安全的险情,立即停止施工,处理妥当后方可施工。

(3)安全监察员对纠正和整改的实施过程和实施效果,应进行跟踪检查,保存验证记录。

(4)发现施工人员存在安全意识薄弱、违章作业等思想问题,应及时进行批评教育,对屡次发现的问题应进行集中的有针对性的全员安全教育,剖析案例,指明危害性,树立"以人为本,预控风险,确保安全生产"的思想。

4. 如何进行安全事故调查和处理?

答:安全事故调查和处理内容见表 3.2。

安全事故调查和处理内容　　表 3.2

项　　目	内　　容	备　　注
事故报告	事故报告时限	任何事故、事件或未遂事故在规定时间内上报,如果确认为死亡事故,应及时报告业主、监理、企业安全主管部门、政府安全生产监督管理职责部门
	事故报告程序	任何安全事故发生后,受伤者或最先发现事故的人员应立即用最快的传递手段,将发生事故的时间、地点、伤亡人数、事故原因等简要情况,直接或逐级报告安全生产管理委员会,安全生产管理委员会再向监理和业主报告,并上报至企业安全主管部门。 企业安全主管部门视事故造成的伤亡人数或直接经济损失情况,按规定向政府安全生产监督管理职责部门报告。不得隐瞒不报、谎报或者拖延不报

续上表

项　　目	内　　容	备　　注
事故处理	事故处理遵循"抢救、排险、标识、保护"四个原则	(1)一般事故(一般财产损失、轻伤)发生后,应立即将受伤人员送到工地急救医疗室,组织人员物资设备进行事故抢险,排除险情,防止事故危害蔓延扩大。对事故现场做好标识,保护好现场,以利于事故调查取证。 (2)如发生重特大事故(造成多数人员重伤、死亡或巨大财产损失),必须做到以下几点: ①立即将所发生的重特大事故的情况,上报上级主管部门和当地人民政府; ②在规定时间内写出事故报告,报给上级主管部门; ③严格按照已制订的风险应急预案,组织抢救伤亡人员,疏散周边区域的人员、物资财产,防止事故蔓延扩大; ④根据事故现场情况制订排险方案,紧急调集相关的抢险物资和设备进行补救; ⑤对危险区域或危险物品做好标识,设置危险标识牌,红色警示灯; ⑥保护好事故现场,不得随意挪动现场物品,破坏现场遗迹,设置安全警戒防护,非排险人员和事故调查人员一律不得接近事故现场,防止出现二次事故
事故调查	成立事故调查组	轻伤事故由安全副经理组织调查处理,报上级部门备案。重伤事故由项目经理组织调查处理并报上级部门备案。死亡事故由政府安全生产主管部门调查处理。伤亡事故的登记由安全副经理签报
	政府部门事故调查	由政府部门组成调查组到现场进行勘察并确定具体调查内容,调查组查明事故经过,分析原因,确定主要责任者。 调查组分析事故原因,制订防止类似事故发生的措施,根据事故后果对事故责任者提出责任意见
事故调查报告	事故调查报告时限	对于每起事故,安全生产管理委员会必须在规定时间内填报事故登记表,及时登记事故调查报告
	事故调查报告内容	(1)发生事故的时间、地点、工程项目、企业名称; (2)事故发生的简要经过、伤亡人数及直接经济损失的初步估计; (3)事故原因、性质的初步判断; (4)事故发生后采取的抢救措施及事故控制情况; (5)事故报告单位、报告人
	事故调查报告审批	须经有关机关审批后报案,结案批文和有关资料及时归案

5. 隧道作业人员需要哪些安全装备?

答:隧道作业人员需要的安全装备如图 3.2 所示。

图 3.2 隧道作业人员需要的安全装备

1-防护眼镜;2-安全帽;3-呼吸防护面具;4-耳塞;5-防噪声耳罩;6-手套;7-安全靴;8-高反光防护服;9-反光警示背心;10-喷混凝土安全帽;11-手灯;12-帽灯

6. 隧道施工安全措施有哪些注意事项?

答:(1)通风设施

通风设施应注意以下事项:

①保证充足的通风(图 3.3)。

②定期对通风设备进行检测。

③避免来自洞口的回流。

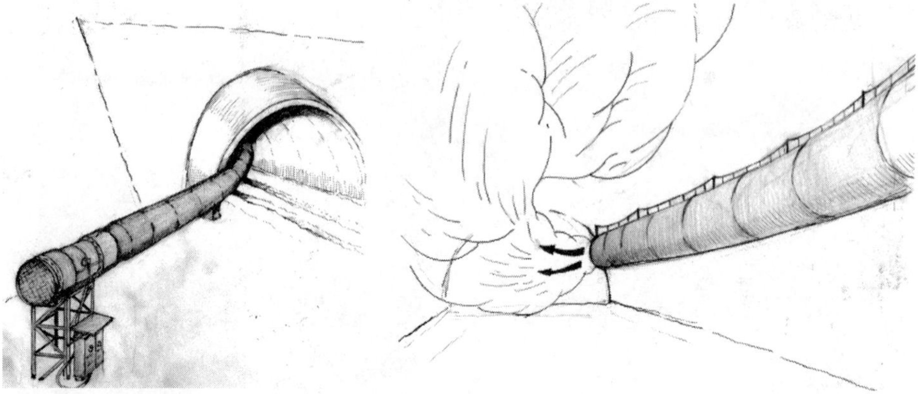

a)　　　　b)

图 3.3　隧道通风示意图

④延长通风管使其接近工作面。

⑤尽量避免通风管缺陷。

⑥及时修补破裂的通风管。

(2)照明设施

照明设施应注意以下事项：

①所有工作场所和通行道路均需要充足的照明(图 3.4)。

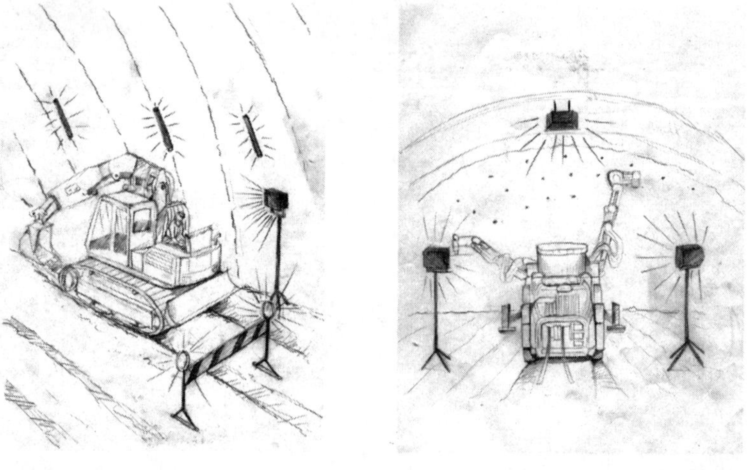

a)　　　　b)

图 3.4　隧道内照明示意图

②在危险场所应安装特殊照明设施。

③接近危险区域处应采用闪光警示灯。

④所有灯具应采取防水措施。

⑤定期检查、管理、清洁照明设施。

⑥安装安全照明系统(应急照明)。

(3)电器安装及供电线路(图3.5)

a)

b)

图3.5 电器、线路布置示意图

电器和供电设施应注意以下事项:

①所有电器设备的安装、调整、维修必须由有资格证的电工进行。

②电器设备必须符合国家规定。

③应使用接地故障断路器≤30mA。

④将电缆、管道固定在支架上时,应防范碰撞、弯曲、磨损、张拉的风险。

⑤使用合适的配件和连接系统。

(4)应急设施(图3.6)

应急设施应注意以下事项:

①为紧急演练和救援过程制订常规的指令说明。

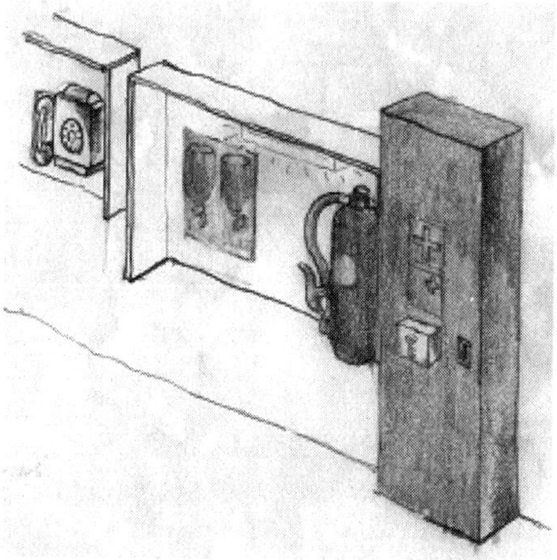

图3.6 应急设施示意图

②在消防队的参与下进行紧急演练。

③设置有效的应急通信设备(定期检查)。

④设置急救和救援设施。

⑤设置适当的灭火器(注意火灾的分类)。

⑥配备足够数量的救援人员。

7. 人行道与工作场所有哪些注意事项?

答:(1)道路运输(图3.7)

a)

b)

图3.7　道路运输示意图

道路运输应注意以下事项:

①将行人和车辆的通路分隔开。

②沿人行道设置护栏。

③维护路面以及保持湿润,以减少灰尘。

④清除车辆道路上的障碍物。

⑤应提供和使用合适的车辆运送施工人员进洞出洞,不能骑跨在施工车辆上。

(2)竖井运输(图3.8)

竖井运输应注意以下事项:

①爬梯应设置安全圈和中间平台。

②还可设置斜梯或者人员电梯。

③攀爬时不要携带重物。

④物件运输不能超过负荷。

(3)爬梯工作(图3.9)

图3.8　竖井运输示意图

图3.9　爬梯工作示意图

爬梯工作应注意以下事项：

①不要使用受损的梯子。

②两脚踏实阶梯，工作时探身不要太远。

③梯上只做简单的近距离的工作。

8. 隧道开挖时有哪些注意事项?

答:(1)人工与机械钻孔(图3.10)

人工与机械钻孔时应注意以下事项：

①采用工人和手动钻机安全合适的工作位置。

②大型钻机钻孔应远离危险区域。

③钻孔过程中要通水防尘。

④佩戴防噪声耳罩和安全眼镜。

(2)埋设炸药及爆破(图3.11)

埋设炸药及爆破时应注意以下事项：

①必须在整个掌子面全部装药完毕后通电爆破。

②在具有资质的爆破专家监督下进行钻爆工作。

a)人工钻孔

b)机械钻孔

图 3. 10　钻孔示意图

a)

b)

图 3. 11　埋设炸药及爆破示意图

③使用安全工作平台。

④爆破时远离爆破影响区域。

⑤在爆破前关闭通风设备。

⑥在爆破后开启通风设备至最大挡。

⑦爆破时施工人员应待在防护罩内。

(3)挖掘机开挖(图3.12)

挖掘机开挖时应注意以下事项:

①所有人员不要进危险区域。

②工作区域需要充足的光照。

③倒车时采用声音信号警示。

④注意视觉观察车辆的后部区域。

(4)巷道掘进机开挖(图3.13)

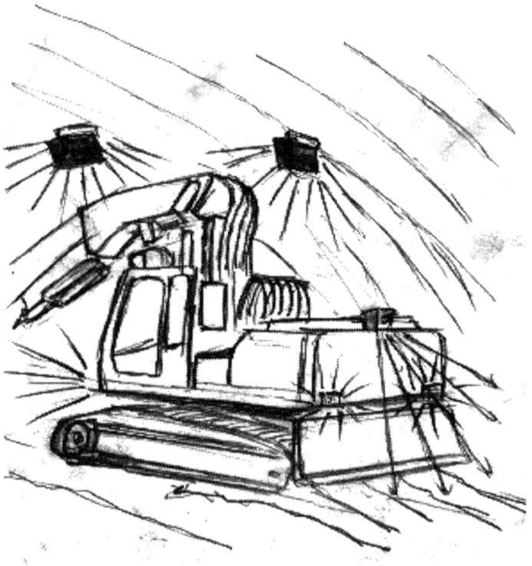

图3.12　挖掘机工作示意图

图3.13　掘进机工作示意图

巷道掘进机开挖时应注意以下事项:

①设置有效的控尘系统。

②使用倒洞进行除尘。

③在切割头部安装喷水系统。

④人员不要进入机器的危险区域。

9. 施作初期支护前后有哪些注意事项?

答:(1)剥落围岩

剥落围岩时应注意以下事项:

①可使用挖掘机剥落不稳定的围岩,见图3.14a)。

②在全部剥落不稳定围岩前人员不要进入危险区域。

③人工剥落围岩应从安全区域开展工作,见图3.14b)。

④必要时可使用安全工作平台,见图 3.14b)。

⑤工作区域需要充足的光照。

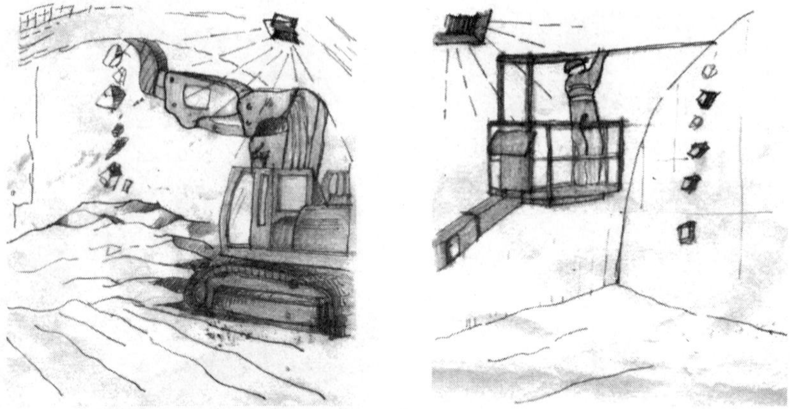

a)挖掘机剥落不稳定围岩　　b)人工剥落不稳定围岩

图 3.14　剥落不稳定围岩

(2)布置钢拱架和钢筋网

布置钢拱架和钢筋网时应注意以下事项:

①使用工作平台、安全设备进行钢筋网和钢拱架的设置(图 3.15)。

②根据其用途选用设备。

③人员不要进入危险区域。

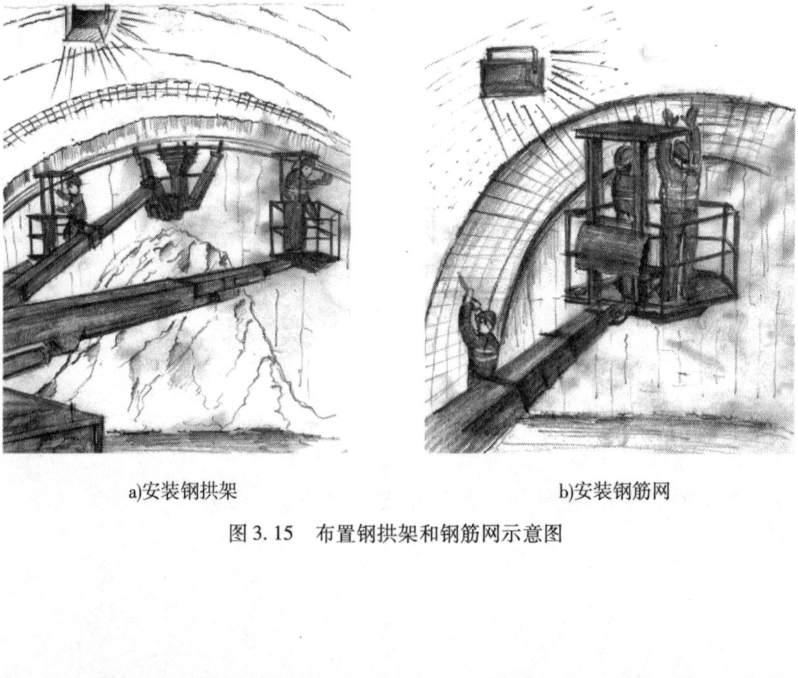

a)安装钢拱架　　b)安装钢筋网

图 3.15　布置钢拱架和钢筋网示意图

④工作区域需要充足的光照。

⑤工作人员应佩戴防噪声耳罩和安全眼镜。

(3)喷射混凝土(图3.16)

喷射混凝土时应注意以下事项:

a)

b)

图3.16 喷射混凝土示意图

①使用喷射混凝土机械手。

②穿防护服。

③佩戴防护眼镜。

④佩戴呼吸防护面具。

⑤佩戴混凝土防护头盔。

⑥人员不要进入危险区域。

⑦喷嘴和墙壁的距离不要超过1.5m。

⑧可采用混合无毒添加剂的湿混凝土,以降低粉尘和空气污染。

⑨使用湿喷混凝土机械。

⑩使用带减振系统的喷嘴。

(4)清洁设备(图3.17)

清洁设备时应注意以下事项:

①用高压水流清洁设备。

②清理机器内部时需关闭电源。

③施工人员应佩戴防护眼镜。

④施工人员应抓紧软管尾部。

a)　　b)

图 3. 17　清洁设备示意图

10. 出渣运输过程中有哪些注意事项?

答:(1)掌子面出渣(图 3. 18)

a)　　b)

图 3. 18　出渣示意图

掌子面出渣时应注意以下事项：

①不要进入装载区域。

②保持车辆运行路面的平整。

③不要超过沙石车的最大载荷。

④装载区域需要充足的照明。

⑤车辆转弯、倒车时，应注意观察后部。

⑥应保证有足够的转弯区域及充足的照明。

⑦定期清洁车辆窗镜和车灯，及时更换有缺陷的零件。

(2)出渣运输(图 3.19)

a)

b)

图 3.19　出渣道路示意图

出渣运输时应注意以下事项：

①在沙石车经过的工作区域设置闪光警示灯。

②沙石车与工作区域保持安全距离，缓慢行驶。

③所有工作区域应该有足够的照明。

④工作人员应穿戴反光防护服。

⑤沙石车与道路边缘应保持安全距离。

⑥在斜坡边缘设置警示栅栏。

⑦在斜坡上缓慢行驶。

(3)竖井出渣(图3.20)

a)　　　　　　　　b)

图3.20　竖井出渣示意图

竖井出渣时应注意以下事项：

①皮带运输时隔离皮带和人行道，防止人员被卷入。

②每隔一定距离设置安全开关。

③皮带端头卸载渣石时，应设置喷水或者防尘系统。

④竖井出渣时人员不要进入危险区域。

⑤实时监控吊具的移动，采用信号、电话等方式指示吊机操作员，见图3.20b)。

11. 施作二次衬砌时有哪些注意事项?

答:施作二次衬砌时应注意以下事项：

(1)二次衬砌台车上安装防护侧栏，见图3.21。

(2)使用可伸缩的工作平台，见图3.21。

(3)确保平台脚踩铺板的稳定。

(4)二次衬砌台车上爬梯和道路应该稳固并设置护栏。

(5)保持二次衬砌台车轨道附近整洁无杂物(图3.22)。

(6)保证工作环境的井然有序。

(7)尽可能使用自压实混凝土。

(8)灌注混凝土时，施工人员应佩戴听力保护耳罩。

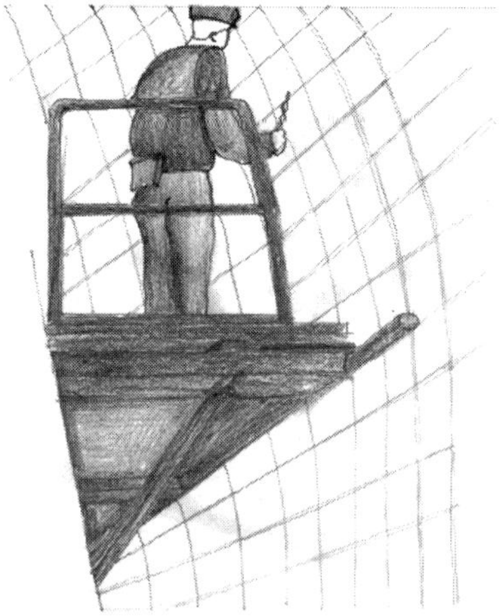

a)

b)

图 3.21　二次衬砌施工示意图

图 3.22　二次衬砌台车清洁示意图

12. TBM 工法的安全注意事项有哪些?

答:TBM 工法施工(图 3.23、图 3.24)应注意以下几方面:

(1)采用制造商提供的工作平台。

(2)确保工作场所的稳定、安全。

(3)人员应远离危险区域。

(4)应提供安全的工作场所和施工安全平台。

(5)在模具安装时,人员不要进入危险区域。

(6)监视指导操作员进行模具安装。

a) b)

图 3.23 岩面施工示意图

a) b)

图 3.24 管片安装示意图

13. 空气中有害物质如何防治?

答:空气中有害物质应采取如下措施防治:

(1)装备带有粒子过滤器的机械,见图 3.25a)。

(2)使用低排放的柴油机。
(3)空转时关闭发动机。
(4)提供充足的通风、除尘,见图 3.25b)。

a)　　b)

图 3.25　滤气及通风设备

(5)对有尘区域加湿。
(6)使用适当的呼吸保障措施。

14. 隧道施工的急救措施有哪些?

答:隧道施工的急救措施如下:
(1)为避免进一步受伤,尽量不要移动伤者,见图 3.26a)。
(2)及时拨打急救电话,见图 3.26b)。
(3)如果伤者处于无意识状态,需要把其头部转向一边防止窒息,见图 3.26c)。
(4)及时送至医疗中心,见图 3.26d)。

a)　　b)

图 3.26

c) d)

图 3.26 急救措施示意图

二、事故应对措施

15. 防止地下洞室开挖坍塌事故措施有哪些？

答：防止地下洞室开挖坍塌事故措施如下：

(1)所有施工人员应配备齐全劳动防护用品，进洞之前安排专人进行检查。

(2)加强对出现岩爆、断层破碎带、涌水涌泥带等特殊洞段的超前地质预测，保证超前预测的及时性、准确性、有效性，为选择正确的支护参数和开挖方式提供依据。

(3)制订行之有效的防塌方应急预案，准备各种必备施工材料，提前改变开挖断面和开挖方式(钻爆法隧道开挖辅助工法有全断面法、CD 法、CRD 法、双侧壁导坑法、弧形导坑法、台阶法等)，对施工队伍进行技术交底，调整跟进工序(底拱和边拱墙的衬砌作业安排)等。

(4)钻爆法隧道开挖时加强控制爆破，限制单孔装药量。开展现场爆破振动监测，加强围岩振动、变形监测分析，及时反馈信息，以便调整爆破参数和开挖施工程序。

(5)在现场配备可供随时投入使用的钢支撑及配件,以便能在围岩失稳前对岩面及时进行临时加固支撑,有效限制隧道变形。

(6)岩石开挖面在进行支护或混凝土衬砌前用高压水冲洗,清除岩石碎片、尘埃、碎屑和爆破泥粉,以便查清围岩中的软弱结构面,并供地质编录及采取支护措施。冲洗作业应紧随开挖进度进行。

(7)及时进行支护施工封闭开挖断面,紧跟开挖工作面,减少围岩裸露时间,以便发挥围岩和支护结构的功能,保持隧道整体稳定。

(8)按照现场情况以及设计要求、监理指示,选择正确的支护形式,确保洞室稳定及人员和设备的安全。

(9)加强监控量测,建立量测体系,实现信息反馈,以指导施工。

(10)隧道的变形破坏或失稳常常是从底部开始,因此先施作底拱衬砌,再施工边拱墙衬砌,这样能有效约束围岩部变形,控制围岩应力释放,保证围岩稳定。

16. 防止爆破飞石及坍塌事故措施有哪些?

答:防止爆破飞石及坍塌事故措施如下:

(1)爆破作业全过程,必须严格遵守《爆破安全规程》(GB 6722—2003)以及《中华人民共和国民用爆炸物品管理条例》的规定。

(2)爆破施工前,由爆破技术员和安全监察员全面检查各项爆破施工准备情况以及爆破安全作业执行情况,使安全管理在思想上和组织措施上均得到落实。

(3)装药时必须严格按照钻爆设计方案及安全技术交底的内容要求进行操作,严格控制装药量,并由专人负责认真做好导爆管与雷管连接。

(4)做好炮孔的堵塞工作,并加强覆盖,以减少飞石和噪声。

(5)严格检查炸药、雷管、导爆管及起爆器的质量,所有的爆破器具必须符合《爆破安全规程》(GB 6722—2003)的有关要求,做到不合格的爆破物品严禁入场。

(6)起爆信号必须统一明确,且为周围施工人员熟知。

(7)爆破飞石允许的安全距离控制在50m以内,人员撤离的距离为100m以上,并设置人员躲避爆破飞石的保护性设施(安全货柜或爆破躲避处)。

(8)确认炮烟已充分稀释、工作面具备安全条件后,爆破人员才能进入工作面检查爆破效果。

(9)盲炮由专职爆破员进行处理,方法如下:

①距盲炮炮口间距不小于30cm处,另打平行炮眼重新装药爆破。

②用木制或竹制工具,将盲炮炮眼的大部分填塞物掏出,用聚能药包起爆。

③若起爆网路未受破坏,导爆索或导爆管正常,仍能起爆者,加大警戒范围,再连线起爆。

(10)严禁利用残眼打孔,以免钻爆残眼中残留炸药。

17. 防止边坡塌滑事故措施有哪些?

答:防止边坡塌滑事故措施如下:

(1)为防止施工期降水及地面径流给工程带来的影响,应设置排水沟拦截并排走施工生产区场内及周边降水和地表径流,防止边坡塌滑,引起水土流失。填塞岩石缝隙,以防地表水渗入岩层内部,引起落石。在排水沟出口处设置蓄水兼沉沙的沉沙池,淤积施工区产生的泥沙,并及时对其进行清淤,避免泥沙直接进入下游河道,污染水质。

(2)检查边坡坡面,看有无松动孤石、危石、松散体、松软裸露表层土、破碎带、沟壑等可能发生滚落、塌方、滑坡、泥石流等危害,自上而下分段清除松动体。根据现场情况具体分析对策,按照设计图纸和监理工程师的指示选择合理有效边坡支护方式进行防护,加固坡面拦截危石。

(3)将洞顶边坡刷方,并改造地形,不使坡面出现危石。密切观察边坡裂缝,当有脱缝或裂缝发展时,立即查明原因并进行处理。

(4)对可能受边坡塌滑危及的人员、设备、材料等,应及时撤离至安全地带,待边坡处理安全稳定后再返回。边坡发生危险时,应根据应急预案组织疏散人员和重要设备、物资,紧急救援。如出现人员伤亡、财产损失的应按程序逐级上报有关部门。

(5)在边坡设置观测桩点,观测边坡变化动态,同时,密切注意监测隧道边拱顶和支护变化情况,发现新的裂纹或异状时,及时加强临时支护。

(6)边坡的防护,应尽早、及时,对出现事故的边坡处理应待边坡相对稳定后进行,防止在处理过程中出现二次安全事故。

18. 防止高空坠落事故措施有哪些?

答:高处作业的安全过程控制应遵守《建筑施工高处作业安全技术规范》(JGJ 80—91)相关条款的规定。

(1)施工作业平台和通道的四周以及隧道井口的临边、人员通行或作业通道侧边、危险区域的隔离带，均应设置防护栏。防护栏由上、下两道横杆及栏杆柱组成，上杆离地高度1.2m，下杆离地高度0.6m，并加挂安全网。

（2）临时高处作业搭设的脚手架，必须符合国家标准，每层要设护身栏和挡脚板。施工层脚手板必须铺严，架子上不准留单跳板、探头板。脚手板与隧道侧墙或大型设备的间隙不得大于20cm。各种脚手架使用前要经过监理工程师检查和验收。

（3）脚手架的施工荷载要均匀分布，并且不得超过相应的规定值，以保证脚手架的正常使用。

（4）由于隧道地下水渗流量较大，以及施工、机械用油的使用，高处作业使用的平台、通道、脚手架踏板应进行防滑、防油处理。

（5）对从事高处作业的人员要定期进行体检。凡经医师诊断为高血压、贫血、心脏病、癫痫以及其他不适宜高处作业及登高架设作业人员，不得从事高处作业及登高架设作业。

（6）在高处作业的人员，衣着要灵便，不准穿高跟鞋、拖鞋、硬塑鞋等不防滑的鞋；登高时不准攀爬脚手架或大型机械设备部件上下，应使用安装牢固可靠的登高扶梯。雨天和雪天必须采取可靠的防滑、防寒和防冻措施，冰雪应及时清除，并对防护措施逐一检查、修缮。

（7）大型设备的安装、调试、拆解（如TBM掘进机），应搭建操作平台并按要求进行防护，不得利用机械设备的部件上下。操作平台上人员、工具、物料的总质量，不得超过设计的容许荷载。吊装TBM部件等大型物体时，必须用卡环，设备上应焊接高强度的吊耳。吊运零散部件时，要用吊笼或吊斗，且整齐捆牢。

（8）从事无法架设安全防护措施的作业时，施工人员在1.5m以上的部位必须系好安全带。安全带必须高挂低用，挂设点必须安全可靠。

（9）任何人都不准从高处向下抛物料、工具，消除各种物品无意碰落或翻落的可能因素。高处作业人员使用的工具，要随手装入工具袋内。

（10）垂直交叉作业时要增设预防物体打击的隔离层。

19. 有害气体控制标准是什么？

答：地下工程工作面的最小风速不得低于0.25m/s，隧道、竖井、斜井工作面最大风速不得超过4m/s，运输洞和通风洞最大风速不得超过6m/s。

生产性粉尘和有毒物质的最高允许浓度应分别符合表3.3和表3.4的规定。

生产性粉尘的最高允许浓度　　表 3.3

编号	粉 尘 名 称	最高允许浓度(mg/m^3)
1	含有 10% 以上游离二氧化硅的粉尘(石英、石英岩等)	1
2	石棉粉尘(含 10% 以上石棉)	2
3	含有 10% 以下游离二氧化硅的滑石粉尘	1
4	含有 10% 以下游离二氧化硅的水泥粉尘	1
5	含有 10% 以下游离二氧化硅的煤尘	10
6	铝、氧化铝、铝合金粉尘	4
7	玻璃棉和矿渣棉粉尘	5
8	其他粉尘	10

常见有毒物质的最高允许浓度　　表 3.4

编号	有毒物质名称	最高允许浓度(mg/m^3)	编号	有毒物质名称	最高允许浓度(mg/m^3)
1	一氧化碳	30	21	氧化锌	5
2	乙醚	500	22	铅烟	0.03
3	二甲苯	100	23	铅尘	0.05
4	二氧化硫	5	24	四乙基铅(皮)	0.005
5	二硫化碳(皮)	10	25	硫化铅	0.5
6	丁二烯	100	26	黄磷	0.03
7	丁醛	10	27	酚(皮)	5
8	五氯酸及其钠盐	0.3	28	硫化氢	10
9	丙酮	400	29	氯化氢及盐酸	15
10	丙烯醇(皮)	2	30	溴化烷(皮)	1
11	甲苯	100	31	溶剂汽油	350
12	甲醛	3	32	滴滴涕	0.3
13	光气	0.5	33	甲醇	50
14	金属汞	0.01	34	氰化氢及氰氢酸盐	0.3
15	有机汞化合物	0.005	35	三氧化铬、铬酸盐 重铬酸盐	0.05
16	松节油	300			
17	环氧乙烷	5	36	敌敌畏(皮)	0.3
18	苯(皮)	40	37	性碱 苯胺、甲苯胺、 二甲苯胺(皮)	0.5 0.5
19	氯	30			
20	臭氧	0.3			

注:有“(皮)”标记者为除呼吸道吸收外,尚易经皮肤吸取的有毒物质。

20. 防止缺氧窒息或有害气体逸出事故措施有哪些?

答:防止缺氧窒息或有害气体逸出事故措施如下:

(1)接触粉尘毒物、有害气体的施工人员,如钻工、爆破工、焊工、机械操作员等,应定期进行身体健康检查,接触粉尘毒物浓度比较高的工人应每隔6个月检查一次,如粉尘毒物浓度经常低于国家标准时可每隔12个月检查一次。

(2)粉尘有害气体浓度每个作业点一般每旬测定一次,如果粉尘浓度达到或接近国家规定的标准时,每月至少测定一次,粉尘分散度和游离二氧化硅含量可根据施工工艺和工作情况选择代表性样品进行测定,一般每季测定一次,如果变化不大,每半年至少测定一次。

(3)电焊工作应以低毒焊条代替有毒焊条,要采取措施防止电焊锰、臭氧、氧化氮和弧光的危害。

(4)施工单位配备有害气体的监测和报警装置以及工人使用的防护面具,由安全监察部负责按规定频率进行粉尘、有害气体的监测。一旦发现有毒气体,立即停止施工和疏散人员,并及时报告监理。有害气体经过慎重处理,确认不存在危险,并重新经过一段时间监测低于最高允许浓度后,在取得业主和监理同意后,方可复工。

(5)爆破作业后必须进行通风排烟,使有害气体浓度降至规定范围内,经检测合格后方可进行下一步施工。

(6)喷射混凝土人员应佩戴硬质带防护面罩安全帽和呼吸器,防止混凝土回弹料和粉尘伤害。

(7)H_2S(硫化氢)气体具有难闻的臭鸡蛋味。TBM设备上均配置了H_2S检测设备,钻爆法隧道也配置该种检测设备,用以检测H_2S的浓度。H_2S气体影响的生理指标如表3.5所示。

H_2S气体影响的生理指标表　　表3.5

H_2S气体浓度(mg/m^3)	生理反应	H_2S气体浓度(mg/m^3)	生理反应
0.001 2～0.028	嗅觉界限	350～700	肺水肿
28～42	剧烈的难闻气味	700	焦虑、头痛、眩晕和失去知觉
70～140	刺激呼吸道		
140～280	失去嗅觉	700～1 400	停止呼吸,导致死亡

H_2S 气体处理措施：

①施工人员应佩戴防毒面具，防毒剂由干木炭、$NaHCO_3$(碳酸氢钠)组成。

②隧道内喷洒 $NaHCO_3$ 溶液，使有毒气体分解成无毒气体。

③及时对开挖面喷射混凝土封闭，减少或堵塞 H_2S 气体的渗入。

④加强 H_2S 气体检测，同时加强隧道的施工通风，以降低 H_2S 气体的浓度。

⑤对 H_2S 气体渗入量较大的洞段，尽快进行封闭衬砌，衬砌宜采用气密性混凝土。

21. 防隧道内高地温措施有哪些?

答:防隧道内高地温措施如下。

(1)加强隧道内的通风。

(2)加强爆破作业管理和控制：

①装药前测定工作面和孔底温度。

②距离工作面 10m 内要洒水降温。

③炸药与孔壁不直接接触，需用石棉织物或其他绝热材料严密包装。

④装药至起爆时间不超过 1h。

⑤岩体温度达到 60℃以上时，采用耐高温的爆破器材。

(3)必要时在隧道内设置降温的冷却站，采用喷雾洒水降温。

22. 防洪和安全度汛措施有哪些?

答:业主或委托监理在每年汛前组织有关单位进行防汛检查，并负责统一指挥全工区的防汛和抗灾工作。施工单位应按业主的要求和监理的指示，做好管辖范围内的防汛和抗灾等工作以及每年的汛前检查，配置必要的防汛物资和器材，按合同规定做好汛情预报和安全度汛工作。

防洪度汛期间采取表 3.6 中的防洪度汛安全保证措施。

防洪度汛安全保证措施 表 3.6

序号	相关措施	说　明
1	水文气象资料收集保证措施	重视水情和气象预报，根据水情、天气和季节变化情况，及时获取工程所在区域短、中、长期水文、气象预报资料
2	组织结构保证措施	建立健全防洪度汛委员会，明确责任，加强洪汛信息收集，保证通信畅通

续上表

序号	相关措施	说　明
3	应急预案保证措施	在汛期生产中要建立防洪抢险应急预案，切实做好工地和驻地防洪、防雷、防泥石流、防滚石、防崩塌等的工作
4	汛期保证措施	在洪水暴雨来临前后，仔细检查工地临时设施、脚手架、机电设备、临时线路，发现倾斜、下沉、漏雨等现象，应及时修理加固。 对有可能受洪水、暴雨冲积而形成地质灾害的区域或地段，应采取各种措施进行疏浚、导排、加固、水土保持、清理、植被还原等

23. 防止触电电击事故措施有哪些？

答：施工临时用电遵守《施工现场临时用电安全技术规范》（JGJ 46—2005）的条款规定，防止触电或电击事故安全技术措施详见表3.7。

防止触电或电击事故安全技术措施　　表3.7

序号	措施	具体内容	说　明
1	安全用电保护措施	接地保护	配电箱应接地保护。接地排从变电所馈出的低压电缆的零线相接，构成重复接地系统。接地电阻≯1Ω。各用电设备的金属外壳用接地地线与接地排相接
		电气联锁保护	为保证设备运行的安全可靠，电气系统进行联锁控制，即上级流程未动作，下级流程无法动作；上级流程停止，下级所有流程自动跳闸，这样防止自启动和误操作带来的不安全因数
		相序保护	用电设备在运转时，不应随意更换相序，若发生意外，相序继电器应自动切断电源
		防雷保护	在变电站、变压器、高低压配电柜装设独立避雷针，在高压侧装设阀式避雷针，在低压侧装设避雷器或击穿保险器
2	施工现场用电安全措施	(1)使用额定电流的原件保险丝，出现问题立即关机； (2)在设备上进行保养工作，若有指定要求，应进行电气绝缘；绝缘时应首先检查被绝缘的装置有无电压，然后短路接地，同时绝缘邻近带电部件； (3)隧道内所使用的供电系统设置漏电断路器，并定期检查所使用的电力设备，如有故障或破损立即修理；设备上的电气装置应定期检查，发现连接松脱和烧焦电缆等问题时应立即处理；	

续上表

序号	措施	具体内容	说　明
2	施工现场用电安全措施	(4)如有些设备需要带电工作,紧急情况时要请求第二人启动应急停机装置或启动主断路器,用红色安全警示标志保护作业区域,并使用绝缘工具; (5)在高压元件上工作时,绝缘后应将输电线接地,并将元件短路;为确保人员安全,绝对禁止缺相和单相接地运行; (6)配备最完备的继电保护系统和接地保护系统; (7)电力机具与设备周边设置围护及明显的警示标识; (8)加强对施工人员的安全教育,强化安全操作技能和自我保护意识,做到"我不伤害自己,我不伤害别人,我不被人伤害",电气设备的检查维修必须由专业电工和维修员进行	

24. 防止火灾爆炸事故措施有哪些?

答:防止火灾爆炸事故措施如下:

(1)业主建立工程消防中队,对工程区实行封闭化管理。按现行《建筑设计防火规范》(GB 50016)及其他技术标准,在施工区和生活区规划设计消防供水、消防通信、消防车通道、消防器材等消防设施。消防设备的型号和功率应满足消防任务的需要,消防设备器材应经常检查和保养,使其处于良好的待命状态。义务消防队随时待命,一旦出现火情能立即赶赴现场救火。

(2)施工单位将按监理的指示定期进行防火安全检查,及时消除火灾隐患。

(3)施工现场严禁烟火的危险区域,应当设立危险警示标志。加强人员管理,严禁在作业区吸烟喝酒等。

(4)在施工阶段加强环境监测、及早预警,安装自动报警系统,加强通风、加强消防灭火及紧急应变能力。

(5)严格执行动火作业审批制度。用火前,要对易燃、可燃物清除,采取隔离等措施,配备看火人员和灭火器具,作业后必须确认无火源隐患后方可离去。用火证当日有效。用火地点变换,要重新办理用火证手续。氧气瓶、乙炔瓶工作间距不小于5m,两瓶与明火作业距离不小于10m。禁止氧气瓶、乙炔瓶存放,禁止使用液化石油气"钢瓶"。

(6)在易燃易爆材料堆放区或仓库以及TBM各区域布置足够数量的合适的消防器材。

(7)避免施工时因摩擦、撞击产生火花,必要时可采局部集中送风措施来稀释或吹散可燃气体。

(8)隧道内的机具、设备及施工人员的工作服,需采用不会产生静电的材料制成,防止因静电而产生火花,工作人员经常将两手触碰洞壁以消除静电。

(9)由于电力负荷大,线路中的电流也很大,线路街头之间必须连接可靠并减少连接数量,防止打火烧坏电缆并引起火灾。

25. 防止行车交通事故措施有哪些?

答:施工单位应向所有施工及管理人员贯彻《中华人民共和国道路安全法》,加强驾驶员操作技能、职业道德、安全意识教育和运输法规等知识的培训和考核,确保驾驶员素质能够适应职业要求,实行持证上岗制度。

为合理布置出渣运输路线和弃渣堆放地点,要考虑以下几点:不妨碍其他项目的施工、不妨碍排水、不影响后续施工和不影响挖方本身的安全。防止行车交通事故措施详见表3.8。

防止行车交通事故措施表　　表3.8

有轨运输安全措施	(1)保证洞内照明充足,光线良好;运输车辆设置报警装置,线路转弯处设置标志,减速行驶; (2)机车、矿车使用前,必须经过严格的验收和试运行,并做好记录,保证机车、矿车行车制动装置正常,并且定期进行检查和强制性维护保养; (3)在机车上设置防溜车的紧急装置,并保证列车编组连接良好,为防止脱钩,必须加挂好软连接。机车停车后启动行车制动装置,并应加穿铁鞋; (4)加强对机车驾驶员的岗位技能培训和安全教育,驾驶员必须持证上岗;运渣车除机车驾驶员、信号员、联络员外,不得搭乘其他人员; (5)轨道铺设平整、牢固,轨距必须达标,并定期进行检查、加固,尤其检查道岔磨损情况并检修; (6)在轨道和TBM后配套位置放置阻车装置,防止机车溜车后进入TBM后配套以及主机位置造成人员伤亡和设备损失; (7)乘人车辆运送人员必须遵守以下规定: ①每班发车前,应检查各车的连接装置、轮轴和车闸等状态是否良好; ②列车行驶速度不得超过10km/h; ③乘车人员应听从驾驶员指挥,所携带的工具不得露出车外;列车行驶中尚未停稳前均不得上下;列车不得超载搭乘人员

续上表

无轨运输安全措施	(1)健全安全行车规章制度和驾驶员操作规程,严禁疲劳驾驶,严禁酒后驾车,严禁超载、超速、超限、抢道、占道、竞速赛车行为; (2)加强道路维护和清理,维护交通秩序,保证道路安全和畅通;危险地带、事故多发路段和道路交叉口,设置安全隔离墩或指示、警告牌等; (3)保证洞内照明充足,光线良好;运输车辆设置报警装置,保证运输车辆照明装置状态良好,工作正常; (4)应根据车速与前车保持适当的安全距离,隧道内运输时,车速应不超过30km/h,安全距离应不小于20m; (5)对车辆的易损部件,如轮胎、行车制动片等应定期检查,并及时更换

26. 防地下突(涌)水措施有哪些?

答:防地下突(涌)水措施如下:

(1)采用综合地质预报,先探水后掘进。即采用多种预报方法相结合的综合预报方法,建立宏观超前预报、长距离(50~200m)超前地质预报、短距离超前探测预报三级预报预警机制,构成地质综合预报体系,进行地下突(涌)水的预报,作为隧道掘进过程中的必要工序之一,以便了解出水构造的性质、特点、发育状况,为布置分流减压孔和封堵注浆孔提供指导。

(2)完善设施,遵循"以堵为主,限制排放(大堵小排),堵排结合,综合治理"的原则,合理设置隧道施工的引排水设施系统,排水沟断面流量满足日常施工排水的需要,并顾及地下突(涌)水的排放。无轨运输道路、无轨运输轨道以及各种电气设备等架高布置,避免水淹。

(3)布置减压孔。推测出水构造带为串珠状溶蚀裂隙时,可通过"CT"探测成果在出水构造带上游侧布置3排分流减压孔导排水,分流减压孔距出水构造带15~20m,有效孔深为20m,分流减压孔直径为219mm,间排距为1.0m×1.0m,梅花形布置,孔口安装高压阀门,分流减压孔和高压阀门安装设计需满足15MPa的要求。

(4)工作面配置排水泵,能及时将掌子面的涌水及时抽排出去,减少突(涌)水对施工进度的影响。

(5)制订各种情况的防突(涌)水应急预案,规避风险,有备无患。立足于超前注浆封堵,争取在开挖前封闭地下水通道,有针对性地采用以超前预注浆为主的多种措施,当单洞汇总稳定出水量较大时,可考虑开挖横向排水通道将地下水分流至施工排水洞或相邻洞室，确保隧道安全、快速施工。

（6）选择合适洞段开展注浆试验，对注浆设备、注浆材料、注浆参数、封口工艺、洞内布置、施工功效、注浆对施工进度的影响等多因素进行试验分析，确保万无一失。同时建立地下水处理的快速决策机制，成立有权威的决策小组，强化技术指导。

（7）确保施工人员和关键设备、设施的安全，以及交通运输的部分恢复；保证堵水后剩余涌水量能安全排出，不影响正常施工；剩余涌水量排出后不对周围环境造成破坏。

27. 防岩爆措施有哪些？

答：防岩爆措施如下：

（1）岩爆经常发生在新挖工作面及其附近，以拱顶或边墙部位为多，这些部位是防范岩爆伤害的重点。

（2）在工作面自拱顶至边墙打设超前释放孔眼，提前释放部分地应力。

（3）钻爆法隧道采用松动、超前钻孔预爆法，先前将岩层的原始应力部分释放，以减少岩爆发生的可能性或避免大的危险。

（4）钻爆法隧道采用光面爆破技术，使岩面尽可能圆滑平顺，避免应力集中。降低爆破时使用的炸药总量和严格控制单孔最大药量，以减轻爆破对围岩的扰动，同时减少钻孔深度。

（5）向开挖的岩石表面喷射高压水冲洗，软化岩面，预先释放部分能量，减缓岩爆释放速度，及时清撬岩面松动石块。

（6）加强初期支护，及时向拱顶和边墙喷射混凝土、打设锚杆和施作钢筋网，减少岩层暴露时间和岩爆发生次数。

（7）增加临时防护措施。对于爆裂弹射和抛射等强烈岩爆地段，施工时应对主要机械设备安装防护棚架或加挂密孔绳索式防护网，工作人员佩戴钢盔及防弹背心，防止弹射的岩体直接砸向设备和人体造成伤害。

（8）加强工作面现场指挥和安全警戒。岩爆发生的时机、部位不定，持续时间长短不一，施工时，要派专人观察岩面和监听是否有岩爆发生时的类似鞭炮声。强烈岩爆发生时，即有片石弹射状、爆炸抛掷状时，暂停施工，将人员和机械设备撤至安全地带躲避，待岩爆减弱或停止后再进行支护作业。

28. 防机械伤害措施有哪些？

答：隧道工程投入的施工机械设备数量多、种类杂、型号繁，尤其是大型贵重的开挖机械设备。施工期间应加强机械设备的管理,严格遵守各类设备的安全操作规程,确保设备所有安全保护装置、机构的齐备、完好、可靠。防机械伤害措施要点详见表3.9。

防机械伤害措施要点　　表3.9

序号	具体要点说明
1	各种机械设备操作人员和车辆驾驶员,必须取得操作合格证,不准操作与证件不相符的机械,不准将机械设备交给无本机操作证的人员操作,对机械操作人员要建立档案,专人管理
2	操作人员必须按照机械设备的使用说明及操作规程操作,严格执行工作前的检查制度和工作中注意观察及工作后的检修保养制度
3	驾驶室或操作室应保持整洁,严禁存放易燃、易爆物品。严禁酒后或带病操作机械,严禁机械带病运转或超负荷运转
4	机械设备在施工现场停放时,应选择安全的停放地点,夜间应有专人看管
5	用手柄起动的机械,应注意手柄倒转伤人。向机械加油时要严禁烟火
6	严禁对运转中的机械设备进行维修、保养、调整等作业
7	指挥施工机械作业人员,必须站在可让人瞭望的安全地点,并应明确规定指挥联络信号,严禁多人指挥、胡乱指挥、违章指挥
8	使用钢丝绳的机械,在运转中严禁用手套或其他物件接触钢丝绳,用钢丝绳拖、拉机械或重物时,人员应远离钢丝绳
9	起重作业应严格按照现行《建筑机械使用安全技术规程》(JGJ 33)和《建筑安装工人安全技术操作规程》规定的要求执行
10	定期组织机电设备、车辆安全大检查,对检查中查出的安全问题,按照“三不放过”的原则进行调查处理,制订防范措施,防止机械事故的发生
11	改善劳动条件,创造安全作业环境。积极改善工作条件,制订事故预防和险情控制措施,保持人体和险区的有效距离,给操作者一个安全、舒适的工作环境

29. 防噪声和振动措施有哪些?

答:防噪声和振动措施如下:

(1)严格遵守《中华人民共和国环境噪声污染防治法》,并依据《工业企业噪声卫生标准》合理安排高噪声区段的工作人员，并对距噪声声源较近的人员，在防护上和工作时间上采取相应保护，缩短其劳动时间。

(2)合理分布动力机械设备的工作场所，避免一个地方运行较多的动力机械设备，同时在机械选型上，选用低噪声设备。对噪声较大的设备要搭建隔声棚，安设隔声板，以降低噪声对周围的影响，按照《建筑施工场界环境噪声排放标准》(GB 12523—2011)对施工场地产生的噪声加以控制(表3.10)。

建筑施工场界环境噪声排放限值[单位：dB(A)]　　表3.10

昼　间	夜　间
70	55

(3)在高噪声区作业的人员，应使用耳塞或耳罩、耳棉，保护耳膜防止受损。常见噪声防护用品见表3.11。

常用噪声防护用品表　　表3.11

种　类	质　量(g)	衰　减(dB)	说　明
棉花	1~5	5~10	塞在耳内
棉花涂蜡	1~5	10~20	塞在耳内
伞形耳塞	1~5	15~30	塑料或人造棉胶

(4)注意施工人员的合理作息，增强身体对环境污染的抵抗力。加强对施工人员的操作培训，减少突发事故和突发噪声的发生。当洞内作业地点噪声超过90dB(A)时，将采取消音或其他防护措施，若仍达不到标准时，将按表3.12噪声允许时间表的规定，减少施工人员接触噪声的时间。

噪声允许时间表　　表3.12

每个工作日接触噪声时间(h)	新建、扩建、改建企业允许噪声[dB(A)]	现有企业暂时达不到标准，允许噪声[dB(A)]
8	85	90
4	88	93
2	91	96
1	94	99
最高不得超过115		

(5)选择低噪声低振动设备、改革施工工艺和操作方法、提高零部件的加工精度、加强设备维修保养等，并在高噪声设备周围设置适宜的隔声装置，通过上述措施降低噪声与振动污染源。

(6)对作业人员采取个人防护,使用防声用具,如防声耳塞、防声棉耳塞、防护耳罩等。另外,对在高噪声环境中工作的员工,采取轮换作业,缩短工作时间。

30. 防电磁辐射措施有哪些?

答:防电磁辐射措施如下:

(1)依照“可合理达到尽量低”的原则,努力减少电磁辐射污染水平。电磁辐射的防护限值,按现行《电磁辐射防护规定》(GB 8702)执行。

(2)对生产生活场所进行电磁辐射定期监测,监测点位置应具有代表性,监测仪器与监测对象相符合,以便保证获得真实的量测结果。

(3)加强对电磁辐射源的管理,为使用具有电磁辐射器材和在电磁辐射源附近的工作人员配备个人辐射防护服、防护帽、防护手套,制订电磁防护规定。

(4)对使用具有电磁辐射器材和在电磁辐射源附近的工作人员,施行电磁辐射防护训练。训练内容应包括:

①电磁辐射的性质及其危害性。

②常用防护措施、用具以及使用方法。

③个人防护用具及使用方法。

④电磁辐射防护规定。

31. 爆破管理措施有哪些?

答:在爆破器材及爆破施工管理中,应严格按现行《爆破安全规程》(GB 6722)及其他法律法规和技术标准,做好爆破器材的领取、运输、储存、保管、使用、安全防护等工作。爆破管理相关要求及规程详见表3.13。

爆破管理相关要求及规程汇总表 表3.13

管理内容	序号	相关要求	说明
严格爆破器材管理	1	爆破器材保管员职责	(1)负责管理爆破器材严格的出入库手续,建立出入库登记台账;爆破器材出入库时,应认真清点品种、数量、规格是否相符; (2)领料、退料要登记清楚,有相关人员签字,不得缺漏; (3)严格遵守登记、记账、检查、清点制度,做到每领、退一次要登记和检查,每天结账一次,每日清点一次,做到账物相符; (4)发放爆炸物品时,严格执行专人申领手续,并有爆破技术负责人的审核签字,对违反这一规定的,保管员一律有权拒绝发放

续上表

管理内容	序号	相关要求	说　明
严格爆破器材管理	2	爆破器材管理安全规程	(1)爆破器材库房严禁任何烟火,任何人不得携带引火物品进入爆破器材库房; (2)库房的位置、结构、形状、规格及安全设施,应按有关规范及当地公安部门、消防等部门的特殊要求建立,并须经主管部门批准,公安部门许可; (3)爆破器材的储量不得超过涉及规定储量;库房照明应采用安全低压防爆型设备,应经常检查其是否牢固,绝缘是否良好; (4)各种类型的爆破器材应分类储存,严禁混合共存;安全设施应按要求严格投入使用,不得形同虚设
严格爆破施工管理	3	爆破技术员职责	(1)认真务实地做好本职工作,有较强责任心; (2)每次爆破前,提出本次爆破装药量,给爆破工进行爆破技术交底,并履行签字手续; (3)爆破钻眼、装药、必须在旁进行察看指导,并根据具体情况制订措施
	4	爆破工职责	(1)有较强责任心,热爱本职工作,严格履行爆破程序; (2)爆破前,及时发出爆破警示(哨声),组织人员撤离到安全地带;爆破后,认真检查爆破现场,无哑炮等情况后,再适时解除警戒; (3)专人领料、运料严格按签字手续办理,避免炸药丢失和破损; (4)每次爆破后认真填写爆破记录,并履行签字手续
	5	爆破作业制度	(1)在使用易爆物品和进行爆破作业之前,需要与有关部门取得联系以获得爆破施工许可证; (2)爆破作业前,应由专职安全工程师进行爆破安全交底,书面告知爆破施工的操作规程和违章操作的危害,并经双方签字确认; (3)爆破施工时,必须进行现场爆破振动检测,加强围岩振动、变形监测分析,及时反馈信息,以便调整合理的爆破参数和开挖施工程序; (4)安全监察员对爆破作业进行全过程检查监控; (5)属管理措施不到位的,对每一环节出现问题的管理责任人应进行处罚;属检查不到位的,发生未检查、漏检查、错检查等情况,对相应的安全监察员进行处罚; (6)爆破工不按要求去做,出现任何环节的错误,应进行教育并处罚,造成一定损失或影响严重的应责令下岗; (7)属保管不善造成损失的、出入库无手续或账物不相符的,应处罚保管员,情节严重的予以清退

续上表

管理内容	序号	相关要求	说明
严格爆破施工管理	6	爆破施工现场周边安全防护	(1)加强对爆破施工的宣传:使周边作业人员掌握爆破施工的时间安排和具体爆破防护措施,服从爆破技术员的现场管理和指挥; (2)加强对现场施工防护:当爆破第一声哨响时,相关在场施工人员及其他人员、重要设备必须停止一切活动,撤退到指定的防护地点,防护地点距离爆破点直线距离在100m以上

爆破现场作业应遵循表3.14爆破警示哨声定义。

爆破警示哨声定义 表3.14

警哨序号	爆破时段	爆破作业状态	防护情况
第一声哨响	爆破前	爆破前的准备工作完毕,开始警戒,驱散周边人员	现场及周边爆破安全距离内的作业人员开始撤离至爆破作业面安全距离100m外的防护地点
第二声哨响	爆破时	确认人员撤离完毕,爆破前的检查作业完毕后,开始点炮爆破	除爆破点火员以外的人员均已在安全防护距离以外
第三声哨响	爆破后	整个爆破实施完毕	爆破警戒撤离,施工人员返回各自岗位,需返回爆破作业面检查爆破效果的爆破人员等应等待30～60min的通风排烟时间

32. 皮带输送机管理措施有哪些?

答:皮带输送机管理措施如下:

(1)启动前,应调整好输送带松紧度,带扣应牢固,轴承、齿轮、链条等传动部件应良好,托辊和防护装置应齐全,电气保护接零或接地应良好,输送带与滚筒宽度应一致。

(2)启动时,应先空载运转,待正常后,方可均匀装料,不得先装料后启动。

(3)作业中,应随时观察机械运转情况,当发现输送带有松弛或走偏现象时,应停机进行调整。作业中,严禁任何人从输送带下面穿过。严禁运转时进行清理或检修作业。

（4）需要停机时，应先停止装料，待输送带上物料卸尽后，方可停机。当电源中断或其他原因突然停机时，应立即切断电源，将输送带上的物料清除掉，待来电或故障排除后，方可再接通电源启动运转。

33. 施工用电管理措施有哪些？

答：施工用电管理措施如下：

（1）机电设备部作为用电管理机构，组织好运行、维护专业电工班组，明确各自的职责。

（2）建立、健全供用电设施的运行和维护操作规程。运行及维护人员必须熟悉操作规程，熟悉供用电系统的情况。

（3）建立用电安全岗位责任制，明确各级用电安全负责人。

（4）运行及维护人员必须由经过特种作业培训合格的持证上岗电工担任。

（5）现场需要用电时，必须提前提出申请，经过用电管理机构审核批准，通知运行、维护班组进行接引。

（6）接引电源工作，必须由维护电工进行，并设安全监察员进行监护。非电工不得擅自接引电源。

（7）施工用电用毕后，应由施工现场厂队或班组用电负责人通知维护班组电工进行电源拆除。非电工不得擅自拆除电源。

（8）严禁非电工拆装电气设备，严禁乱拉乱接电源。

（9）配电室和现场的开关箱、开关柜应防火、防雨，箱内不得存入杂物并应设门加锁，并有“严禁靠近，以防触电”的警示标志、供电范围和等级、用电管理维护主管及电工的姓名。电气设备危险部位设置明显的警示标志，运行中的电气设备还应加挂红色警示闪烁灯。

34. 照明安全措施有哪些？

答：施工单位应在施工作业区、施工道路、临时设施、办公区和生活区设置足够的照明，其照明度应不低于表 3.15 的规定。

最低照明度的规定数值表　　　　表 3.15

序号	作业内容和地区	照度（lx）
1	一般施工区、开挖和弃渣场、场内交通道路、堆料场、运输装载平台、临时生活区道路	30
2	混凝土浇筑区、加油站、现场保养场	50

续上表

序号	作业内容和地区	照度(lx)
3	室内、仓库、走廊、门厅、出口、过道	50
4	一般地下作业区和地弄	50
5	地下工程作业面	110
6	一般施工辅助工厂	110
7	特殊的维修车间	200

在不便于使用电器照明的工作面应采用特殊照明设施。地下工程照明用电遵守《施工现场临时用电安全技术规范》(JGJ 46—2005)第10节的规定。

洞室开挖、支护工作面的工作灯,电源电压不应大于36V。照明灯具的选择,在满足照明度要求下,宜选用节能灯。使用投光灯照明,可用220V,但应经常检查灯具和电缆的绝缘性能;竖井、斜井及导洞工作面应采用36V或24V照明。照明设备及电源线的安装拆卸均由专业持证电工进行作业。隧道入口处应设置过渡段照明。

照明装置使用安全规程如下:

(1)照明灯具的金属外壳必须作保护接零。单相回路的照明开关箱内必须装设漏电保护器。

(2)室外灯具距离地面不得低于3m,室内灯具距离地面不得低于2.4m。隧道内的照明灯具应采用低压低热防水防潮类型,距离地面不得低于2m。

(3)灯具内的接线必须牢固,灯具外的接线必须做可靠的绝缘包扎。

(4)灯具的相线必须经过开关控制,不得将相线直接引入灯具。

(5)损坏的灯具应及时更换,保障施工照明需要。

35. 环境温度与湿度控制管理措施有哪些?

答:环境温度与湿度控制管理措施如下:

(1)夏季施工应有防暑降温措施,露天作业集中的地方应搭设足够的休息凉棚,对从事高温和露天作业的工人,应供给足够的符合卫生条件的清凉饮料。室内温度经常高于35℃或低于5℃时,应采取降温或防寒措施。

(2)对温度高、湿度大的工作场所如车间、地下洞室等,应加强通风、降温。

36. 酒精饮料、毒品的控制管理措施有哪些?

答:(1)酒精饮料控制管理措施如下:

①凡从事高处作业、汽车及机车驾驶、机械操作、爆破作业、材料加工等特殊工种的施工人员施工期间严禁饮酒。

②不得酗酒、赌博、闹事，违者将进行批评教育并处罚。

③严禁在职工宿舍、施工区、仓库等地饮酒。安全监察部将负责对工地所有人员进行随时监督和检查。

④凡因饮酒而造成争执、打闹、安全事故、财产损失的，情节轻微者进行批评教育和处罚，情节严重、违反国家法律的将移送当地司法机关处理。

(2)毒品控制管理措施如下：

毒品种类繁多，目前已达到200多种。毒品危害巨大，施工单位应配合当地公安机关进行严格的毒品控制和人员管理，防止出现涉毒事件。

①参与施工、管理、服务的任何人员严禁携带、运送、交易、吸食各种毒品和国家严禁的精神类毒品，以及组织和参与与毒品有关的活动。

②对违反国家法律的涉毒人员将移送公安机关依法处理。

37. TBM施工防止出现安全问题控制措施有哪些？

答：TBM施工设备复杂先进，应配备多名专职安全人员，保证设备运行安全。

TBM施工过程安全控制如表3.16所示。

TBM施工过程安全控制 表3.16

安全问题		处理措施
开挖面坍塌	刀盘前方开挖面内坍塌	停止掘进，利用刀盘护盾上部指形防护栅的防护功能，在隧道顶部120°范围内施作超前锚杆、挂网，再喷射钢纤维混凝土进行支护，可防止掌子面上方坍塌
	刀盘前方上部坍塌	利用TBM配置的超前钻机，施作超前小导管注浆，进行超前支护，及时打设锚杆、挂网、喷射钢纤维混凝土及架立钢架或钢瓦片
	刀盘顶护盾上方坍塌	坍塌范围小时，可在刀盘护盾上部打设加密的砂浆锚杆，挂钢筋网并与锚杆焊接，再喷射钢纤维混凝土。 当坍塌范围大时，应停机处理。清理塌腔顶部危石，对塌腔围岩岩面进行喷护，安装全圆闭合钢瓦片，塌腔空隙用C20细石混凝土填充密实，待混凝土凝固并具有一定的强度后再继续掘进

续上表

安全问题		处理措施
开挖面坍塌	刀盘两侧护盾外侧围岩滑塌	小范围滑塌不用停机处理，可通过调整掘进参数、锁定部分支撑靴的办法解决。 大范围滑塌、导致支撑靴无法支撑时，应停机处理。先清理塌腔危石和石块，对塌腔围岩岩面喷射10cm钢纤维混凝土护壁，利用钢架安装器架立全圆闭合钢瓦片，用C20细石混凝土填充密实塌腔，在钢瓦片内侧喷射5cm钢纤维混凝土，待混凝土凝固并具有一定的强度后再继续掘进
	支撑靴部位洞壁滑塌、下陷（形成塌腔）	停机后可采用换填处理或锚杆注浆加固处理这两种方法。 （1）换填处理：缩回支撑靴，清除支撑靴部位危石和松渣，架立钢瓦片，用C20细石混凝土填充密实，在钢瓦片内侧喷射5cm钢纤维混凝土，待混凝土凝固并具有一定的强度后再重新伸展支撑靴撑紧围岩和外机架； （2）锚杆注浆加固处理：缩回支撑靴，清除支撑靴部位危石和松渣，在支撑靴位置施作迈式注浆锚杆加固围岩，同时调整支撑靴压力，增设钢垫板加大支撑面积
人员跌落或坠落	预防对策	（1）TBM设备组装时加强安全防护措施，工作架或平台应搭建牢固，增加支撑，清除平台积油滞水，作业人员应正确使用安全带，穿防滑鞋，非工作人员严禁进入工作范围；作业前进行相应设施的检查，加强安全宣传教育，以强化安全意识； （2）强化运输管理，禁止施工人员随意搭乘非人员运输车辆；整修道路，保障运输线路路况良好

38. TBM掘进中的安全防护措施有哪些？

答：TBM掘进中的安全防护措施详见表3.17。

TBM掘进中的安全防护措施 表3.17

防护项目	防护内容	说明
通风除尘	通风除尘要求	（1）通风量通常按掘进工作面作业人数所需风量、不同地段不同风速所需风量、排除作业粉尘至允许浓度所需风量、排除有害气体至允许浓度所需风量以及散热降温至允许温度所需风量分别计算，再取其最大值作为掘进工作面所需风量，掘进作业面通风量应不小于30m^3/s； （2）各作业面环境温度不宜超过25℃； （3）TBM施工的粉尘主要来源于刀具破岩产生的粉尘和喷射混凝土作业时产生的粉尘，各作业面粉尘浓度不应超过2mg/m^3

续上表

防护项目	防护内容	说　明
通风除尘	通风除尘措施	(1)TBM 通风采用管路压入抽出混合式通风方式,洞外轴流风机和接力轴流风机多级串联进行送风,TBM 配置的风机进行抽风; (2)为了将粉尘堵在 TBM 刀盘前部,不向机头后溢出,在刀盘支撑外侧设有挡尘板,挡尘板可弥补 TBM 头部顶护盾、侧护盾、下支撑封闭不到的部位; (3)刀盘破岩产生的粉尘先由刀盘上的喷水嘴在掌子面喷水降尘,喷水可以形成环状水雾,与较大颗粒粉尘结合沉降,再通过 TBM 机头上部两侧护盾下方的排风口,与排风管相连,由抽风机将中小颗粒粉尘从风管中抽出,送入 DRY 干式除尘器除尘;TBM 上需设置粉尘监控系统,可以实时监测粉尘浓度并进行报警; (4)必要时可在皮带输送机与转载渣斗间增设喷水装置以降低扬尘
作业人员防护	作业人员防护措施	(1)洞内高压电缆漏电保护; (2)高压主电路开关接地保护; (3)控制室和刀盘支撑架处设置紧急停机开关,可切断主机供电电源; (4)照明和出线开关接地保护; (5)配置甲烷或其他有害气体、粉尘浓度检测和报警系统; (6)TBM 配置一个避难室,布置在后配套的顶层,密封良好,带电话和可开启式侧窗及顶窗户,还配置 24h 供氧呼吸紧急救援装置,所有人员舱室都布置在后配套的高层; (7)TBM 的操作人员必须经过安全技术操作培训,考试合格后,持证上岗; (8)TBM 操作人员上岗前,还要进行身体健康状况检查,有禁忌病症者,不准从事 TBM 操作工作
主机安全防护	主机连锁	主机内各种机电设备需按程序启动,并且要达到规定的性能要求才能运转,运转时期某个部分出现问题,主机就会停机。主机连锁包括:主轴承润滑油流,减速器输出小齿轮润滑油流,刀盘电动机冷却水流,点动离合器齿合,电动机过载,皮带输送机速度,皮带输送机液压马达压力,刀盘转速,密封润滑油油流,支撑油缸压力,驱动装置离合器压力,后下支撑合水平支撑联动保护等
	主机显示	除上述连锁的各项要显示外,还需增加显示:电动机温度,减速器温度,变压器温度和压力,润滑油箱油面,液压油箱油面和油温,拖拉杆(拖拉后配套)油缸压力等

续上表

防护项目	防护内容	说明
通过不良地质段防护	通过不良地质段防护措施	(1)在TBM掘进开挖的全过程,应根据开挖岩渣性状、超前预报和勘探、地质测绘等手段认真对围岩状况做出判断,并且尽最大努力避免TBM在没有任何保护措施的情况下进入不良地质段; (2)根据超前地质预报确定出不良地质段的位置和围岩状况,采用超前注浆加固、选择科学的支护参数、选择合理的掘进参数、加强围岩监控量测及时反馈信息等措施,能有效减少或防止围岩出现坍塌、塌滑的现象; (3)对TBM易损伤的关键部位和人员活动范围进行防护,防止在掘进不良地质段时出现设备受损和人员伤亡

39. TBM组装作业安全措施有哪些?

答:TBM成套设备是以裸件、集装箱和木箱包装形式运抵工地现场的。其中主机部分大多为裸件,主体附属设备大部分装箱,后配套系统大多为裸件,其中关键的液压、电气件均装箱。组装时应严格按照装配工艺规程要求,将不同形式、不同类型的部件组装起来。

TBM组装过程中的安全措施见表3.18。

TBM组装过程中的安全措施汇总表 表3.18

序号	具体措施内容
1	起吊设备使用前应检查状态;大件重型部件起吊时应进行试吊,分别按照大件设备重量的30%、60%、100%逐级进行加载,每加载一级应暂停10min进行起吊检查,没有问题后再进行下一级加载直至吊起设备。起吊范围下不得有人员活动,起吊应有专人进行指挥
2	TBM组装洞的地基应夯实,组装工具应就近放置。TBM组装洞底板混凝土最小抗压强度不小于30MPa
3	TBM设备组装现场要由专人负责指挥
4	组装人员要全部佩戴安全帽,高处作业应使用安全带,隧道应根据现场情况布置足够数量的便携式消防器材
5	分工明确,相互协作,如机械部分由机械人员负责组装,电气部分由电气人员负责连接,但要注意相互之间的配合

续上表

序号	具体措施内容
6	TBM设备组装过程中,随时对设备主机各总成、部件及附属设备进行外观质量检查
7	高空作业或吊装重件时,采取相应安全防范措施;登高作业应使用安全带,高挂低用。在不规则平面作业时,应搭建牢固的作业平台,四周进行围护并挂安全网。工作平台上的积油滞水应及时清除,并采取防滑措施
8	组装后,对设备组装的完整性、合理性、安全性等进行检查

40. 施工用电安全操作规程有哪些?

答:施工临时用电遵守现行《施工现场临时用电安全技术规范》(JGJ 46)的条款规定。施工用电安全操作规程见表3.19。

施工用电安全操作规程　　表3.19

序号	措施	具体内容	说明
1	电工安全操作规程	设备要求	大型机械设备安装后必须由机电设备部和安全监察部验收合格后才能通电运行
		验收要求	供电干线、配电装置、配电柜完成后,必须会同设计者、机电设备部、安全监察部共同验收后,才能通电运行
		使用要求	必须符合现行《施工现场临时用电安全技术规范》(JGJ 46)的要求。检修电气设备时应停电作业,电源箱或开关握柄应挂"有人操作,严禁合闸"的警示牌或设专人看管。必须带电作业时应经有关部门批准
		接地要求	接地装置必须在线路及配电装置投入运行前完工,并检验其接地电阻值
		检查要求	保护移动式设备的漏电开关,负荷线每周检查一次,保护固定使用设备的漏电开关应每月检查一次,防雷接地电阻每月1日前进行全面检测
		漏电保护器要求	施工现场的配电箱和开关箱至少配置两级漏电保护器,漏电保护器选用电流动作型。漏电保护器只能通过工作线开关应实行"一机、一闸、一漏电保护"
		开关要求	配电系统中开关电器必须完好,设置牢固端正
		接头包扎要求	带电导线接头间绝缘包扎严禁挂压其他物体

续上表

序号	措施	具体内容	说明
1	电工安全操作规程	配电箱、开关箱要求	配电箱、开关箱应安装牢固，防火防雨并设门配锁，进线口和出线口宜设在箱的下部或侧部，电源的引出线应穿管并设防水弯头。具有3个回路以上的配电箱应设总刀闸及分路刀闸。每一分路刀闸不应接两台及其以上的电气设备，不应供两个及其以上的作业组使用。配电箱、开关箱由维护电工负责定期检修
		维护电工要求	维护电工必须遵守电工操作规程，使用绝缘工具，遵守用电管理机构的指挥和调度
		防火、防爆要求	在电器装置和线路周围不得堆放易燃易爆和强腐蚀物质。在电器装置相对集中场所，配置绝缘灭火器材并禁止烟火。加强电器防火知识宣传，对防火重点场所加强管制，并设置严禁烟火标志
		防雷要求	合理设置防雷装置，加强电器设备相间和相地间绝缘防止闪烁
		移动电气设备要求	移动的电气设备的供电线，应使用橡套电缆，穿过行车道时，应套管埋地敷设，破损电缆不得使用
2	潮湿环境用电安全规程	防潮要求	在特别潮湿的环境中，电气设备、电缆、导线等应选用封闭型或防潮型
		接地要求	电气设备金属外壳、金属构架和管道均应接地良好
		电动工具要求	移动式或手提式电动工具，应加装漏电保护器，其动作电流应不大于15mA，动作时间小于0.1s或选用双重绝缘设备。长期停用的电动工具，使用前应检测绝缘性能
3	各类用电人员安全操作规程	安装维护要求	安装、维修或拆除临时用电工程，必须由电工完成。电工等级应与隧道施工用电的难易程度和技术复杂性相适应
		技能要求	掌握安全用电基本知识和所用电气设备的性能和操作规程
		防护要求	使用用电设备前，必须按规定穿戴和配备相应的劳动防护用品；并检查电气装置和保护装置是否良好。严禁设备带病运转
		保护要求	负责保护所用设备的负荷线、保护零线和开关箱，发现问题，及时报告解决
		移动用电设备要求	移动用电设备必须由电工切断电源并作妥善处理后进行

41. 电动机运行操作规程有哪些?

答:电动机运行操作规程如下:

(1)电动设备应符合相应的国家标准、专业标准和安全技术规范,并且有产品合格证和使用说明书。

(2)建立和执行专人专机负责制,并定期检查和维修保养。

(3)保护零线的电气连接应做保护接零,产生振动的电动机其保护接零的连接点不少于两处。手持电动工具中的Ⅱ类和Ⅲ工具可不做保护接零。

(4)应根据电动机的种类和使用场所特点等要求装设漏电保护器。

(5)电动机的负荷线必须按其容量选用无接头多股铜芯橡皮护套软电缆。其性能应符合现行国家标准《额定电压450/750V及以下橡皮绝缘软线和软电缆 第2部分:通用橡套软电缆》(JB/T 8735.2)的要求。其中绿/黄双色线在任何情况下只能用作保护零线或重复接地线。

(6)电动机的开关箱内,除应装设过负荷、短路、漏电保护装置外,开关箱内的开关装置必须在任何情况下都可以使电动机实行电源隔离。

(7)电动机不得带病运转和超负荷运转。发现不正常情况应断电停机,由专业维修员检查,不得在运转中修理。

42. 焊接作业安全操作规程有哪些?

答:焊接作业安全操作规程详见表3.20。

焊接作业安全操作规程汇总表　　表3.20

序号	相关规程	说　明
1	焊工安全操作规程	(1)电焊、气割,严格遵守规程操作; (2)操作前应检查电焊机、电源接头及线路是否良好,金属外壳应安全可靠接地,进出线应有完整的防护罩,进线端应用铜接头焊牢; (3)每台电焊机应有专用电源控制开关;电源的接引应由用电维护班组的电工进行接引;开关的保险丝容量,应为该机的1.5倍,严禁用其他金属丝代替保险丝;完工后,切断电源,锁好开关箱; (4)电焊的弧火花点必须与氧气瓶、电石桶、乙炔瓶、木料、塑料、燃油、润滑油、泡沫剂、液压油桶等易燃危险物品的安全距离不少于10m,与易爆物品的安全距离不少于20m; (5)清除焊渣时,面部不应正对焊纹,防止焊渣溅入眼内; (6)正确使用防护用品,戴绝缘手套,护目镜,避免电焊时产生的毒烟、弧光对身体造成危害

续上表

序号	相关规程	说明
2	焊机使用一般安全规程	(1)焊机的电源连接,应由专业电工进行操作,并且接零良好,非电工不得擅自进行电源线的拆装; (2)电焊机应放置在防雨、干燥和通风良好的地方; (3)电焊机的二次线;应采用防水橡皮护套铜芯软电缆,电缆长度不应大于30m,其护套不得破裂,其接头必须绝缘、防水包扎防护好,不应有裸露带电部分;二次地线不得用金属构件或结构钢筋代替; (4)使用电焊机焊接时应穿戴防护用品,严禁露天冒雨从事电焊作业; (5)设备出现故障时,应立即切断电源,并找专业机械维修工进行检修;工作完后拉闸断电,锁好闸箱后方可离开

43. 钢筋加工机械安全操作规程有哪些?

答:常用的钢筋加工机械安全操作规程详见表3.21。

钢筋加工机械安全操作规程汇总表 表3.21

序号	相关规程	说明
1	钢筋切断机安全操作规程	(1)接送料的工作平台应和切刀下部保持水平,工作台的长度应根据待加工材料长度设置; (2)机械未达到正常运转时,不可切料;切料时,必须使用切刀的中、小部位,紧握钢筋对准刃口迅速投入;送料时应在固定刀片一侧握紧并压住钢筋,以防钢筋末端弹出伤人;严禁用两手分在刀片握住钢筋俯身送料; (3)不得剪切直径及强度超过机械铭牌额定的钢筋和烧红的钢筋; (4)切断短料时,手和切刀之间的距离保持在150mm以上,如手握端小于400mm时,应采用套管或夹具将钢筋短头压住或夹牢; (5)运转中,严禁用手直接清除切刀附近的断头和杂物;钢筋摆动周围和切刀周围,不得停留非操作人员; (6)钢筋切断机的电源连接,应由专业电工进行操作,并且接零良好
2	钢筋调直机安全规程	(1)在调直块未固定、防护罩未盖好前不得送料;作业中严禁打开各部防护罩及调整间隙; (2)当钢筋送入后,手与拽轮必须保持一定的距离,不得接近; (3)送料前,应将不直的料头切除,导向筒前应装一根1m长的钢管,钢筋必须先穿过钢管再送入调直筒前端的导孔内

续上表

序号	相关规程	说　明
3	钢筋弯曲机安全使用规程	(1)芯轴、挡铁轴、转盘等应无裂纹和损伤,防护罩坚固可靠,经空运转确认正常后,方可作业; (2)作业时,将钢筋需要弯曲的一端插入在转盘固定销的间隙内,另一端紧靠机身固定销,并用手压紧,检查机身固定销确实安放在挡住钢筋的一侧,方可开动; (3)作业中,严禁更换轴芯、销子和变换角度以及调速等作业,也不得进行清扫和加油; (4)严禁在弯曲钢筋的作业半径内和机身不设固定销的一侧站人;弯曲好的半成品,应堆放整齐,弯钩不得朝上

三、应急预案

44. 应急反应组织机构有哪些?

答:应急反应组织机构图见图3.27。

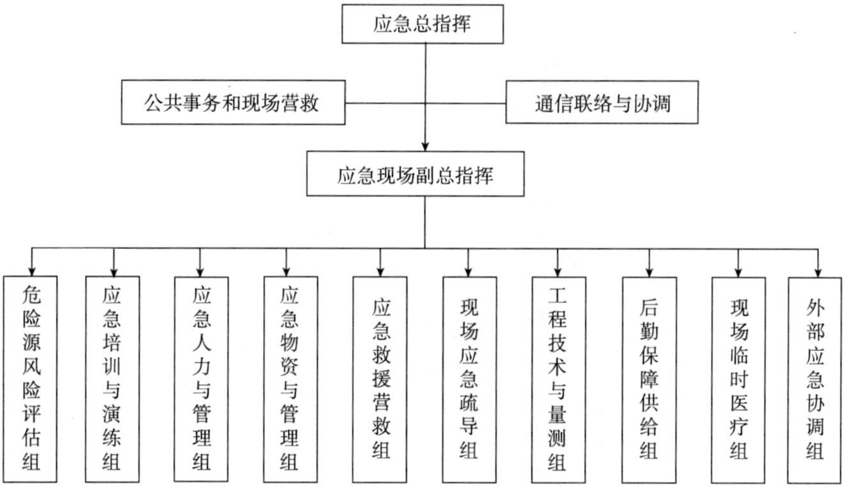

图3.27　应急反应组织机构图

45. 应急部门的职能和职责以及人员组成有哪些?

答:应急反应组织结构职能和职责以及人员组成见表3.22。

应急反应组织结构职能和职责以及人员组成　　表 3.22

序号	部　门	职能和职责	人员组成
1	应急总指挥	(1)分析紧急状态和确定相应报警级别,根据相关危险类型、潜在后果、现有资源和控制紧急情况的行动类型; (2)指挥、协调应急反应行动; (3)与外部应急反应人员、部门、组织和机构进行联络; (4)直接监察应急操作人员的行动; (5)最大限度地保证现场人员和相关人员的安全; (6)协调后勤方面以支援应急反应组织; (7)应急反应组织的启动; (8)应急评估、确定升高或降低应急警报; (9)通报上级主管机构或部门; (10)决定请求外部援助; (11)决定应急撤离; (12)决定事故现场外影响区域的安全性	项目经理
2	应急副总指挥	(1)协助应急总指挥组织和指挥应急操作任务; (2)向应急总指挥提出应采取的减缓事故后果的应急反应对策和建议; (3)保持与应急总指挥的联系; (4)协调、组织和获取应急所需的其他资源、设备以支援满足现场的应急行动; (5)组织相关技术和管理人员对现场生产区全过程各危险源进行风险评估; (6)检查各应急反应部门的日常工作和应急反应准备状态	安全副经理
3	危险源评估组	(1)对水文地质及作业现场的特点以及生产全过程的危险源进行科学的风险评估,以便及时发现危险源的突显特征; (2)指导现场班组负责人和操作人员落实安全措施和监控工作,减少和避免危险源的事故发生; (3)完善危险源的风险评估资料信息,为应急反应的评估提供科学的、合理的、准确的依据; (4)确定各种可能发生事故的应急反应指挥中心位置,以便应急反应时及时启用; (5)制订现场的应急反应物资、科学合理的人力资源储备计划	安全副经理, 安全监察部, 工程技术部, 调度协调部, 机电设备部, 物资部, 环境保护部

续上表

序号	部　门	职能和职责	人员组成
4	应急培训演练组	(1)根据工程特点和现场人员的构成情况,以及周围环境状态,按照已确定的各种可能发生的事故应急内容,制订培训和演练计划; (2)按照应急预案的规定和计划安排,有组织地进行各种应急反应技能的学习和培训,适时组织各应急反应人员进行技能演练; (3)通过培训和演练,及时修正应急反应的不足和缺陷,逐步完善各应急反应实施机制,培训演练内容和措施; (4)收集和整理在应急反应技能演练和实施中所获的信息,及时反馈到总指挥和副总指挥,同时做好应急反应的人力资源资料归档	安全监察部,调度协调部,环境保护部,人力资源部
5	应急物资管理组	(1)制订现场应急反应所需物资资源的储备计划,并检查、监督、落实应急反应物资的储备数量; (2)定期检查、监督、落实应急反应物资管理人员的到位和变更情况,落实应急反应物资的达标状态; (3)应急预案启动后,按应急总指挥的部署,有效地组织实施应急反应物资资源,及时对事故现场进行应急救援	机电设备部,物资部
6	应急人力管理组	(1)协助各组制订现场的应急反应人力配备计划; (2)按已制订的应急反应人力配备计划,协助建立和完善各种应急救援小组; (3)定期检查、监督、落实各应急救援小组的人员变更情况,以及数量状态; (4)定期收集和整理的应急反应人力资源信息,为应急反应行动的启动,做好人力资源的数据储备; (5)应急预案启动后,按应急总指挥的部署,有效地组织实施应急反应人力资源,及时对事故现场进行应急救援	项目经理,安全副经理,人力资源部,综合办公室
7	工程技术组	(1)根据地质、水文、气象的环境变化和特点,制订其可能出现而必须运用技术措施解决的应急反应方案,为事故现场提供有效的施工技术服务做好技术储备; (2)应急预案启动后,根据事故现场的特点,及时向应急总指挥提供科学的施工技术方案和技术支持,有效地指导应急反应行动中的施工技术工作	安全副经理,工程技术部,调度协调部,机电设备部,安全监察部,环境保护部

续上表

序号	部　门	职能和职责	人员组成
8	后勤保障供给组	(1)根据施工作业现场的位置和特点,了解落实应急反应物资供应点分布情况,为及时向应急反应行动的后勤物资供给做好准备工作; (2)应急预案启动后,按应急总指挥的部署,及时赶赴现场,根据应急反应救援工作的需要,及时提供后勤保障服务	综合办公室,人力资源部,财务部
9	应急救援组	(1)铺设临时安全通道,便于人员疏散; (2)将受伤人员营救至安全地带,需抢救的设备和物资转移到安全地带	综合办公室,安全监察部
10	应急疏导组	(1)对作业区范围进行有效的隔离工作和维护现场应急救援通道畅通的工作; (2)疏散现场人员撤出危险地带; (3)保护事故现场并进行警戒,防止出现二次事故	安全副经理,技术人员,各厂队,班组
11	临时医疗组	(1)对受伤人员做简易的抢救和包扎工作; (2)及时转移重伤人员到医疗机构救治	综合办公室,安全监察部,调度协调部
12	外部协调组	(1)做好外部医疗机构的联系工作,协助妥善处理受伤人员; (2)做好警戒、临时交通管制,为应急反应行动的启动做好准备; (3)当需要外部救援力量支持时,负责沟通、协调和组织外部救援力量进入事故现场救援	项目经理,综合办公室,调度协调部

46. 应急计划如何建立?

答:安全事故应急流程图如图 3.28 所示。

(1)危险源的风险评估

风险评价是对工程项目所有阶段的主体风险、各个风险之间的相互影响、相互作用以及对工程的影响进行研究。

依据隧道施工特点以及周边环境的实际情况、施工场区设施的总平面布置、施工方案及组织设计的要术、文明施工、安全生产技术措施的要求,科学地评估出可能发生的事故危害及影响,以确定对哪些风险事件需要作出反应。

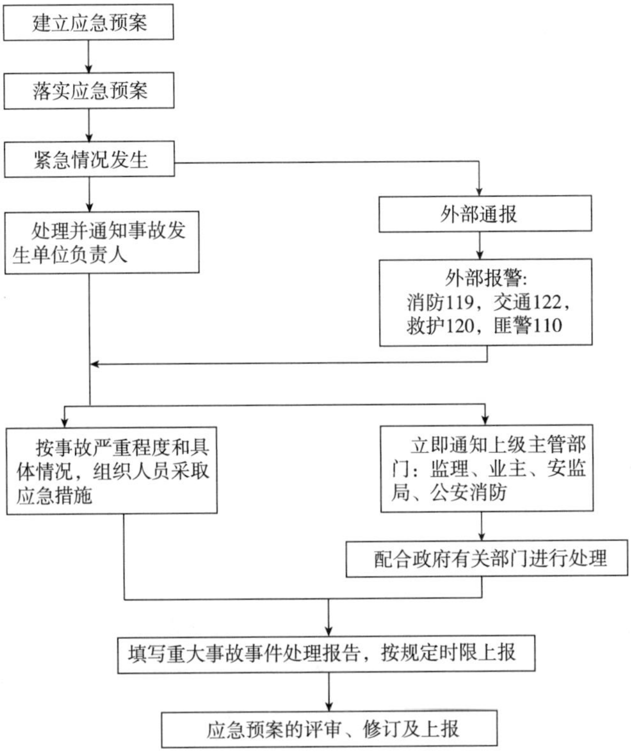

图3.28　安全事故应急流程图

风险评价分为定性风险评价和定量风险评价两种。经综合评估后,提出了合理的评估意见,确立了最佳的应急方案,同时结合现场实际情况和应急救援能力,制订各种专项的应急救援预案。

①风险的度量

对风险进行度量是为了确定风险的数值或重要程度的次序。度量可以使用标识、序数、基数和比率四种量度。在某些情况下,经常采用多种量度。

a. 标识量度。是用来标识对象或事件的,可以区分不同种类风险,如红色表示严重的风险,而黄色表示一般严重的风险等。

b. 序数量度。在进行风险度量之前,事先确定一个基准,然后将各种风险与该基准进行对比,根据差距的大小对这些风险进行排序。利用序数量度,可以判读出一个风险与另一个风险相比,是较大、相等,还是较小。

c. 基数量度。使用基数量度可以将各个风险彼此区分开来,而且可以确定彼此之间差别的大小。

d. 比率量度。不但可以确定风险之间的彼此差别的大小,还可以确定一个度量起点。风险发生的概率就是采用了比率量度。

②风险事件概率

风险事件概率即对风险事件可能发生的概率的估计。风险事件值即对在风险事件发生情况下,将会发生的损失的估计。风险事件发生的概率和概率分布是进行风险量化的基础。风险量化需要首先确定风险事件的概率分布。确定风险事件的概率分布的方法有:

a. 根据历史资料确定风险事件概率分布。收集相关或同类风险事件的历史资料,利用它们进行概率分析。

b. 利用理论概率分布。

c. 主观概率。在一定的条件下,对未来的风险事件发生概率的大小的一种主观相信程度的度量。

d. 决策树。

e. 专家评定。

③风险规划和控制

风险规划就是制订风险规避策略以及具体实施措施和手段的过程。规避策略,可以从改变风险后果的性质、风险发生的概率或风险的后果大小三方面,提出多种策略。一般的规避策略有:缓解、预防、转移、回避、接受和后备措施等。

a. 风险缓解:通过降低事件发生的概率、降低风险事件值或同时降低两者,从而降低预期风险事件的发生。

b. 风险预防:预防策略通常有无形手段和有形手段两种。有形的手段是以工程技术为手段,消除风险的威胁。无形的风险预防手段有教育法和程序法两种。教育法是通过对有关人员进行风险和风险管理教育,减小有关风险。程序法是以制度化的方式从事风险管理活动,减少不必要的损失。

c. 风险转移:风险转移又可称为风险分担,在风险事故发生时,将损失的一部分转移到工程以外的第三方身上。

d. 风险回避:风险回避是指在工程项目潜在风险发生的可能性较大、不利后果很严重、没有其他策略可用时,提前改变工程施工的方案与技术,从而实现规避风险。

e. 接受:接受风险的发生。接受可以是积极的(如制订应变计划,当风险事件发生时执行)。

f. 后备措施：有些风险要求事先制订后备措施。

风险控制即是重新设定工程项目中的风险。因为即使是最全面、最充分的风险分析也不能正确地识别出所有的风险和可能事件，仍需要进行对风险进行重复识别、估计和评价并进行规避和控制。

(2)建立危险识别体系

根据地质水文条件、自然环境特征、施工方法及特点、安全和技术措施、机械设备特性，建立风险识别体系，确定重大危险源，并根据危险源的分布实际情况，确定管理人员、操作人员的危险辨识职责，定时、定向、定人、交叉进行检查，以便及时发现重大危险源的突显特征。

风险识别的方法有：

①核对表

核对表通常按危险源进行组织，将经历过的风险事件罗列出来，组成核对表。利用核对表，可以预测到项目中可能会有哪些潜在的风险。

②流程图

敏感性分析。敏感性分析是研究在工程施工期内，当项目内的可变因素发生变化时，其风险如何变化以及变化的范围如何。

故障树分析。及时用故障树分析方法对工程这一系统进行安全性分析，以找出系统中导致事故发生的危险因素，并且可以给出各种危险事故的发生概率。在风险识别中，故障树分析不仅能够查明项目的风险因素，给出风险事故发生的概率，而且还可以提出各种控制风险因素的方案。既可以进行定性分析，又可以进行定量分析。

通过风险识别，可以识别到项目安全的危险源，危险源是各种可能会影响项目安全的风险事件。风险征兆即实际风险事件的直接表现。

(3)应急上报机制

通过危险辨识体系获得了重大危险源的突显特征后，第一时间报告项目经理部应急总指挥和应急副总指挥，应急总指挥立刻向集团公司汇报，同时确定启动应急预案。

(4)应急反应行动的资源配置

应急计划确立后，根据施工场区位置的具体条件及周边应急反应可用资源情况，以及进行自救的应急反应能力，配置合理的应急反应救援物资和人力资源。

(5)建立应急反应救援安全通道体系

在应急计划中，依据隧道及其他支洞、临近标段施工和管理的范围和特点，确立应急反应状态下的救援安全通道体系，包括人行道、水平运输通道、垂直运输通道、与场外连接通道、排水通道、通风通道，并做好多通道体系设计方案，以解决事故现场发生变化带来的问题，确保应急反应救援安全通道能有效地投入使用。

（6）应急知识培训和预案演练

①与当地定点医院联系，每年开展一次卫生知识和医疗急救知识培训，建立急救人员队伍。

②根据施工情况和施工风险度，在适当时候组织应急救援培训。为检验和定点医院的配合程度，开工后组织一次由定点医院、应急反应组织机构共同参加的应急救援演练，对演练中暴露的不足之处，定人定时间定措施加以整改完善。

③各种应急预案编制后，应定期进行各种应急预案的演练，由应急领导小组组织进行，各应急部门相关人员按照各自职责要求和应急程序进行相关内容的演练。演练前制订操作性强、结合实际的方案，并按程序经审核后执行，使应急部门熟悉应急预案的实施程序和注意事项。

④将卫生知识培训、医疗急救知识培训、应急演练等活动形成完善的文字、声像资料。

（7）应急抢险救援物资及设备器材的储备

应急抢险救援物资及设备器材储备一般包括汽车吊、长臂挖掘机、挖掘装载机、装载机、无轨运输车、有轨运输车、轨行人车、面包车、救援车、离心式立式抽水泵、潜水排污泵、注浆泵、卷扬机、水平钻机、锚杆凿岩机、平板拖车、洒水车、锚杆注浆机、水泥、砂、石料、钢材、木材、踏板、脚手架、安全警戒带、电筒和头灯等照明设备、彩钢板围蔽、对讲机、彩条布、雨衣、雨鞋、防水服、铁锹、消防铲、消防桶、灭火器、缆绳、麻绳、沙袋、编织袋、安全货柜、医用氧气袋、担架、医疗急救箱、橡皮筏、救生圈、救生衣等。

47. 高压大流量突（涌）水应急预案如何制订？

答：在洞内富水构造被揭穿，发生大突水后，采用以下方式处理：

（1）待其水量减少或消退、水压降低后再进行注浆处理。

（2）若水流很大、水压很高、人员无法靠近，且无减弱趋势，采用以下几种方式处理：

①在地下水补给区与辅助洞涌水点之间布置泄流钻孔分流泄压，降低隧道涌水点的涌水量和流速。

②封堵工作面，超前钻孔注浆止水并加固围岩。

③采用迂回导洞在出水的上游揭穿水道，排水减压，为辅助洞掌子面处理创造条件。

48. 岩爆应急预案如何制订？

答：岩爆应急预案按下列内容制订：

(1)岩爆预警

加强工作面现场指挥和安全警戒，总结岩爆发生的经验和规律，确保在第一时间确认岩爆险情，提前发出预警提示。

设置应急通信设备，加强洞内、外及洞内横通道施工区的联系，以确保在发生岩爆的情况下洞外人员能够立即组织力量采取应急措施。洞内监视系统与设在洞外监控室监视系统相连，以便洞外及时掌握洞内岩爆的情况，采取应急救助措施，从而争取时间、减少损失。

(2)应急措施

①发生岩爆时，停止施工，切断机械设备电源，施工人员迅速撤离至安全地带。同时拨打急救电话通知洞外值班人员岩爆发生情况，以利洞外人员启用紧急应急预案，及时组织进行抢险救援工作。

②在预警存在中等量级以上岩爆洞段掘进或开挖时，施工人员要身着钢盔、防弹衣，贵重机械设备要进行防护。如遇岩爆，立即停止施工，转移到安全地带。

③注意避让岩爆飞石，以免危及人员和设备安全。如发生人员受伤，应立即送往医院抢救。

④在安全教育中，对施工人员进行岩爆前兆常识讲座和发生岩爆情况下逃生的紧急应急措施，做到在发生岩爆情况下沉着冷静，人人能自救，能互救。

49. 塌方应急预案如何制订？

答：塌方应急预案按下列内容制订：

(1)塌方的预警

隧道开挖过程中，应及时进行地质超前预报，了解围岩变化情况和地质水文条件，在可能发生塌方的洞段进行预警。在隧道开挖之前和开挖过程中，安排地质工程师对工作面的围岩情况进行观察，一旦发生塌方，立即疏散工作面的施工人员，撤离施工设备到安全区域，设置应急通信设备，加强洞内、外及洞内横通道施工区的联系，以确保在发生塌方的情况下洞外人员能够立即组织力量采取应急措施。

(2)应急措施

①发生塌方时,停止施工,人员立即撤离至安全地带。同时拨打急救电话通知洞外值班人员塌方情况,以利洞外人员启动紧急应急预案,及时组织进行抢险救援工作。贵重机械设备能撤离的应紧急撤离,防止设备损坏。

②注意避让掉落的石块,砸伤人员和损害设备。

③对已塌方和可能发生塌方洞段进行警戒,维持现场秩序,组织应急抢险,调集应急物资和设备。

④小范围塌方应立即进行临时支护处理,防止塌方进一步扩大。大范围塌方,分析塌方的原因(收缩变形及地质原因),待塌方相对稳定后再采取处理措施。

⑤在安全教育中,对施工人员进行塌方常识和发生塌方情况下逃生的紧急应急措施讲座,做到在发生岩爆情况下沉着冷静,人人能自救互救。

50. 重大交通事故应急预案如何制订?

答:重大交通事故应急预案按下列内容制订:

(1)一旦发生重大交通事故,事故区域人员或临近人员应立即通过各种迅捷的通信方式,告知洞外值班人员,以便立即按照应急救援预案的内容实施救援。

(2)事故现场和附近人员立即进行自救和互救,组织人员有序撤离至安全地带。

(3)应急救援人员应立即赶赴事故现场,并调集各种应急久远物资和设备,对伤员进行临时医疗救护,重伤人员迅速送往当地医院治疗。

(4)保护事故现场并进行警戒,以便进行事故原因调查。

51. 火灾应急预案如何制订?

答:火灾应急预案按下列内容制订:

(1)报警通报

①一旦发生火灾,要在第一时间通知楼层值班员和视火情迅速拨打"119"报警,并通知项目部或项目分部负责人。

②值班人员视火情考虑迅速疏散职工,组织义务消防队员一边抢救没有逃离的员工,一边迅速使用消防器材控制火势、扑灭在初期阶段。

(2)疏散、抢救和灭火

①火灾发生后,首先必须考虑的问题是组织指挥疏散与抢救人员。

②值班人员及消防队长负责引导员工向安全区疏散，义务消防队组织火灾扑救，并仔细清点检查人数是否有人滞留在着火屋内需要抢救出来。

③先从着火房间及着火层以上各层开始疏散，再疏散着火层以下层，疏散时提醒员工互相协助撤离危险区域，不准无关人员再次进入着火层。

④首先要从着火房间中迅速脱离，或把伤员抢救出来，若员工在相邻的其他没有着火的房间内应把门关闭，以延缓火势；假如你必须打开门通过楼道方能逃生，到楼道后应立即把门关死。在开门之前先摸一下门，如果门已发热或者浓烟从门缝不断的渗透进来，切不可开门，应考虑其他出口，若门不热也只能小心翼翼地打开少许并迅速通过，通过后立即重新关上。

⑤有组织地带领人员沿楼梯冲过烟雾下楼，遇烟雾较大时，假如出口被浓烟堵住并且没有其他路线可走，要贴近地面的“安全带”，用湿毛巾捂住鼻口，匍匐前进通过浓烟弥漫的走廊和房间，千万不可以站着走动，不要为穿衣服或拿贵重的物品而浪费时间，没有任何东西值得冒生命危险；如果你的衣服着火了，应立即脱掉或乘风躺下就地打滚；若有人带着火惊慌失措乱跑，应让其倒下滚来滚去，直至火熄灭。

⑥在疏散路线上设定哨岗向疏散人员指明方向，防止疏散人员误入走道。有组织、有秩序地疏散人员，及时清理路障，保持通道畅通无阻。

⑦在疏散和抢救人员的同时，义务消防队要积极准备器材灭火，组织灭火时要观察房间火势蔓延过程，要控制火势向外蔓延，尽可能地把火控制在着火房间内予以扑灭；若火势较大，灭火的同时应及时给消防车疏通道路。

⑧扑救火灾时，应组织人员对伤员进行护理，然后送医院救治。

(3)安全警戒

为保证扑救、疏散与抢救人员的工作有秩序地进行，必须采取警卫措施。清理路障，指导一切无关车辆离开现场，为消防队迅速到达创造有利的条件。

(4)通信联络

消防联络人员应配备手机或在有电话的房间值班，负责与消防控制中心和有关领导的通信联络，担任此项工作的人员必须熟悉现场各部位置的人，更好地使预定的灭火疏散应急预案顺利实施。

(5)后勤保障

①保证灭火器材。

②保证水、电供应不间断。

③积极协调救援单位，提供支援项目，保障器材供应。

52. 突水突泥应急预案如何制订?

答:施工过程中若发现较弱突水突泥现象,立即报告应急组织领导小组,现场施工人员可根据现场实际情况迅速打随机排水孔,安置塑料弹簧软管进行排水(塑料弹簧排水管引入排水沟),释放水压力,并及时喷锚进行围岩封闭。如果围岩破碎,可在初喷混凝土结束后迅速安置钢拱架,然后再进行复喷混凝土封闭围岩,加强支护。同时进行流量观测,若超出限定流量,立即组织注浆封闭。

施工过程中若发生高强压力突水突泥现象,应立即尽可能地撤离人员和机械设备,确保安全。及时向现场应急小组汇报,根据实际情况迅速组织救护工作。准确记录水量的流量、流速、水压,并立即向业主、监理、设计代表汇报,按高压注浆封堵方案进行突水突泥控制。

(1)观测预警

①由工程部技术干部和各工班指定人员加强日常观测,确保在第一时间确认涌水险情,提前发出预警提示。

②与当地气象台建立天气服务联系,根据天气预报和降水量统计,加强隧道涌水观测。

③注意观测水位变化、隧道涌水流量及变化时间、流速、水压及扩拱处有无渗涌水。

④观测数据有变化时,及时向项目领导汇报,以便组织施工抢险。

(2)施工报告

①赋存高压水段在开挖时,作好超前地质预报工作,以防大面积揭露高压水源,工人自身要携带必要的自救设备(如防水应急灯、急救包、救生衣等),工人要身系安全带,安全带长度松紧适宜,如有涌水,应立即停止施工回到安全地带,并及时汇报。

②掌子面若发现有水渗漏时,施工工人应立即停止施工并进行观察,若有扩大趋势要回到安全地带,并及时汇报。

③赋存高压水段要准备两台抽水机,保证不积水,水涌过急抽不干时,要向业主及时报告。

(3)安全撤离

①当确认出现涌水时,由项目部领导下令,立即组织所有现场施工人员将施工机械加以安置保护,洞内施工人员由班组长带队全部撤离,撤离时要通过就近横通道进入未涌水的辅助洞。

②被困施工人员来不及撤离的,应选择衬砌台车等安全平台进行自我保护,

等待组织救援。

(4)组织抢险

①各班组及时清点人员,确认有无被困人员,并集结待命,不得擅离。

②组织抢险突击队,由各工班抽调身体素质好、水性好的工人组成,负责安装挡护拱架,堆砌砂袋,规范水流方向。

③在配备充分照明、救生设备时,由项目部决定组织工人进洞执行搜索救援活动。

④卫生员做好准备并视情况提前与定点医院联系。

(5)供电和照明

①在涌水可能危及到洞内变配电设施时,应果断断电,防止个别线路漏电发生意外;险情排除后,经检查确认安全后可恢复供电。

②启动专用照明线路,保障隧道内必要的照明需要。

(6)设备

在发生涌水时,如设备不能撤离到安全位置,应使设备处于动力关闭、加固和适当防护状态,防止设备造成不必要的损坏。

(7)警戒与治安

在发生涌水险情时,保安应加强洞外巡视,隔离安全地带,禁止闲杂人员进入危险区域。

(8)人群疏散与安置

疏散人员工作要有秩序地服从指挥人员的疏导要求进行疏散,做到不惊慌失措,勿混乱、拥挤,减少人员伤亡。

(9)现场恢复

充分辨识恢复过程中存在的危险,当安全隐患彻底清除,方可恢复正常工作状态。

53. 人身伤亡事故预案如何制订?

答:人身伤亡事故预案制订:

(1)成立现场救护领导小组。

(2)项目部办公室负责准备急救药品及部分医疗器械、现场急救药品,指定专人负责保管,遇紧急情况使用;出现人身伤害事故,由现场救护领导小组组织联系现场急救。

(3)项目部配备交通车辆,发生事故时,立即将受伤人员送往当地医院,同时拨打当地急救中心电话。

(4)现场发生人员伤害事故,除非有必要防止伤害扩大或遇有严重流血、呼吸停止和其他生命受威胁的情况下,否则不要移动伤员和严重病人,而应立即通知急救医疗。

(5)急救方法如下。

①处理外伤出血:

a. 用手在伤口施行直压,以阻止出血(绑扎伤口);

b. 在无骨折的情况下尽量将受伤部位抬高;

c. 安慰伤者并告之应松弛神经;

d. 召唤医务人员及救护车到现场。

②处理骨折:

a. 在处理骨折之前应先处理所有出血情况;

b. 在运送伤者之前,应将骨折部位用夹板绷带固定;

c. 召唤医务人员及救护车到场。

③处理一般烧伤及烫伤:

a. 用冷水冲洗受伤部位或将其浸于冷水中;

b. 将所有受伤部位附近的戒指、皮带、鞋子除去;

c. 用消毒绷带包裹伤口;

d. 勿拿去粘着伤口的衣物。

④处理腐蚀性化学物品灼伤:

a. 用水大量冲洗患部;

b. 腐蚀性化学剂彻底洗去后,用干净卫生的敷料盖上灼伤部位;

c. 送医院治疗。

⑤眼部灼伤:

立即张开眼睛,用自来水冲洗15min左右,用消毒敷料盖住眼睛,使眼睑不能张开(若伤者戴隐形眼镜时,要将其除去)。

⑥触电急救方法:

断开电源开关或用木棒等绝缘工具挑开漏电体,使充电伤者离开触电电源,及时采取人工呼吸、胸外挤压等急救措施。

人工呼吸法操作要点如下:用手将伤者颈部托起将其前额按下,使气管得以畅通;捏紧伤者鼻孔,深呼吸后,用嘴对着伤者口部,向伤者急吹气4次;吹气后,细听伤者口、鼻处放出的空气,每分钟重复12次,直至伤者复苏或救护人员赶到为止。

胸外挤压法(此胸外挤压法的危险性极高,在确认伤者心脏已停止搏动后才可使用):将伤者放置于平地上,探出其胸骨下心脏所在位置,将手置于此部位,另一手重叠在上,手臂伸直下压 4cm 左右,同时进行人工呼吸。

⑦蛇咬、蜂蜇伤:

a. 从事野外作业,应携带防止蛇咬伤等必备护具及药品;

b. 被蛇咬伤应使伤者立即躺下,完全静养,不可切割伤口,应尽快送医院治疗,并告知被何种蛇咬伤;

c. 用冷敷料覆盖伤口;

d. 被蜂蜇后若呕吐、昏眩或剧烈头痛应立即送医院治疗。

54. 有轨运输应急预案如何制订?

答:有轨运输应急预案制订:

(1)成立有轨运输领导小组。

(2)有轨运输安全措施如下:

①列车运行安全:

a. 行车工作由行车调度统一指挥,值班员、扳道员、机车驾驶员、调车员等有关行车人员严格执行行车调度的命令;

b. 车站值班员接发机车,必须确认接发进路无误,方可接发机车,机车发出(到达)时刻,记录行车日志;

c. 列车的编组和调车,必须严格按调度命令及作业计划进行;

d. 道岔口、洞口行人区设置警示灯、警示电铃、警示牌等;

e. 所有行车设备必须设专人养护,保持良好状态;

f. 在坡段行车时,控制机车的速度。

②巡视检查:

a. 加强对牵引车和制动装置的检查,确保在出现紧急停车时,能够及时制动、停车;

b. 轨道设专人巡视、检查,确保行车平稳。

(3)事故应急保障处理措施如下:

①施工现场设置卫生室,并设专职卫生员,24h 职守,确保外伤药物、烧伤药物、绷带、担架等医疗救护设备的齐全。

②发生交通事故后第一时间内封锁现场,通知车辆调度,以免后续车辆发生追尾事故,防止事故扩大,并及时与安全领导小组取得联系,组织事故处理。

③若发生人身伤亡事故,首先组织实施现场急救,伤势严重者送往医院治疗,同时与 120 急救取得联系,保证受伤人员得到及时治疗。

④展开事故原因调查,改进措施。

55. 防汛抢险应急预案如何制订？

答：防汛抢险应急预案制订：

（1）成立汛期防汛抢险领导小组。

（2）抢险过程如下：

①抢险人员领取雨衣、雨鞋和临时照明电筒进入井下清退井下所有作业人员，隧道内钢筋切割机、弯曲机、电焊机、防水板焊接机等小型设备、器具及时转移到地面。人员、设备转移完成后切断井下电源和起动地面照明电源。

②抽水电力系统独立，线路独立。人员撤离后，抽水系统正式启动，抽井下水排至地面。

③汛情发生时，根据情况如需外调抢险物资，设备物资部通知各供应商抢险物资需用量，供应商在接到通知后，迅速组织运输力量，确保在最短时间内，将抢险物资顺利及时送至指定地点。

56. 洞内逃生方案是什么？

答：隧道施工过程中，发生紧急危险事故时，受事故危害人员可利用各种逃生工具，依照设计好的各种安全逃生通道进行避险撤离。

（1）逃生线路

根据隧道及其他支洞、横通道、临近标段的施工和管理范围和特点，确立应急反应状态下的洞内应急逃生和救援安全通道体系，体系包括人行道、无轨和有轨运输通道、TBM 后配套人行通道、横通道、施工支洞通道、与场外连接通道、排水通道、通风通道，形成多通道体系交互相补的洞内逃生和救援方案，以解决事故现场发生变化带来的问题，确保人员紧急撤离逃生和应急反应救援安全通道能有效地投入使用。

（2）逃生工具

逃生工具包括无轨运输可载人车辆、有轨运输乘人机车、橡胶救生筏、救生衣、救生圈等。

四、文明施工管理及措施

57. 文明施工管理目标是什么？

答：文明施工管理目标如下：

(1)人员管理:加强教育,定期评比文明宿舍和文明职工,人员分区分队管理,建立登记和出入签名制,统一着装,洞内人员准确定位。

(2)临时设施:按照规划合理,功能明确,整齐规范,统一绿化,标语鲜明的要求建设管理。

(3)机械设备停放有序,出场清洗,遵守规则,文明驾驶。

(4)物料堆放整齐,分级分类,标识清晰,防潮防盗。

(5)防火、防盗、防洪、防疫成立委员会,满足业主要求。

58. 文明施工管理组织机构的组成有哪些?

答:成立以项目经理为组长的文明施工领导小组,组织领导文明工地的创建活动,定期对工人进行文明施工教育和文明法规的学习,组织文明厂队和班组评比,进行定期的检查工作,如图 3.29 所示。

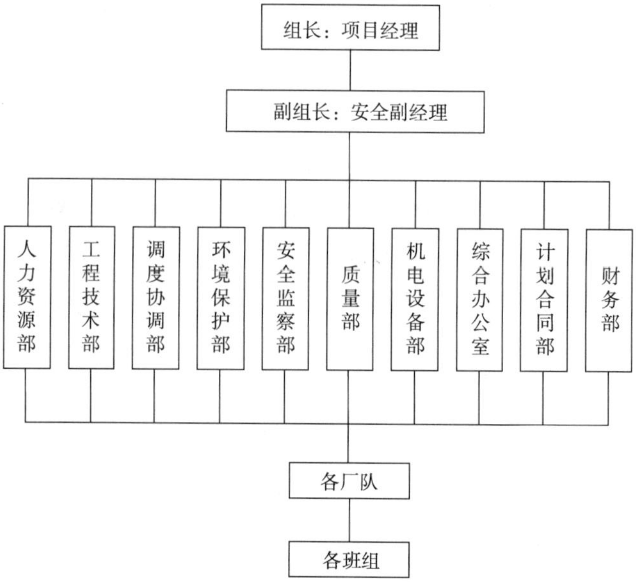

图 3.29 文明施工管理组织机构

59. 文明施工管理及措施有哪些?

答:施工中加强文明施工宣传工作,通过各种活动,美化施工环境,现场布置公告、安全、文明施工等标志牌,挂宣传标语,积极创建文明工地。文明施工管理及措施详见表 3.23。

文明施工管理及措施汇总表　　表3.23

管理项目	具体内容	说　明
施工现场管理	一般现场文明管理	(1)施工现场必须进行围蔽后方可进行施工,出入口设门卫,并建立门卫管理制度; (2)施工现场须具备五牌两图,即:施工标牌、组织网络牌、安全纪律牌、防火须知牌、文明施工管理牌和施工现场平面图及安全防火标志、器材分布图; (3)工地内车辆出入口设置洗车台和沉淀池、高压冲洗水枪,驶出工地的机动车辆必须在工地出入口洗车场内冲洗干净方可上路行驶; (4)施工现场无大面积积水,保持排水畅通、道路畅通;所有的泥浆、污水、废水必须经三级沉淀后排入下水道
	现场治安保卫管理	(1)施工现场实行封闭式管理; (2)建立治安保卫队和治安室,由治安保卫队负责对施工区域及生活区域的治安保卫工作,要加强巡逻,保证24h均有保安人员值班; (3)所有施工、管理和服务人员均应佩戴工作证,谢绝闲杂人员进入工地,避免盗窃、破坏等事件的发生; (4)未经业主及监理工程师授权的非施工单位施工人员将被阻止,防止无关人员进入现场
	现场卫生管理	在生活区按照有关规定要求设置一定数量的生活垃圾收集站和公共厕所,妥善处理生活垃圾,并做好施工人员的卫生防疫工作,每年进行一次体检,在易发生传染病的时期进行工地的消毒清洁,防止爆发流行病
	施工人员管理	(1)施工人员应进行注册登记,并签订劳动合同,明确双方的权利和义务,并报监理备案,对施工人员实行“准入”和“清退”制度; (2)进场后,及时在当地公安机关办理人员暂住登记手续; (3)为施工人员提供必要的食宿条件以及符合环境保护和卫生要求的生活环境,并采取合理的卫生防护措施和劳动保护措施,以保护其职业健康和卫生; (4)对所有施工人员进行岗前培训和安全文明施工教育; (5)所有施工人员应统一着装、佩戴安全帽及员工号牌
材料堆放管理	工地的材料和设施不得随意堆放,分类摆放整齐,材料名称、型号、规格、数量应标识清楚,散料要砌池围筑,材料要立杆设栏,块料要起堆叠放,堆放高度不得高于1.6m	
临时设施管理	施工临时设施布置在各施工布置区,照明设施到位并符合安全照明的要求,达到宽敞、明亮、整洁	
场地管理	施工现场做到工完场清,保持干净整洁,同时要设立垃圾池集中存放并及时清理	

续上表

管理项目	具体内容	说　明
厨房厕所管理	设施管理	合理布置施工现场公共卫生设施，公共卫生设施应符合国家规定的卫生标准和要求
	卫生管理	(1)定期对公共餐饮场所进行卫生清理和卫生检查，除日常清理外每月集中清理不得少于2次，生活废弃物要妥善处置；根据气候变化及时安排灭蚊、灭蝇、灭鼠； (2)食堂服务人员和供水工作人员实行“健康证制度”，每年定期进行健康检查，有传染病带菌者不得从事食品卫生服务
职工宿舍管理	(1)由于业主将提供施工的临时办公和生活用房，生活区的管理还应遵守业主的指示和要求； (2)施工现场工作宿舍具备防潮、通风，人均床铺占有面积不小于$3m^2$，采用上下床的一律使用标准的上下单人铁床，床的周围要用布围住； (3)宿舍生活用品要集中存放，每个宿舍要设有摆放餐具、牙食具和毛巾的简易柜子或架子； (4)所有工地均要设更衣室，施工用的安全帽、工作服、水鞋等非生活用品均存放在更衣室，宿舍内一切非生活用品不得放入； (5)宿舍内禁止男女混居，禁止在宿舍内吸烟、饮酒、赌博、打闹、使用违章电器，治安、防火、卫生管理必须要落实到人头，并在门前挂牌	
防火管理	(1)施工现场的各种场所设置临时消防设施和配备足够的消防器材；各类房屋、库棚、料场等的消防安全距离符合公安部门的规定；室内不得堆放易燃品；严禁在木材加工场、料库等处吸烟；现场的易燃杂物随时清除，严禁在有火种的场所附近堆放； (2)建立义务消防队，配备消防器材，随时待命，配合业主建立的工程警卫消防队，出现火灾能立即赶赴现场救火；定期对消防器材进行检修、更换，以保证所有的消防器材均具备良好的工作状态直至工程结束	
劳动保护管理	进入施工现场人员，必须佩戴安全帽、胸牌，穿工作鞋。注浆作业时，操作人员按规定带好防护用品。针对各工种的特点有计划按时配发劳动保护用品	
施工秩序管理	开工前编制详细、科学的实施性施工组织设计，使工艺流程、流水段划分、资源配置与实际施工相符，重大变更报监理和业主审批。工程、分部工程开工前，提出申请报告，经批准后实施。实施分项、分部、单位工程检验评定制度。对一些“关键工序”、“特殊工序”，结合实际情况，有针对性地制订切实可行的措施，施工中作为管理重点加以落实	

60. 职业健康管理及措施有哪些？

答：职业健康管理及措施见表 3.24。

职业健康管理及措施汇总表　　表 3.24

<table>
<tr><th>管理项目</th><th colspan="3">具体内容</th></tr>
<tr><td>劳动安全和职业健康目标</td><td colspan="3">（1）严格执行《中华人民共和国安全生产法》、《中华人民共和国劳动法》、《中华人民共和国职业病防治法》等法律法规；
（2）保证安全费用投入，配备足够劳保用品；
（3）坚持三级教育，维护职工权益；
（4）定期体检，加强防疫，杜绝传染病的发生</td></tr>
<tr><td rowspan="8">卫生防疫和健康检查</td><td rowspan="3">进场前卫生检疫</td><td>检疫目的</td><td>为了解将要进入施工区的施工人员的健康和带菌情况，及时发现和控制带菌者及其进入施工区的新病种，防止在施工人群中造成相互传染和流行，应安排对将进入施工区的施工人员进行卫生检疫</td></tr>
<tr><td>检疫项目</td><td>痢疾、传染性肝炎（包括乙型肝炎）、流行性传染病（非典、H1N1 流感病毒、登革热、红眼病）、肺结核、肝心脾肺肾功能、血压等</td></tr>
<tr><td>措施方法</td><td>凡进入施工区的施工、管理和服务人员，需进行卫生检疫，合格者发放“作业人员健康许可证”，否则不允许进入工地</td></tr>
<tr><td>施工期体检</td><td colspan="2">工程开工后，施工区环境状况将逐步改变，施工人员劳动强度较大且体质各不相同，以及季节改变，可能会有新感染病例出现。施工单位将委托当地具备相应体检资格的医院定期对施工人群进行体检，掌握不同施工期施工人员的职业健康状况，及时预防和控制疾病的发生和蔓延，保证工程建设正常进行</td></tr>
<tr><td rowspan="3">预防免疫</td><td>原因</td><td>施工人员多，人员流动性大，与其他标段人员的交叉作业多，应对施工人员进行疾病预防免疫</td></tr>
<tr><td>目的</td><td>提高施工人员在整个施工期对疾病疫情的抵抗能力，防止危害较大且易感染的疾病在施工区爆发流行，危害施工人员健康</td></tr>
<tr><td>措施</td><td>对施工人群采取痢疾和霍乱预防性服药，甲型、乙型肝炎疫苗接种的预防免疫措施</td></tr>
<tr><td>疫情监控</td><td colspan="2">一旦发生传染病流行，应按疫情上报制度及时上报监理和业主，以及当地卫生主管部门，并采取治疗、抢救、隔离措施，对易感人群采取预防措施。在工地简易医疗卫生站，配备医疗救护人员和一定量的应急药品储备和医疗器材</td></tr>
</table>

续上表

管理项目	具体内容	
疾病传染源控制	原因	多数急性传染病都是通过携带致病病毒的老鼠、蚊子、苍蝇、蟑螂等进传染人群致病的,为了保护现场施工人员免于蚊虫老鼠等对人群健康的危害,应采取防治措施
	控制措施	(1)保持现场环境的整洁,消除室内外的脏乱死角,收拾好食物残屑,疏通水沟,排除积水,使害虫无法寄生,无处隐藏;设置灭鼠屋及灭鼠药,食物残渣及时清理,控制害虫活动范围; (2)经常对一些脏乱的地方进行清洁消毒处理; (3)定期统一组织进行灭害行动,不留死角; (4)加强食品卫生管理,食品应通过正常渠道购买非疫区产地的食品,并通过检验检疫,合格方可食用; (5)配合当地卫生管理和疫病控制部门做好防病虫害工作

第四章 环境保护与水土保持

1. 隧道施工影响周边环境应如何对待?

答:隧道施工造成的噪声污染、空气污染、振动危害、地基变形、污水排放、建筑废料、洞外交通阻塞、地下水枯竭等是影响周边环境的主要现象。为了保护周边环境,须采取如下步骤:

(1)预测和评价隧道施工造成周边环境恶化的可能性和影响程度。评价要以动工前的现场条件调查资料为基础,尽可能对施工影响因素限值进行定量预测,如对定量有困难的则要进行定性预测。作为调查项目,有气象调查、钻探等地质调查、有关排水处理调查、物资器材等运输路线的调查、地下埋设物之外的障碍物等调查、暗噪声和暗振动的测定等。

(2)分析周围地区居民承受隧道施工影响的心理状态。对周边环境造成影响的因素中,有技术上可解决的因素,还有基于与居民的感情觉得不和谐的因素。后者所表现出来的是从感觉上、心理上所受到的灾害,而定量的对此评价又大多是不可能的事情,再加上社会背景和生活方式不同,以及地区居民的构成等复杂因素相互纠缠在一起,使问题变得复杂化,并常有变动的情况。因此,事前调查应包括从周围地区居民与法律法规收集的相关资料,并注意向周围居民说明。

(3)针对预测可能发生的问题,确定相应施工管理计划和组织措施。本着应做好"遵守法律的邻人"和"共同生活邻人"的前提,在获得地方环境保护部门、公安部门、消防部门、道路和河流管理部门、地下埋设物管理单位等的指导下,就影响隧道周围环境的问题,研究必要的对策,并纳入施工管理组织计划中。

(4)施工中实施调查、评价计划实施效果及反映。在施工中开展周边环境的调查,确认问题发生点及弥补措施;在当地召开说明会,听取居民反映;举行例行协议会,加强与当地各职能部门的联系。

2. 根据工程对周边环境的影响可采取什么对策?

答:在隧道施工影响周围环境的情况下,必要时应实施下列对策:

（1）噪声、振动对策。造成噪声和振动危害，主要是由靠近住宅的洞外设备、住宅附近的隧道爆破开挖、市区内废弃土石运输等产生的。可采取的对策有：选用低噪声和低振动型的洞外设备，对设备采用隔音和防振设施，如空气压缩机、混凝土拌和厂、渣仓、送风机等设隔音罩、隔音墙，设置牢固的机械基础；加强机械的日常维修保养，保持设备正常的工作状态，适当的维护车辆走行的路面，减少构成噪声和振动相关的因素；采用低噪声和低振动的爆破施工方法，限制掘进进尺，采用多段爆破、分部爆破等爆破方式，进行药量调整、雷管择优选择等爆破管理；规定放炮时间、限制运输时间、指定运输路线。此外，作为针对隧道内爆破噪声的对策，在洞口等处设置隔音门、空气通道等的方法是有效的。

（2）枯水对策。隧道内泄漏水引起地表水、地层水枯竭，主要表现为隧道顶部及周围的水塘、鱼池、水库、水沟、水渠、水田、水井等跑漏水。作为技术措施：可夯填洞顶洼地、落水洞等；对水沟、水渠、蓄水池等作防漏处理；用罩布等覆盖水田、水塘等的底面；围岩注浆充填断层破碎带空隙；用自来水、建新水井或水池等作为代替水源。作为枯水对策，从路线选择到施工期间都要研究防止枯水发生，如避绕较大水域、改水田为旱田、采用水密衬砌结构等。

（3）地基变形对策。因隧道开挖周围地表下沉导致地基变形，主要表现在浅埋隧道周围的房屋、道路、建筑物遭到损坏。作为对策，要事前预测下沉量，研究限制沉降的施工措施，施工中采取充分的量测管理体制，尽可能将问题防患于未然。限制沉降的施工措施有超前支护、地表注浆加固及其他特殊施工方法，必要时需加强或迁移所影响的结构。

（4）排放污水对策。在水质污染的防止方法中，像洞内施工排水这样暂时性的排水，要符合环境基本法、河流法、水产资源保护法、自然公园法及自然环境保护法等规定。所以在动工前要对有无污水发生源、有无影响、影响程度、有关法令限制值等进行调查，采取适当的净化处理。向河流排放水时，要调查下游河流的利用状况，特别是有关氢离子浓度（pH）和浮游物质量（SS）的调查，要把放水流域的排水标准控制在限制值以内，保证对农作物、水产物等不造成危害。由洞内排水及混凝土拌和厂等设备排出的污水，要考虑用沉淀槽进行沉淀、掺入药品加以净化、中和等。而由污水处理产生的污泥、废泥，应按产业废弃物对待。为了防止弃土场周围的二次污染及便于运输处理，应对废弃物进行脱水处理，然后将其抛弃在得到允许的弃土地点。

（5）交通故障对策。工程车辆运行普遍造成道路交通阻塞、交通噪声、道路损坏以及污染、交通事故等，所以需在动工前进行充分的运输路线调查和开工之际采取必要的对策。既要掌握构成运输路线的道路状况（供行人道、交叉道口、公共汽车路线、沿线房屋及设施、邻近工程等)以及交通量、交通限制的状况、迂回道路的状况等,又要与有关的道路管理单位、公共设施管理部门、沿线居民作充分协商后,才可采取对策。选择路线时,应尽量避免狭窄公路、行人多的混用道路、上下学道路等,同时在有必要的场合,设置错车场道、扩宽道路、加铺路面、交通信号、弯道,设看守员,限制运输时间、速度等。在策划车辆运行计划之际,根据上述的调查和研究,应考虑尽量减少各种故障的发生和影响,尤其对易受影响的公共场所(学校、医院、老人院等),更需特别注意在施工期间,为了防止包括交通事故在内的各种故障发生,须对驾驶员、车辆、运行进行彻底的管理。对于驾驶员的管理最重要的是进行教育,主要包括:工程概况介绍、现场应遵守事项、确保安全和卫生所必须注意的事项、防止交通事故必须要注意的事项。对于车辆的管理主要指对投入运行的车辆实施运行前检查和定期检查,要达到没有不完备的车辆和不出现车检中断的车辆,尤其检查运输土石砂车辆有无超载、违法改造,沿途掉渣处置是否适当等。运行管理要力求确立运行管理体制和落实具体措施。

3. 怎样防止对公众伤害的发生?

答:隧道施工改变了当地居民的生活环境和次序,常常会引发对公众的伤害,为此需防止此类伤害的发生,一般应采取的措施有:

(1)明确施工作业场所。在与公众有关的区域中,施工时既要从其周围明确划分出施工作业、材料堆集、机械放置等需使用的区域,又要在上述场所设置固定的或类似的阻挡和警示物件,以免公众进入或误入。同时,不得使用该区域以外的场所施工。

(2)设置必要的道路标识板。进行与道路相关地段的作业时,按照道路管理者及所辖交通警察部门的指示,设置必要的道路标识,以防施工时出现交通危险、阻塞等状况,确保过往车辆、行人的安全。

(3)注意保护周围居民的生活环境。在考虑作业场所周围环境问题的同时,还要努力做到对作业场所周围居民的生活环境的保护,如防止尘土飞扬、降低作业场所内物资整理噪声、美化环境等这类极细致的顾虑。为使其与周围的环境相适应,也有可能考虑变更施工方法。

(4)进行安全巡视。推选有经验的技术员或精通有关法令的人员担任作业场所及周边的安全巡视员,并要给予充分的权限,使其从事有实效的巡视工作。同时努力对事故防止设施等进行保养和维修管理。

(5)宣传公众。力求预先让附近的居住者知道公害相关区域概要,以期求得公众的协助和理解。公害相关区域指在有行人、建筑物、公共设施等地方,发生过事故的场所,有可能给公众造成危害、增添麻烦的区域。同时,必须从附近居民等处收集有关公害防止等的反映意见和要求,以期寻求相互协调。

4. 地下水变动和地层变异的对策有哪些?

答:地下水变动和地层变异的对策见表4.1。

地下水变动和地层变异的对策 表4.1

现　　象		主要对策
地下水变动	地下水位(水压)降低	止水工法(止水壁、支护结构的止水性、压注等)、再灌水工法
	地下水位(水压)上升	抽水减压降低地下水位工法、透水壁、导管工法
	地下水流动方向变化	根据具体情况采用地下水位降低或上升的工法
	漏水	止水补强
地层变异	地层压密下沉	地层改良、结构物补强
	地面下沉、开挖时侧方位移	支护结构补强、地层补强、填土碾压等

5. 地上环境的预测技术和对策技术有哪些?

答:地上环境的预测技术和对策技术见表4.2。

地上环境的预测技术和对策技术 表4.2

因　　素	预测技术	对策技术
大气污染	扩散理论、模拟等方法、风洞试验	燃料燃烧的改革,有害物质处理、控制技术,除尘、集尘技术,排烟脱硫、脱硝技术
恶臭	基于大气扩散的预测式	洗净法、燃烧法、吸着法、化学脱臭法、土壤酸化法、生物脱臭法等
噪声	比例模式、现场声源、数值模拟、图解法等	声源对策、结构物自身的对策、遮蔽物对策等
振动	简易法、统计法、数值模拟、模型试验	振动源对策、结构物自身的对策、距离衰减对策

6. 水质污染、土壤污染等预测技术和对策技术有哪些?

答:土质污染、土壤污染等预测技术和对策技术见表4.3。

土质污染、土壤污染等预测技术和对策技术　　表4.3

因　素	预测技术	对策技术
水质污染	数值模拟、水力模型试验、现场试验	各种水处理技术、净水技术、污染物质封存技术、抽水等
土壤污染	同上	各种排水处理、污染物质封存、污染土壤防止飞散等
热	热传递理论、数值模拟、模型试验	用结构体遮蔽
微生物	培养试验	与水质、土壤污染类似
生态系	水和大气的移行计算、采用动植物的移行系数的计算	环境，特别是媒介的限制
氡气、放射能	以原子能设施的评价方法为准	稀释、通风等

7. 施工中涉及的环境保护、水土保持问题有哪些?

答:施工中涉及的环境保护、水土保持问题有以下几个方面:

(1)做好施工弃渣的处理措施，严格按批准的弃渣规划有序地堆放和利用弃渣，防止任意堆放弃渣降低河道的行洪能力，以及影响其他承包人的施工和危及下游居民的安全。

(2)采取有效措施对施工开挖的边坡及时进行支护和做好边坡地表水的导排措施，避免由于施工造成的水土流失、植被破坏。

(3)由于隧道埋深大、距离长、地下水活动频繁，合理规划排水体系，分析排水设施布置和排水量，施工污水经处理后应符合环境保护法规的要求方可进行排放，注意保护饮用水源免受隧道施工造成的污染。隧道开挖根据设计、监理的要求进行堵水、截水，减少地下水的渗流，防止因地下水位下降而造成地面下沉、泉沟河渠干涸等环境灾害。

(4)加强对噪声、粉尘、废气、废水的控制和治理，采取有效措施降低噪声，控制粉尘和废气浓度，以及做好废水和废油的治理和排放。

(5)保持施工区和生活区的环境卫生，及时清除垃圾和废弃物，并运至指定的地点堆放和处理。进入现场的材料、设备必须置放有序，防止任意堆放器材、杂物阻塞工作场地周围的通道和破坏环境。

8. 环境保护、水土保持体系如何建立?

答:业主组建环保水保管理中心,负责管理和监督施工期的环境保护和水土保持工作,负责制定相关的管理规章制度,配合地方行政主管部门的监督检查,监督本标段的相关环保和水保工作。

施工单位成立由项目经理为组长的环保水保委员会,环境保护部负责实施,其他各部室配合参加环保水保委员会,下属各班组施工队也应成立相应组织,为环保水保负责,如图 4.1 所示。

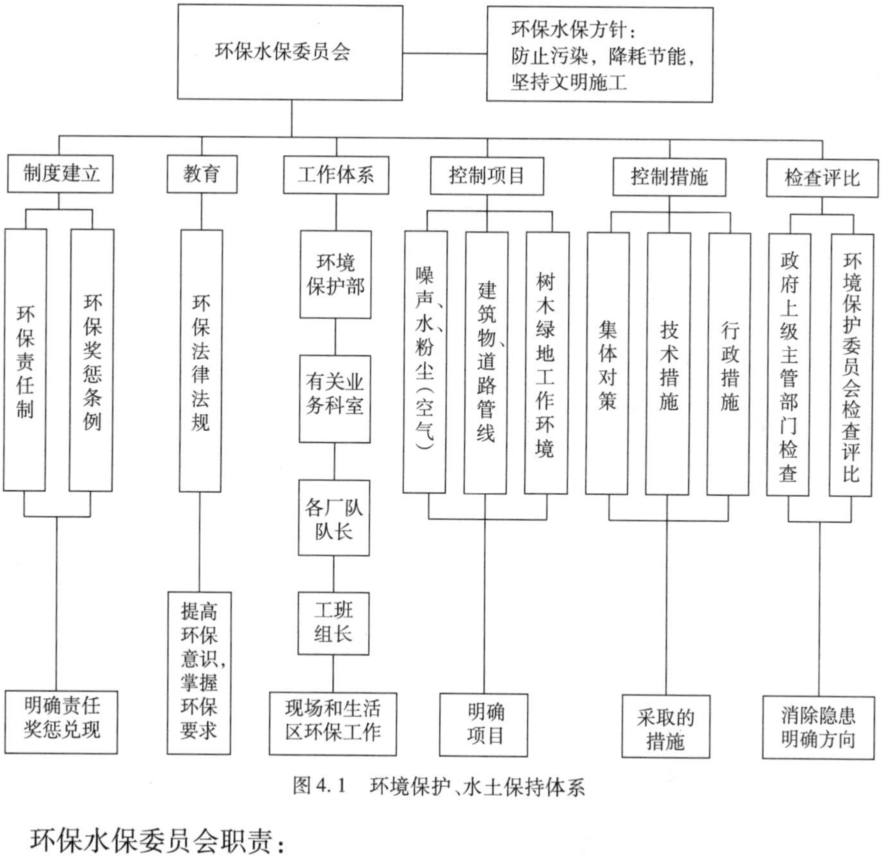

图 4.1 环境保护、水土保持体系

环保水保委员会职责:

(1)制订环境保护、水土保持年度工作计划和编写环境保护、水土保持工作月、季及年度工作报告。

(2)检查标段的环保水保设施的建设进度、质量及运行、检测情况,处理实施过程中的有关问题。

(3)核算年度环境保护、水土保持经费的使用情况。

(4)接受环保管理和环境监理单位的监督,报告承包合同中环保条款的执行情况。

9. 环境保护内容有哪些?

答:在整个施工期间,施工单位应根据环境保护的方针、目标、环保责任、当地有关环境保护方面的法律法规和管理条例等依据,按业主、监理的指示和要求,由环境保护委员会编制环境保护方案,按规范要求和环保方案进行环境保护设施布置和施工。

(1)境保护方案的内容见表4.4。

环境保护内容　　表4.4

环境保护工程	主要内容	实施措施建议
水环境保护	机械、汽车维修废水处理	设置小型隔油池,剩余污泥运往弃渣场,浮油焚烧处理
	汽车冲洗废水处理	废水收集并进行污水预处理
	生活区生活污水处理	按规定要求排放
	施工临时生活区粪便污水处理	设置卫生厕所
	隧道施工地下水渗流排放处理	经过沉淀池预处理,作为施工用水回收利用
大气环境保护	燃油废气的削减与控制措施	使用低废气排放量和清洁能源的施工机械
	有毒气体控制	有毒气体监测、加强通风、选择合理爆破参数、减少爆破烟尘
	施工现场扬尘控制	场地及道路硬化、及时洒水控尘
固体废弃物处置	生活区与施工区垃圾收集	按指定的位置堆放
	施工区建筑垃圾及生产废料处置	根据环保要求回收利用处理或弃置指定地点
陆生生态保护	边坡防护及水土保持	选择合理的边坡防护形式,保护地表植被,建立系统排水保持水土

续上表

环境保护工程	主要内容	实施措施建议
职业健康保护	施工人群卫生防疫和健康检查	定期体检、定期消毒、及时处理污染物、保证水源卫生
	环境卫生及食品卫生管理与监督	符合食品卫生的相关要求
	三废监测	协助三废监测承包商
环境监测	环境监理与管理	协助环境监测承包商

(2)环境保护方案实施应遵循表4.5所列的原则要求。

环境保护实施原则汇总表 表4.5

序号	环保原则具体要求	
1	在施工过程中,不得破坏本标段施工区范围以外的地形、地貌以及原有植物和植被	
2	临时工程的布置应尽量减少对环境的干扰	
3	在弃渣料处理场的周围,要根据实际地形设拦渣坎和河岸防护等,场内注意排水,保持平整、稳定,设置临时滞淤池、截水沟和淤泥收集设施以防止淤泥进入毗邻水域。完工时要与有关部门协商并实施护面法或植树种草,必要时按要求对指定区域复耕	
4	在工程的实施期间,采取合理可行的措施以疏通施工区域生产性污水。设计施工必要的导流设施导引水流,使之对施工区域及其中的工程设施等不会造成侵蚀或污染,设置必要的拦污净化处理设施,以防止将含有污染物或可见悬浮物的污水直接排放入雅砻江内	
5	隧道爆破采取控制爆破技术,将飞石和噪声减小到最小程度,选择合理爆破参数,多打孔少放药,减少爆破烟尘。对临时便道及洞口的边坡,及时进行防护施工,使其稳定,不产生水土流失现象	
6	保持工地良好工作环境	(1)生产生活设施布置合理、整齐,机械设备、车辆停放有序; (2)定期清理收集生产生活区的废弃物料,分类运输到指定存放点进行处理; (3)合理设计临时生活区污水处理系统的布置、容量,定期检查维护排水设施、化粪池等外部环境设施,定期收集和处理固体垃圾,定期消毒; (4)针对生产中各种机械设备产生的废弃油料,建废油坑集中收集处理; (5)施工产生的污水和隧道内渗流的地下水,必须经沉淀过滤后方能排出,保护周围的水资源不受污染; (6)树立施工公告牌,标明工程地点、名称、规模、进度等,在油库和爆破器材库附近树立警示牌,标明注意事项,提醒来往行人; (7)定时洒水降低施工区路面粉尘浓度和防止扬尘

续上表

序号	环保原则具体要求
7	工程施工期间,发现文物、古迹、化石等贵重物品时,要对现场进行保护,及时通知当地政府部门进行处理
8	工程竣工后,拆除临时设施时,不得破坏周围的建筑物、排水系统等设施和自然环境、生态环境
9	加强环境保护教育,工程开工前向全体施工、管理人员进行国家、地方政府环保法规及有关规定的教育,认真学习有关环保的要求,提高环境保护意识,自觉做好环保工作
10	组建环保水保管理中心,其主要职责是管理和监督施工期的环境保护和水土保持工作,负责制定环境保护和水土保持管理规章制度,配合地方行政主管部门的监督检查,监督指导承包人的相关环保水保工作

10. 环境保护措施有哪些?

答:环境保护、水土保持专项设施的竣工验收分别按国家《建设项目环境保护设施竣工验收管理规定》和《水土保持法实施条例》的有关规定执行,施工单位需配合环境保护和水土保持中心及监理进行相关项目的检查和验收工作。

各种环境污染源的处理或防护措施详见表4.6。

各种环境污染源的处理和防护措施汇总表 表4.6

项目	处理和防护措施	
渣场防护及弃渣利用	渣场防护	(1)弃渣主要堆弃到规定的弃渣场,在弃渣的过程中严格按照堆渣技术要求和水土保持施工管理措施,配合其他标段进行场管理和防护,防止弃渣流失及其可能造成的水土流失危害; (2)严格控制堆渣程序,保证堆渣边坡坡度; (3)堆渣严格按照坡比进行堆置,弃土弃石料分层堆放,保证弃渣边坡稳定; (4)渣体坡面和顶面表层不小于2m厚范围以碎土石渣为主,石渣粒径应小于50mm,以利于后期绿化覆土,弃渣中可将先期开挖的地表破碎土石渣堆置于渣场一侧,后期堆置于渣场表层
	弃渣运输和利用	(1)工程开挖出渣必须严格按批准的弃渣规划及施工设计,运送到弃渣场有序地堆放,严禁沿途、沿河及沿沟随意倾倒堆放弃渣,降低河道的行洪能力,以及影响其他承包人的施工和危及下游居民的安全; (2)弃渣运输应采取防泄漏措施,运渣过程中散落在路面的渣土应及时清理或回采; (3)可回收利用的石渣,应运送到东端砂石料加工系统处理,不得送至弃渣场或随意随地倾倒

续上表

<table>
<tr><th>项目</th><th colspan="3">处理和防护措施</th></tr>
<tr><td rowspan="3">粉尘处理控制</td><td rowspan="2">交通粉尘削减与控制措施</td><td>施工车辆扬尘控制</td><td>(1)在施工场地通向外面的出口处,设置洗车槽、高压冲洗枪、沉淀池,出去的施工车辆都必须通过洗车槽的清洗才能上路,避免施工车辆把泥土带出施工现场;
(2)渣土运输车车厢应密封性良好,设置顶部遮盖板,粉状散装材料应使用密闭式专用运输车辆,避免一路扬尘,影响大气环境</td></tr>
<tr><td>路面灰尘控制</td><td>(1)成立公路养护、维修、清扫专业队伍,对施工道路进行无雨日道路清扫、冲洗和洒水喷水降尘等工作,保持道路清洁、运行状态良好;
(2)洞内运输道路安排专人经常使用洒水车进行洒水,对灰尘堆积的地段进行清扫、冲洗</td></tr>
<tr><td>生产性扬尘控制</td><td colspan="2">(1)钻孔时采取湿钻法,在钻孔施工的整个过程中采取孔内喷水的方法,必要时在钻孔作业面洒水;
(2)爆破后采取向工作面洒水的方法,尽量减少粉尘飞扬;在石渣装载过程中,采取湿式除尘作业,随时向开挖场面洒水,尽量有效降低和控制粉尘浓度,保证整个开挖过程在湿环境中进行;
(3)TBM 设备掘进施工时启动除尘系统,采取干式除尘法进行除尘,减少粉尘飞扬,保证整个 TBM 设备及人员的环境条件;
(4)对工程回填土、废弃物和临时堆料应按业主指定的堆放地堆放,场地周围采取围挡措施,防止大风引起扬尘而造成污染;
(5)对接触粉尘的所有施工人员配备防护口罩及其他保护装置,防止对人员呼吸系统造成伤害</td></tr>
<tr><td>空气污染控制</td><td>控制标准</td><td colspan="2">(1)削减施工期大气污染物排放量,改善施工现场工作条件,保护施工生活区及外环境敏感区环境空气质量;环境敏感点环境空气质量达到现行《环境空气质量标准》(GB 3095)二级标准要求,TSP 控制目标为日平均浓度小于 0.30mg/L;
(2)施工期间,保证在施工场界及敏感受体附近的 NO_x、SO_2、铅化物的浓度值控制在现行《环境空气质量标准》(GB 3095)的二级标准值内;空气污染物排放限值如下表所列</td></tr>
</table>

续上表

<table>
<tr><th>项目</th><th colspan="2">处理和防护措施</th></tr>
<tr><td rowspan="3">空气污染控制</td><td>控制标准</td><td>
<table>
<tr><th colspan="2">空气污染物排放限值表</th></tr>
<tr><td>污染物名称</td><td>《环境空气质量标准》(GB 3095—1966)二级</td></tr>
<tr><td>二氧化氮 NO_2 (mg/m^3)</td><td>0.08(日平均)</td></tr>
<tr><td>二氧化硫 SO_2 (mg/m^3)</td><td>0.15(日平均)</td></tr>
<tr><td>铅化物($\mu g/m^3$)</td><td>1(季平均)</td></tr>
</table>
</td></tr>
<tr><td>施工保证</td><td>大气环境保护设计与施工组织密切结合,从施工工艺、施工技术、施工设备、污染物削减、施工区及外环境敏感区防护等多渠道减缓大气环境污染的影响</td></tr>
<tr><td>空气污染控制措施</td><td>(1)选用低尘工艺,施工期间各类除尘设备应与生产设备同时运行;
(2)避免将易产尘物料储存或堆放在敏感受体附近,车辆运行路线和施工工地的布置应尽量远离敏感受体;
(3)加强施工场地和道路养护和清扫,并充分地向多尘工地和路面洒水,减少车辆怠速运行工况,减少废气排放量及扬尘;道路每天至少洒水 4 次,施工现场每天至少洒水 2 次;
(4)定期对施工机械进行维修、保养,始终保持发动机处于良好的状况,排污量大的车辆及燃油机械设备需配置尾气净化装置,降低尾气中有害成分的浓度,满足尾气排放标准;
(5)严格执行工程车辆及机械尾气排放标准,淘汰不满足排放标准要求的老、旧车辆及施工机械,使用符合燃油标号的清洁燃料;
(6)散装水泥、粉煤灰、磷矿渣粉应由封闭系统从罐车卸载到水泥储存罐,所有出口应配有袋式过滤器;
(7)用以运输可能产生粉尘物料的敞篷运输车,其车厢两侧及尾部均应配备挡板,可能产生粉尘物料的堆放高度不得高于挡板,并用干净的雨布加以遮盖</td></tr>
</table>

续上表

项目		处理和防护措施
水源污染防治		(1)减少污水排放量,可回收利用的污水尽量回收,生产性污水需要经过沉淀池预处理,油水混合物应通过隔油池清除废油,达到排放标准方能排放至指定地点; (2)保护饮用水水源水质不受施工活动的污染;清洗用化学品应采用绿色环保材料,减少化学物质污染水源;生活污水应进行处理,食堂设隔油池除油,厕所设化粪池降解,清洗衣物使用无磷洗衣粉; (3)对水环境污染较大的固体或液体废弃物,应经过各种无害化、减量化处理后,统一运送专业处理工厂处理,保证环保经费和设施的投入,专款专用; (4)一旦发生水源污染,应立即上报业主和环保监理,邀请当地环境保护部门对受污染水源进行净化处理
固体废弃物处理	生活垃圾处置	施工单位配合生活垃圾处置单位进行施工区垃圾桶的布置,将垃圾进行集中收集并堆放到指定地点,加强管理,建立健全的环卫制度,减少使用不可降解的塑料包装品,防止“白色污染”
	建筑垃圾及生产废料处置	减少建筑垃圾及废弃物的产生。对于标段产生的废弃物中有用的原料,如金属、塑料等可回收物,应指定相关部门定期回收利用。可回收废物包括报废的施工机械和车辆、废旧钢材、钢管、油桶、包装袋、木材、蓄电池等
废水处理	机械、车辆维修废水预处理	(1)机械、车辆维修废水主要来源于机械汽车保养厂机车、汽车、各类大中型的廾挖、支护设备及混凝土浇筑等设备的日常维修及保养; (2)机械、汽车维修废水,仓库等生产废水经预处理后汇合至施工工厂区废水集中处理系统,经进一步处理后用于生产; (3)废水预处理采取小型隔油池进行;系统污泥不得任意堆存,应脱水处理后运至弃渣场处理,浮油焚烧处理; (4)实施雨污分流,完善废水收集管道,对含油较高的机修废水选用成套油水分离设备进行油水分离,回用水水质满足二次冲洗等要求
	其他生产性废水预处理	(1)其他生产性废水主要来源于 TBM 设备掘进时除尘用水、地下水自然渗漏、混凝土养护用水、道路清扫用水、机械设备冷却用水等; (2)生产性废水经洞内通过自排方式由排水通道引出洞外,在洞外设置三级沉淀池进行预处理,部分经预处理满足施工用水要求的回收利用,其余废水排入规定的废水集中处理系统;严禁达不到排放标准的污水废水排入江河,污染水源;应定期清理沉淀池,疏通排水通道,保证排水通畅

续上表

<table>
<tr><th>项目</th><th colspan="2">处理和防护措施</th></tr>
<tr><td rowspan="1">废水处理</td><td>废水回收利用</td><td>
(1)建立废水处理及回用系统,可回收利用的废水应符合相关用途用水水质的要求;废水一般的预处理过程:澄清或石灰软化,多级过滤器如多介质过滤器、软化器、活性炭过滤器等,废水预处理流程示意图如下图所示,拟用预处理设备参数如下表所示;

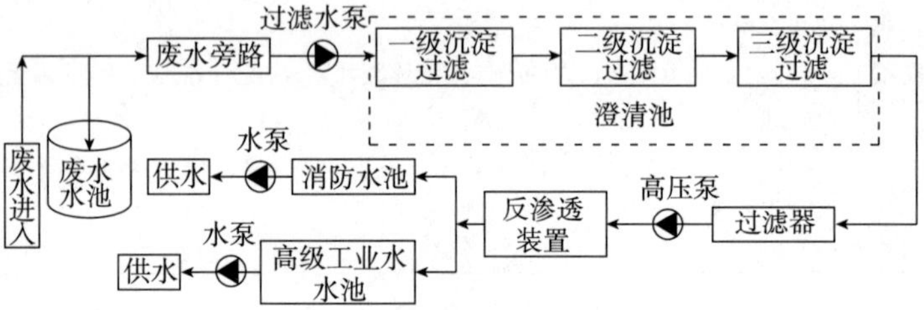

<table>
<tr><th colspan="3">预处理设备参数表</th></tr>
<tr><th>设备类型</th><th>主要工艺参数(m/h)</th><th>备注</th></tr>
<tr><td>澄清池</td><td>1.83~2.07</td><td>去除浊度物质、悬浮物和胶体</td></tr>
<tr><td>多介质过滤器</td><td>地表水 5~8</td><td>精制石英砂和无烟煤,合理级配和填充高度、要求过滤精度优于 10μm</td></tr>
<tr><td>活性炭过滤器</td><td>10~15</td><td>精制料状果壳活性炭,脱除有机物和游离氯</td></tr>
</table>

(2)地表水、地下水和其他类型水在用于拌和与养护混凝土前,应按现行的有关标准进行检验,合格后方可使用
</td></tr>
<tr><td>废油处理</td><td colspan="2">(1)对机械和汽车维修产生的废弃油水混合物通过隔油池处理后,收集浮油焚烧处理;
(2)其他机械设备产生的废油(如液压油、机油、润滑油等),集中收集后,可回收利用的进行处理后回收利用,不能回收的统一运送至垃圾厂处置;对设备定期检修,保证状态良好,减少漏油</td></tr>
</table>

11. 水土保持方案有哪些?

答:水土保持内容主要是施工区的防护工程,包括施工区场处理、拦挡和截排水设施、边坡防护等。水土保持管理原则见表 4.7,水土流失预防措施见表 4.8。

水土保持管理原则 表4.7

序号	水土保持原则	说明
1	预防为主、防治并重、因害设防的原则	结合标段的地质调查,对可能发生灾害的区域进行重点监测,若有异常,及时采取预防和防治措施,使灾害在第一时间得到处理,以避免或减少水土流失危害
2	“三同时”的原则	坚持水土保持措施与隧道主体工程“同时设计、同时施工、同时投产使用”
3	生态效益优先的原则	在水土流失治理的过程中,把控制水土流失、恢复植被和土地生产力、保护和改善工程区的生态环境放在首位
4	责任明确、落实到位原则	明确水土流失防治相关责任人责任,对各项水土保持措施积极落实,保证及时有效治理

水土流失预防措施 表4.8

序号	预防措施	具体内容
1	排水设施	施工区周边设置排水沟,引排场地周边地表径流,并在排水沟出口处设置沉沙池
2	拦挡和护坡设施	(1)填筑场地边缘设置挡墙进行围护; (2)开挖较高的边坡进行护坡处理,土质坡面采用种植草皮防护,必要时挂柔性防护网,石质坡面选择经济有效的防护方式
3	施工临时工程防护	场地平整时,各个施工场地开挖的部分表层土应临时堆放在指定的弃渣场

植被保护措施有以下几点:

(1)生态环境应坚持可持续发展的思路,施工期间不得破坏周边的林木、植被,施工活动仅限于施工界限之内。如因工程需要破坏现有植被时,需经业主或监理批准才能进行。

(2)加强安全防火,以免引起森林火灾,破坏植被。边坡开挖应注意保护现有植被,土质坡面应采用种植草皮的防护方式,同时设置截排水沟,减少水土流失造成的植被破坏。由于施工破坏原有植被的区域,应进行植树种草恢复原始植被地貌。

必要的线路架设、施工便道、边坡防护等工程施工,要竭尽全力维护原有植被和原始地貌。

12. 工地保洁措施有哪些?

答:设置工地保洁队负责施工区和生活区的保洁工作,每天早晚各进行一次保洁工作,保洁过程不得损害工地各种设施,不得违反工地各种安全管理、环境保护、质量管理等规章制度。

保持施工区和生活区的环境卫生,及时清除垃圾和废弃物,并运至业主指定的地点堆放和处理,防止生活垃圾及施工废弃物污染环境和水源。进入现场的材料、设备必须置放有序,防止任意堆放器材、杂物阻塞工作场地周围的通道和破坏环境。

13. 完工后清理措施有哪些?

答:工程完工后,按以下工作内容对工地进行彻底清理,并经监理检验合格。

(1)工地范围内残留的垃圾全部焚毁、掩埋或清除出场。

(2)及时拆除场地内不再使用的施工设施、临时房建后,清除废弃材料,进行场地平整,包括施工场地周边的拦挡工程、排水工程和护坡工程,为后期绿化创造条件。

(3)按规定应撤离的设备和剩余的建筑材料按计划撤离工地,清除废弃的施工设备和材料。

(4)施工区内的永久道路和永久建筑物周围(包括边坡)的排水沟道,按图纸要求和监理的指示进行疏通和修整。

(5)主体工程建筑物附近及其上、下游河道中的施工堆积物,按监理的指示予以清理。

14. 文物保护措施有哪些?

答:在施工场地发掘的所有化石、钱币、有价值的物品或文物、古建筑结构以及有地质或考古价值的其他遗物等均为国家财产,应按国家文物管理的有关规定,采取合理的保护措施,防止任何人员移动或损坏上述物品。及时通知业主、监理及地方文物保护部门,待有关人员鉴别并采取措施后方可施工。

15. 接近施工有哪些不良影响?

答:接近施工的不良影响见表4.9。

接近施工的不良影响　　表4.9

接近施工的种类	预计的既有隧道的动态
隧道并列	既有隧道向接近的新建隧道方向发生拉伸变形； 因并列隧道的施工，既有隧道周边围岩松弛，而使作用在衬砌上的荷载增加
隧道交叉	新建隧道在既有隧道上部通过时，既有隧道向上方变形，围岩的拱作用受到损伤，而使衬砌上的荷载增加； 新建隧道在既有隧道下部通过时，既有隧道会发生下沉
隧道上部明挖	因隧道上部开挖，土压被解除，对垂直荷载来说，侧压变大，拱顶会向上变形； 埋深小时会损伤拱作用，使衬砌的垂直荷载增加； 开挖如对隧道来说是非对称的情况时，衬砌会受到偏压作用
隧道上部填土	因隧道上部填土，作用在衬砌上的垂直荷载增加； 埋深大时，增加荷载被分散，影响变小； 填土不均匀时，衬砌会受到偏压作用
隧道上部结构物基础	基础开挖时，与隧道上部开挖一样，但程度有所不同； 上部结构物施工时，与上部填土一样，上部荷载增加
隧道侧面开挖	隧道向开挖方向发生拉伸变形
隧道接近锚索	因接近隧道钻孔，使隧道周边围岩松弛； 导入锚索预应力时，会产生位移
隧道上部积水	动水坡度上升，产生水压作用或漏水量增加
地层振动	接近工程施工使用大量炸药时，衬砌受到动荷载的作用，衬砌发生开裂，并可能发生剥离脱落

16. 接近施工的对策有哪些？

答：接近施工的对策有以下几点：

（1）既有结构物的对策

在隧道的接近工程中，在下列情况中，既有隧道应采取相应的对策。

①在需采取措施范围内进行接近施工时；

②在注意范围但变形显著、衬砌可能有掉块的不测事件发生时；

③其他认为有必要的情况。

对策的种类有基本对策、以增加衬砌承载力的加强对策及以修复劣化衬砌开裂等的维修对策几类，见表4.10。

接近施工时既有隧道采取的对策　　表 4.10

基本对策	回填压浆； 防止衬砌掉块措施（如设金属网、挡板）、压注砂浆和树脂等
加强对策	拱架加强； 内衬加强； 内表面加强； 锚固加强； 横撑加强； 改建等
维修对策	剥离可能掉落的浮块； 表面清扫； 整理排水沟； 防止漏水等

(2)接近工程的对策

不得不在需采取措施范围和注意范围进行施工时，为减轻对既有隧道的影响，要研究改变新建工程的计划或增加新的对策。其措施见表 4.11。

接近工程的对策　　表 4.11

接近工程的种类	基本方法	具体方法
隧道并列	控制开挖引起的围岩位移	改变开挖方式； 改变分部尺寸； 改变衬砌、支护的结构
隧道交叉	控制开挖引起的围岩位移	改变开挖方式； 改变分部尺寸； 改变支护、衬砌结构
隧道上部明挖	均匀除去荷载	改变开挖方式； 改变开挖顺序； 控制挖方厚度
隧道上部填土	均匀加载	改变填土的顺序； 改变填土的厚度

续上表

接近工程的种类	基本方法	具体方法
隧道上部结构物基础	均匀加载； 控制开挖、灌注的影响	改变基础形式； 改变工法
隧道侧面开挖	均匀除去荷载； 控制开挖引起的围岩位移	改变开挖方式； 改变开挖顺序； 改变挡土、坡面的坡度
隧道接近锚索	除去直接的影响	改变锚索配置； 改变施加预应力的顺序
隧道上部积水	控制积水的影响	调整积水量； 改变防水方法
地层振动	控制振动	采用控制爆破； 研究其他(非爆破)方法

(3)中间地层的对策

一般采取强化、改良地层的方法如压浆法、冻结法等，也可采取隔断影响的方法，如地下连续墙、管棚、钢管桩等。

第五章 地质预报与监控量测

一、地 质 预 报

1. 超前地质预报的目的是什么?

答:超前地质预报的目的如下:

(1)进一步查清隧道开挖工作面前方的工程地质与水文地质条件,指导工程施工的顺利进行。

(2)降低地质灾害发生的几率和危害程度。

(3)为优化工程设计提供地质依据。

(4)为编制竣工文件提供地质资料。

2. 超前地质预报主要工作内容有哪些?

答:依据目前国内外现有的地质勘探仪器设备和技术现状,仅通过地表勘察较难查明山体深部所有的工程地质问题,并且受探测精度限制,一些测试判译的地质体准确位置可能会与实际位置存在差异,甚至可能出现局部地段的出入较大,因此有必要在施工阶段开展超前地质预报工作。通过超前地质预报工作,可以进一步确定不良地质现象可能出露的位置,从而制订专门的工程处理措施,降低地质灾害的发生几率。超前地质预报的主要工作内容见表5.1。

超前地质预报的主要工作内容 表5.1

序号	主要工作内容	说　明
1	不良地质现象及地质灾害预报	预报掌子面前方一定范围内有无突(涌)水、突泥及岩爆等不良地质现象,并查明其范围、规模、性质,提出施工措施或建议
2	水文地质预报	预报洞内突(涌)水量的大小及其变化规律,并评价其对环境地质、水文地质的影响

续上表

序号	主要工作内容	说　明
3	断层及其破碎带的预报	预报断层的位置、宽度、产状、性质、充填物的状态，是否为充水断层，并判断其稳定程度，提出施工对策
4	围岩类别及其稳定性预报	预报掌子面前方的围岩类别与设计是否吻合，并判断其稳定性，随时提供修改设计、调整支护类型、确定二次衬砌时间的建议等
5	有害气体的预报	预测隧道内有害气体含量、成分及动态变化

3. 参建各方在超前地质预报工作中的职责与分工是什么？

答：隧道工程参建各方在超前地质预报工作中的职责与分工应符合下列规定：

（1）建设单位应负责隧道超前地质预报实施大纲的审批，并对地质预报工作的实施情况进行监督和检查。

（2）勘察设计单位应研究提出隧道地质复杂程度分级，进行超前地质预报方案设计，编制工程概预算；施工中应分析和研究超前地质预报成果，发现地质情况与设计不符的，要按程序及时进行变更设计。

（3）施工单位在开工前应编制超前地质预报实施大纲，并纳入实时性施工组织设计，按程序审查和批准后负责组织实施；应及时将超前地质预报成果报监理、勘察设计、建设单位，并对超前地质预报成果及数据的真实性负责。

（4）监理单位应对隧道超前地质预报实施过程进行监理，负责监督检查施工单位现场专业技术人员（地质、物探）数量及能力、设备类型及数量、超前地质预报的实施和数据采集以及相关协调工作等。

4. 超前地质预报的工作要求是什么？

答：超前地质预报的工作要求如下：

（1）承担地质条件复杂隧道施工的单位，应具有实施超前地质预报的工作能力或委托有经验的超前地质预报专业化队伍实施，并纳入现场施工组织管理。超前地质预报实施单位，应根据预报方案和合同规定配备足够的专业人员和仪器设备。仪器设备的性能、精度及效率应能满足预报和工期的要求。

（2）隧道超前地质预报应进行地质复杂程度分级，确定重点预报地段，并遵循动态设计原则，根据预报实施工作中掌握的地质情况，及时调整隧道区段的地质复杂程度分级、预报方法和技术要求等。

(3)隧道超前地质预报可采用地质调查与勘探相结合、物探与钻探相结合、长距离与短距离相结合、地面与地下相结合、超前导坑与主洞探测相结合的方法,对各种方法预报结果综合分析,相互验证,提高预报准确性。

(4)隧道设有平行导坑、正洞超前导坑,或为线间距较小的两座隧道时,应充分利用平行超前导坑、正洞超前导坑、先行施工的隧道开展隧道超前地质预报工作。

(5)改建及增建二线铁路隧道应在充分利用既有隧道工程地质资料及施工地质资料的基础上,结合改建及增建二线隧道与既有隧道的空间关系,比照新建铁路隧道的要求做好超前地质预报工作。

(6)超前地质预报的结果应体现及时性。超前地质预报实施单位应及时将预报成果报送有关各方。

(7)超前地质预报是勘察设计阶段工程地质工作的延续,应进行实际地质状况与设计的对比分析,总结经验教训,不断提高隧道工程地质勘察质量。

5. 如何进行超前地质预报设计?

答:隧道工程在各设计阶段均应进行超前地质预报设计。预报方法的选择应与施工方法相适应。超前地质预报可采用地质调查法、超前钻探法、物探法和超前导坑预报法。

(1)地质调查法:包括隧道地表补充地质调查、洞内开挖工作面地质素描和洞身地质素描、地层分界线及构造线地下和地表相关性分析、地质作图等。

(2)超前钻探法:包括超前地质钻探、加深炮孔探测及孔内摄影。

(3)物探法:包括弹性波反射法(地质波反射法、水平声波剖面法、负视速度法和陆地声呐法等)、电磁波反射法(地质雷达探测)、红外探测、高分辨直流电法等。

(4)超前导坑预报法:包括平行超前导坑法、正洞超前导坑法等。

超前地质预报可采用长距离预报、中长距离预报和短距离预报。预报长度的划分和预报方法的选择可执行下列规定。

(1)长距离预报(预报长度 100m 以上),可采用地质调查法、地震波反射法及 100m 以上的超前钻探等。

(2)中长距离预报(预报长度 30 ~ 100m),可采用地质调查法、弹性波反射法及 30 ~ 100m 的超前钻探等。

(3)短距离预报(预报长度30m以内),可采用地质调查法、弹性波反射法、电磁波反射法(地质雷达探测)、红外探测及小于30m的超前钻探等。

隧道超前地质预报设计前,应根据隧道的工程地质与水文地质条件、地质因素对隧道施工影响程度及诱发环境问题的程度等,对隧道分段进行地质复杂程度分级。隧道地质复杂程度分为复杂、较复杂、中等复杂、简单四级。隧道地质复杂程度分级是动态变化的过程,可根据开挖过程中的超前地质预报成果和实际地质条件进行调整。

隧道超前地质预报,应根据不同的地质复杂程度分级,针对不同类型的地质问题,选择不同的方法和手段进行,并贯穿于施工全过程。

对含天然气、瓦斯、放射性物质等特殊地层隧道及深埋隧道内的地温、地应力等地质问题,应按国家现行的有关标准进行检测测试。

超前地质预报设计,应编制超前地质预报设计文件,主要应包括下列内容。

(1)隧道工程地质及水文地质条件,着重说明不良地质与特殊岩土、可能存在的主要工程地质问题及地质风险。

(2)地质复杂程度分级。

(3)超前地质预报的目的。

(4)超前地质预报的设计原则、预报方法、(分段)预报内容、方法选择及不同方法的组合关系、技术要求(同一种预报方法或不同预报方法间重叠长度、超前钻孔的角度及长度等),需要时应编制气象、重要景点和洞内主要出水点(流量大于1L/s的出水点)、暗河流量等观测计划和观测技术要求等。

(5)超前地质预报实施工艺要求(必要时提出)。

(6)超前地质预报工作安全措施。

(7)超前地质预报工作量、占用工作面的时间。

(8)超前地质预报概预算。

(9)其他需要说明的问题。

6. 超前地质预报竣工总报告的内容有哪些?

答:超前地质预报竣工总报告的内容如下:

(1)工程概况。

(2)地质概况:包括原有地质资料的概略情况及其结论,施工开挖过程中揭示的不良地质、特殊岩土及存在的主要工程地质问题。

(3)设计预报方案和根据实际地质情况调整后的预报实施方案。

(4)统计各预报方法实际工作量,并与超前地质预报设计工作量进行对比,分析增减的原因。

(5)预报与施工验证对比情况,包括预报准确率统计结果,对预报绩效进行评价。

(6)设计与施工地质资料对比情况,对勘察资料进行评价。

(7)施工过程中遇到的重大工程地质问题及其处理的经过、措施、效果,运营中应注意的事项。

(8)超前地质预报工作的经验与教训,采用新技术、新设备、新方法的情况及推广应用的建议。

(9)其他需要说明的问题。

(10)附图和附件。

①各种预报方法的预报报告及图件,其内容按有关章节要求编制。

②隧道及平行导坑洞身竣工工程地质纵断面图,内容包括设计与施工地质条件对比、分段围岩级别的对比、不良地质与特殊岩土发育部位与规模的对比及地质纵断面图常规项目。地质纵断面图横向比例为1∶500～1∶5 000,竖向比例为1∶200～1∶5 000。

7. 超前地质预报的方法、内容和手段有哪些?

答:超前地质预报的方法、内容和手段分别如下。

(1)超前地质预报的预报方法

钻爆法隧道施工过程中的地质预报采用多种预报手段相结合的综合预报方法,建立宏观超前地质预报(工程地质法)、长期(长距离、50～200m)超前地质预报(工程地质法、TSP探测及超前钻探)、短期(短距离、0～50m)超前地质预报(HSP测试技术、地质雷达、红外探水、CT测试、超前钻探、超前导洞及经验法等)三级预报预警机制,构成隧道施工的地质综合预报体系,进行不良地质体的超前预报。预报成果应在工程地质分析的基础上,结合仪器测试解译结果,进行综合分析后提出。在施工期间,通过现场三级预报信息反馈,以提高信息解译精度,经综合判断后提交相应的地质超前预报报告。施工过程中严格执行“先探后掘”的原则,以避免地质灾害的发生,确保隧道的安全施工。

(2)超前地质预报的预报内容和手段

针对钻爆法隧道施工的工程地质特点、主要的潜在地质灾害及地质问题,施工超前地质预报主要为不良地质预报及灾害地质预报,其内容和方法见表5.2。

钻爆法施工超前地质预报的内容和手段 表 5.2

序号	不良地质现象	预报内容	预报手段
1	突(涌)水、突泥	预报掌子面前方一定范围内有无突(涌)水、突泥,并查明其范围、规模、性质,预测突(涌)水量的大小及其变化规律,并评价其对施工的影响	可采用宏观预报法预测全洞段的突(涌)水、突泥位置及规模,采用 TSP 测试法进行突(涌)水长期预报,重点采用 CT 法、地质雷达法、红外探水法进行短期预报,采用超前钻探及经验法,准确预测突(涌)水、突泥位置和规模
2	岩爆	预报掌子面前方一定范围内有无岩爆,并查明其范围、规模、强度等级	可采用宏观预报法预测全洞段的岩爆位置和等级,在潜在岩爆洞段,采用 TSP 法进行长期预报,采用工程地质法、HSP 法进行岩爆短期预报,采用超前钻探、实验分析法、工程对比法及经验法准确预测岩爆位置和等级
3	断层及破碎带	预报断层的位置、宽度、产状、性质、充填物的状态,是否为充水断层,并判断其稳定性	可采用宏观预报法预测全洞段的断层及破碎带位置及规模,主要采用 TSP 测试法进行长期预报,辅助采用 HSP 法、CT 法、地质雷达法进行断层及破碎带的短期预报,采用超前钻探及经验法准确预测断层及破碎带位置和规模
4	岩溶	预报掌子面前方一定范围内有无岩溶体,并查明其范围、规模、性状	可采用宏观预报法预测全洞段的岩溶位置及规模,采用 TSP 法进行长期预报,采用 HSP 法、CT 法、地质雷达法进行岩溶短期预报,采用超前钻探及经验法准确预测岩溶位置及规模
5	围岩类别及其稳定性	预报掌子面前方的围岩类别,判断其稳定性,随时提供修改设计、调整支护类型、确定二次衬砌时间的建议等	可采用宏观预报法预测全洞段的围岩的类别及桩号,采用 TSP 法进行长期预报,采用 HSP、CT 法进行围岩类别短期预报,采用超前钻探及经验法准确预测围岩类别及桩号
6	高地温	预测隧道内高地温范围、温度及湿度	可采用宏观预报法预测全洞段的地温,采用超前钻探、经验法及温度计、湿度计准确预测洞室地温及湿度
7	有害气体	预测隧道内有害气体含量、成分及动态变化	可采用宏观预报法预测全洞段的有害气体可能出现的洞段,采用超前钻探、经验法及气体检测仪准确预测洞内有害气体含量、成分及动态变化

8. 超前地质预报的实施程序是怎样的?

答:超前地质预报的实施程序图见图5.1。

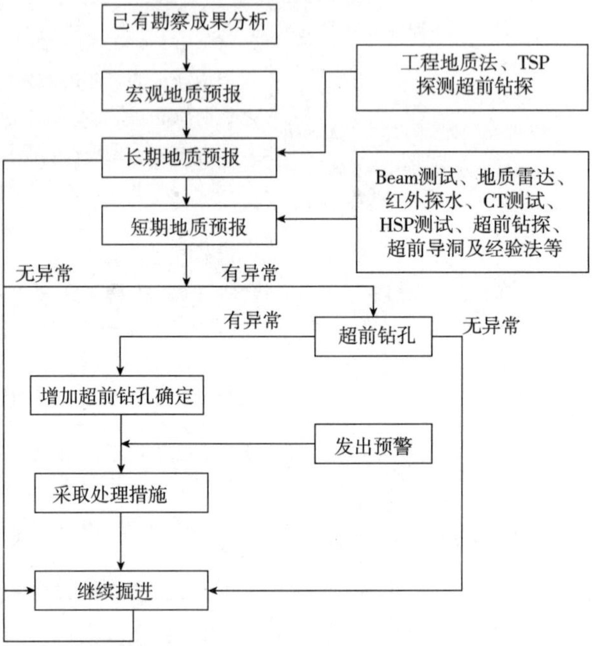

图5.1　综合预报法的实施程序图

9. 宏观超前地质预报的实施程序是怎样的?

答:在施工准备期和隧道施工期间,利用前期地质勘察资料、辅助洞开挖资料和其他基础资料,采用工程地质法对隧道的地层界线、大型断层、围岩类别、涌水以及其他特殊工程地质问题进行预测。

(1)首先收集、整理工程区区域地质资料,结合地质调查进行资料分析,研究区域断裂发育规律,从而判断工程区优势断裂发育方向及规模,以及可能出现的地质灾害。

(2)依据前期的地质勘察资料,尤其是辅助洞揭示的地质条件,对隧道的工程地质和水文地质条件做出预测。

(3)依据前述的分析结果,预测地层岩性分布、主要构造、可能涌水段、岩爆、围岩类别、地温、有害气体等洞段的桩号范围,提出隧道需加强预报及预处理的洞段,并随开挖过程进行调整。

10. 长期(长距离)超前地质预报的实施程序是怎样的?

答:采用多种方法综合的勘探技术手段,定性和定量地预报距掌子面前方50~200m范围内不良地质体。长期(长距离)超前地质预报实施程序图见图5.2。

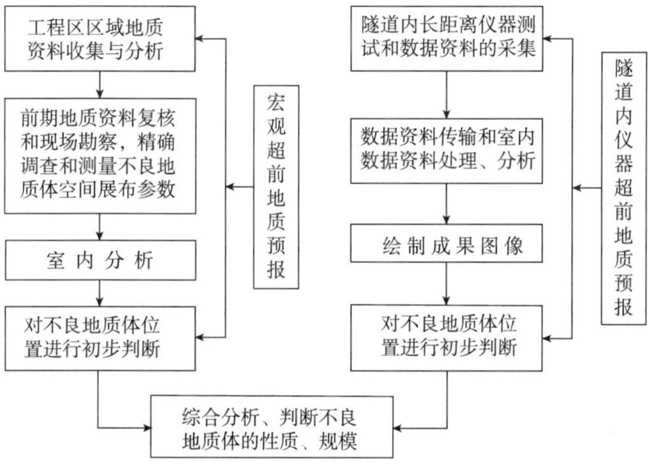

图5.2 长期(长距离)超前地质预报实施程序图

(1)长期超前地质预报分为两个部分:宏观地面不良地质体预报和隧道内长距离仪器探测,它是由两种或两种以上的勘探技术手段和技术相结合进行的综合预报。工程一般采用工程地质法对地面不良地质体进行预报,采用TSP技术进行隧道内150m的长距离探测,必要时采用超前钻探方法,同时辅助采用HSP技术作为TSP预报成果的对比验证手段。

(2)预测掌子面前方存在的岩层界线、断层、特殊软岩、溶洞和富水带等不良地质体,主要是查明上述不良地质体的位置和规模,概略地判断不良地质体的围岩级别和岩爆发生等级,用于指导短期预报。

(3)一次预报洞段长150m,每100m预报一次,重复段50m。

(4)同时利用辅助洞已揭示的地质情况,结合TSP探测资料对掌子面前方的围岩类别、破碎岩体、涌水、岩爆、地温、有害气体等进行预报。

11. 短期(短距离)超前地质预报的实施程序是怎样的?

答:短期(短距离)超前地质预报是在长期超前地质预报的基础上进行的,预报距掌子面前方50m范围内的工程地质条件,判断围岩类别等。所采用的预报方法主要为物探仪器测试、超前导洞及经验法，实施程序见图5.3。

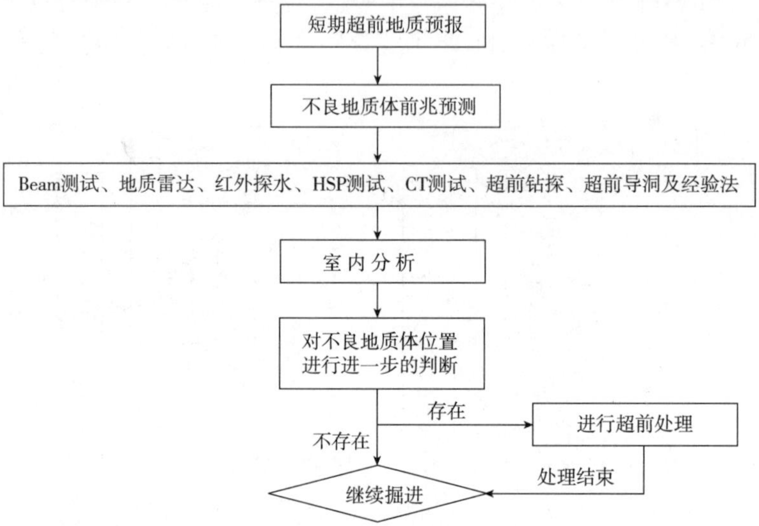

图5.3 短期（短距离）超前地质预报实施程序图

（1）主要是通过工程地质法、经验法、Beam测试、地质雷达、红外探水、HSP测试、CT测试、超前钻探及超前导洞相结合的方法进行预测，通过对不同地质体标志的确认，以及不良地质体出现前的前兆标志，对不良地质体可能出露的位置进行预测和判断，对不良地质体的类型、规模、位置进行预测。

（2）短期预报距离分两种情况：①掌子面前方岩体完整，反映信息较强时，通常预报距离为50m；②掌子面前方裂隙发育，岩体较破碎，反映信息较弱时，一般预报距离为20～30m。

（3）短距离预报成果包括：地层岩性、构造、岩溶、地下水、岩爆、围岩类别、地温、有害气体等。

由于短期预报是在长期预报的基础上进行的，所以预报的精度一般要超过长期超前地质预报，特别是对不良地质体性质的预报，对地质灾害预报而言，相当于临灾预报或防灾处理阶段。

12. 工程地质法超前地质预报的步骤是什么？

答：工程地质法超前地质预报步骤见图5.4。

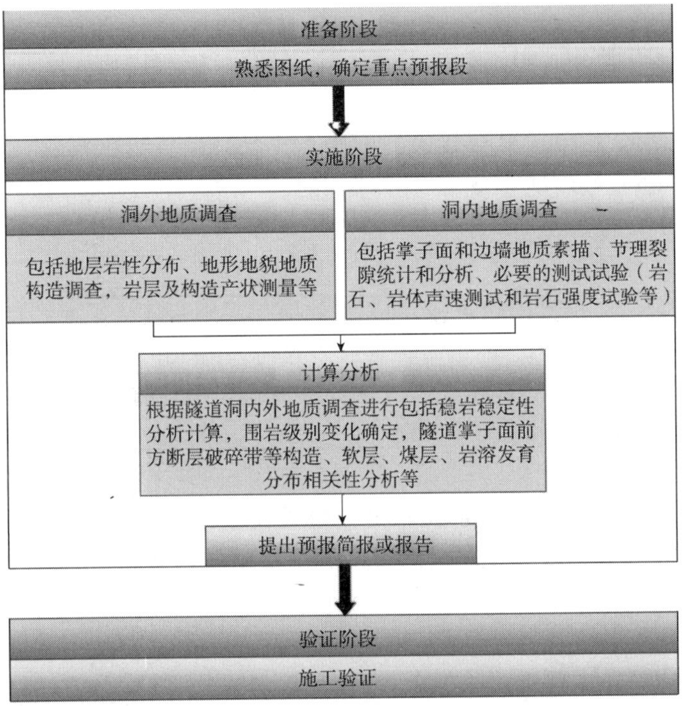

图 5.4　工程地质法超前地质预报步骤

13. TSP 系统探测法超前地质预报怎么进行?

答:TSP 超前地质预报系统将隧道的掌子面前方划分为四个区域,根据施工隧道的地质情况和主要结构面的产状,决定爆破孔布置在隧道的哪一侧壁。如果探测的主要结构面在掌子面的左侧首先揭露,就选择 1A 或 1B 作为主要研究区,将爆破孔布置在隧道的左侧壁;若探测的主要结构面在掌子面的右侧首先揭露,就选择 2A 或 2B 为主要的研究区,将爆破孔布置在隧道的右侧壁,而接收孔在左、右侧壁上分别布置,以便进行对比分析。TSP 探测区域分布见图 5.5。

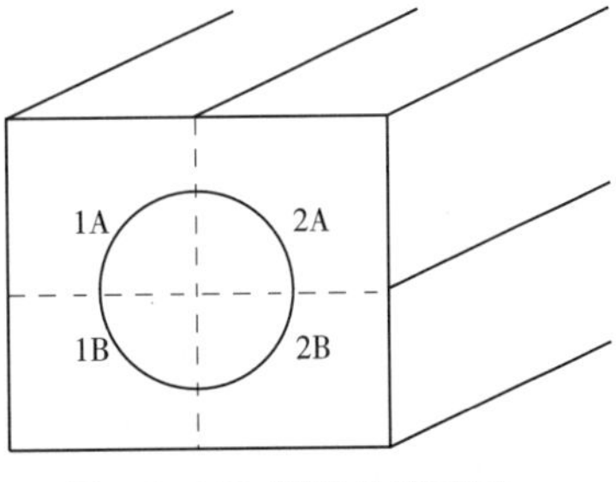

图 5.5　TSP 探测区域分布图

主要工作内容如下所述。

(1)钻孔

在隧道左、右壁各布置 1 个接收孔,在左或右壁布置 21 个爆破孔,采用风钻钻孔。

接收孔：距掌子面50m左右，距第一个爆破孔20m处，孔直径为38～45mm，孔深为2.4m，向下、向洞口倾斜15°～20°，孔口距洞底面约1.0m。爆破孔：第一个爆破孔距接收孔20m，其余爆破孔间距为1.5m，呈直线分布，孔直径为38～45mm，孔深为1.5m，垂直于隧道轴向，向下倾斜15°～20°，孔口距洞底面约1.0m。

（2）接收器埋设

为了保证采集信号的质量，必须使接收器与周围岩体很好地耦合，在采集信号前至少12h应将特制的传感器套管插入孔内，并采用不收缩水泥或锚固剂进行孔内注浆，使其与周围岩体很好地粘合在一起。探测前将传感器插入特制套管内，连接电缆至TSP主机。

（3）炸药埋设

将瞬发电雷管与炸药连接牢固，塞入爆破孔，然后用水封闭炮眼。电雷管的两根引线接出孔外与起爆线相连。每个炮眼根据围岩软硬、完整程度及距接收传感器位置的远近装入不同份量（10～40g）的一级岩石乳化炸药。

（4）试验数据的采集

TSP数据采集主要由接收器、数据记录设备以及起爆设备三部分组成。接收器主要由多分量传感器组成，用来接收地震波信号；数据记录设备是将接收器收到的信号放大、模数转换并进行测量过程控制、信号数据记录；起爆设备主要用来引爆电雷管和炸药。在进行放炮接收信号时，应停止洞内一切施工干扰。自第一炮眼（近接收传感器）激发地震波，记录仪将同时启动并记录地震波信号，这时候屏幕上将出现6道地震波波形，分别为左、右壁的3个分量传感器接收的信号。自动存盘记录后，依此在其他炮眼激发地震波，直到最后一炮记录结束，完成野外洞内试验数据的采集。

（5）数据处理

首先将记录仪采集的数据传输到计算机上，应用TSP数据处理软件进行地震波分析处理，其主要由三个程序块组成，即：数据库模块、地震数据处理模块、确定反射界面模块。计算机的分析处理分三个步骤进行：波形处理、预报计算、预报输出。其中波形处理分八步进行，预报计算可以采用绕射重叠法或像点法进行。

（6）地质判释

根据TSP探测结果，结合以前TSP探测资料综合分析，判断掌子面前方的地质状况，推测不良地质体性状及位置，分析地下水赋存情况。TSP203超前地质预报探测示意图如图 5.6 所示。

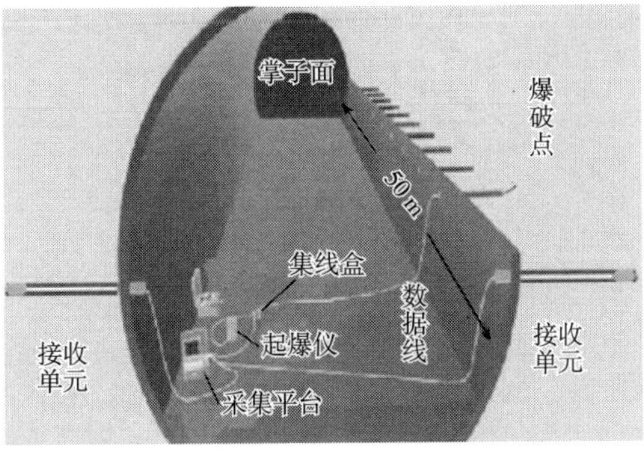

图 5.6　TSP203 超前地质预报探测示意图

14. HSP 声波反射法超前地质预报怎么进行?

答:HSP 声波反射法超前地质预报过程如下。

(1)现场布置方法

在"HSP 水平声波剖面法"中,探测方法有两种,即在掌子面两侧布置测试孔(图 5.7)或在两侧边墙布置测试孔(图 5.8)。

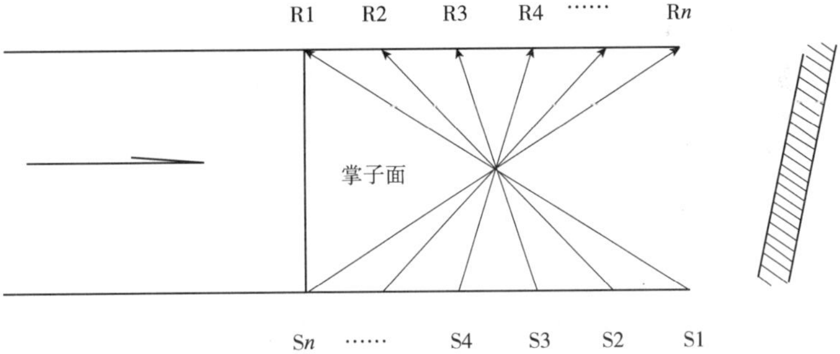

图 5.7　掌子面孔间声波反射探测布置方式示意图

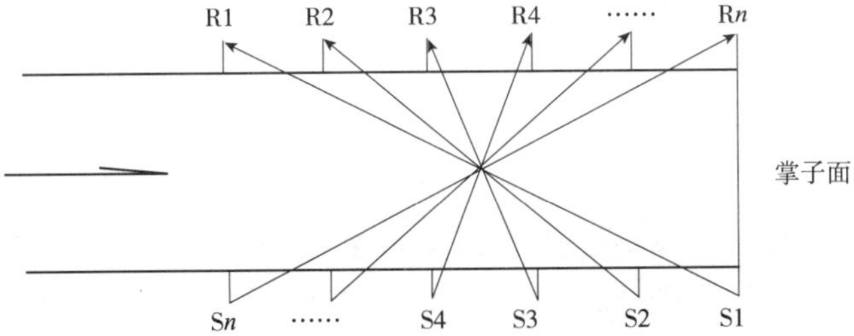

图 5.8　掌子面两侧边墙浅孔斜交探测布置方式示意图

针对钻爆法施工期 HSP 系统测试,"HSP 声波反射法"的掌子面布置方式如图 5.9 所示。

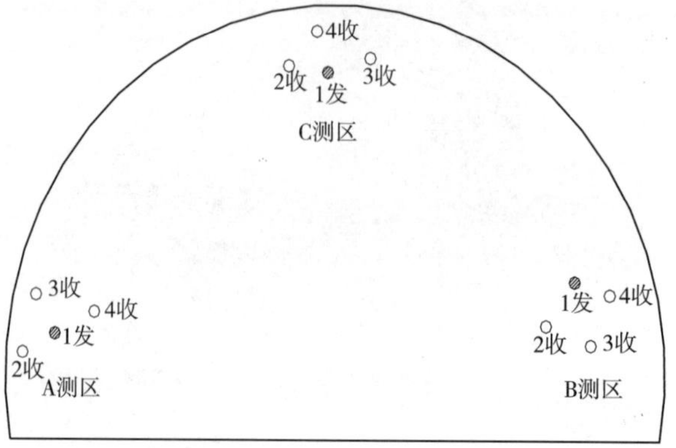

图 5.9　HSP 声波反射法地质预报掌子面布置示意图

为了适应于 TBM 施工地质超前预报,改进了现场测试剖面布置方法,在 TBM 护盾段后部的两侧拱角部位布置发射换能器和接收换能器(图 5.10)。

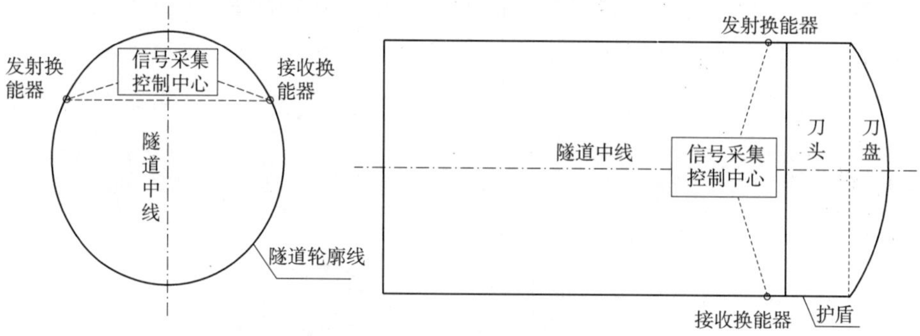

图 5.10　适合 TBM 施工的 HSP 声波反射法测试布置示意图

(2)HSP 声波反射法的地质预报系统

HSP 声波反射法地质预报系统包括仪器设备和解译程序两部分,地质预报设备与预报方法相配套。

主机设置为四通道和计算机接口,发射、同步接收、量程等参数通过计算机控制可调,数据由便携式计算机存储,系统分辨率最小采样间隔分别为 500ns 和 100ns,幅度分辩均为 16Bit,记录长度 32K,量程 5mV ~ 5V,自动变增益放大控制。数据采集通过计算机控制,数据存储计算机化,大大降低了现场工作时间,加快了工作效率。

后期解译通过与 ZGS 系列智能工程探测声波仪配套进行。隧道施工期超前地质预报分析的处理软件,包括反射谱分析及反射子波分析软件。

(3)主要工作内容

在数据采集的时间段,现场没有其他振动源;在掌子面上随机布置 5 ~ 10 个钻孔,均匀分布,孔深 1 ~ 1.5m;炸药置于孔底,与孔壁耦合严密,药量在 50g 左右,最大不超过 75g;检波器随机、均匀地垂直安置在掌子面上,必要时可用棉被将掌子面覆盖,以防声波干扰;在已施工完洞身部位用锤击求取地层的传播速度。对单道记录进行滤波、压制干扰和指数增益调整;对于每一道不同炮的记录和每一炮不同道的记录进行对比分析,以规律性好、重复性好的记录道进行解释,必要时进行正演计算。

15. 超前钻探法超前地质预报怎么进行?

答:采用超前钻孔进行隧道施工期超前地质预报是隧道施工期超前地质预报方法中最直接的方法,是施工中实施的重要工序,是对其他探测手段成果的验证和补充。超前钻探孔的位置、深度、方向、数量根据需要确定,超前勘探钻孔直径一般不小于 65mm。

(1)预报内容

预报内容包括预测工作面前方的地质构造和岩性、地下水出露位置和水量、岩爆、围岩变化情况,以及超前注浆效果。

(2)预报方法

①不取芯钻探:主要利用钻机的冲击力、推力及扭力的变化,配合回水颜色及岩屑的观察,记录钻进时间、钻进速率,并据此来推断前方的地质状况。不取芯钻探的优点是施作时间较短、费用较低(与取芯钻探比较),若隧道前方有地下水层,可以通过不取芯钻孔探测并排水,缺点是不取芯探孔常会因塌孔而无法量测正确的水压及水量资料。在施作期间开挖面通常需配合停工,钻进过程中,容易受操作人员人为影响,造成判读岩体比较困难。不取芯探孔另一缺点是因无法得到完整岩芯,在地质解释方面,常存在有不确定因素。

②取芯钻探:利用取芯钻机取出岩芯进行地质判别,对于超过 30m 的超前探孔,一般采用取芯钻探。取芯钻探可得到直接的地质资料,从而做出较正确的地质判别。岩芯取出后,可经由实验室进行岩块的物理、力学试验,进而获得相关的物理力学参数,钻探完成后的孔洞也可以作为排水孔,对于穿越含高压地下水层的岩体而言,可利用此先行降低水压。但取芯钻探施作期间开挖面通常需配合暂停,且施作时间比不取芯钻要长,费用也较高。

16. Beam 测试系统超前地质预报怎么进行？

答：Bean 测试系统超前地质预报介绍如下。

（1）系统简介

Beam 法（Bore – Tunneling Electrical Ahead Monitoring），是国际上当前唯一的一种电法超前预报方法，是德国 GEOHYDRAULIK DATA 公司推出的产品。该方法是在 TBM 隧道掘进的同时，使用三个电极聚焦地面电流，自动探测三倍隧道直径范围内地质条件的一种地质测量方法，能够与 TBM 掘进同步预测掌子面前方的岩体的完整性和富水性。

（2）TBM 施工中 Beam 系统的实施步骤

TBM 施工中 Beam 系统的实施布置如图 5.11 所示。

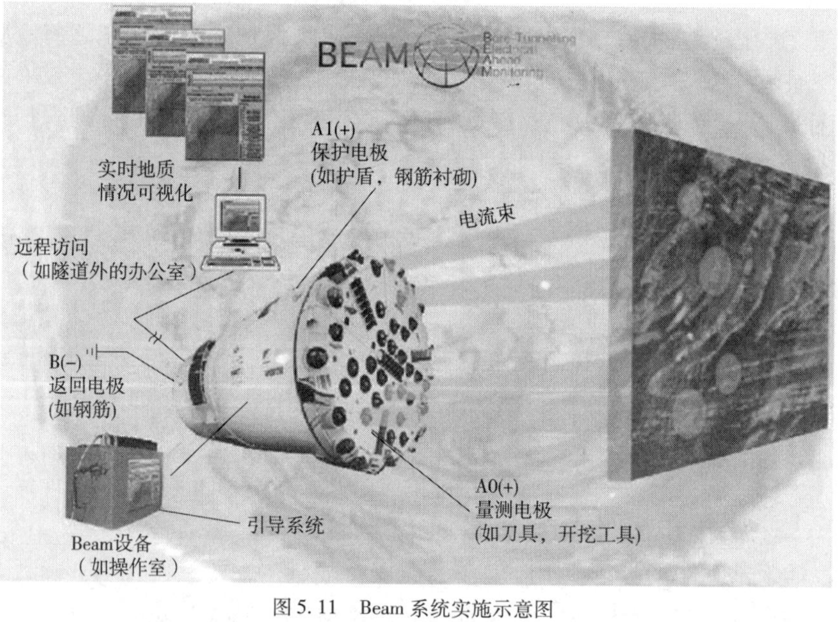

图 5.11　Beam 系统实施示意图

①由 GD 工程师在现场对安置于 TBM 上的 Beam 系统进行改装，所需时间大约为一周。

②TBM 掘进期间，Beam 系统自动运行，由 GD 总部通过远程访问的方法进行监督。

（3）Beam 系统结果分析

Beam 系统在隧道施工时采集的电阻率图形见图 5.12，图中的蓝色和红色曲线分别反映岩石的电阻率和完整性情况。下面分四种情况分析掘进前方岩体可能出现的情况。

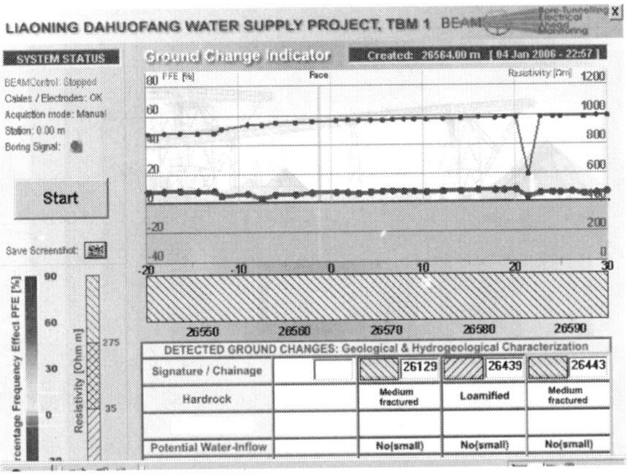

图 5.12　Beam 系统在隧道施工时采集的电阻率图形

①两条曲线同时下降，说明掘进前方岩体完整性和电阻率降低，岩体较破碎且可能含水，或破碎岩体含有导电性较好的金属矿物。

②两条曲线同时上升，说明掘进前方岩体完整性和电阻率增加，岩体较完整且不含水及导电性强的矿物。

③蓝色曲线下降、红色曲线上升，说明掘进前方岩体电阻率降低、完整性增加，掘进前方岩体完整性较好，但可能含水或含导电性较好的矿物。

④蓝色曲线上升、红色曲线下降，说明掘进前方岩体电阻率增加、完整性降低，岩体较破碎且不含水及导电性矿物。

17. 地质雷达法超前地质预报怎么进行？

答：地质雷达法超前地质预报过程如下。

（1）天线频率的选择

隧道超前地质预报，一般采用 50M 或 100M 非屏蔽天线（50M 非屏蔽天线预测范围一般在 30 ~ 50m，100M 非屏蔽天线预测范围一般在 20 ~ 30m）。

（2）测线布置和信号触发方式

对于采用上、下导坑法开挖的隧道（包括多台阶法开挖的隧道），由于工作面相对比较狭窄，一般布置一条测线即可；对于全断面开挖的隧道，一般布置两条测线，即起拱线一条、距隧底 2m 高处一条，或“井”字形布置四条测线。其原则就是尽可能靠近掌子面轴心位置，测线距离尽可能长，尽可能多采集数据，以便于后期数据的分析处理。

在隧道的超前地质预报工作中，由于掌子面的工作环境通常比较恶劣，所以地质雷达数据采集的时候，触发方式采用键盘触发方式。

(3)雷达图像的判读

地质雷达法隧道超前地质预报(图5.13)主要是确定掌子面前方的构造断裂、软弱夹层、岩溶洞穴等的分布位置，以及掌子面前方地下水状况、岩溶洞穴填充物及其性质的预报等。构造断裂带在雷达剖面图上的波形反映一般是与断裂带走向相同的一条曲线，软弱夹层和岩溶洞穴的波形反映一般是由许多细小的抛物线组成的一块较大区域，与周围的波形存在明显差异。实践证明，地质雷达对掌子面前方含水、溶洞、断裂带等异常反映较好，但预报范围将会相对缩短。因为水的介电常数 $\varepsilon=81$，电磁波能量会被水大量吸收，探测距离相对缩短。电磁波在地层中传播时的能量消耗也很大，也会对探测距离有一定的影响。雷达图像的判读除了在雷达剖面图上发现明显的信号异常之外，还要注意观察掌子面施工现场的地质情况，结合地质方面的知识加以综合判断会得到更准确的结果。

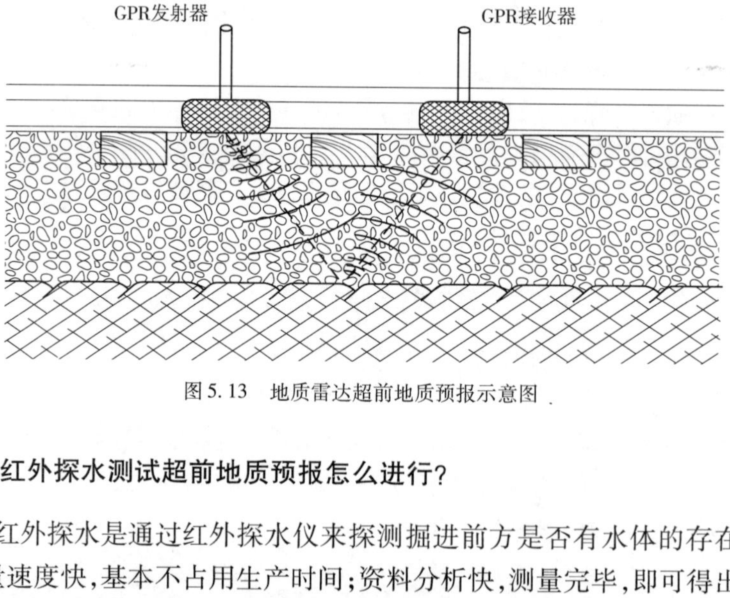

图5.13　地质雷达超前地质预报示意图

18. 红外探水测试超前地质预报怎么进行?

答:红外探水是通过红外探水仪来探测掘进前方是否有水体的存在。红外探水测量速度快，基本不占用生产时间；资料分析快，测量完毕，即可得出初步结论，室内整理及编写报告也较快；对前方有水无水的判断准确率较高，特别在石灰岩洞段，预报准确率能高达80%，但对水量、水压及危害程度无法预测。红外探水一般平均20m测量一次。

19. CT 测试超前地质预报怎么进行?

答:CT 测试是通过单个钻孔或跨孔对岸测试结果进行隧道掌子面前方地质条件的超前预报,隧道内一般探测距离为 30m 左右,具有预报准确等特点。

在长期预报的出水构造带两侧各布置一排 CT 探测孔,底板上垂直布置 3 个 CT 探测孔,孔深 30m。在两侧边墙上各布置一个 CT 探测孔,孔深 30m,探测孔与边墙成 45°夹角。大里程方向 CT 探测孔距出水构造带 5m,小里程方向 CT 探测孔距出水构造带 20m。通过 CT 探测孔对出水构造进行探测,了解出水构造的性质、特点、发育状况,为布置分流减压孔和封堵注浆孔进行指导。

20. 经验法超前地质预报怎么进行?

答:不良地质体在被揭露之前往往表现出一些明显或不明显的前兆标志,这些标志的出现,预示着隧道即将临近不良地质体,它们是超前地质预报的重要信息。因此,仔细观察、描述开挖石渣、洞壁结构面及岩层形态、量测结构面及岩层特征参数,是正确进行超前地质预报的关键。

(1)涌水预测

经验法涌水预测内容见表 5.3。

经验法涌水预测 表 5.3

序号	涌水预测	内容
1	可能发生涌水的部位	可溶岩与非可溶岩接触界面,特别是白山组和盐塘组的交界部位;隧道通过的断层、向斜、背斜核部位置;近 EW 向和 NNE 向结构面是工程区内地下水活动的重要通道,是隧道可能突水的部位;近 EW 向结构面相交处及 EW 向结构面与层面相交部位也是可能突水的位置
2	可能发生涌水的前兆	当隧道由弱可溶岩进入强可溶岩的边界部位时,可能发生涌水。 探洞内造成突水灾害的主要导水构造多数集中发育在向斜一翼,因此进入向斜一翼时可能发生涌水。 当黑色岩体进入白色或花斑状岩体时,前方可能出现涌水。 根据大突水点的涌水特征:一般有渗、滴水段—线状渗水段—集中涌水段—高压喷水段,当隧道由渗、滴水段进入线状渗水段时,应作好出现集中涌水的准备;风钻孔内出现浑水,前方可能有涌水;若浑水能喷射 5m 以上,则前方可能有大于 30 ~ 50L/s 的涌水存在;当超前钻孔内出水能喷射 3.5m 以上,或涌水速度大于 7m/s,或风钻孔内有涌水速度大于 14m/s 的出水,则前方可能出现大于 20L/s 的涌水存在。 当地温测值出现比前一点低时,可能有涌水

(2)岩爆预测

经验法岩爆预测内容见表5.4。

经验法岩爆预测表　　表5.4

岩爆预测	内容
可能发生岩爆的前兆	断层带和节理密集发育地带不会发生岩爆； 地下水出露洞段不会发生岩爆，发生概率或发生强度小一些； 地温值相对较低洞段不会发生岩爆，发生概率或发生强度小一些，否则易发生岩爆； 岩相发生变化附近，易发生岩爆； 岩体为整体结构、类整体结构、块状结构的洞段易发生岩爆； 超前钻孔出现饼化现象的地段，岩爆的危险性很大； 听到岩石劈裂的响声和看到随后岩块的掉块现象可能会发生岩爆

(3)断层破碎带预测

经验法断层破碎带预测内容见表5.5。

经验法断层破碎带预测表　　表5.5

断层破碎带预测	内容
可能出现断层破碎带的前兆	节理裂隙组数及密度剧增、岩石强度降低、出现压裂岩、碎裂岩、岩石风化相对强烈、泥质含量增加等，或超前钻孔中出现较大的涌水往往是出现断层的前兆

(4)有害气体预测

经验法有害气体预测内容见表5.6。

经验法有害气体预测表　　表5.6

有害气体预测	内容
可能出现有害气体的前兆	只有T2y5的部分大理岩(灰白、灰黑)、T2b大理岩洞段内含有全硫，可能有H_2S的出现，进入该层后，做出预报，采取加强通风措施

21. 典型不良地质体的评定方法有哪些？

答：典型不良地质体的评定方法如下。

(1)充水或充泥溶洞

石灰岩中岩溶形态有：溶蚀孔洞、溶蚀裂隙、溶槽或溶缝、岩溶漏斗、落水洞、溶洞、地下暗河。其充填状态也不同,有充填砂砾、黏土,充水或充水充泥,有无充填、半充填、充满或带压。

未充填的干溶洞与空洞的物理性状、地球物理特性、特征是相似的。

①TSP 对较大溶洞的反应:充水或充泥溶洞对应部位的纵波速度、泊松比、密度、杨氏静态模量等参数首先变高,然后变低,这一点与地质雷达相似,也与理论符合,并在解释图上有明显的异常反应。但所反映出的溶洞纵向范围较大(15m 左右),由于波长较长和分辨率较低的原因,TSP 不能直观地分辨出溶蚀孔洞、溶蚀裂隙等这些尺寸较小的反射目标。

由于地下水对纵波、横波的阻隔影响不同,即纵波为压缩波(弹性波),围岩的密度一般为 2.2 ~2.8kg/m^3,纵波速度为 3 000 ~5 500m/s,而水的密度为 1kg/m^3,纵波速度为 1 460m/s。当纵波穿过含水层时,纵波在围岩与水体界面应产生明显的反射,同时一部分能量透过含水层。而横波为剪切波,水的剪切模量为零,理论上讲横波不能通过强含水层,因此在岩石与水体的交界面处应形成强的横波反射,且进入或经过水体后横波衰减为零。所以通过对横波、纵波各自反射幅度的对比分析,可定性判定掌子面前方是否有含水层或含水溶洞。

②地质雷达对溶洞的反应:地质雷达对溶蚀孔洞或溶蚀裂隙、溶槽或溶缝、溶洞或地下暗河所反映出的图像特征是不同的。另外,对干的空溶洞与充水、充泥的溶洞的反应也是截然不同的,充水、充泥的溶洞的雷达回波信号是显著衰减的。

③瞬变电磁仪对溶洞的反应:由于瞬变场的强度及延迟时间与地下地质目标体的电性、规模及产状等参数有关,地质体的导电性越好,瞬变场的强度就越大,故充水或充泥溶洞应对应高感应电压,空的干溶洞对应低感应电压。

(2)空洞或未充填溶洞

①TSP 对空洞的反应:空气的密度为 1.29kg/m^3,波速 C 为 344.2m/s,弹性模量为 0.15MPa;水的泊松比为 0.5,密度为 1kg/m^3,纵波速度为 1460m/s,弹性模量为 2.13MPa;围岩的泊松比一般为 0.14 ~0.36,但围岩有水时会出现负值,密度一般为 2.2 ~2.92kg/cm^3,弹性模量为 50 ~90GPa。空洞或未充填溶洞中的物质为空气或真空,在 TSP 的 2D 成果及有关力学参数反演曲线上(图 5.14)对应的纵波速度、泊松比、密度、动态杨氏模量等参数相对变低。

②地质雷达对空洞的反应:图 5.15 是一个地质雷达探测坎儿井的回波幅度衰减曲线,坎儿井宽度为 60cm,高度为 1.3m,顶界埋深 6m,使用频率 160MHz。

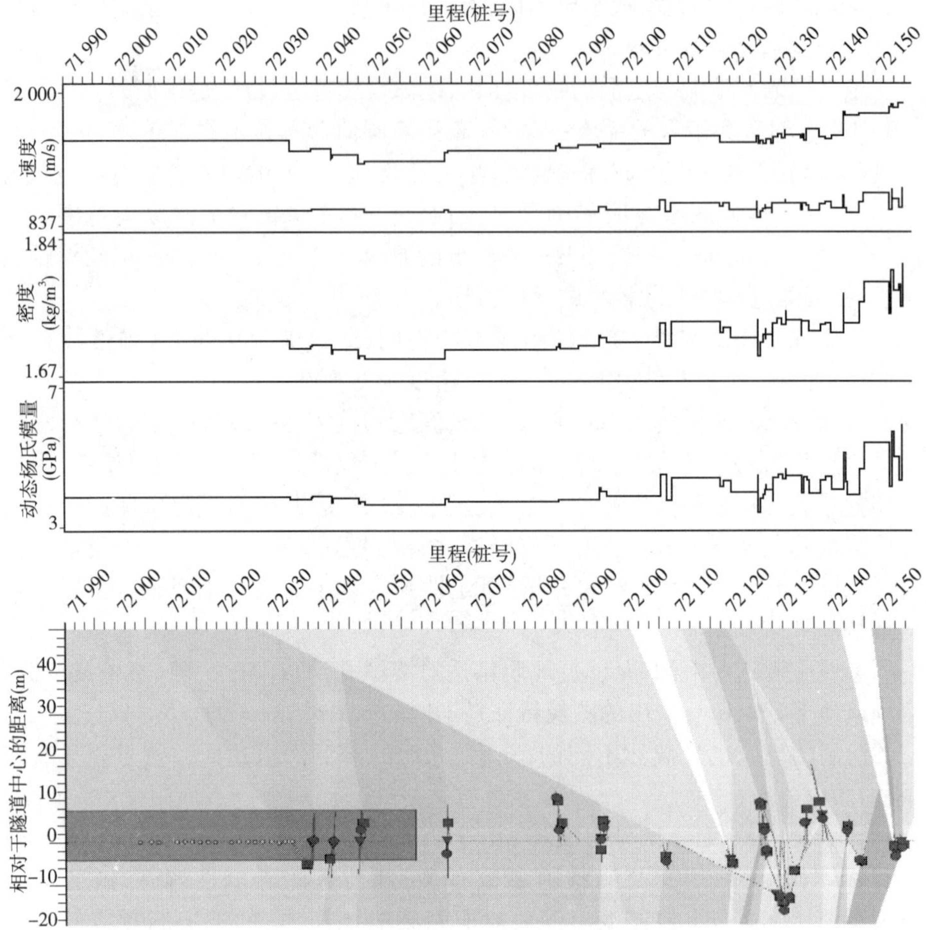

图 5.14　未填充溶洞的 TSP 有关参数特征

注:图中阴影区域为隧道位置。

这时,地质雷达在空气中的波长为 1.875m,而进入坎儿井多处的沙砾层(其相对介电常数约为 9)的波长变为 0.62m。从图中看出,在坎儿井对应的平面部位和顶界深度出现明显衰减。

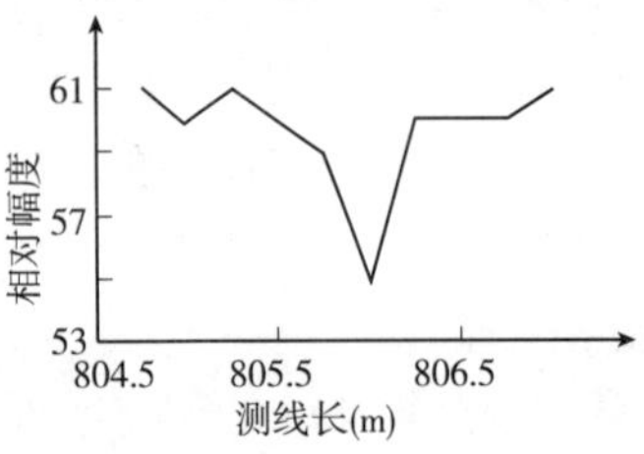

图 5.15　坎儿井的横向衰减曲线

实际应用中,当使用的雷达频率很低时,即其波长相对探测对象尺寸很大时,雷达灰度图上基本无反应或至多是一个强反射点(白点),不易于分辨解释;当使用的雷达频率较高时,即其在相应介质中的波长显著小于探测对象尺寸时,雷达灰度图上出现典型的反射弧,如图 5.16 所示;当空洞尺寸规模远远大于所使用的工作波长时，反射图像出现强反射条带，有时由于受初次反射表面的影响出现波浪形或锯齿形，如图 5.17 所示。

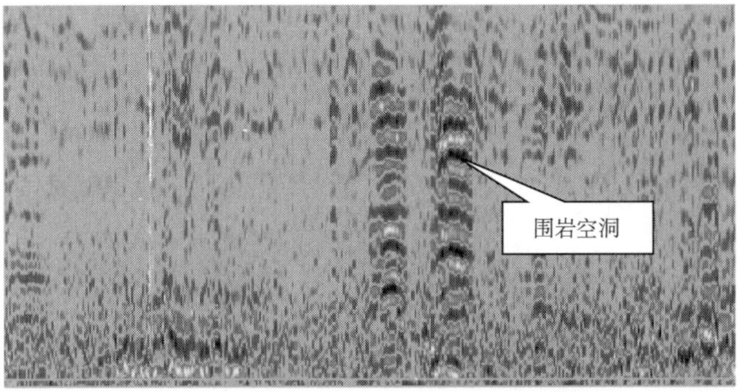

图 5.16　典型的小空洞（溶洞）灰度图图像

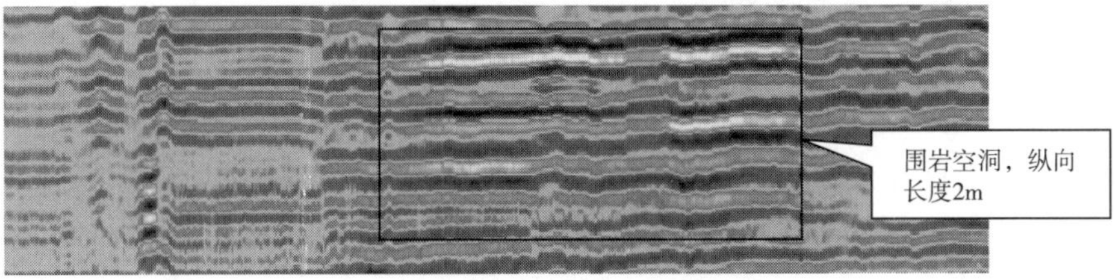

图 5.17　大空洞灰度图图像

空洞或溶洞的反射波形特征应是相似的，但由于工作频率、空洞尺寸规模以及空洞的赋存条件不同，其特征有显著差异，需认真鉴别，如图 5.18 和图 5.19 分别为衬砌脱空和未充填溶洞的雷达图像特征。

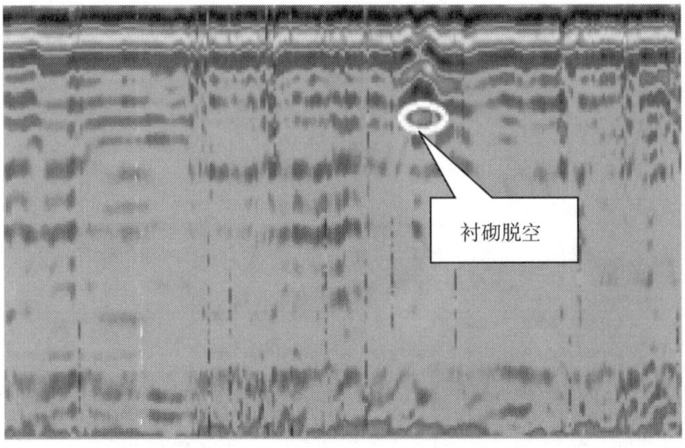

图 5.18　衬砌脱空的雷达图像

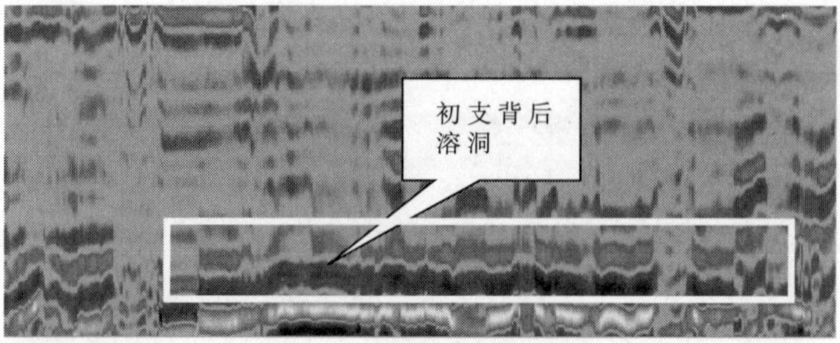

图 5.19　未充填溶洞的雷达图像

溶洞和空洞有着相似的雷达回波特征：衬砌背后的空洞在灰度波形图上表现为一组弧形反射波，这组强反射的后面往往还紧跟着一组幅度较低的强反射波（多次反射）。较小的空洞弧形表现明显，较大的空洞往往呈现出波浪形的强反射或呈亮白色。计算空洞的起止深度时，小的空洞可采用围岩的电磁波速度或相对介电常数，大的空洞要采用空气的速度。判别空洞时要注意排除因天线抖动或脱离衬砌表面所造成的假空洞（可以剔除）。

(3)断层破碎带

①TSP 对断层破碎带的反应：断层破碎带所对应的部位的纵波速度、密度、静态杨氏模量等参数首先变高，然后变低，其实际位置对应于变低部位，泊松比整体变高，这与理论基本相符。如果断层是在发育石灰岩中，则极有可能发育成为溶洞，如图 5.20 所示。

②地质雷达对断层破碎带的反应：因断层破碎带的破碎程度、风化程度、糜棱岩化、硅化或钙化程度不同，其雷达图像特征也有显著的差异。例如，破碎风化较强，则雷达信号衰减强，反之亦然。糜棱岩硅化或钙化后衰减很弱，另外波形组合特征也不同。

(4)强风化破碎带

①TSP 对强风化破碎带的反应：纵波速度低（显著低于 3 000m/s），密度低。

②地质雷达对强风化破碎带的反应：所接收的雷达回波信号强烈衰减。

(5)围岩裂隙水

①TSP 对围岩裂隙水的反映：由于裂隙发育是不均一的，在隧道纵向上往往呈条带状局部分布，隧道开挖后呈涌水状、淋水状或滴水状。表现为纵横波速度比或泊松比的明显交替变化，如图 5.21 所示。围岩含水时 TSP 所提取的泊松比会出现负值。

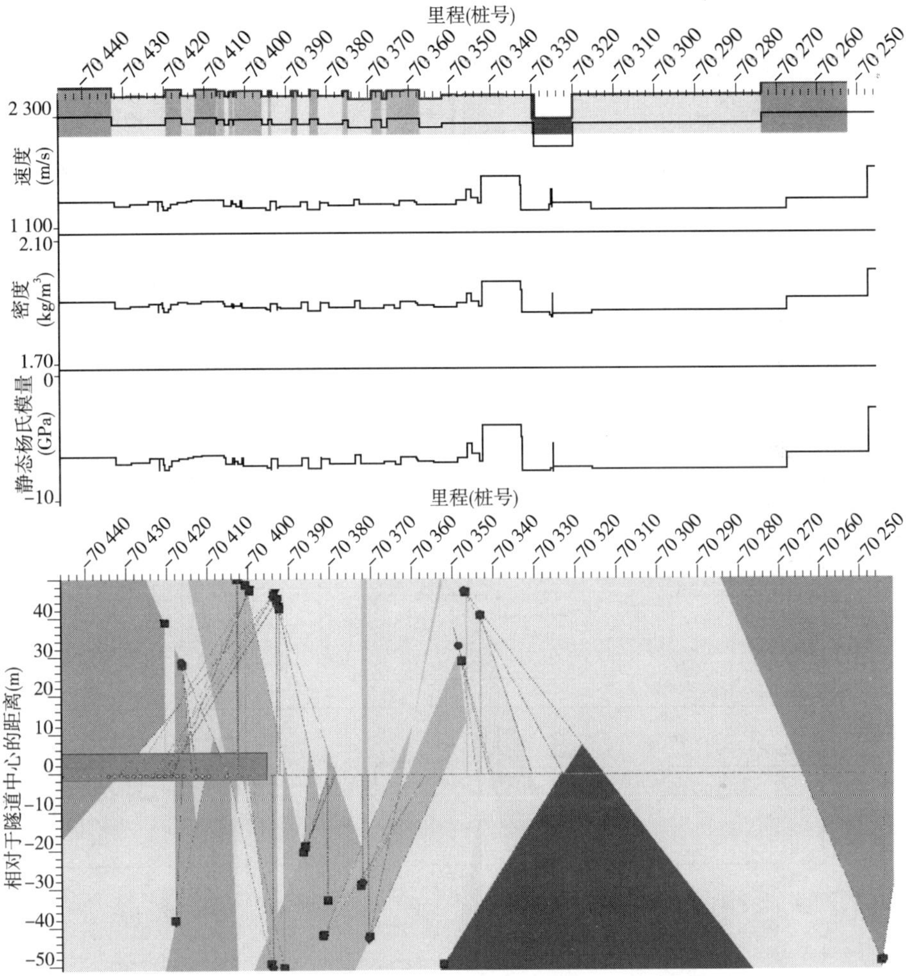

图 5.20　TSP 探测断层、溶洞

由于地下水对纵横波的阻隔影响不同,即纵波为压缩波(弹性波),围岩的密度一般为 2.2 ~ 2.8kg/m³,纵波速度为 3 000 ~ 5 500m/s;而水的密度为 1kg/m³,纵波速度为 1 460m/s。当纵波穿过含水层时,纵波在围岩与水体界面产生明显反射,同时一部分能量透过含水层。而横波为剪切波,水的剪切模量为零,理论上讲横波不能通过强含水层,因此在岩—水交界面处应形成强的横波反射,且经过水体后横波衰减为零。所以,通过对横波、纵波各自反射幅度的对比分析,可定性判定掌子面前方是否有含水层或含水溶洞。

②地质雷达对围岩裂隙水的反应:所接收的雷达回波信号显著衰减。

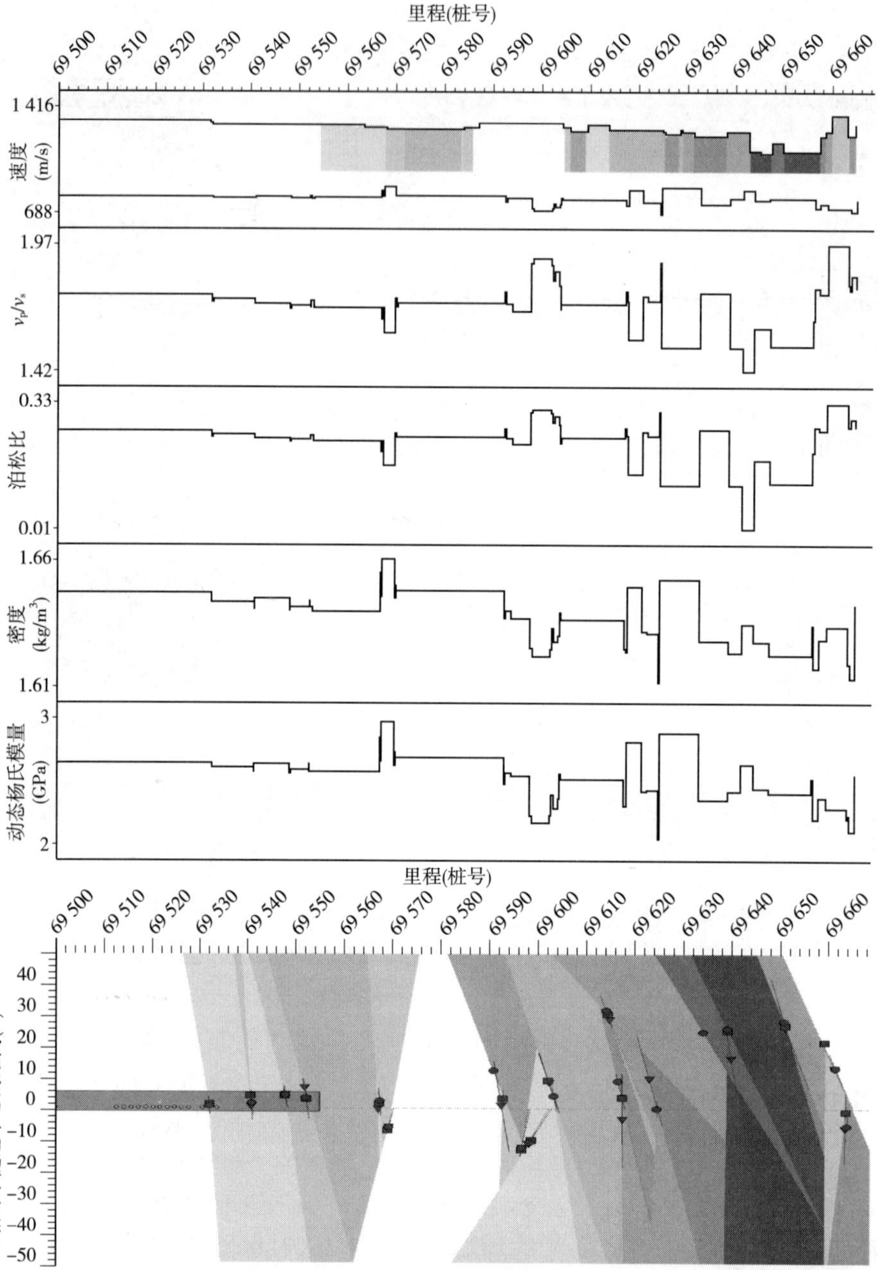

图 5. 21　TSP 探测围岩裂隙水

22. 断层破碎带预报的步骤是什么？

答：断层破碎带预报的步骤如下。

（1）断层预报应探明断层的性质、产状、在隧道中的分布位置、断层破碎带的规模、物质组成等，并分析对隧道的危害程度。

（2）断层预报应以地质调查法为基础，以弹性波反射法探测为主，必要时采用红外探测、高分辨直流电法探测断层带地下水的发育情况及超前钻探法验证。

（3）当隧道施工接近规模较大的断层时，多具有明显的前兆，可通过地表补充地质调查、洞内地质调查、地表与地下构造相关性分析、断层趋势分析等手段预报断层的分布位置。

（4）断层破碎带与周围介质多存在明显的物性差异，可采用弹性波反射法探测破碎带的位置及分布范围。

（5）断层为面状结构，可采用超前钻探法较准确预报其位置、宽度、物质组成及地下水发育情况等。

（6）断层预报可按下列步骤进行：

①根据区域地质资料、工程地质平面图与纵断面图及必要的地表补充地质调查，进一步核实断层性质、产状、位置与规模等。

②采用弹性波反射法确定断层在隧道内的大致位置和宽度。

③必要时采用红外探测、高分辨直流电法探测断层带地下水的发育情况。

④必要时采用超前钻探预报断层的确切位置和规模、破碎带的物质组成及地下水的发育情况等。

⑤采用隧道内地质素描、断层趋势分析等手段预报断层的分布位置。

⑥地质综合分析，提交地质综合分析成果报告。

23. 岩溶预报的步骤是什么？

答：岩溶是指可溶性岩石受水体以化学溶蚀为主、机械侵蚀和崩塌为辅的地质应力综合作用，以及由此所产生的溶蚀地质现象的统称。

岩溶预报应探明岩溶在隧道内的分布位置、规模、充填情况及岩溶水的发育情况，分析其对隧道的危害程度。岩溶预报应以地质调查法为基础，以超前钻探法为主，结合多种物探手段，进行综合超前地质预报，并应采用宏观预报指导微观预报、长距离预报指导中短距离预报的方法。

岩溶预报可按下列步骤进行。

(1)研究隧址区岩溶发育规律

充分收集、分析、利用已有区域地质和工程地质资料，辅以工程地质补充调绘，查明隧址区工程地质与水文地质条件，分析岩溶发育的规律，宏观掌握区域地质条件，指导超前地质预报工作。工程中应着重查明和分析以下内容。

①地层岩性：可溶性岩层与非可溶性岩层的分布与接触关系，可溶性岩层的成分、结果和溶解性，特别是强溶岩(质纯层厚的灰岩、盐岩)的地层层位和展布范围，及其与隧道线路中线的相互关系。

②地质构造：隧址区的构造类型，褶皱轴的位置、两翼岩层产状；断裂带的位置、规模、性质、产状，特别是两条或两条以上断层交汇的位置(侵蚀性地下水的有利通道)；主要节理裂隙的性质、宽度、间距、延伸方向、贯通性及充填情况等；新构造运动的性质、特点等。分析上述构造与岩溶发育的关系及不同构造部位岩溶发育特征和发育程度的差异性，划分岩溶发育带；分析上述构造与隧道线路中线的相互关系。

③岩溶地下水：地下水的埋藏、补给、径流和排泄情况，水位动态及水力连通情况，分析隧道受岩溶地下水影响的程度。

④隧道处于岩溶垂直分带的部位：根据隧道线路高程、穿越山区地形、地表岩溶发育情况、区域和隧址区侵蚀基准面等，判断隧道处于岩溶垂直分带的部位。

⑤岩溶发育的层数：根据岩性、新构造运动和水文地质条件，结合地表测绘，查明岩溶发育的层数及与隧道的关系。

⑥依据岩溶发育的垂直分带性、隧道高程和地下水季节的变化，判断那些可能与隧道相遇的溶洞、暗河的含水量，或分析那些不与隧道相遇的有水溶洞或暗河对隧道施工的影响程度。

⑦岩溶形态：岩溶形态的类型、位置、大小、分布规律、形成原因及与地表水、地下水的联系，以及地表岩溶形态和地下岩溶形态的联系。

⑧结合有利于岩溶发育的岩层层位和构造位置，在大小封闭的洼地内、当地河流岸边或其他部位，查明大型溶洞或暗河的入口、出口的位置及高程，并结合可能成为暗河通道的较大断层或较紧闭背斜褶皱的核部位置、产状，推断暗河大致通道，确定能否与隧道相遇或与隧道的大概空间位置关系。

⑨根据褶皱轴、断层、节理密集带、可溶岩与非可溶岩接触带、陡倾角可溶性岩、质纯层厚可溶性岩层的位置与产状，用地表与地下相关性分析法，分析隧道内可能出现大型溶洞、暗河的位置。

(2)核查、领会设计中地质复杂程度分级和超前地质预报方案设计

根据区域地质和工程地质资料,结合调查和分析,核查、领会设计文件中地质复杂程度分级和超前地质预报方案。

(3)隧道内地质素描

根据隧道内地质素描结果,验证、调整地质复杂程度分级和超前地质预报方案。

(4)物探探测

根据地质条件,可采用弹性波反射法进行长、中长距离探测,以探明断层等结构面和规模较大、足以被探测的岩溶形态;采用高分辨率直流电法、红外探测进行中长、短距离探测,可定性探测岩溶水;采用地质雷达进行短距离探测,以查明岩溶位置、规模和形态。

(5)超前地质钻探

根据地质复杂程度分级、隧道内地质素描、物探异常带进行超前地质钻探预报和验证,对富水岩溶发育地段,超前地质钻探必须连续重叠进行。超前钻探揭示岩溶后,应适当加密,必要时采用地质雷达及其他物探手段进行短距离的精细探测,配合钻探查清岩溶规模及发育特征。

(6)加深炮孔探测

岩溶发育区必须进行加深炮孔探测。

(7)地质综合判断,提交地质综合分析成果报告

各种预报手段的组合并非一成不变的,应根据地质条件和各种预报手段的优缺点灵活运用,以达到预报目的,解决实际问题。

岩溶地区应开展岩溶重点发育地段隧道周边隐伏岩溶探测工作,并应符合下面的要求。

①采用综合物探查明随地隐伏岩溶探测工作。

②根据物探资料布置验证钻孔。

③根据钻探验证结果修订物探异常成果图,作出预测隐伏岩溶图。

④隐伏岩溶图的比例为1∶100～1∶500,应标明隐伏岩溶的位置、规模、埋藏深度、类型和验证钻孔。

24. 煤层瓦斯预报的步骤是什么?

答:煤层瓦斯预报的步骤如下:

(1)应探明煤层分布位置、煤层厚度,测定瓦斯含量、瓦斯压力、涌出量、瓦斯放散初速度、煤的坚固性系数等,判定煤的破坏类型,分析判断煤的自燃及煤

尘爆炸性、煤与瓦斯突出危险性，评价隧道瓦斯的严重程度对工程的影响，提出技术措施建议等。

(2)煤层瓦斯预报应以地质调查法为基础，以超前钻探法为主，结合多种物探手段进行综合超前地质预报。

(3)煤层瓦斯预报可按下列步骤进行：

①根据区域地质资料、工程地质勘察报告、工程地质平面图与纵断面图、煤层地表钻探资料和必要的地表补充调查，通过地质作图进一步核实煤层的位置与厚度。

②采用物探法确定煤层在隧道内的大致位置和厚度。

③采用洞内地质素描，利用地层层序、地层厚度、标志层和岩层产状等，通过作图分析确定煤层的里程位置。

④接近煤层前，必须对煤层位置进行超前钻探，标定各煤层准确位置，掌握其赋存情况及瓦斯状况，并应符合下列规定。

a. 应在距煤层15～20m(垂距)处的开挖工作面上钻1个超前钻孔，初探煤层位置。

b. 在距初探煤层10m(垂距)处的开挖工作面上钻3个超前钻孔，分别探测开挖工作面前方上部及左右部位煤层位置，并采取煤样和气样进行物理、化学分析和煤层瓦斯参数测定，在现场进行瓦斯及天然气含量、涌出量、压力等测试工作。

c. 按各孔见煤、出煤点计算煤层厚度、倾角、走向及与隧道的关系，并分析煤层顶、底板岩性。

d. 掌握并收集钻孔过程中的瓦斯动力现象。

(4)揭煤前应进行瓦斯突出危险性预测，并应符合下列规定：

①在瓦斯突出工区施工时，应在距煤层垂距5m处的开挖工作面打瓦斯测压孔，或在距煤层垂距不小于3m处的开挖工作面进行突出危险性预测。

②瓦斯突出危险性预测应从瓦斯压力法、综合指标法、钻屑指标法、钻孔瓦斯涌出初速度法、"R"指标法这五种方法中选用两种方法，相互验证。石门揭煤可采用瓦斯压力法、综合指标法或钻屑指标法，煤巷掘进宜采用钻孔瓦斯涌出初速度法、钻屑指标法或"R"指标法。

③突出危险性预测方法中有任何一项指标超过临界指标，该开挖工作面即为有突出危险工作面。其预测时的临界指标应根据实测数据确定，当无实测数据时，可参照表5.7中所列的突出危险性预测指标临界值。

突出危险性预测指标临界值　　表5.7

序号	预测类型	预测方法	预测指标	突出危险性预测指标临界值
1	石门揭煤突出危险性预测	瓦斯压力法	P(MPa)	0.74
		综合指标法	D	0.25
			K	20(无烟煤)、15(其他煤)
		钻屑指标法	Δh_2(Pa)	160(湿煤)、200(干煤)
			$K_1[\mathrm{mL/(g \cdot min^{1/2})}]$	0.4(湿煤)、0.5(干煤)
2	煤巷开挖工作面突出危险性预测	钻孔瓦斯涌出初速度法	Q	4
		"R"指标法	R_m	6
		钻屑指标法	Δh_2(Pa)	160(湿煤)、200(干煤)
			$K_1[\mathrm{mL/(g \cdot min^{1/2})}]$	0.4(湿煤)、0.5(干煤)
			最大钻屑量(kg/m)	6

④钻孔过程中出现顶钻、夹钻、喷孔等动力现象时，应及时开挖工作面突出危险工作面。

(5)综合分析，提交地质综合分析成果报告。

(6)隧道涌水、突泥预报应探明可能发生涌水、突泥地段的位置、规模、物质组成、水量、水压等，分析评价其对隧道的危害程度。涌水、突泥预报应以地质调查法为基础，以超前钻探法为主，结合多种物探手段进行综合超前地质预报。在可能发生涌水、突泥的地段必须进行超前钻探，且超前钻探必须设有防突装置；隧道通过煤系地层、金属和非金属等矿区中的采矿区时，应查明在采及废弃矿巷与隧道的空间关系，分析评价其对隧道的危害程度。斜井工区、隧道反坡施工地段处于富水区时，超前钻探作业时应做好钻孔涌突水处治的方案，确保人员与设备的安全，避免淹井事故的发生。

二、监 控 量 测

25. 监控量测的目的是什么?

答:监控量测的目的如下：

(1)监控量测可在施工期了解施工情况，确保施工安全和质量，为工程施工服务。明确各种因素对隧道受力和变形等的影响，有针对性地改进施工工艺和

修改施工参数,提供数据依据。主要体现在以下几个方面:

开挖:对开挖过程进行控制,调整开挖坡度、梯度、进尺、钻爆法施工参数、TBM 掘进参数等,为安全施工提供可靠依据。经对监测资料分析和反馈后,再进一步修改设计和施工方案,确保安全,加快施工进度。

支护:了解支护效果,并根据监测数据反馈分析预测下一步支护结构的受力和变形,根据受力和变形发展趋势和建筑物情况,决定是否需要采取其他保护措施,为优化经济合理的支护参数提供依据,并为其他隧道的安全施工、运行提供依据和参照。

(2)安全运行的需要

隧道开挖之前的地质条件、岩体形态等不易完全掌握,通过施工期的监测,能够直接显示获取隧道性状变化,达到了解隧道围岩稳定性和支护结构工作状态的目的。

当隧道冲水后,受强大的水荷载作用,建筑物结构将产生较大的变形和应力,需通过监测设施来了解建筑物的应力、变形等监测物理量的变化规律,判断建筑物工作是否正常,以便采取措施。建立预警机制,保证工程安全,避免发生结构和环境安全事故。

26. 监控量测的原则和依据是什么?

答:监控量测的原则和依据如下:

(1)以安全监测为目的,根据隧道工程特点确定监测对象和主要监测指标。

(2)根据监测对象的重要性确定监测规模和内容、监测项目和测点布置,较全面地反映实际工作状态。

(3)采用先进、可靠的监测仪器和设备,设计先进合理的监测系统。

(4)确保提供一线监测资料,各监测项目间相互校验,以利数值计算、监测资料整编和分析、隧道施工和运行状态的研究。

(5)在满足确保工程安全施工的前提下,尽量减少对工程施工的交叉干扰影响。

(6)依据招标文件、设计文件、图纸及相关技术规范要求。

(7)按照国家现行的有关规定、规范编制监测方案。

27. 监测组织和作业流程是怎样的?

答:为确保施工监测的及时、准确,投标人应成立一个施工监测组织,负责隧道施工全过程监测项目的实施。选派具有隧道施工监测经验的工程师担任监测负责人,全面负责监测工作,及时将监测信息反馈给总工程师、监理工程师和业主。

监控量测作业工序流程图详见图5.22。

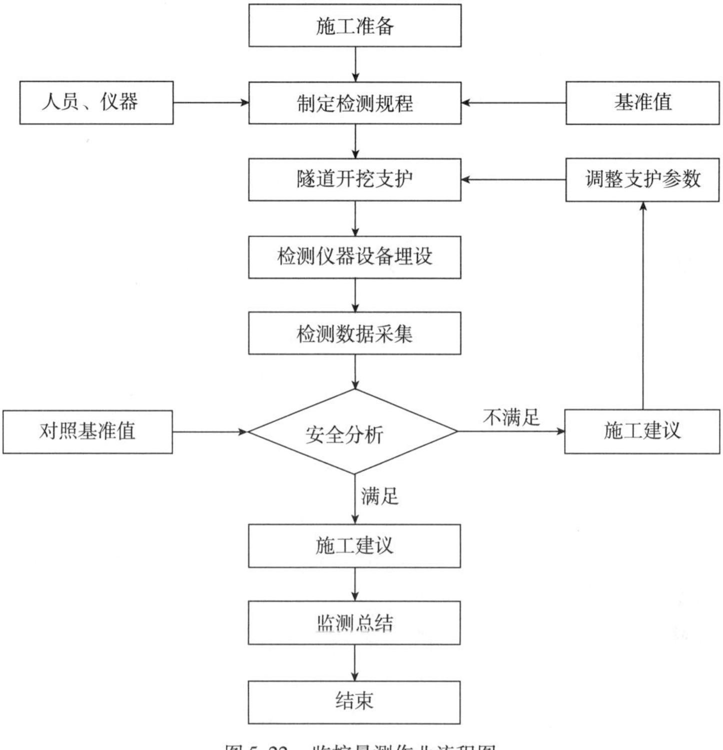

图5.22　监控量测作业流程图

28. 监控量测工作项目的内容有哪些?

答:隧道监测重点为围岩变形、衬砌及支护结构受力情况、外水压力等,主要监测内容包括以下部分。

(1)围岩变形:采用全站仪及围岩收敛分析软件,进行施工期全程围岩收敛变形监测;在围岩内钻孔埋设多点变位计,观测围岩松动区,校核围岩注浆深度。

(2)围岩应力监测:在围岩内钻孔埋设岩石应力计,观测围岩应力的变化情况。

(3)衬砌及支护结构受力监测:设置观测锚杆,布置锚杆应力计,观测锚杆受力并检验锚杆参数;在喷混凝土衬砌段,在第一次喷混凝土表面设置应变计组，观测喷混凝土应力情况；在钢筋混凝土衬砌内布置钢筋计、应变计，检验混凝土支护设计参数和施工方法。

(4)外水压力监测：在围岩内钻孔埋设渗压计，钻孔深度深入围岩稳固圈以外。

(5)围岩温度监测：在围岩不同深度埋设温度计，监测围岩内部温度情况，以便分析温度对监测成果的影响。

(6)隧道缺陷监测：采用分布式光纤裂缝传感器实现结构裂缝、岩体裂缝和围岩区域性破坏大范围连续、定量监测。

(7)围岩松动圈监测：采用单孔声波测试方法，测定围岩声波速度及其变化趋势，判定隧道围岩松弛厚度。

(8)巡视检查：巡视检查是不借助任何测量仪器，而用肉眼凭经验判断围岩、初支、衬砌和隧道安全性的最直观方法。其目的是核对地质资料，判断围岩和支护系统的稳定性，为施工管理和工序安排提供依据。在隧道每开挖一循环后，细致地观察隧道内地质条件的变化情况、裂隙的发育和扩展情况、地下水渗漏情况以及有无岩爆发生的征兆，观察隧道侧壁及拱顶有无松动的危石，锚杆有无松动，喷层有无开裂以及衬砌上有无裂隙出现。

隧道巡视检查工作贯穿于隧道施工的全过程，工作人员应及时与工程技术人员交流信息和资料。巡视检查的要求、检查项目、检查方法、检查记录和报告制度等遵循现行相关规定和要求。

(9)自动化系统：由于工程监测系统规模大，测点多而且分散，环境条件差，在施工期间需将所有电测仪器均接入现场测控单元，实现半自动监测。工程投入运行后，主要建筑物中属于工程安全监测的重点项目和测点纳入永久自动化系统，对属于施工期监测以及经过施工期较长期的监测显示所属物理量处于稳定或趋于收敛的仪器将不纳入自动化系统。

29. 监控量测项目怎样选择？

答：量测项目的选择，要充分考虑各个量测的作用和结果的利用。量测项目通常分为两大类，即日常施工管理必须进行的必测项目和考虑围岩条件而需要增补的项目。目前的问题是，在施工中如何根据围岩的状态来选择应该实施的项目。例如在硬岩中，洞壁位移量测究竟有多大的意义就值得商榷，而在软岩和土砂围岩中，它的作用是非常显著的。

表5.8列出的在各种围岩条件下量测项目的重要性，可以作为选择实施项目的参考。

围岩种类和量测项目的重要度　　表5.8

围岩种类 \ 量测项目	必测项目			增补项目							
	洞内观察	净空位移	拱顶下沉	洞外地中位移地表面下沉	洞内地中位移	锚杆轴力	衬砌应力	钢支撑应力	锚杆拉拔试验	围岩试件试验	洞内弹性波
硬岩	◎	○	○	△	*△	*△	△	△	△	△	△
软岩	◎	◎	◎	△	*△	*△	*△	△	△	△	△
软岩（有大塑性地压发生）	◎	◎	◎	△	◎	◎	○	○	△	○	△
土砂	◎	◎	◎	◎	○	○	*△	○	○	◎	△

注：◎为必须实施的项目；○为可以实施的项目；△为必要时实施的项目；* 为根据量测结果判断减少支护量有重要影响的项目。

30. 监控量测的测点布置原则是什么？

答：监控量测的测点布置原则如下。

（1）监控量测断面布设原则

隧道是一个地下的狭长结构，任何一段洞室都必须是稳定安全的，否则就会导致全局性的瘫痪。对于这样的狭长结构，不能也无须对每个断面进行监控量测，因此只能选择一些代表性断面进行监控量测。监控断面的选择应当遵循以下原则：

①对于锚喷支护结构，每10～50m量测一个断面。对于洞口、浅埋地段，特别是软弱地层、地质条件差的地段，量测断面应当加密，间距应小于20m。上述原则可按下列关系描述：设定洞跨为B，埋深为h，当$2B<h$，量测断面间距为20～50m；当$B<h<2B$，量测断面间距为10～20m；当$h<B$，量测断面间距为5～10m。

②地表下沉测点应与洞内水平收敛和拱部下沉量测点布置在同一横断面上。

③施工进深200m之前，每20m应设置一个量测断面，200m之后，每30m量测一个断面，测点距开挖面应小于2m。

④埋深小于40m的Ⅳ～Ⅵ级围岩，应进行沉降观测。

（2）测线和测点布设原则

监控断面上测线布设与开挖方式密切相关。对于全断面开挖的洞段，量测断面布设一条水平测线，特殊地质条件下，施做超前支扩后，采用全断面开挖，布设3条或6条测线。又例如短台阶开挖法，应布设2条水平测线，特殊地质条件下，布设4条或6条测线。多台阶法每一台阶布设1条水平测线，特殊地质条件下，每台阶布设3条测线。

测点布设与开挖方式和测点性质密切相关。拱顶下沉量测点，一般布置在拱顶中心线上，布置3个测点。围岩体内位移量测项目，每个断面可以布设3~5个测点，位移计安放位置尽量靠近位移量测点；接触压力量测项目，一般每断面布设3~7个测点，且尽量靠近实际锚杆位置。

抽测和复核项的监测位置，由施工部门确定；除锚杆拉拔力按规范抽查外，其余监测项目均匀布置在量测主断面上。

31. 监测频率及监测进度安排如何确定？

答：根据《公路隧道施工技术规范》(JTG F60－2009)规定，隧道周边允许相对位移值见表5.9，围岩稳定性判据见表5.10，项目监测频度与监测次数见表5.11。

隧道周边允许相对位移值(单位:%)　　表5.9

覆盖层厚度 / 允许相对位移值 / 围岩级别	<50m	50~300m	>300m
Ⅲ	0.10~0.30	0.20~0.50	0.40~1.20
Ⅳ	0.15~0.50	0.40~1.20	0.80~2.00
Ⅴ	0.20~0.80	0.60~1.60	1.00~3.30

注：①相对位移值系指实测位移值与两测点间距离之比，或拱顶位移实测值与隧道宽度之比。
②脆性围岩取表中较小值，塑性围岩取表中较大值。
③Ⅰ、Ⅱ、Ⅵ级围岩可按工程类比原则得到允许值范围。

围岩稳定性判据　　表5.10

检测项目	急剧变位	缓慢变位	基本稳定
收敛位移	>1.0mm/d	1.0~0.2mm/d	<0.2mm/d
单点位移	>0.5mm/d	0.5~0.1mm/d	<0.1mm/d
拱顶位移	>1.0mm/d	1.0~0.2mm/d	<0.2mm/d

项目监测频度与监测次数　　表 5.11

<table>
<tr><td colspan="2" rowspan="2">项 目 名 称</td><td rowspan="2">方法及工具</td><td colspan="4">测 点 布 置</td><td colspan="4">量测间隔时间</td></tr>
<tr><td>围岩级别</td><td></td><td>里程</td><td></td><td>1 ~ 15d</td><td>16d ~ 1个月</td><td>1 ~ 3个月</td><td>>3个月</td></tr>
<tr><td rowspan="11">测试项目</td><td>掌子面地质观察</td><td>地质罗盘观察记录</td><td colspan="4">每一循环进尺一次</td><td colspan="4">每次爆破后进行</td></tr>
<tr><td rowspan="6">水平收敛及拱顶下沉量测</td><td rowspan="6">收敛计、精密水准仪</td><td colspan="4">Ⅴ类</td><td rowspan="7">1 次/d</td><td rowspan="7">1 次/2d</td><td rowspan="7">1 ~ 2次/周</td><td rowspan="7">1 ~ 3次/月</td></tr>
<tr><td colspan="4">Ⅳ类</td></tr>
<tr><td colspan="4">Ⅴ类</td></tr>
<tr><td colspan="4">Ⅳ类</td></tr>
<tr><td colspan="4">Ⅴ类</td></tr>
<tr><td colspan="4">Ⅳ类</td></tr>
<tr><td>备选测项目</td><td>各类型压力盒计、应变计</td><td colspan="4"></td></tr>
<tr><td rowspan="2">地表沉降量测</td><td rowspan="2">精密水准仪</td><td colspan="4">进口端</td><td colspan="4" rowspan="2">同洞内量测间隔时间相同</td></tr>
<tr><td colspan="4">出口端</td></tr>
<tr><td>爆破振动</td><td>爆破振动仪</td><td colspan="4">每 10m 测试一次</td><td colspan="4">隧道施工爆破中</td></tr>
</table>

注：实际量测频率，根据前两次量测情况而定。当观测值相对稳定时，可适当降低观测频率；当达到报警指标或观测值变化速率加快或出现危险事故征兆时，应增加观测次数。

32. 监测仪器设备安设的原则、标准有哪些？

答：监测仪器设备安设的原则、标准如下：

(1)严格按施工图纸及其埋设技术要求和厂家使用说明书的要求，进行监测仪器设备的安装和埋设。

(2)监测仪器安装前，应提交监测仪器设备安装和埋设措施计划，报送监理人审批。

(3)仪器埋设中应使用经过批准的编码系统，对各种仪器设备、电缆、监测剖面、控制坐标等进行统一编号，每支仪器均建立档案卡。

(4)在仪器埋设过程中，应及时向监理人报告发生的问题，并提供有关质量记录。

(5)协调好其他工序施工和监测仪器安装埋设之间的交叉作业和相互干扰，保证监测仪器设备的埋设按施工进度计划进行。

(6)监测仪器设备安装埋设应紧跟开挖,监测断面距掌子面1.0~1.5m即应安装埋设,TBM隧道原则上在TBM护盾之后开始安装埋设。部分监测仪器设备需要在该部位开挖之前安装埋设,并取得初始监测值。

(7)在每项(支)监测仪器设备安装埋设前,必须经监理人检查验收合格签字后,才能进入下一道工序的安装埋设(注浆)工作。

(8)及时规范记录已安装埋设仪器的编号、位置、电缆走向(电缆走向图的误差应控制在0.2m范围内)、埋设时监测断面支护情况、隧道施工情况、爆破情况、注浆情况、掌子面距离监测断面的距离、埋设时间及埋设前后的监测数据等资料,并绘制竣工图、填写考证表。

(9)监测设施部位的隧道开挖注意以下两点:

①监测仪器的安装要及时,应紧跟开挖面,待监测仪器埋设后并达到要求,才能继续进行开挖。

②当开挖掌子面临近已埋设监测仪器设备时,应采用短进尺、弱爆破施工,以保证仪器的良好性。

33. 监测仪器设备如何安装、埋设?

答:(1)渗压计施工安装方法、图表及说明见表5.12和图5.23。

渗压计的施工安装 表5.12

适用工程结构	适用于地下工程岩壁孔隙水压力和衬砌外水压力测试	仪器安装部位	地下洞室侧壁
测试项目	衬砌外水压力、渗透压力等	仪器类型	振弦式
读数仪器型号	频率计或其他配套读数仪	率定设备	压力罐
安装仪器设备	读数仪器,万用表,透水无纺布,预先筛制的粗、中砂,水管(当钻孔深度超过1.5m时送砂入孔)		
仪器安装过程要点	钻孔式埋设,按照设计图纸所示位置钻孔,孔径大于90mm,钻孔深度按设计要求。 安装前24h将渗压计在水中浸泡2h至饱和状态。 检查安装位置是否与图5.23一致,仪器读数是否正常。 检查读数、接线一切无误后,用无纺布制成细长口袋,内装级配砂均匀包裹渗压计,孔较深时需要设支架对中。 将渗压计送到设计要求埋设深度,同一孔内不同深度的各渗压计之间用膨润土和砂浆分割。 引线至临时接线箱并检查仪器标识,最后测试读数,填写安装记录		

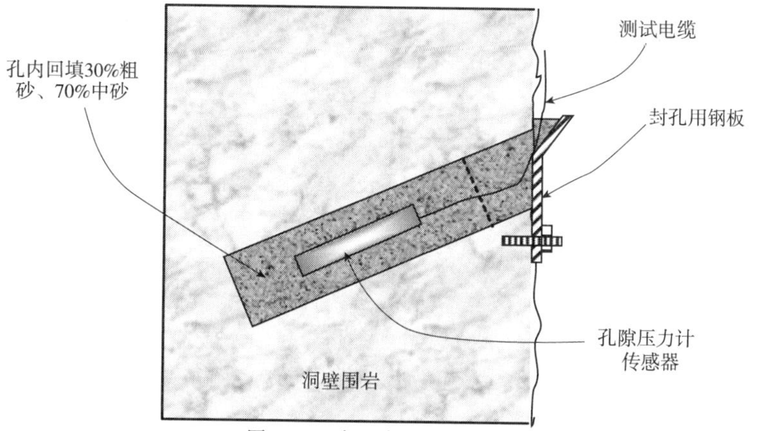

图 5.23　渗压计安装示意图

(2)测缝计施工安装方法、图表及说明见表 5.13 和图 5.24。

测缝计的施工安装　　表 5.13

适用工程结构	适用于混凝土衬砌与围岩接触面或其他混凝土结构缝	仪器安装部位	地下洞室混凝土衬砌部位
测试项目	裂缝开合度变化	仪器类型	振弦式
读数仪器型号	频率计	率定设备	专用率定架
安装仪器设备	读数仪器、万用表等		
仪器安装过程要点	在岩体中钻孔,孔径大于 90mm,孔深 1.0m。 在孔内填满微膨胀性水泥砂浆,将带有加长杆的套筒挤入孔中,筒口与孔口齐平。然后将螺纹口涂上机油,筒内填满棉纱,旋上筒盖;待浇混凝土时,打开套筒盖,取出堵塞物,旋上测缝计。 要检查安装位置是否与图 5.24 一致,仪器读数是否正常;检查读数、接线一切无误后,回填混凝土。 引线至临时接线箱并检查仪器标识,最后测试读数,填写安装记录		

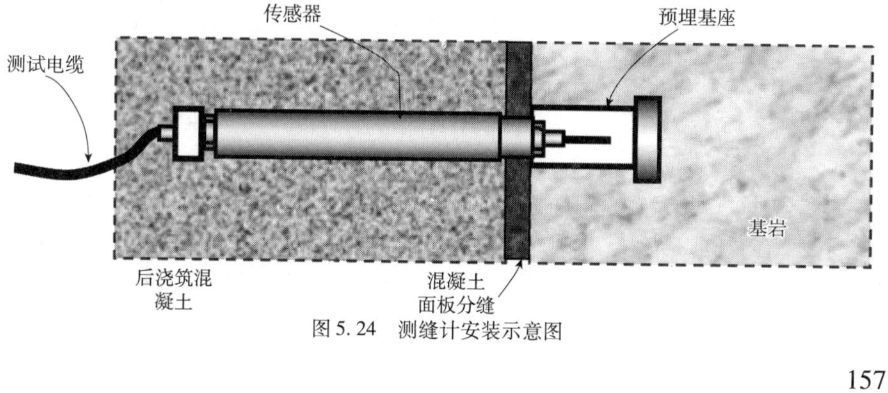

图 5.24　测缝计安装示意图

(3)多点变位计施工安装方法、图表及说明见表5.14和图5.25。

表5.14

适用工程结构	适用地下工程	仪器安装部位	地下洞室岩体内部
测试项目	岩(土)体内部位移	仪器类型	电位器式、振弦式、光纤光栅
读数仪器型号	频率计或其他配套读数仪	率定设备	专用率定架
安装仪器设备	读数仪器、万用表、注浆泵、搅拌机等		
仪器安装过程要点	钻孔孔径不小于90mm,孔口0.5m段直径不小于130mm(根据套筒直径确定),钻孔深度比最深锚头深0.5m。 钻孔时注意避免与锚杆钻孔相互交错贯通。钻孔结束后冲洗干净,检查钻孔通畅情况,测量钻孔深度、方位、倾角。记录钻进深度,对岩芯进行描述,绘出钻孔岩芯柱状图。或采用钻孔电视替代钻孔取芯,了解围岩地质情况,以便确定锚头位置。 安装前进行组装、接线等准备工作,检查安装位置和仪器读数是否正确。检查无误后,多点变位计入孔,将模拟传感器安装固定到基座传感器固定杆上,在结合面上涂抹一层硅胶,按对应的孔位对好基座,仅预留注浆孔和排气孔,以防在注浆时对传感器安装造成污染。 封孔注浆时,保证钻孔注浆饱满(排气管出浆)。待砂浆初凝后,将模拟传感器拆下,将多点变位计传感器安装固定到基座传感器固定杆上,并同时抹上一些硅胶。此时记录下每支传感器的出厂编号以及对应的测杆编号和锚头位置,盖上保护罩。 引线至临时接线箱并检查仪器标识,最后测试读数,填写安装记录,48h后测读初始数。 光纤光栅多点变位计用在TBM施工洞段,钻孔孔径60mm,仪器组装好后入孔,即可封孔注浆直至注浆饱满(排气管出浆)			

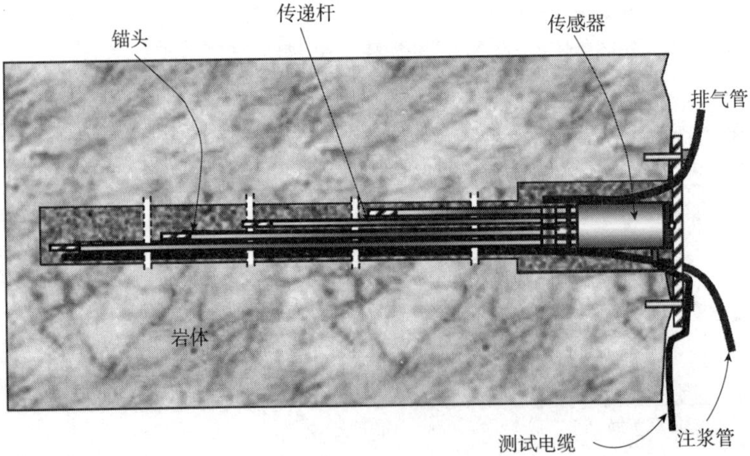

图5.25 多点变位计安装示意图

(4)锚杆应力计施工安装方法、图表及说明见表5.15和图5.26。

锚杆应力计的施工安装　　表5.15

适用工程结构	适用地下工程、边坡加固	仪器安装部位	地下洞室岩体内部
测试项目	支护后锚杆受力情况	仪器类型	振弦式
读数仪器型号	频率计或其他配套读数仪	率定设备	压力机
安装仪器设备	读数仪器、万用表、注浆泵、搅拌机、电焊机等		
仪器安装过程要点	**点焊式:** 基面整平:使安装部位表面平整、清洁、无锈、无油渍及无腐蚀,应力计安装在一个平整、光滑的基面上。点焊试验:在点焊之前应进行点焊机测试,以保证其功能正常,并且所采用焊接能量适度,以保证焊接质量。点焊应力计:若应力计传感器和外壳是可分离的,则取下传感器元件,待外壳焊接后,再安装传感器元件;若是不可分离的,则按仪器说明书要求的焊接方式和顺序点焊应力计,焊接时保证外观上一致,不要留有焊瘤。应力计保护:安装后,采用防水复合剂进行焊点保护,防止焊点被腐蚀,不能让防水复合剂进入应力计内,在锚杆施工时,做好应力计保护。电缆保护:用电缆扎线或胶带将应力计电缆固定到锚杆上。读数检查:检测应力计读数。 **姐妹杆式:** 锚杆应力计平行捆扎到锚杆,仪器电缆走线沿着锚杆并每隔1m用尼龙扎线绑好,避免在仪器电缆上使用铁丝捆扎,以免割断电缆。 安装锚杆应力计时,注意所有仪器的位置和编号,以便进行数据处理时,准确获得率定系数和应力特性		

注:锚杆应力计和施工锚杆的连接可采用螺纹连接和焊接,实际安装前视仪器形式和孔径大小进行选择。采用焊接时,注意传感器的降温保护,可用浸水的湿布包裹传感器,边焊接边浇水。

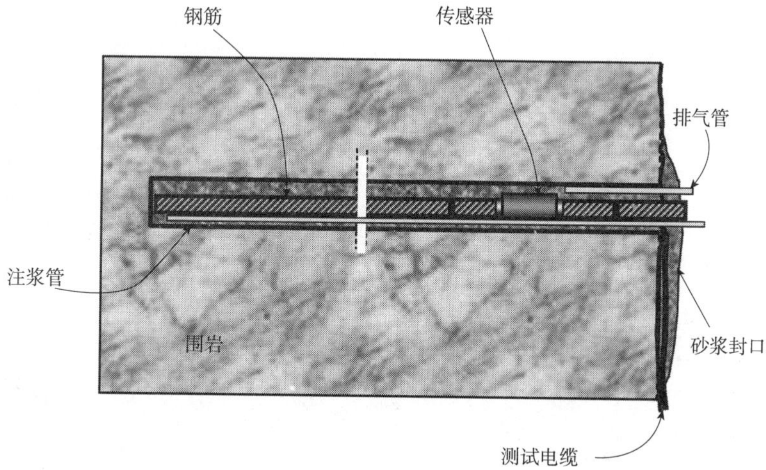

图5.26　锚杆应力计安装示意图

(5)钢筋计施工安装方法、图表及说明见表5.16和图5.27。

钢筋计的施工安装 表5.16

适用工程结构	适用于混凝土结构钢筋应力测试	仪器安装部位	地下洞室混凝土结构内
测试项目	钢筋受力的变化	仪器类型	振弦式、光纤光栅
读数仪器型号	频率计及其他配套的读数仪	率定设备	压力机、试压泵
安装仪器设备	读数仪器、万用表、电焊机或专用钢筋连接机械等		
仪器安装过程要点	根据图纸位置,选择受力主筋,切断钢筋,切断长度根据仪器长度和搭接要求确定。 钢筋计尽量焊接在同一直径的受力钢筋并保持在同一轴线上,受力钢筋的绑扎接头应距仪器1.5m以上。 焊接采用斜口对焊,焊接时及焊接后,在仪器部位浇水冷却,使仪器温度不超过60℃,但不得在焊缝处浇水。引线至临时接线箱并检查仪器标识。安装过程中,设专人监控仪器工作是否正常。 在混凝土浇筑前,制订切实可行的措施,保护好仪器和电缆。测试电缆要绑在钢筋的下部,以防混凝土浇筑时损伤电缆。 浇筑混凝土前进行测读,测读3次,取其平均值,即获得初读数(基准值)。混凝土浇筑时注意保护仪器和电缆。混凝土浇筑后进行测试读数和检查,填写安装记录		

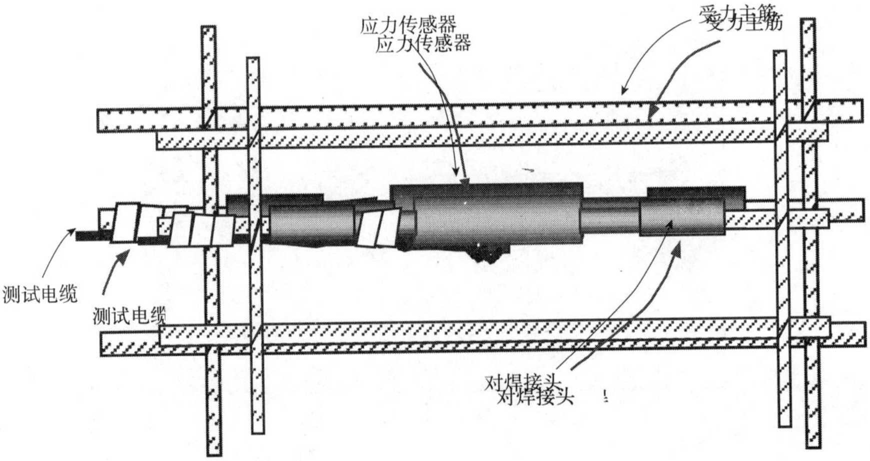

图5.27 钢筋计安装示意图

(6)应变计施工安装方法、图表及说明见表5.17和图5.28。

应变计的施工安装　　表5.17

适用工程结构	适用于水工建筑物混凝土结构应变测试	仪器安装部位	水工建筑物混凝土结构
测试项目	混凝土内部应变等	仪器类型	振弦式、光纤光栅
读数仪器型号	频率计及其他配套读数仪	率定设备	专用率定架
安装仪器设备	读数仪器、万用表、塑料胶带等		
仪器安装过程要点	按施工图纸要求，先测量放样，确定埋设位置，采用预埋锚杆固定支座位置和方向。在支座上安装支杆，调准支杆的方向，再将应变计固定在支杆上。 仪器周围回填混凝土，剔除混凝土中粒径在8cm以上的大集料，人工振捣密实。下料时应距仪器1.5m以上。埋设前设置无底保护木箱，并随混凝土的升高而逐渐提升，直至取出。 埋设时保持仪器的正确位置和方向，及时检查，发现问题要及时处理或更换仪器。 埋设过程中进行现场维护，仪器埋好后，设置明显标记，并留人看护。 控制好应变计组各支仪器的方位，角度误差不超过1°。 检查安装位置与方向是否与施工图一致，仪器读数是否正常；引线至临时接线箱并检查仪器标识；最后测试读数，填写安装记录		

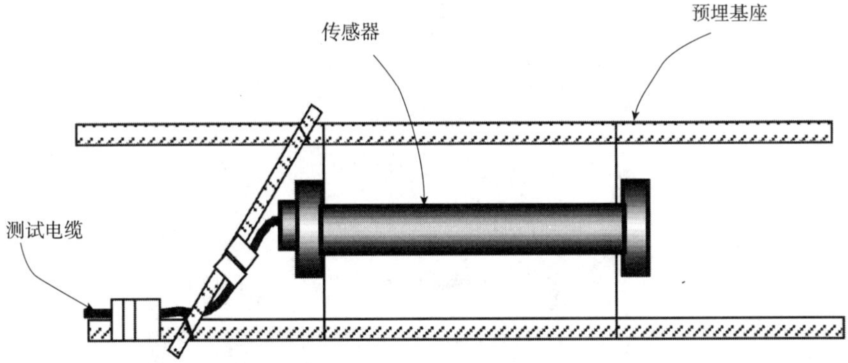

图5.28　应变计安装示意图

(7)无应力计施工安装方法、图表及说明见表5.18和图5.29。

无应力计的施工安装　　表 5.18

适用工程结构	适用于水工建筑物混凝土结构应变测试	仪器安装部位	水工建筑物混凝土结构
测试项目	混凝土应变	仪器类型	振弦式
测读仪器型号	频率计及其他配套读数仪	率定设备	专用率定架
安装仪器设备	铅丝、铁锹等		
仪器安装过程要点	根据图纸位置，选定埋设点，在混凝土衬砌上开槽。采用双层锥体镀锌白铁皮无应力计隔离筒，内外筒之间的缝隙填充木屑或橡皮。 用 16 号铅丝将一支应变计固定于隔离筒内正中，将系牢应变计的无应力计隔离筒用辅助钢筋架立在设计埋设点位，距相邻应变计组 1.0 ~ 1.5m。 筒内人工回填与衬砌相同的混凝土集料，当填筑料填至仪器埋设高程后，系牢应变计隔离筒，筒口朝上调整好筒体方向，使筒体中心轴垂直水平面。 用中、细石由上口填入筒内，细石切勿掉入内外筒之间的缝隙中，以人工捣实或小型振捣器振实，注意不伤及仪器。随后用填筑料将无应力计筒覆盖，振实时不得损坏无应力计。 无应力计埋设后，在仪器旁插上标记，加以保护，防止振坏或移位，但振捣也不能太远，以免造成仪器附近积水，影响埋设质量及监测成果。做好安装记录。 无应力计埋设必须保证仪器不受力，处于无应力状态			

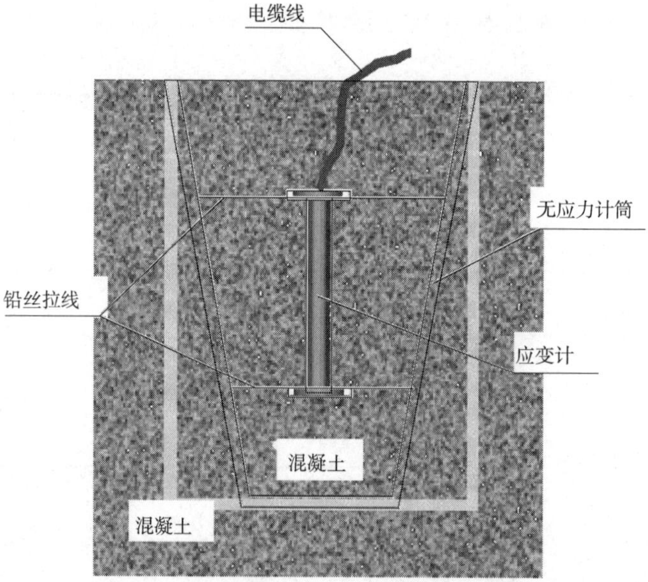

图 5.29　无应力计安装示意图

(8)压应力计施工安装方法、图表及说明见表5.19和图5.30。

压应力计的施工安装 表5.19

适用工程结构	适用于岩体	仪器安装部位	接触面
测试项目	接触面压应力变化	仪器类型	振弦式
测读仪器型号	频率计及其他配套读数仪	率定设备	压力罐、压力表
安装仪器设备	读数仪器、万用表、土工无纺布等		
仪器安装过程要点	在埋设仪器的岩体基座上凿一个深10cm、直径约30cm的坑，将底面凿平，清洗干净。 铺上一层6cm厚的水泥砂浆垫层将基面垫平，水泥砂浆配合比为2∶3，水灰比为0.5。 水泥砂浆初凝后再抹上一层更稠的砂浆，将仪器按设计图纸指示部位放置在垫层上，按设计要求调整受力面，边旋转边下压，以排除空气和多余的水泥砂浆，然后在仪器上放一个三脚架，压上10kg的重物。 随时调整仪器，保证仪器的正确位置和方向。压应力计必须垂直于所测压力面埋设。 压重12h后，检查读数、接线一切无误后，浇筑混凝土，仪器附近用人工振捣。浇筑振捣20cm厚混凝土，除掉粒径大于5cm的集料，取下三脚架及重物。 观测电缆用保护管保护，引仪器电缆至临时接线箱并检查仪器标识，最后测试读数，填写安装记录			

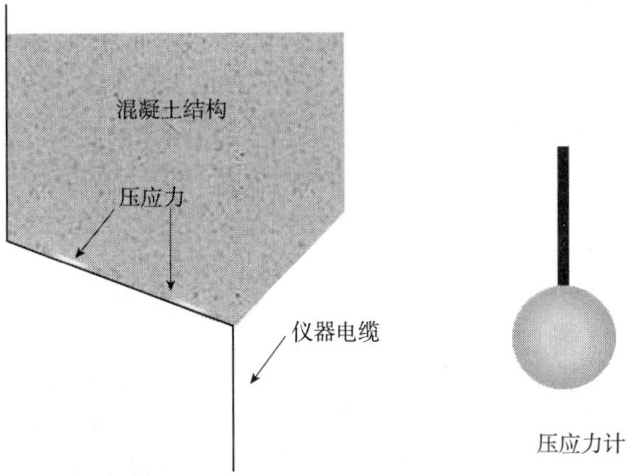

图5.30 压应力计安装示意图

(9)岩石应力计施工安装方法、图表及说明见表5.20和图5.31。

岩石应力计的施工安装　　表 5.20

适用工程结构	适用于岩体	仪器安装部位	岩体内部
测试项目	岩体内部应力变化	仪器类型	振弦式
测读仪器型号	频率计及其他配套读数仪	率定设备	压力罐、压力表
安装仪器设备	读数仪器、万用表、注浆泵、搅拌机、空压机等		
仪器安装过程要点	钻孔埋设,通过专用固定装置将岩石应力计固定在钻孔孔壁上,用于监测钻孔平面内某方向的应力变化。 安装前做好确定仪器安装埋设位置、确定平板方向等准备工作。 检查仪器读数是否正常;检查读数、接线等一切无误后,将仪器送入孔内并固定,引出排气管,密封孔口。 用水泥砂浆注浆,仪器读数,做好孔口保护。 最后测试读数,填写安装记录,待水泥砂浆终凝后取基准值		

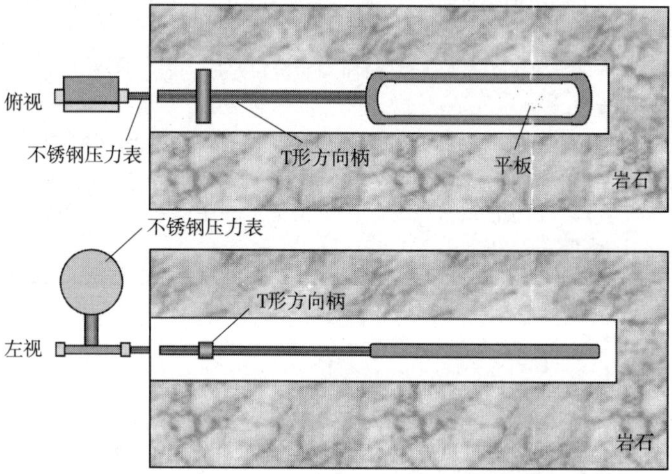

图 5.31　岩石应力计安装示意图

(10)电阻式温度计施工安装方法、图表及说明见表 5.21 和图 5.32。

电阻式温度计的施工安装　　表 5.21

适用工程结构	适用于岩体、混凝土内部的温度测试	仪器安装部位	基岩、混凝土内部
测试项目	温度的变化	仪器类型	铜电阻、光纤光栅
读数仪器型号	与之配套的读数仪	率定设备	恒温箱
安装仪器设备	读数仪器、万用表等		

续上表

适用工程结构	适用于岩体、混凝土内部的温度测试	仪器安装部位	基岩、混凝土内部
仪器安装过程要点	钻孔埋设温度计,与多点变位计共用一孔。 将温度计与多点位移计锚固头同时安装。 检查安装位置是否与图5.32一致,仪器读数是否正常。 注浆前、后各测读一次。 引线至临时接线箱并检查仪器标识,48h后测初读数,填写安装记录,浇筑混凝土前,专人保护仪器		

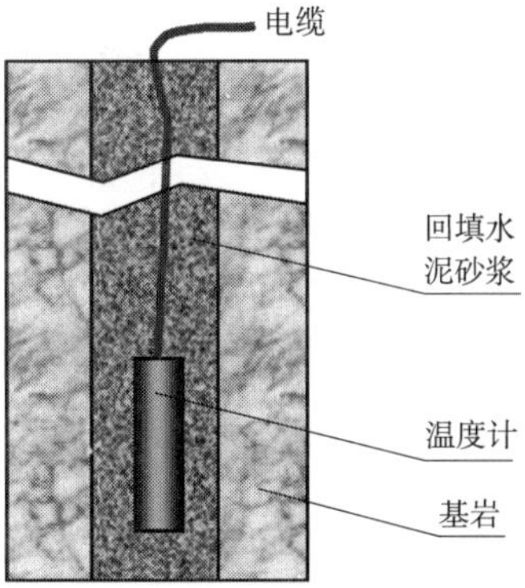

图5.32　电阻式温度计安装示意图

(11)观测电缆接线施工安装方法、图表及说明见表5.22和图5.33。

观测电缆接线的施工安装　　表5.22

适用工程结构	适用于观测仪器电缆连接	仪器安装部位	连接振弦式仪器、连接电阻式仪器
测试项目		型号	屏蔽电缆、水工电缆
读数仪器型号	数字万用表、兆欧表	率定设备	
安装仪器设备	焊锡、松香粉、电烙铁、硫化器、热缩管、密封胶、电吹风、电工刀、剥线钳、细砂纸等		
仪器安装过程要点	橡胶电缆的连接采用硫化接头方式。 按仪器所需的电缆实际长度加上15%的松弛长度截取电缆。 按照规范的要求剥制电缆头,去除芯线铜丝氧化物。 分颜色剪成长度不等的线头,各线头连接后长度一致,并使各芯线接头错开,采用锡和松香焊接。用砂纸除去芯线的氧化层,使上锡处表面光滑无毛刺。 芯线搭接部位用黄蜡绸、电工绝缘胶布和橡胶带包裹,电缆外套与橡胶带连接处应锉毛并涂补胎浇水,外层用橡胶带包扎,外径比硫化器钢模槽大2mm。 接头硫化时必须严格控制温度,硫化器预热至100℃后放入接头,升温到155~160℃,保持15min后,关闭电源,自然冷却到80℃后脱模。将1.5个大气压的空气通入电缆,历时15min接头应不漏气,在1.0MPa压力水中的绝缘电阻应大于50MΩ。 接头硫化前后应测量、记录电缆芯线电阻、仪器电阻比和电阻。 电缆测量端芯线应进行搪锡,并用石蜡密封			

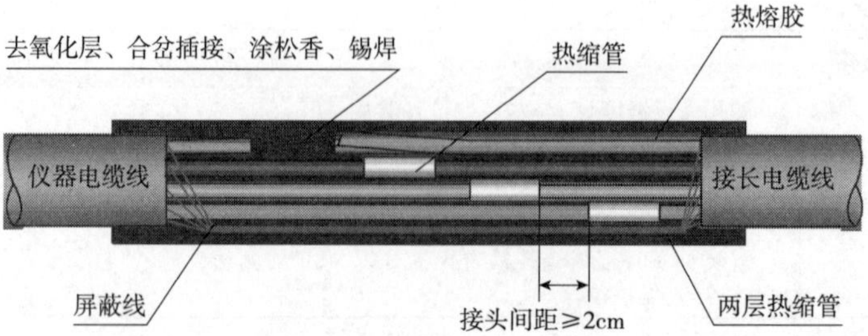

图 5.33　观测电缆接线安装示意图

(12)电缆穿线孔施工方法及说明。

ϕ300 电缆穿线孔为圆形直孔,穿线孔在电缆穿过后,做封堵和防水处理,确保穿线孔不成为渗漏通道。布孔位置一般在监测断面附近,穿线孔从隧道钻孔至施工排水洞,再从施工排水洞钻孔至辅助洞,将引水洞监测仪器电缆引至辅助洞。

34. 地表下沉量测的要点有哪些?

答:地表下沉量测的要点如下:

(1)基点埋设在隧道开挖纵、横向 3 ~ 5 倍洞径外的区域,参照标准水准点埋设方法埋设 2 个基点,以便互相校核,所有基点应和附近水准点联测以备取得原始高程。

(2)在测点位置,开挖成长、宽、深均为 200mm 的坑,然后放入地表测点预埋件(自制),测点四周用混凝土填实,在预埋件顶端安装全站仪反射贴片,待混凝土固结后即可测量。

(3)地表下沉用高精度全站仪进行观测,其技术要求如下:

①应在仪器检验合格后,且测站和标尺无振动时进行观测。

②尽量选择在每一天同一时间进行观测。

③在气候变化较大时,需对气压和气温进行校正。观测时坚持四固定原则,即施测人员固定、测站位置固定、测量延续时间固定、施测顺序固定,且应每隔 30d 用精密水准测量的方法进行基点与水准点的联测,其误差不得超过 $\pm 0.5\sqrt{n}$mm(n 为测站数)。

每次观测结束后可绘制时间—位移与距离—位移图,对数据进行简要分析。如果曲线正常,说明位移随施工的进行渐趋稳定;如果出现反常,说明地表下沉出现急骤增加现象,表明围岩和支护已呈不稳状态,应立即采取措施。

35. 围岩体内位移监测的方法及要点有哪些?

答:围岩体内位移监测有两种方法:一是在洞室内设点,二是在地表设点。

(1)洞室内设点

用于监测隧道围岩的径向位移分布和松弛区域范围,获得决定锚杆长度的判断资料,每一量测断面布设3~5组测点。

量测设备:多点位移使用4点钻孔伸长进行测量。它由4个钻孔锚头、4根量测钢丝、一个测筒、4个电感式传感器和其他量测仪器——数字位移组成。

测点安装程序如下:

①在预定量测部位,用直径为140mm的特制钻头,钻一深40㎝的钻孔,然后,再在此钻孔内钻一直径为48mm的同心小孔,孔深由试验要求确定,钻孔要求平直,并用水冲洗干净。

②矫直钢丝,并截成预定长度,将钢丝连接在钻孔锚头上。

③把锚头末端插入安装杆,然后,将锚头推进到预定深度,在操作时注意定向,避免安装杆旋转,千万不能将安装杆后退,以免安装杆和锚头脱落。

④紧固锚头,若用楔形弹簧式锚头,则用300~500N的力拉紧钢丝,如果锚头不滑动,即可认为锚头已被锁紧;若用压缩木锚头,则等待压缩木吸水膨胀后,亦用300~500N的力拉紧钢丝,若拉不动,则可认为锚头已经紧固。

⑤重复以上①、③、④操作步骤,安装剩余锚头,每根钢丝必须穿过楔形弹簧式锚头上的环或压缩木锚头中间的铁管,要注意避免钢丝互相缠绕。

⑥把与各锚头连接的钢丝分别穿过测筒下的各个导杆,并把测筒的上筒用固定螺钉、木楔及水泥砂浆固定在孔内,然后拉紧钢丝,并用螺母夹紧在各个导杆上,这时要注意调整导杆距离,使之有15mm的伸长量。

⑦把下筒与上筒相接,并用木楔塞紧,若是电测下筒,还需仔细安装、调整电感式位移传感器的量程,并引出电缆,盖上盖板。当试验点离开挖面很近时,必须采取防护措施,以防止爆破飞石损坏电缆及测筒。

⑧开始初读数(如果用百分表去测读,应每次打开盖板)。为保证读数的稳定性,第一次读数的建立应不小于24h。

⑨开始阶段,每天应至少进行一次测读,随着开挖面的远离,测读间隔时间可以酌情延长。

量测与计算:将钻孔伸缩计测筒上的电感式位移传感器与数字位移计连接,

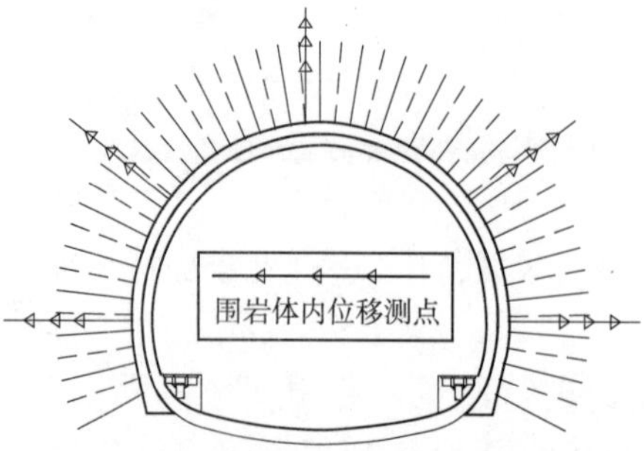

图 5.34　围岩体内位移测点布设示意图

并打开位移计电源开关，即可进行读数。然后，根据实际位移与读数的标定数字回归方程，即可算出钻进 4 个伸缩测点的实际位移。

围岩体内位移测点布设示意图见图 5.34。

(2)地表设点

从地表钻孔埋设，可以在隧道开挖前预埋，因而能测得隧道开挖过程中围岩体内的全位移，其他设点与围岩体内位移监测相同。

36. 围岩与初次衬砌、初次衬砌与二次衬砌之间接触压力的量测要点有哪些？

答：围岩与初次衬砌、初次衬砌与二次衬砌之间接触压力的量测要点如下：

(1)测点布设

应把测点布设在具有代表性断面的关键部位上，如拱顶、拱腰、拱脚、边墙仰拱等，并对各测点逐一进行编号。埋设压力盒时，要使压力盒的受压面向着围岩。在隧道壁面，当测围岩施加给喷混凝土层的径向压力时，先用水泥砂浆或石膏把压力盒固定在岩面上，再谨慎施作喷混凝土层，不要使喷混凝土与压力盒之间有间隙，保证围岩与压力盒压面贴紧。记下压力盒型号，并将压力盒编号，用透明胶布将写在纸上的编号紧密粘贴在导线上。监测所用导线应集结成束，妥善保护，避免施工时遭受破坏。

(2)测量

用频率计采集压力盒频率，根据压力盒的频率—轴力标定曲线，将量测的数据直接换算成相应的接触压力。围岩与初次衬砌、初次衬砌与二次衬砌接触内侧应力测点布设示意图见图 5.35。

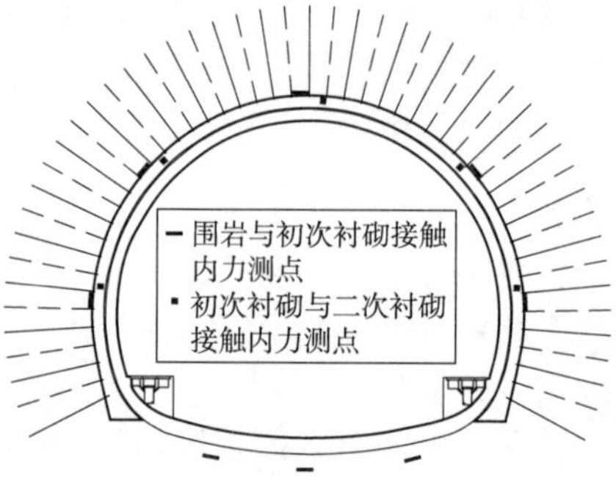

图 5.35　围岩与初次衬砌、初次衬砌与二次衬砌接触内侧应力测点布设示意图

37. 钢拱架应力的量测要点有哪些？

答：钢拱架应力的量测要点如下。

(1)测点布设

安装前，在钢拱架待测部位并联焊接钢弦式钢筋计，在焊接过程中注意对钢筋计淋水降温，然后将钢格栅或钢拱架人工搬至洞内安装或立好，记下钢筋计型号，并将钢筋计编号，用透明胶带将写在纸上的标号紧密粘贴在导线上。量测导线应集结成束，妥善保护，避免施工时遭受破坏。

对于型钢拱架，用钢表面应变计或钢筋应力计量测，其方法同格栅钢拱架量测法。钢支架和二次衬砌监测点布设示意图见图5.36。

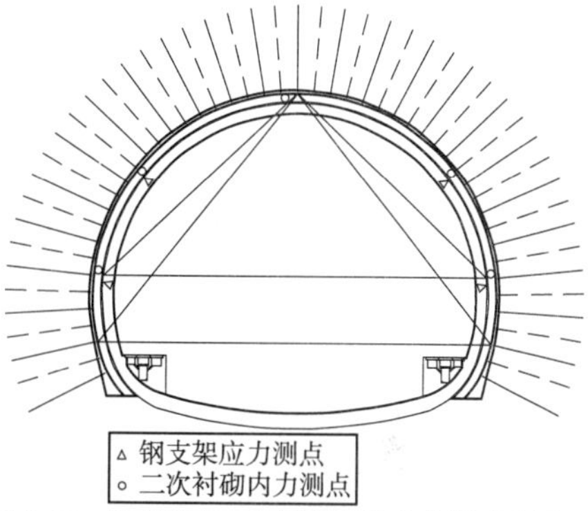

图5.36　钢支架和二次衬砌监测点布设示意图

(2)量测

根据钢筋计的频率—轴力标定曲线，可用量测数据直接换算出相应的轴力值，然后根据钢筋混凝土结构的有关计算方法，算出钢筋轴力及所在拱架断面的弯矩，并在隧道横断面按一定的比例把轴力、弯矩值点画在各钢筋轴力计分布位置，并将各点连接形成隧道钢拱架轴力及弯矩分布图。

38. 锚杆轴力及锚杆拉拔力试验的操作程序是怎样的？

答：(1)锚杆轴力试验

量测锚杆轴力时，采用频率计采集钢筋计频率，根据钢筋计的频率—轴力标定曲线，将量测数据直接换算成相应的锚杆轴力。锚杆轴力测点布设图见图5.37。

图5.37　锚杆轴力测点布设图

(2)锚杆拉拔力试验

①试验操作程序

a. 使用前，在具有相应资质的实验室对仪器进行标定；

b. 测试前，现场加工一块铁(或钢)垫板，中间孔径不小于锚杆直径，一侧带有凹槽，凹槽长、宽及厚度稍大于锚杆垫板的相应尺寸；

c. 测试时，将预先加工的垫板放在锚杆垫板下，其带有凹槽的一面朝向岩石墙面；

d. 将锚杆拉拔计的接口与待测锚杆的外露端连接紧固；

e. 拉拔计百分表归零，然后人工摇动油泵手柄，使油泵压力逐渐升高；

f. 油泵压力达到150kN,可停止继续加压,记录锚杆位置及油泵压力值,油泵卸压,如果油泵压力未达到150kN时,锚杆被破坏,则该锚杆可认为安装质量不合格;

g. 量测结束,填写锚杆拉拔测试报表,检查核实后,上报主管部门。

锚杆拉拔力最大值根据设计提供值最终确定。

②数据计算

根据锚杆拉拔试验的油泵压力与试验标定数据或曲线,即可换算出锚杆拉拔力。

39. 衬砌裂缝监测的要点有哪些?

答:衬砌裂缝监测的要点如下:

(1)测点布设

在待测裂缝左右采用凿岩机钻成两孔,然后在孔内塞入水泥等固结物,按设计要求安装测缝计。也可在裂缝附近进行钢板二维和钢钉一维简易测缝,即在待测裂缝附近安装简易钢板测缝计(自制)或打入水泥钢钉,作为裂缝宽度的测点。

测缝计还可以测角,即用于检测连拱隧道等拱脚和中墙顶的夹角,以确定拱脚和中墙顶相对角度的变化,以确定中墙受力后运动的方向和趋势。

(2)量测

测缝计采用频率计采集,按标定曲线可以直接得到裂缝宽度的变化。钢板二维和钢钉一维简易测缝计进而采用数显式游标卡尺直接读数。

40. 如何做好施工监控量测管理?

答:做好施工监控量测管理应注意以下方面:

(1)设立监控量测小组,配齐必需的监测仪器、设备、用品,确定工作职责和标准,承担量测任务。

(2)量测组负责监测仪器设备的安装和埋设、日常量测、数据处理和整编、仪器设备的保养维修工作,并及时将量测信息反馈于施工和设计。

(3)现场监控量测按制订的量测工作计划认真组织实施,并与其他施工环节紧密配合,不间断地贯穿于整个施工过程中。

(4)各项埋设点埋设牢固可靠,易于识别并妥善保护,不能任意撤换和破坏。

(5)根据本工程特点和施工特点,制订施工期安全监测的实施方案和设备配置等,对于地质条件不良、地应力较高、洞室交叉、相邻洞室开挖、开挖支护作业交叉、存在严重渗漏及涌水现象等,指定专项监测仪器保护措施和布置措施。在埋设永久观测断面的附近不进行注浆作业,以防监测仪器损坏。

41. 施工期监测如何进行?

答:(1)施工期的监测数据采集工作必须按照规定的监测项目、测次和时间进行,并做到无缺测、无漏测、无不符合精度、无违时。必要时,还应根据实际情况和监理工程师的指示,适当调整监测测次,以保证监测资料的连续性。

(2)经监理工程师批准用于本标段施工期监测的所有仪器和设备第一次使用前应进行检验和校正,使用过程中应定期进行检验和校正,并在监理工程师在场的情况下进行。

(3)仪器设备安装就绪后,应按业主和监理工程师批准的方法对仪器设备进行测试,并记录其读数。对刚安装埋入的监测仪器设备和监理工程师指定的其他仪器在仪器埋设初期应按表5.23所列的测次要求进行监测;其余监测仪器埋设初期的测次可参照相关规范的有关规定或监理工程师的指示进行。

仪器埋设初期监测次数表 表5.23

仪器埋设后的时段	测 次
24h以内或埋设部位进行开挖、注浆作业时	4次/1d
1~5d或邻近部位进行开挖、注浆作业时	1次/1d
5~15d	1次/2d
15d~临近部位开挖、注浆作业完成	1次/3d

(4)施工期正常情况下,各类监测项目测次按表5.24中所列的测次要求进行监测;本施工部位或相邻施工部位每次开挖爆破后,应及时对本施工部位或邻施工部位的表面和深部变形、裂缝、锚杆锚索应力等项目进行监测。

各监测项目测次表 表5.24

序号	监测项目	施工期	首次充水期	充水运行初期
1	收敛变形	1次/d	—	—
2	深部变形	1次/d~1次/周	1次/d	2次/旬~1次/旬
3	接缝监测	1次/d~1次/周	1次/d~1次/旬	2次/旬~1次/月
4	应力、应变	1次/周~1次/旬	1次/d~2次/旬	1次/旬~1次/月
5	外水压力	1次/周~1次/旬	1次/d~2次/旬	1次/旬~1次/月
6	裂缝监测	1次/d~1次/周	1次/d~1次/旬	2次/旬~1次/月
7	压应力监测	1次/d~1次/周	1次/d~1次/旬	2次/旬~1次/月

(5)待本部位及邻近部位开挖爆破以及支护和注浆作业完成、多次测读数据表明监测值趋于稳定后,经监理工程师批准可逐渐加长监测周期。

(6)施工期内除按监理工程师指示进行各种仪器设备监测外,还应对监测范围内的其他建筑物进行巡视检查。

(7)在施工期监测工作开始前制定巡视检查机构、线路、项目和方法,报请监理工程师审批,同时根据本部位的施工进展情况逐步扩大巡视检查的范围。日常巡视检查应作好记录。

(8)若遇到特殊情况,如大涌水、高地应力区、塌方以及周围介质的运行环境或受力情况发生明显变化及建筑物出现异常等情况,将根据监理工程师要求增加监测仪器测次,并相应加强巡视检查的密度,及时提供经整理的监测资料。

(9)现场监测或采集的数据要在现场校对无误,防止差错,并及时进行数据处理、分析。如发现异常情况,应找出原因,排除监测操作程序或监测设备的问题后,应及时上报通知业主和监理工程师。

42. 监测资料如何整编?

答:(1)使用监理工程师批准的格式将各项仪器的有关参数、仪器安装埋设后的初始读数和全部仪器设备档案卡等整编成册,由档案室归档。

(2)监测项目完成获得监测数据后应及时整理分析,监测资料应根据不同的仪器类型和目的分别按照直观反映结构位移、应力、作用力(含渗透压力)等物理量指标进行整理,绘制各类物理量测值变化过程线和其他必要的图表,进行数据处理、回归分析,推算最终各类物理量测值和掌握其变化规律,并定期将监测成果分析报告报送监理工程师。

(3)每次监测的资料应在监测期后 2 ~ 3d 内以报告的形式提交监理工程师,报告的内容应包括(但不限于):

①所监测的仪器的编号及分布部位;

②监测时的实际土建施工形象面貌;

③相关部位的施工活动情况;

④气温、降雨等有关水文、气象和环境资料;

⑤仪器设备的运行状况;

⑥监测数据的测值变化过程线;

⑦监测过程中出现的异常情况及其处理记录;

⑧其他需要说明的问题。

(4)如监测发现异常情况时,应及时上报监理工程师和设计单位。

(5)分别编制施工期监测月报、季报和年报,并按时提交。

43. 监测资料如何分析?

答:(1)分析方法

①对施工期各监测物理量进行特征值统计,并采用比较法、作图法综合分析,定性判断其变化趋势及变化速率。

②建立统计模型或确定性模型或混合模型,定量分析各监测物理量与时空变量之间的关系,预测预报各监测物理量变化规律,真正发挥监测指导施工、监控施工质量和优化设计的目的。

(2)综合分析

①监测资料分析基础工作

随时补充或修整有关监测设施的变动或检验、校测情况,以及各种考证表、图等,确保资料的衔接和连续性。

绘制监测物理量过程线图或监测物理量与某些原因量的相关图,检查和判断测值的变化趋势。

根据所绘制图表和有关资料及时作出初步分析,分析各监测物理量的变化规律和趋势,判断有无异常值。

②时空分布分析

对监测量在时间和空间上进行检查和评判,主要包括本次监测量与前一次监测量和历史监测量以及历史极限量及同一时间段周围同类或相关监测量进行比较分析,识别趋势值和异常值,从而发现测值在时间和空间分布的疑点或异常值。时空分析适用于所有监测量。

③统计模型分析

应用统计学原理对各个监测量进行统计分析,由实测资料应用回归分析法建立测点监测模型。

监控模型根据时段和区域可分别采用统计模型、确定性模型和混合模型,评判测值是正常或异常,并预测测点的变化规律。

44. 监控量测结果在设计、施工中如何反映?

答:将观察、测量结果反映到设计、施工中可分为两个步骤:

第一步,在每日作业中侧重对掌子面及后续开挖区段的围岩状况进行判断,对已施工区段的围岩及支护的动态进行监视,作为研究该区段设计、施工妥当与否的依据。从一开始就设定判断基准,主要为对掌子面及洞内的观察、施工中围岩及支护的动态(净空位移、洞顶下沉等)等。仅根据一种项目设定的基准进行判断,其应用范围是有限的,需综合研究根据哪些基准项目进行判断是至关紧要的。

第二步,为从整体上确认原设计与施工计划是否与围岩条件匹配,除观察净空位移、测量洞顶下沉外,必要时还需同时在洞内收集围岩试件进行试验,在洞内做弹性波速度试验、承载试验等,进行综合的评价,并对围岩特性进行重新评价,对相应的支护形式的妥当性进行研究。为此进行的观察、测量及其评价,多在施工初期阶段对有代表性的围岩地段进行,之后即将其反映到后续区段设计、施工中。

45. 评价量测结果时应注意哪些事项?

答:评价量测结果时应注意以下事项:

(1)可能有未包括开挖前产生的围岩动态的情况。测量数据是由已施工区段的结果得出的,与未开挖区段的围岩动态未必有直接的联系,但是根据对已施工区段的观察和对测量结果的充分理解而预测掌子面前方将发生的现象仍然很重要。

(2)判断基准的掌握。为增大支护规模的判断或管理基准的设定是比较容易的,要明确为减小支护规模的判断基准则很难,但在看出安全系数明显过大的场合,最好将其与观察、测量结果的相互关系仔细研究,然后修正设计与施工,才能更加经济。

(3)也有无法测量的围岩动态。对掌子面的观察,要对无法测量的因素进行综合的正确判断,这不仅需要,而且很重要。在施工中,经常是根据对掌子面的观察掌握围岩的状况,进而研究采取必要的措施。

(4)数据受仪器特性(精度、误差等)的制约。

46. 如何进行施工控制测量?

答:隧道施工控制测量是在隧道工程的施工建造阶段进行的测量。为保证隧道能按规定的精度正确贯通及相关的建筑物与构筑物的位置正确,施工建造阶段,根据隧道施工要求的精度和施工顺序进行相应的测量,首先根据隧道线路的形状和主洞口、辅助洞口、转折点的位置进行洞外施工控制网和洞口控制网的布设及施测,再进行中线进洞关系的计算及测量,随隧道向前延伸而阶段性地将洞内基本控制网向前延伸,并不断进行施工控制导线的布测和中线的施工放样,指导并保证不同工作面之间以预定的精度贯通，贯通后进行实际贯通误差的测定和线路中线的调整，施工过程中进行隧道纵横断面测量和相关建筑物的放样，以及进行竣工测量；在施工建造和运营管理阶段，定期进行地表、隧道洞身各部位及其相关建筑物的沉降观测和位移观测。

（1）常用施工测量规范及要求

《新建铁路工程测量规范》（TB 10101—1999）；

《全球定位系统（GPS）铁路测量规程》（TB 10054—1997）；

《全球定位系统（GPS）测量规程》（GB/T 18314—2009）；

《国家一、二等水准测量规范》（GB/T 12897—2006）；

《国家三、四等水准测量规范》（GB/T 12898—2009）；

《客运专线无碴轨道铁路工程测量暂行规定》（铁建设〔2006〕189 号）；

《时速 200 ~ 250 公里有碴轨道铁路工程测量指南（试行）》（铁建设函〔2007〕76 号）。

（2）首级网的检测

对首级施工控制网的检测拟定与先期布设的加密控制网点同步观测。主要办法是在布设加密网的同时，尽量多联测首级网点，且组成一定图形；组网各点之间边、角全部观测，将观测值进行测站平差后，首先检验其图形内自身精度要求（三角形闭合差、边角关系等）；合格后再将已知点之间的观测数据与理论数据进行比较。角度限差按分组观测两组共同方向观测角之差的精度来考虑，即达到测角中误差的二倍（$2 \times m_{\beta}$），边长限差按 $2 \times m_{d}$（观测仪器的测距中误差）来作为精度指标，即满足往返观测边长较差之限差。

（3）平面控制网测量

平面控制网测量首先根据控制网进行洞口的引测投点，以利施工时进行洞内控制测量。投点时应结合地形地物，力求图形稳固简单，在确保精度的前提下，充分考虑观测条件、测站稳定程度、便于引测进洞、避免施工干扰。按照施工顺序分期分部位布设加密点，加密点布置要求与控制点通视良好，并应纳入控制网中。平面控制测量常有以下几种方法。

①中线控制法

中线形式是指洞内不设导线，用中线控制点直接进行施工放样。一般以定测精度测设出新点，测设中线点的距离和角度数据由理论坐标值反算，这种方法一般用于较短的隧道。将测设的新点，以高精度测角、量距，算出实际的新点精确点位，再和理论坐标相比较，若有差异，应将新点移到正确的中线位置上，这种方法可以用于曲线隧道 500m 以上、直线隧道 1 000m 以上的较长隧道。

②导线控制法

导线形式是指洞内控制依靠导线进行,施工放样用的正式中线点由导线测设,中线点的精度能满足局部地段施工要求即可。对于长大隧道宜组成导线闭合环,对角度进行平差计算,以提高点位的横向精度。导线形式宜采用导线环或主副导线环测量。

③三角网法

对于隧道较长、地形复杂的山岭地区,地面平面控制网一般布置成三角网形式。测定三角网的全部角度和若干条边长,或全部边长,使之成为边角网。三角网的点位精度比导线高,有利于控制隧道贯通的横向误差。

④GPS 法

用全球定位系统 GPS 技术作地面平面控制时,只需要布设洞口控制点和定向点,且相互通视,以便施工定向之用。不同洞口之间的点不需要通视,与国家控制点或城市控制点之间的联测也不需要通视。因此,地面控制点的布设灵活方便,且定位精度已优于常规控制方法。

(4)平面选点布设及施测要求

①导线边长在直线地段不宜小于 200m,曲线地段不宜小于 70m,向洞内引测宜在阴天进行。

②点位布设在施工干扰小、稳固可靠的地方,点间视线应离开洞内设施 0.2m 以上,埋石顶面应比洞内地面低 20 ~ 30cm,上面加设护盖、填平地面,并建立警示标志,以免施工中遭受破坏。或将钢筋头预埋在仰拱底板中线混凝土中,钢筋头宜刻画十字标记。

③测角采用双照准法(两次照准、两次读数)观测,照准目标有足够明亮度。

④测距时充分通风、避免尘雾,测线避开用电器,反射镜有适度照明,仪器、镜面无水雾。

⑤导线延伸测量前应先确定上次导线点是否发生位移,在开挖延伸至设计导线边长两倍时,进行一次导线延伸,并同时放样或检查中线点。

⑥洞内开挖较长或引测导线发现异常应定期或重新从洞外沿原线路复测导线网。

⑦隧道贯通后,应先整体复测导线网,贯通误差在限差范围内时,及时调整,指导后期衬砌施工,若贯通误差超限应查明原因,检查前期挖、衬施工,并上报各部门。

⑧洞内平面导线网内业平差采用相应平差软件计算。

(5)高程控制网测量

高程控制网测量的任务是按规定的精度施测隧道洞口(包括隧道的进出口、竖井口、斜井口和平响口)附近水准点的高程,作为高程引测进洞的依据。高程控制通常采用三、四等水准测量的方法施测。

导线网点高程测量初期或延伸时宜用三角高程测量传递,长大隧道定期复测或在500m以上时需用水准测量复测,复测符合国家三、四等水准测量要求,并予以平差计算。水准测量应选择连接洞口最平坦和最短的线路,以期达到设站少、观测快、精度高的要求。每一洞口埋设的水准点应不少于两个,且以安置一次水准仪即可联测为宜。两端洞口之间的距离大于1km时,应在中间增设临时水准点。

(6)水准测量施测要求

①变换仪器高往返观测测定水准点的高差,以设计院所交高程控制点作为起算点,采用闭合路线进行平差计算,计算其他点高程。

②观测前对使用的仪器进行检查,水准仪 i 角应小于20″,按作业方法、观测人员、使用的仪器及路线,检测已知水准点高程,确认无误后对观测点进行观测。

③观测应在标尺分划线成像清晰和稳定的条件下进行观测,不得在日出后约半小时、太阳中天前后、风力大于四级、气温突变时以及标尺分划线的成像跳动而难以照准时进行观测,晴天观测时,应用测伞为仪器遮挡阳光。

④每测段往、返测的测站数应为偶数,由往转返时,两标尺应互换位置。在同一测站上观测时,不得调焦,转动仪器的测微鼓时,均应旋进方向读数,两次观测高差校差超限时应重测。

⑤每次观测做到四个固定:观测方法固定、观测仪器固定、设备固定、观测人员固定。

⑥观测记录采用记录簿人工记录,内业原始记录数据人工处理计算,最后取往返测两个高程的中数作为每次观测点的高程。

47. 如何进行施工测量放样?

答:施工测量放样可以直接由等级控制点(首级及加密控制点)施放,也可以由细部临时加密的等级较低的轴线、测站点来施放。根据不同精度要求以及是否方便操作来选择,重要部位尽量直接采用首级控制点进行放样。

施工测量轴线放样采用光电测距极坐标法,三角高程控制高程,及时向工作面传递所在断面中线和高程,并由测量组用断面测量仪控制开挖断面。初期支护和二次衬砌前，必须进行复核，确认准确无误后方可进行下道工序。

隧道洞身开挖测量项目及允许误差如表5.25所列。

隧道洞身开挖实测项目　　表5.25

项次	检查项目		允许偏差	检查方法
1	拱部超挖(mm)	钻爆法隧道	平均150，最大200	每20m用尺量1个断面
		TBM法隧道	平均50，最大60	
2	宽度(mm)	钻爆法隧道	+200，-0	每20m用尺量，每侧1处
		TBM法隧道	+100，-0	
3	边顶拱、底拱超挖(mm)		平均100，最大200	每20m用水准仪沿中线检查1处

（1）钻爆法开挖施工测量

洞身开挖放样以施工导线标定的轴线为依据，线段采用全站仪标定设计中线，每次爆破后进行开挖掘进细部放样，掌子面上除标定中心和腰线外，应画出开挖轮廓线。开挖中应及时测绘开挖断面，施工中应认真作业，及时进行测量放线和组织复测，确保隧道的开挖尺寸和规格满足设计要求。

开挖轮廓点的放样误差，相对于洞轴线应不大于50mm。断面测量的间距一般为5m，对于断面变化较大部位，应适当加测断面。断面测量各测点的误差相对于洞轴线±50mm之内。平均径向超挖值不大于200mm。

钻孔的测定和开孔质量应符合下列要求：

①钻孔孔位应依据测量定出的中线、腰线及开挖轮廓线确定。

②周边孔应在断面轮廓线上开孔，沿轮廓线的调整范围和掏槽孔的孔位偏差不应大于5cm，炮孔外偏斜率不应大于50mm/m；其他炮孔孔位的偏差不得大于10cm。

③炮孔的孔底应落在爆破图规定的平面上。

④使用断面扫描仪和隧道量测系统对隧道开挖规格和钻孔孔位、方向及深度等数据进行扫描、测量和记录。相邻两茬炮之间的台阶最大外斜值，应小于20cm，但要求同一茬炮周边孔形成的台阶不得大于10cm。

（2）TBM法掘进测量

采用TBM法施工的隧道，洞内外控制测量的方法和要求与常规钻爆法施工相同。TBM工作面洞轴线延伸测量一般采用激光导向系统进行，含电动激光全站仪，并以人工测量为辅。

激光导向系统能够全天候地动态显示TBM法当前位置相对于隧道设计轴线的位置偏差，操作手能从控制室计算机中的VMT系统直观地了解TBM掘进机的方向、姿态、与设计洞轴线的偏差值,以此为依据及时进行掘进方向、姿态等参数的调整,使得 TBM 能够沿着正确的方向掘进。该系统主要组成部分有 ALTU 激光靶、激光全站仪、后视棱镜、工业计算机等。激光导向系统示意如图 5.38 所示。

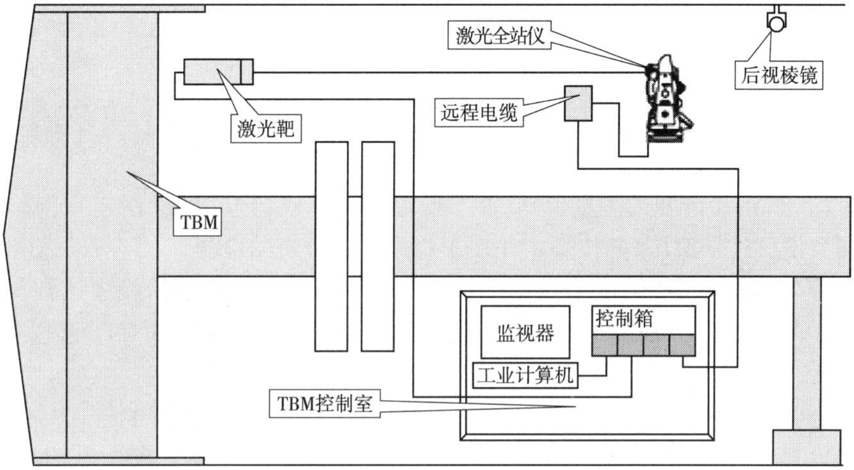

图 5.38 激光导向系统示意图

TBM 掘进施工段以校准 TBM 设备配备的激光导向系统的轴线方向为主,控制 TBM 设备掘进方向的偏差度,为了直观、方便,所用的导线点成果均将转化为桩号、偏中心值形式的工程坐标,并明确标注。

为了保证导向系统的准确性,确保 TBM 沿着正确的方向掘进,需周期性地对导向系统的数据进行人工测量校核。

为控制 TBM 按设计的洞轴线开挖,在 TBM 掘进过程中,应随时监测并调整方向和位置。隧道轴线的水平和竖向允许误差分别为设计洞轴线 ±100mm 和 ±60mm。平均径向超挖值不大于 50mm。

(3)贯通测量

①除隧道开挖过程中日常性部分和阶段性复测外,隧道贯通前尚应有选择地对关键性测量环节进行重点复测。

②复测过程中应特别注重角度监测精度,高程控制系统的复测通常是对地下水准点进行全面复测,必要时应提高水准测量的精度等级。

③隧道贯通测量应包括对地面控制测量、定向测量、地下导线测量等贯通复测。

④洞内控制采用精密导线网，通过横通道组成闭合导线加以检核，并与其他施工单位积极协调，伴随辅助洞、排水洞的贯通，利用横通道、辅助洞、排水洞与隧道侧进水口侧的平面、高程控制点联测组网，进行平差，保证贯通控制精度。隧道的贯通中误差横向不得大于±250mm，高程不得大于±25mm。

48. 测量质量保证措施有哪些？

答：测量质量保证措施如下：

(1)精心组织测量技术过硬、工作认真负责、细心的技术人员组成测量队负责标段的施工测量工作。

(2)选用高精度的测量仪器，并对使用的测量仪器经权威(法定)计量部门检测合格后进场使用，并按要求在使用过程中进行定期检测。

(3)对发包人和监理工程师提供的控制点坐标和高程必须经过认真复核，复核结果报监理工程师审核，根据现场实际情况设置的加密控制点要妥善加以保护。

(4)各控制点的坐标和高程在施工过程中经常进行复核检查，并及时提交复核资料，如果发现破坏或精度变化，停止使用该点，同时采用两个已知点测边测角交汇增补。

(5)建立测量计算资料换手复核制度：桩位的测量放样必须经过原测和复测，最后交技术负责人审核后报监理工程师审批认可，未经复核及报验(监理工程师复核)，不得进行下道工序的施工。

(6)测点选在通视良好、不受施工扰动的地方。导线和水准控制点用不锈钢或铸铁制作，导线点有明显的十字标志，水准点表面为圆球状。在软土中，作为钢钉的测量标志应嵌入大小合适的混凝土块中，并保证永久固定。

(7)临时的测量标志，经监理工程师同意后，用钢管制作；测量标志旁做好明显持久的标记或说明。埋设在地下的测量标志用混凝土管或框架保护，并加盖防止泥土和雨水弄脏的装置。

(8)桩位放样合格后，在桩中心四周埋设护桩，并加以保护。测量标志如有损坏，应立即恢复。

49. 测量完工资料包括哪些内容？

答：根据隧道施工进度，及时对完工资料进行收集整理，主要包括：

(1)控制测量施测成果、平差计算成果及平面布置图；

(2)各项工程原始地表及明挖竣工平面图、剖面图；

(3)贯通测量技术设计书;
(4)洞内导线和高程计算成果和平面图;
(5)隧道竣工图(平面、纵剖面、横断面);
(6)贯通误差的实测成果、说明及主要部位放样记录;
(7)洞轴线控制点与控制网连测的平差资料及进洞关系平面图;
(8)技术总结。

第六章 施工方法与掘进

一、施 工 方 法

1. 隧道开挖时需进行哪些观察?

答:为了及早发现和避免冒顶、涌水、瓦斯等灾害的出现,需要每天对开挖地点及其周边的围岩变化和支护变形进行观察,并将其结果进行记录。通常需进行的调查有:

(1)掌子面的岩性变化、结构面组合及其稳定状态等。

(2)掌子面的含水状态或涌水量、涌水压力、涌水的污浊度。

(3)洞内的氧气浓度、二氧化碳浓度、可燃性气体浓度、有害气体浓度的测量。

(4)已施工区间的围岩及支护的动态表现,特别要关注裂隙、裂缝、错位、挤入等现象的出现和发展。

(5)隧道开挖影响范围内地表面、地上的建造物及洞口的状况,包括地表开裂、沉降、滑动,以及由此引起的地表结构物的破损。

(6)隧道附近河流的流量、泉眼的出水量和水井的水位等变化。

(7)爆破后及地震后洞外浮石和洞内裂隙、漏水等的状况。

如对围岩动态的观察结果表明采用的施工法不能确保施工安全,或者判断出明显地会给周围环境造成恶劣影响,必须及时采取措施防止灾害的发生,并变更施工方法。

2. 选择隧道施工方法的基本因素有哪些?

答:选择隧道施工方法的基本因素如下:

(1)施工条件

施工条件是决定施工方法的最基本的因素,它包括一个施工队伍所具备的施工能力、素质以及管理水平。目前,我国隧道施工队伍的素质有高有低,施工装备参差不齐,因此,在选择施工方法时,必须考虑这个因素的影响。

(2)围岩条件

围岩条件即地质条件,包括围岩级别、地下水及不良地质现象等,围岩级别是对围岩工程性质的综合判定,对施工方法的选择起着重要的甚至决定性的作用。

(3)隧道断面积

隧道尺寸和形状,对施工方法选择也有一定的影响。目前,隧道断面有向大断面方向发展的趋势,在这种情况下,施工方法必须适应其发展。例如,在单线和双线的铁路隧道、双车道公路隧道中,更多采用全断面法及台阶法,而在更大断面的隧道工程中,采用各种方法先修小断面的导坑,再扩大形成全断面的施工方法较为常见。

(4)埋深

隧道埋深与围岩的初始应力场及多种因素有关,通常将埋深分为浅埋和深埋两类,有时将浅埋又分为超浅埋和浅埋两类。在同样地质条件下,由于埋深的不同,施工方法也将有很大差异。

(5)工期

作为设计条件之一的工期,在一定程度上会影响基本施工方法的选择。因为工期决定了在均衡生产的条件下,对开挖、运输等综合生产能力的基本要求,即对施工均衡速度、机械化水平和管理模式的要求。

(6)环境条件等

当隧道施工对周围环境产生不良影响(爆破振动、地表下沉、噪声、地下水条件的变化等)时,环境条件也应成为选择隧道施工方法的重要因素之一,在城市条件下,甚至会成为选择施工方法的决定性的因素。

3. 隧道施工时必须遵循的基本技术原则是什么?

答:隧道施工时必须遵循的基本技术原则如下:

(1)在施工中充分保护和爱护围岩,避免过度破坏和损伤围岩,使暴露的围岩尽量保留既有的质量。

(2)一方面容许变形达到不在围岩中形成松弛的量级,另一方面必须限制它,使围岩不会过度松弛而丧失或大大降低承载能力。而在浅埋或地表下沉受到控制的条件下,及时控制变形和松弛及其发展尤为重要。

(3)在施工中必须合理地确定支护结构的类型、支护结构参与工作的时间、各种支护手段的相互配合、断面封闭时间、一次掘进长度等。

(4)在施工中进行实地量测监控,及时提出可靠的、足够数量的量测信息,以指导施工和设计。

(5)在选择支护手段时,一般应选择能大面积、牢固与围岩紧密接触的、能及时施设和应变能力强的支护手段,因此多采用喷混凝土,并与锚杆、金属网联合使用,有时也要与临时仰拱、钢支撑或格栅等配合使用。

(6)减少分部,有可能减少因分部过多而引起的围岩内的应力变化和围岩的松弛,因此在有可能的条件下,应尽量采用全断面或大断面分部的开挖方法。

(7)在任何情况下,使隧道断面能在较短时间内闭合是极为重要的,在岩石隧道中,因围岩的结构作用,能够"自封闭",自行解决。而在软弱围岩中,应尽量采用先修筑仰拱(或临时仰拱)或底板的施工方法,使断面及早封闭。

(8)为保证二次衬砌的质量和整体性,在任何情况下,都应采用先墙后拱的施工顺序。

(9)在隧道施工过程中,必须建立设计—施工检验—地质预测—量测反馈—修正设计的一体化的设计施工管理系统,以不断地提高和完善隧道施工技术。

在实际的施工过程中,这些原则也不是一成不变的,应该结合实际情况进行完善和提高。

二、钻爆法施工

4. 钻爆法施工技术要点有哪些?

答:钻爆法施工技术要点如下:

(1)进行综合性超前预报,并将其纳入正常的施工工序。

(2)初期支护要强,承受全部荷载,二次衬砌作为安全储备。

(3)尽可能多采用网构钢拱架,少用型钢拱架。

(4)软弱地层取消系统锚杆,只在拱架接头处设锁脚锚管。

(5)软弱及有水地层采用潮喷混凝土,不提倡采用湿喷混凝土。

(6)无钉铺设防水板,采用复合式衬砌形式。

(7)无纺布后部设置系统排水盲管,取消中部排水沟。

(8)软弱围岩宜采用正台阶法施工,台阶长度为1~1.5倍洞径。

(9)大断面硬岩隧道宜采用小导坑超前爆破开挖法施工。

(10)隧道不宜采用预裂爆破,而应采用光面爆破。

(11)长大双洞隧道宜采用巷道式射流通风技术。

5. 如何进行光面爆破?

答:地下洞室的开挖采用光面爆破技术,通过严格控制装药量及按照光面爆破设计施工,减少炮轰波对围岩的扰动,达到保护围岩的目的。

(1)爆破设计

各类围岩全断面法钻爆参数见表6.1。

各类围岩全断面法钻爆参数　　表6.1

围岩类别	周边眼间距 E(cm)	周边眼至内圈眼间距 W(cm)	周边眼装药集中度 a(kg/m)	相对距离 E/W	每循环进尺 L(m)
Ⅱ~Ⅲ	50~65	60~80	0.30~0.35	0.8~1.0	4
Ⅳ	50~60	60~75	0.20~0.30	0.8~1.0	3

(2)光面爆破起爆顺序

施工顺序:掏槽眼→辅助眼→底眼→周边眼。

(3)光面爆破技术措施

①周边孔在断面轮廓线上开孔,沿轮廓线的调整范围和掏槽孔的孔位偏差不大于5cm,炮孔外偏倾斜不大于50mm/m;其他炮孔孔位偏差不大于10cm。

②根据工程地质资料,进行论证和爆破试验,选择与本工程地质特性、围岩岩性相匹配的炸药品种,提高爆破效果。

③通过爆破试验,选择合理的爆破参数。根据围岩岩性,选择确定光面爆破和预裂爆破周边眼间距、抵抗线、不耦合装药结构、起爆顺序、堵塞长度等爆破参数,确定各主爆孔特别是掏槽眼的爆破参数,确定光面爆破、预裂爆破的效果。

④提高测量放样精度,确保测量对周边眼的定位误差在3cm以内。

(4)爆破施工控制要点

①爆破装药前进行设岗警戒,布设岗哨。

②采用光面爆破,严格控制周边眼装药量,最大限度地减小爆破对周边围岩的扰动和破坏。

③采用微振控制爆破技术,严格控制段装药量和段间延期时差,控制爆破振速,减小对周边围岩的扰动和破坏。

④每个开挖循环都进行施工测量,控制开挖断面,在掌子面上用红油漆画出隧道开挖轮廓线及标定周边炮眼位置,误差不超过1cm,并采用激光直准仪控制开挖方向。

⑤钻眼必须按钻爆设计方案进行。钻眼时掘进眼保持与隧道轴线平行,除

底眼外,其他炮眼口比孔底低5cm,以便钻孔时岩粉自然流出,周边眼外插角控制在0°~2°以内,保持平均径向超挖值不超过20cm。

⑥装药前炮眼用高压风吹干净,检查炮眼数量。装药时,由爆破员分好毫秒雷管段别,按爆破设计顺序装药。装药作业分组分片进行,定人定位,确保装药作业有序进行,防止雷管段别混乱,影响爆破效果。每眼装药后用炮泥堵塞。

⑦起爆采用塑料导爆管非电起爆网络,雷管连接好后爆破员进行检查,检查雷管的连接质量及是否有漏连的雷管,检查无误后发起爆信号。

⑧开挖过程中观察石质的变化情况及爆破效果,及时调整钻爆设计参数。

⑨控制隧道超欠挖,保证开挖轮廓平顺。

6. 爆破钻孔、装药应注意什么?

答:爆破钻孔、装药应注意以下事项:

(1)钻孔

①钻孔前,要对掌子面进行检查、清除危石,确认残留炸药回收干净,以防止钻眼时发生掌子面落石、钻入残留炸药而引爆等事故。

②禁止无关人员进入清除危石及钻孔作业的地方。

③必须注意炮眼的位置和方向是否与爆破计划符合、炮眼的布置是否适应地层条件、炮眼深度是否不一致等情况。

④不准许在前一轮残眼中继续钻眼,以防发生引爆事故。

⑤钻孔作业中,要充分注意异常的钻孔速度、钻孔排水的颜色和水量、凿出的岩屑,据此查知到一定程度的异常涌水、瓦斯喷出、地质变化等。

⑥选择钻眼机械时,有必要考虑岩质、隧道断面的尺寸和形状、隧道长度、开挖方法、掏槽方式、爆破进尺、装渣及运输方法、锚杆施工方法、工期等条件。此外,钻钎的直径、长度、材料性质及钻头种类、规格、材料性质等组合应与钻孔机械、岩质、钻眼长度及直径相适应。

(2)装药

①装药前应检查钻孔有无塌孔、孔深是否一致,还要检查掌子面有无浮石,特别是在有涌水的掌子面,更容易产生浮石及孔壁粗糙现象,故应引起作业人员的高度重视。

②在使用电笛管时,应采用规定的仪器和报警器确认场地的杂散电流、漏电等强度都在安全范围内,还必须禁止穿化纤类衣物,以防发生静电放电。在有杂散电流的场合和有可能发生雷击时,必须中断装药作业,或采用非电起爆方式。

③在搬运电雷管时,不能将其脚线露出;电笛管的脚线除联线时,应经常处

于短路状态;铺设爆破母线时,要远离电灯线、动力线及其他有漏电危险的带电线路;在连接电雷管脚线前必须检查母线,不应出现断线、漏接线、错误接线等现象,更不能让母线接触地上轨道、管子或有漏电可能的地方;母线连接后,要在安全地点进行导通试验,在全体人员都退避到安全场地之前,不要把母线连接在起爆器或电源开关上。

④装药作业时,不要在掌子面进行钻孔及其他作业。因在掌子面进行钻孔等作业,会误钻通装了药的孔,或因掌子面的落石和机械类的冲击,造成爆炸。

⑤装药前,要进行清孔,孔内不能留有小石子。

⑥选择与掌子面条件相适应的炸药,如有涌水的掌子面必须用防水炸药,地温高的掌子面必须用耐热炸药,有瓦斯涌出的掌子面必须用消焰、防爆炸药。

⑦间隔药包及填塞料应使用规定的材料,使用规定的捣棒,按正确顺序谨慎进行,防止发生误爆或不爆观象。

⑧装药工作完后,剩余的炸药要点清其数量,立即将剩余的强力炸药交回加工房,将剩余的黄色炸药交炸药库,以防丢失。

7. 爆破作业应注意什么?

答:爆破作业应注意以下事项:

(1)进行爆破时,要让预先规定的爆破危险区域内的人员退避,配置看管员负责禁止人员进入爆破区域内,在接到引爆通知后方可进行点火爆破。

(2)在隧道两端掌子面接近贯通时,不仅要注意两端掌子面的密切联系,而且在爆破时还必须通知对方退避及对退避安全加以确认。

(3)使用电雷管时,要做到对连接网络无异常的确认检查。爆破母线应使用完全绝缘的专用线,与起爆器连接的两个线头在非点火场合应使其短路。起爆器的开关,除进行点火外的其余时间,都应将开关上锁或者将起爆器钥匙取出拿走。起爆器与母线的连接应在马上就要点火前进行。

(4)有可燃性气体涌出的掌子面,规定气体浓度在爆破下限值30%(甲烷气体的浓度约为1.5%)以下,否则就要停止进行爆破作业,但实际上当甲烷气体的浓度在0.5%左右时,多数场合都中止了爆破作业。

(5)爆破时应防止抛出的岩块等损伤已施工部分及洞内临时设置物。

(6)爆破后的掌子面,必须由指定的检查人员对掌子面周围进行充分的检查,清除掉全部危石,对不爆孔和残留炸药采取相应处理措施。检查作业过程中,禁止其他人员进入掌子面,只有当检查者确认安全之后,方可进行后续作业。

(7)处理瞎炮时,必须采用下述的任何一种方法:距瞎炮孔0.6m以上打平行炮眼,进行装药爆破,回收未爆炸药;用橡胶管等向瞎炮孔内注水,将炮泥冲出,或者一点一点慢慢地把靠近雷管的大部分填塞物掏出后,重新加工装有雷管的药包进行再爆。

(8)爆破后,应在放炮后过5min(电力起爆)或1~5min(导火线起爆)才能接近掌子面,以防止意外事故发生。

(9)爆破效果与计划不符时,则要研究分析其原因,并在随后的爆破计划中加以反映。

8. 对光面爆破效果有哪些要求?

答:光面爆破允许超、欠挖和炮痕保存率见表6.2。

光面爆破允许超、欠挖和炮痕保存率　　表6.2

项　目	硬　岩	中硬岩	软　岩
平均线性超挖量(cm)	10	15	15
最大线性超挖量(cm)	20	75	25
两炮衔接台阶的最大尺寸(cm)	15	15	15
炮眼痕迹保存率(%)	≥80	≥70	≥50
局部欠挖量(cm)	5	5	5

注:①超欠挖的测量以爆破设计开挖线为准。
②平均线性超挖量=超挖面积/爆破设计开挖断面周长(不包括隧道底宽度)。
③最大线性超挖量系指最大超挖处至爆破设计开挖轮廓切线的垂直线。
④炮眼痕迹保存率=残留有痕迹的炮眼数×周边炮眼总数,应在开挖轮廓面上均匀分布。
⑤欠挖范围每平方米内不大于0.1m^2。

9. 如何尽量减少爆破超挖量?

答:在考虑支护、变形裕量之外,开挖断面设计轮廓线的外侧总不免会有超挖。超挖量随岩质、裂缝状况、开挖方式等不同而不同,超挖过多,不仅因出渣量和衬砌量增多而提高工程造价,而且由于局部挖掉围岩会产生应力集中问题,因此有必要尽量减少超挖量。

用爆破法开挖时,虽然充分考虑了断面尺寸、形状、开挖方法,以及岩质、裂隙、涌水、风化程度等围岩条件而最终确定爆破计划,但为减少超挖量,在采用能充分确保钻孔精度的钻眼设备的同时,还有必要研究光面爆破技术。主要有以下措施供参考:

(1)断面开挖的隧道,可考虑采用上半断面(拱部)光面爆破、下半断面(边墙）预裂爆破的综合爆破方案。分部开挖时，可采用预留光面层光面爆破方案。

（2）通过试爆确定光面爆破参数：周边眼的间距（E）、最小抵抗线（W）、相对距离（E/W）、装药集中度。

（3）边炮眼施工应按下列要求进行：开眼位置应在断面轮廓上，允许沿轮廓线调整的范围不得大于5cm；周边眼方向应以3%～5%的斜率外插，并应根据不同的炮联深度，适当调整斜率，保证眼底不超出开挖断面轮廓线10cm；当开挖面不齐时，应按实际情况调整炮眼深度和装药量，要力求所有炮眼眼底在同一垂直面上；内圈炮眼至周边炮眼的排距误差应不大于10cm；炮眼深度超过2.5m时，内圈炮眼与周边炮眼应用相同的斜率钻眼；周边炮眼装药可采用小直径药卷连续装药、间隔装药、导爆索装药、空气柱装药等结构形式；周边炮眼均应堵塞炮泥，堵塞长度一般不宜小于20cm；周边炮眼以一次同时起爆为宜，起爆的孔数应根据地质条件确定；当软岩隧道必须对爆破震动加以控制时，周边炮眼可分组起爆。

10. 怎样防止剥落、冒顶？

答：采用新奥法施工，大多采用全断面掘进或台阶式掘进，而且每一循环的开挖进尺也都尽可能的大。因此，掌子面及周围出现剥落和崩塌的危险性也相应增大。在钻孔、装药、爆破、出渣、支撑、喷混凝土、岩石锚杆等各作业阶段，必须采取防止剥落、冒顶的措施。基本措施有：

（1）确立掌子面作业管理体制。指定掌子面的专职检查者，在爆破后、地震后，对掌子面浮石、裂隙及漏水的状态等，必须每天进行检查，并做好记录；配置掌子面作业的监视员，经常留意围岩、支护的动态和各作业人员的行动，对不安全的状况和行动及时提出警告。在出渣、支护、喷混凝土、钻孔、装药等作业前作业指挥者（工长）必须对掌子面的围岩状态及浮石、刮凿状况进行确认。掌子面作业由于是重复作业，整理活动容易公式化，需开展教育活动，随时警示全体作业人员。

（2）实施掌子面的彻底刮凿。爆破后或出渣后使用液压破碎机，将掌子面的拱顶部、边墙部、正面全部细致地进行刮凿；在装药前使用钻孔台车或吊篮实施仔细的检查和刮凿；在有涌水的场合，裂隙多的场合，以及开挖面长时间闲置的场合等，都必须及时对浮石实施检查与刮凿；对于刮凿后仍然有剥落危险的场合或长时间空出掌子面的场合，必须采取对掌子面喷混凝土等措施。

（3）采取防止剥落的措施。在地质状况差、崩坍性显著、不能充分刮凿的场合，要采用正面喷射混凝土、周边锚杆、掌子面注浆等对策，防止崩落。作业人员要戴安全帽、穿安全长靴、携带保护器等器具；在钻孔台车的吊篮上安装防护顶罩,以防万一有落石,可对作业人员起到保护作用。

(4)采取禁止入内的措施。在实施刮凿前或者是在刮凿中,即便是在掌子面的作业人员也要禁止进入隔离线以内,更要采取禁止除刮凿作业人员以外的人入内的措施。

(5)作业环境等的整备。经常性的整理和整顿掌子面作业场地,以便维持安全的作业场所,如:加强通风,保持视野;加强照明,保持充足的照明度,做好排水处理,防止隧底积水。

11. 掌子面稳定有哪些对策?

答:隧道开挖的先决条件是在开挖后到支护结束,掌子面要自稳,围岩要稳定,否则要对掌子面采取稳定对策。通常根据稳固目的,可分为掌子面和拱顶的稳定对策、上半部围岩的支承力对策、涌水对策,如表6.3所示。

隧道开挖稳定对策 表6.3

目的	对策		地质条件			概要
			硬岩	软岩	土沙	
拱顶稳定	超前支护 $L\leqslant5m$	充填式	○	●	○	沿拱顶、近水平向,打设5m以下长度的钢管,注入式可改善地层
		注入式	○	●	●	
	超前支护 $L\geqslant5m$			○	○	沿拱顶、近水平向,打设10m以上长度的钢管,压力注浆
	斜锚杆			○	○	沿拱顶向上斜打设砂浆锚杆
掌子面稳定	喷射混凝土			●	●	涌水地段要采用瞬凝喷射法等黏附性好的方法
	锚杆			○	○	锚杆材料最好是采用在开挖时容易被切断的玻璃纤维等
	分割开挖面			○	●	留核心土、环形开挖等,减小开挖面积、提高掌子面的自稳性
上半部围岩支承力强	扩大支护脚部			○	●	脚部增强钢撑、加厚喷混凝土,利用地基承载力
	脚部加强锚杆			○	○	脚部下方打设锚杆,增强支承力
	临时闭合			○	○	喷混凝土或设钢支撑形成临时仰拱

续上表

目的	对策		地质条件			概要
			硬岩	软岩	土沙	
涌水对策	药液注浆		○	○	○	向地层注入药液，减少涌水量
	排水	排水孔		○	○	排水钻孔、排水坑属自流方式，深井、井点属于强制式排水方式
		排水钻孔				

注：●-使用较好的施工方法；○-因场合不同而采用不同的施工方法。

12. 钻爆法施工工艺有哪些？

答：钻爆法施工工艺如下。

（1）测量放线

利用激光指向仪或水平仪、经纬仪，测量画出开挖轮廓，标出主要炮眼位置（周边眼、掏槽眼、底眼）。

（2）钻孔

根据钻爆设计的钻孔角度、深度进行钻孔，加强对周边眼、掏槽眼角度、方向、深度的控制，保证钻孔质量。

（3）装药、爆破

钻孔结束后或在钻孔过程中，按照钻爆设计的装药量和装药结构组织装药，采用非电系统连接起爆。

（4）通风排烟、洒水

爆破后利用通风机送风至工作面排烟，必要时在开挖面爆破渣堆进行人工洒水降尘，以改善工作环境，加快施工进度。

（5）排险

通风、除尘之后便进行爆破后四周围岩的排险，以确保进洞人员和设备的安全。对于掌子面、边墙及拱顶上的浮石，由经验丰富的人员先进入工作面，用长钢钎撬掉。对于掌子面上的哑炮，用高压水冲刷掉或在哑炮周围殉爆距离之内重新钻孔，再由炮工装药引爆。

（6）出渣

无轨运输方式：由挖掘机配合侧卸式装载机装渣，配自卸汽车运输出渣至弃渣场或其他需要的场地。

皮带运输出渣：碎渣运至移动破碎机进行破碎后，通过支线皮带机转至主皮带机上。另外，进料采用的有轨运输系统在特殊情况下可辅助出渣。

13. 全断面法施工工序是怎样的?

答:全断面法施工工艺流程图见图6.1。

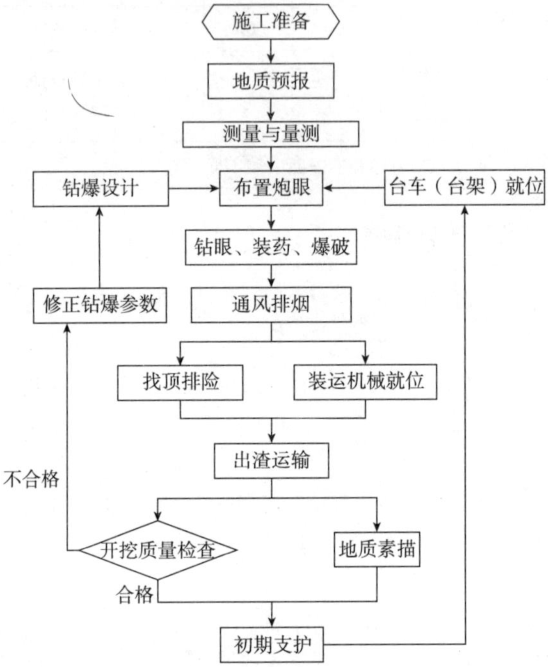

图6.1 全断面法施工工艺流程图

14. 台阶法施工工序是怎样的?

答:台阶法施工工序示意图见图6.2,施工工艺流程图见图6.3。

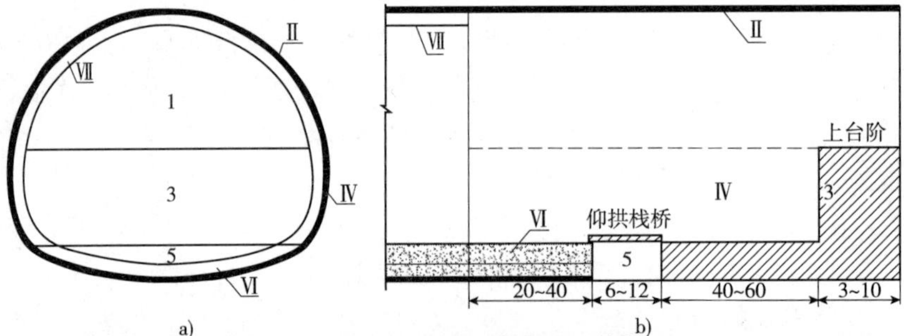

图6.2 台阶法施工工序示意图(尺寸单位:m)

1-上部开挖;3-下部开挖;5-底部开挖(捡底);Ⅱ-上部初期支护;Ⅳ-下部初期支护;Ⅵ-仰拱及混凝土填充;Ⅶ-二次衬砌

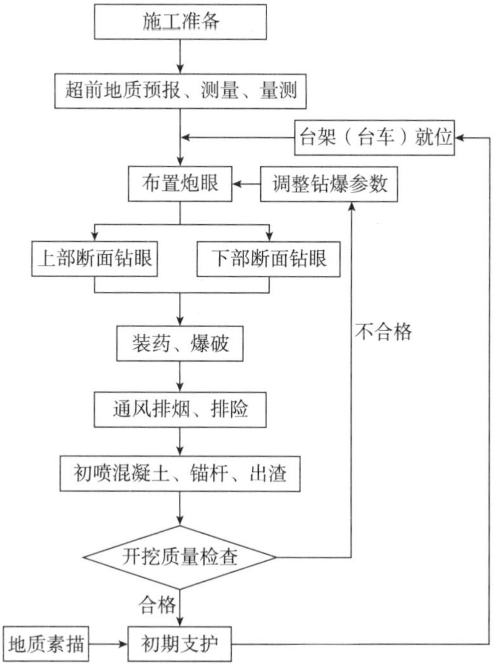

图 6.3　台阶法施工工艺流程图

15. 三台阶七步开挖法施工工序是怎样的？

答：三台阶七步开挖法施工工序示意图见图 6.4，施工工艺流程图见图 6.5。

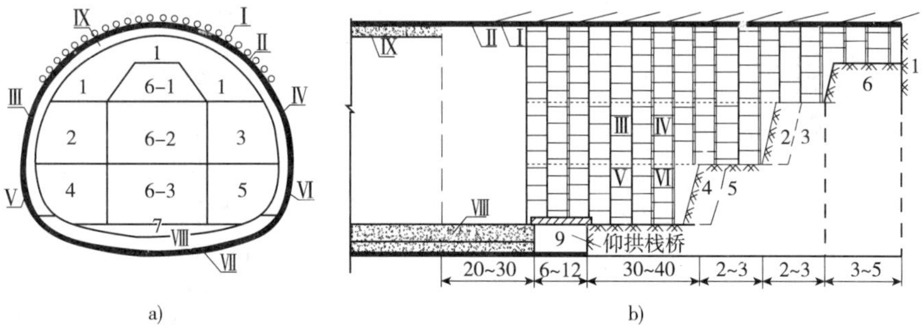

图 6.4　三台阶七步开挖法施工工序示意图(尺寸单位：m)

1-上部弧形导坑开挖；2、3-中部两侧开挖；4、5-下部两侧开挖；6-1、6-2、6-3－上、中、下部核心土开挖；7-仰拱开挖；Ⅰ-超前支护；Ⅱ-上部初期支护；Ⅲ、Ⅳ-中部两侧初期支护；Ⅴ、Ⅵ-下部两侧初期支护；Ⅶ-仰拱初期支护；Ⅷ-仰拱及填充混凝土；Ⅸ-拱墙二次衬砌

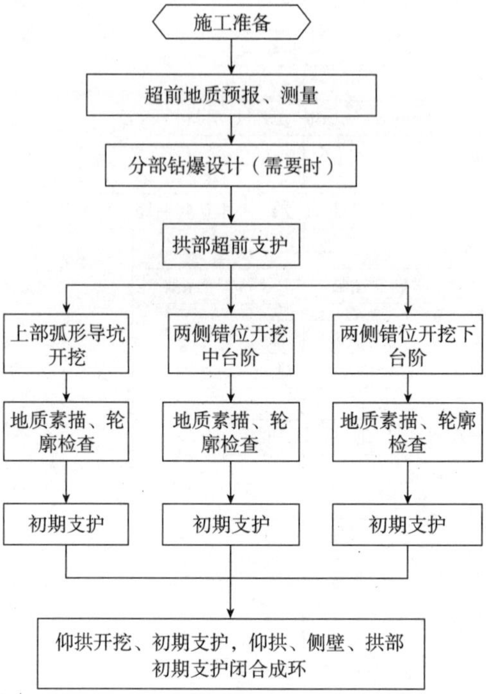

图6.5　三台阶七步开挖法施工工艺流程图

16. 中隔壁(CD)法施工工序是怎样的?

答:中隔壁(CD)法施工工序示意图见图6.6,施工工艺流程图见图6.7。

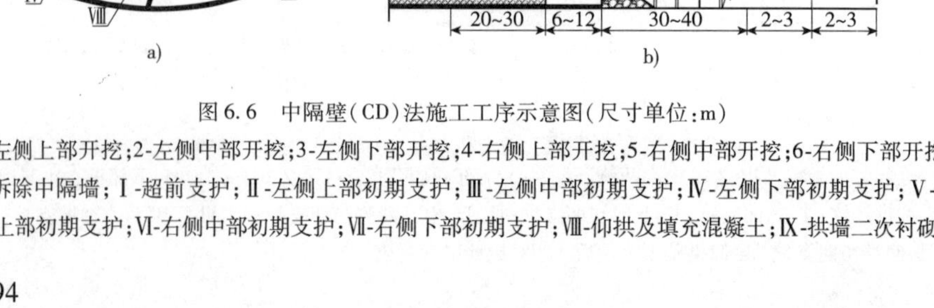

图6.6　中隔壁(CD)法施工工序示意图(尺寸单位:m)

1-左侧上部开挖;2-左侧中部开挖;3-左侧下部开挖;4-右侧上部开挖;5-右侧中部开挖;6-右侧下部开挖;7-拆除中隔墙;Ⅰ-超前支护;Ⅱ-左侧上部初期支护;Ⅲ-左侧中部初期支护;Ⅳ-左侧下部初期支护;Ⅴ-右侧上部初期支护;Ⅵ-右侧中部初期支护;Ⅶ-右侧下部初期支护;Ⅷ-仰拱及填充混凝土;Ⅸ-拱墙二次衬砌

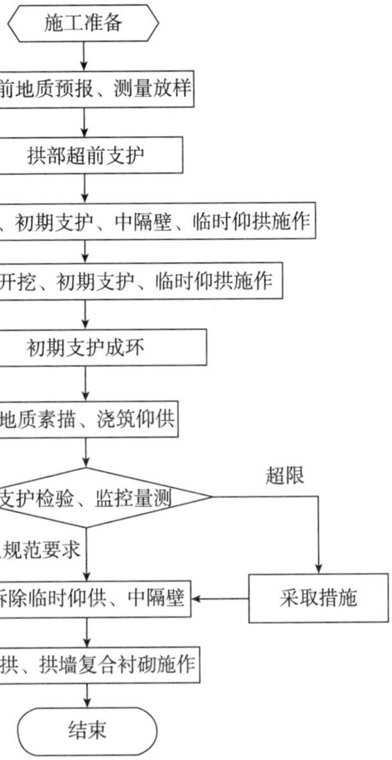

图 6.7　中隔壁法施工工艺流程图

17. 交叉中隔壁(CRD)法施工工序是怎样的?

答:交叉中隔壁(CRD)法施工工序示意图见图 6.8,施工工艺流程图见图 6.9。

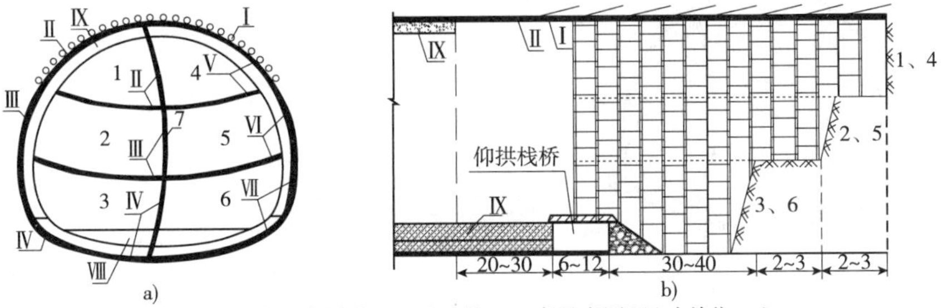

图 6.8　交叉中隔壁(CRD)法施工工序示意图(尺寸单位:m)

1-左侧上部开挖;2-左侧中部开挖;3-左侧下部开挖;4-右侧上部开挖;5-右侧中部开挖;6-右侧下部开挖;7-拆除中隔墙及临时仰拱;Ⅰ-超前支护;Ⅱ-左侧上部初期支护成环;Ⅲ-左侧中部初期支护成环;Ⅳ-左侧下部初期支护成环;Ⅴ-右侧上部初期支护成环;Ⅵ-右侧中部初期支护成环;Ⅶ-右侧下部初期支护成环;Ⅷ-仰拱及填充混凝土;Ⅸ-拱墙二次衬砌

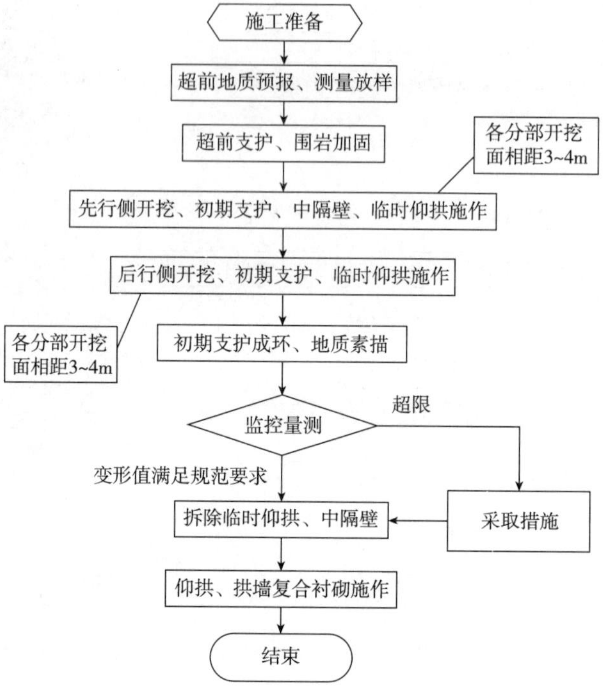

图 6.9　交叉中隔壁法施工工艺流程图

18. 双侧壁导坑法施工工序是怎样的？

答：双侧壁导坑法施工工序示意图见图 6.10，施工工艺流程图见图 6.11。

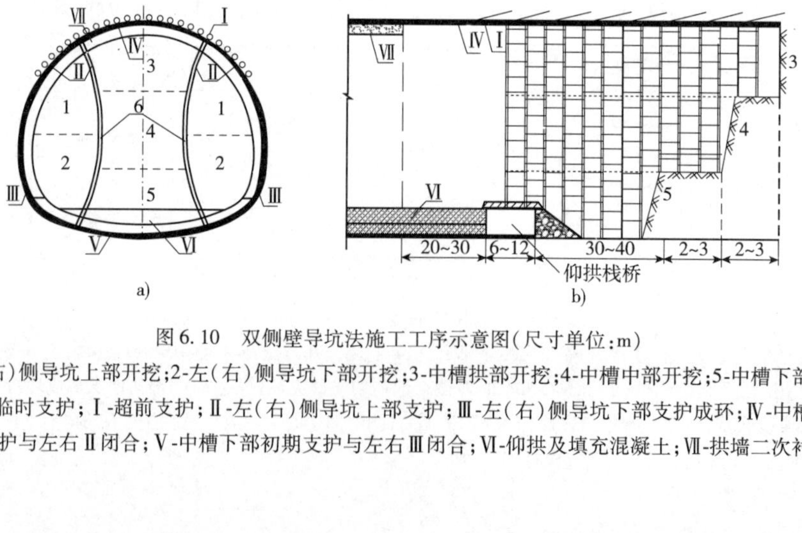

图 6.10　双侧壁导坑法施工工序示意图（尺寸单位：m）

1-左（右）侧导坑上部开挖；2-左（右）侧导坑下部开挖；3-中槽拱部开挖；4-中槽中部开挖；5-中槽下部开挖；6-拆除临时支护；Ⅰ-超前支护；Ⅱ-左（右）侧导坑上部支护；Ⅲ-左（右）侧导坑下部支护成环；Ⅳ-中槽拱部初期支护与左右Ⅱ闭合；Ⅴ-中槽下部初期支护与左右Ⅲ闭合；Ⅵ-仰拱及填充混凝土；Ⅶ-拱墙二次衬砌

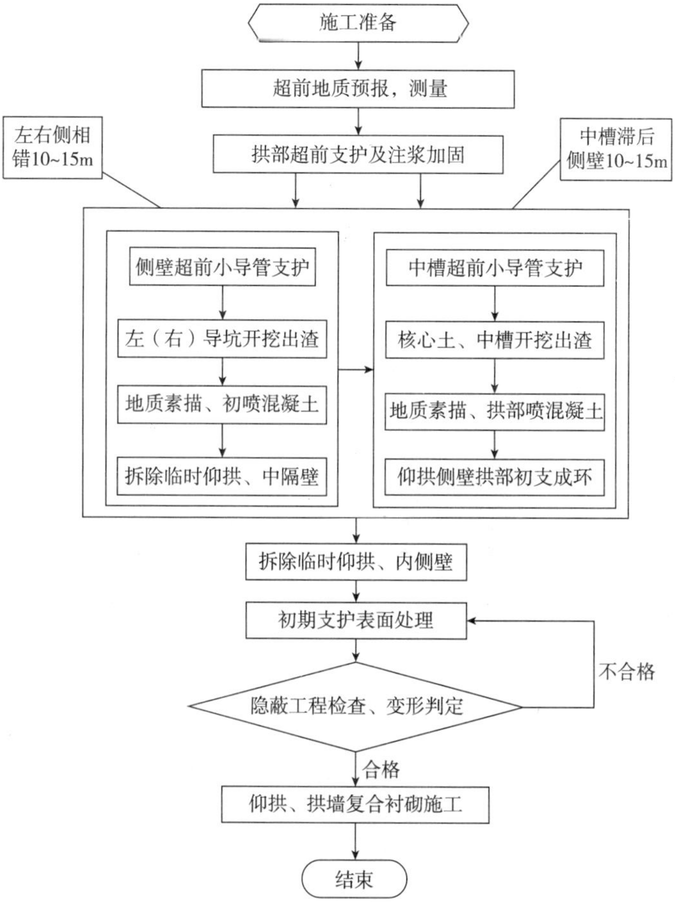

图6.11　双侧壁导坑法施工工艺流程图

19. 施工质量保证措施有哪些？

答：(1)开挖质量保证措施

为保证施工质量，施工中必须严格按规范及设计要求进行，现场设立专门质量检查机构，对施工工艺和施工过程进行全面控制。加强测量、实际监测等手段，确保施工质量满足设计要求。所有钻爆施工前均编写详细的施工计划及保证措施，报监理工程师批准后执行。

①爆破质量保证措施

a. 首先要保证钻孔的精度，钻孔左右偏差不得大于20cm，前后偏差不得大于10cm，避免由于偏差过大引起破碎度不均匀，产生大块石，给装运石渣带来困难。

b. 钻孔时必须保证钻孔的倾角稳定，避免由于倾角的变化引起炮孔底部抵抗线的变化，使抵抗线过大引起爆破不到底，抵抗线过小引起过多飞石，对安全不利。

c. 清除钻孔内的岩粉，孔口采取覆盖等保护措施以防止渣土流入孔内。

d. 爆破装药时，一定要按经爆破试验调整确定后的爆破参数运行，为了防止因导爆管质量引起某一个或几个炮孔拒爆，爆破的引爆系统采用串、并复式连接法连接，每个炮孔内安装2枚雷管。

e. 光面爆破的爆破质量是体现整个开挖爆破质量的关键项目之一，钻孔倾角和偏差必须按设计和规范要求施工，装药结构经现场爆破试验确定。

②施工记录与报表

在开挖过程中，按监理工程师指示及时提交施工记录报表，其内容包括各开挖工作面进尺，实测开挖断面和各种测量成果，超前地质预报记录及分析报告，塌方、岩爆、地下水等特殊事故处理，临时安全支护措施，每一循环的起止面位置及各工序的作业时间，投入人员和设备的数量型号，实际施工的布孔详图，使用炸药类型、雷管类型、位置及引爆方式，围岩位移、声波及爆破震速等施工期的监测成果以及监理工程师要求提供的质量检查、验收记录和其他资料。

③完工资料

开挖完成后，为完工验收提交以下资料：

a. 地下洞室开挖完工图。

b. 地下洞室开挖实测纵、横剖面图（间距不大于10m，且在围岩变化处加密）。

c. 地下洞室围岩地质测绘资料、水文地质资料及监测资料。

d. 地下洞室开挖事故处理记录。

e. 地下水处理记录。

f. 岩爆、塌方处理记录。

g. 施工辅助通道开挖、支护及封堵完工资料。

h. 监理工程师要求提供的其他完工资料。

（2）支护质量保证措施

①材料控制：

锚杆、钢筋、钢绞线、工字钢、水泥、外加剂、钢纤维、有机仿钢纤维及纳米材料等产品必须有生产厂的质量证明书，并按图纸要求或监理工程师要求进行试验。

②锚杆钻孔满足以下要求：

a. 锚杆孔的开孔按施工图纸布置的钻孔位置进行，其孔位偏差不大于100mm。

b. 锚杆孔的孔轴方向满足施工图纸的要求，施工图纸未作规定时，其系统锚杆的孔轴方向垂直于开挖面；局部加固锚杆的孔轴方向与可能滑动面的倾向相反，其与滑动面的交角大于45°。

c. 注浆锚杆的钻孔孔径大于锚杆直径，采用“先注浆后安装锚杆”的程序施工，钻头直径大于锚杆直径15mm以上；采用“先安装锚杆后注浆”的程序施工，钻头直径大于锚杆直径25mm以上。

d. 锚杆孔深必须达到施工图纸的规定，孔深偏差值不大于50mm，孔内岩粉和积水必须清除干净。

③锚杆的注浆施工满足以下规定：

a. 锚杆注浆的水泥砂浆配合比，在规定的范围内通过试验选定。

b. 锚杆注浆采用专用注浆设备，保证注浆饱满。

c. 砂浆拌和均匀，随拌随用，一次拌和的砂浆在初凝前用完，并严防石块、杂物混入。

d. 先注浆的永久支护锚杆，在钻孔注满浆后立即插杆；后注浆的永久支护锚杆，在锚杆安装后立即进行注浆。

e. 注浆开始或中途停止30min时，用水或稀水泥浆润滑注浆罐及其管路；注浆时，注浆管插至孔底50～100mm，随砂浆的注入缓慢匀速拔出；杆体插入后，若孔口无砂浆溢出，及时补注。

f. 锚杆注浆后，在砂浆凝固前，不得敲击、碰撞和拉拔锚杆。

④喷混凝土施工满足以下要求：

a. 喷射混凝土施工前56d，每种拟用外加剂至少制作三块试验板，试验板测定的喷射混凝土工艺质量和抗压强度达到要求后，才能进行喷射混凝土施工。

b. 喷射混凝土必须采用湿喷，作业分段分片依次进行，喷射顺序自下而上，喷射混凝土一次喷射完成，喷射作业紧跟开挖面，混凝土终凝至下一循环放炮时间不少于4h。

c. 喷射机作业严格执行喷射机的操作规程，连续向喷射机供料；保持喷射机工作风压稳定；完成或因故中断喷射机作业时，将喷射机和输料管内的积料清除干净。

d. 喷射混凝土养护：喷射混凝土终凝2h后，喷水养护；养护时间一般工程不得小于7d，重要工程不得少于14d。

e. 钢筋网随岩面铺设,其间隙不大于5cm。

⑤施工记录报表:

在施工过程中,按监理工程师的指示提交各项工程的施工记录,其内容包括:各类支护的完成时间和工程量统计,材料试验成果,质量检查记录和检测记录,质量事故处理记录。

⑥完工验收资料:

支护工程施工结束后,向监理工程师提交支护工程的完工验收资料,其内容应包括:支护工程完工图;锚杆、喷射混凝土、预应力锚索、钢支撑等的原材料试验成果报告,以及支护结构的现场监测及试验报告;预应力锚杆和预应力锚索的施工和施加预应力记录;质量检查和质量事故处理报告;监理工程师要求提交的其他完工资料。

20. 施工安全保证措施有哪些?

答:(1)开挖支护安全措施

①认真贯彻"安全第一,预防为主"的方针。

②所有参加施工人员必须接受岗前教育,否则不准上岗,特种作业人员必须持上岗证。

③在施工区和施工道路上设置足够的安全标志和安全信号。

④设置足够的照明系统,照明符合技术规范要求,洞内外配置通信设施。

⑤定期召开安全生产工作会议,坚持每周的班组安全活动。

(2)特殊制订爆破安全保证措施

①爆破材料的运输、储存、加工、现场装药、联线、起爆及瞎炮处理,必须严格遵守现行《爆破安全规程》(GB 6722)的有关规定。爆破材料符合施工使用条件和国家规定的技术标准。

②制订严格的安全检查制度,设专职安全检查员,一切爆破作业经安检员检查签字后才准许进行爆破。炸药运输、存放和使用严格执行国家的有关规定。

③按照图纸要求装药,不可随意增减装药量,另外装药时必须保证一定的堵塞长度,堵塞要密实。

④爆破时按要求启动警报,人员撤至安全距离之外,另派人四处警卫,疏散爆破区300m以内的人员、机动车辆等。

⑤每道工序施工完成,并经过检查合格后,才能进入下一道工序的施工。

⑥定期进行围岩变形观测,如发现异常情况及时报告有关人员,并立即组织施工人员及机具的撤离。

⑦严格按照监理工程师审批的施工开挖程序和技术措施进行施工。

⑧加强高空作业人员的安全教育，高空作业的工作平台要牢固可靠，并加强检查、维修，高空作业人员必须系好安全带、戴好安全帽才能进行作业。

（3）断层开挖施工安全保证措施

①保证塌方处理工作面照明良好，道路畅通，场地无积水，少噪声。

②动力电缆、照明和起爆线路不得挂在坍塌体缝隙中或危石下，以免塌石砸断线路造成事故。

③撬挖清理危石时，无关人员撤离工作面，作业人员必须有安全保护措施，用撬棍进行作业。

④发现险情预兆，人员及设备要立即撤离现场。

⑤支护排架必须背实塞牢。不能拆除的支架要有钢结构或其他永久性结构，其背塞可用具有一定刚度的钢筋笼、混凝土预制块或片石填塞。

⑥在处理过程中，如发现个别岩块可能坠落，且暂时又不能处理时，要用临时支柱顶住危岩。

⑦支护拆除时，断绝工作面的交通，划定警戒范围，保证工作人员撤退条件。

⑧拆除支护时，首先将两头连接处设法断开，防止在拆除时引起临近未拆除部分倒塌。拆除支护材料要随时运到指定地点堆存，不得任意堆放在工作面。

⑨塌方体开挖过程中，必须经常检查支护，保证良好的受力状态，如发现支撑破损、弯曲、折断、倒塌，及时修复加固。

⑩若施工需要而又有条件时，可以开挖旁洞以作安全退路，又可多开处理工作面或维持其他工作面的正常生产，加快施工进度。

⑪独头掘进时为防范塌方，边掘进边埋设不小于 ϕ50cm 的钢管，以备在发生突然事故时，作为施工人员的安全退路。

⑫尽量避免在雨季处理塌方，否则考虑地下水对塌方体的影响。

⑬施工之前，对洞内工作面的岩石进行排险，确保安全后进行施工。

⑭施工人员在排架上施工，在排架下方挂安全网，施工人员系安全绳。

三、TBM 掘进机法施工

21. TBM 工艺原理和流程是什么？

答：（1）TBM 工艺原理

TBM 设备施工技术是集成机械原理、电子学原理、机器人原理和土工学原理的一套系统化设备的施工工厂，其施工原理及技术是建立在主机监控系统（PLC）、超前地质预报系统、超前处理系统、主机掘进系统、后配套系统、环保系统、运输系统、永久支护系统及洞外保障系统等各系统的综合作用的运用。TBM 设备系统施工工艺原理如图 6.12 所示。

（2）工艺流程

TBM 设备施工工艺主要围绕 TBM 设备掘进、出渣及初期支护三个关键施工工序来进行的，其施工工艺流程如图 6.13 所示。

22. TBM 设备如何运输和验收？

答：（1）TBM 设备运输

TBM 设备由业主委托有经验的专业运输队伍进行运输，TBM 设备到货后除超限物件外均存放至转运场，由施工单位根据安装计划负责装卸运输至安装场地，超大件由业主委托大件运输公司直接进洞运抵安装车间，由施工单位负责卸车。

（2）TBM 设备验收

①为确保 TBM 设备以后运行工作的安全、可靠，在 TBM 各部件到场后必须依据设备供应商提供的清单手册，与业主、监理共同进行开箱检验。

②开箱检验主要包括：设备内外包装情况、货物数量和规格、货物外表质量、检查实物、技术资料与装箱单是否相符，设备配套是否齐全（包括附件、软件、专用工具、辅料、备品配件等），设备外观有否残损、锈蚀、变形（必要时现场拍照），并请在场的有关各方在进口设备开箱检验单上会签。

③发现有不符合规定、设备缺损或质量问题、技术资料不齐全时，应在有供应商代表在场的情况下，当场验明损坏内容，经供应商代表会签并确认赔偿，同时将详情书面报知业主。

④对于 TBM 设备的随机技术文件资料，施工单位将派专人参加开箱负责核对验收，并登记造册。

⑤TBM 设备零部件在验收完成后入 TBM 设备零部件仓库储存。

23. TBM 设备的组装、调试如何进行？

答：（1）组装前的准备工作

①洞室施工后，做好底部的硬化，底拱浇筑 600mm 厚的混凝土（C25/W8），以满足组装和步进要求。

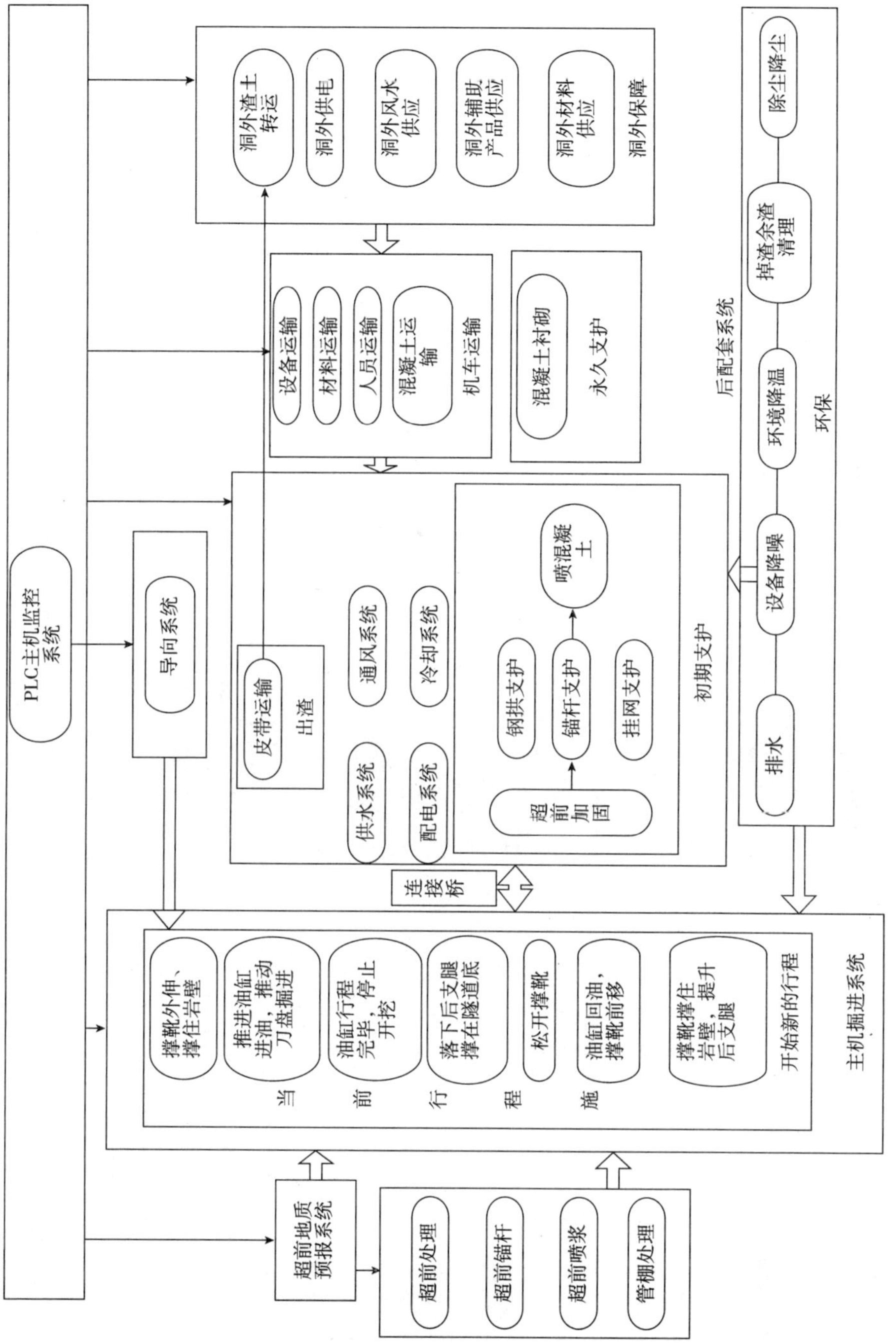

图6.12 TBM设备系统施工原理框图

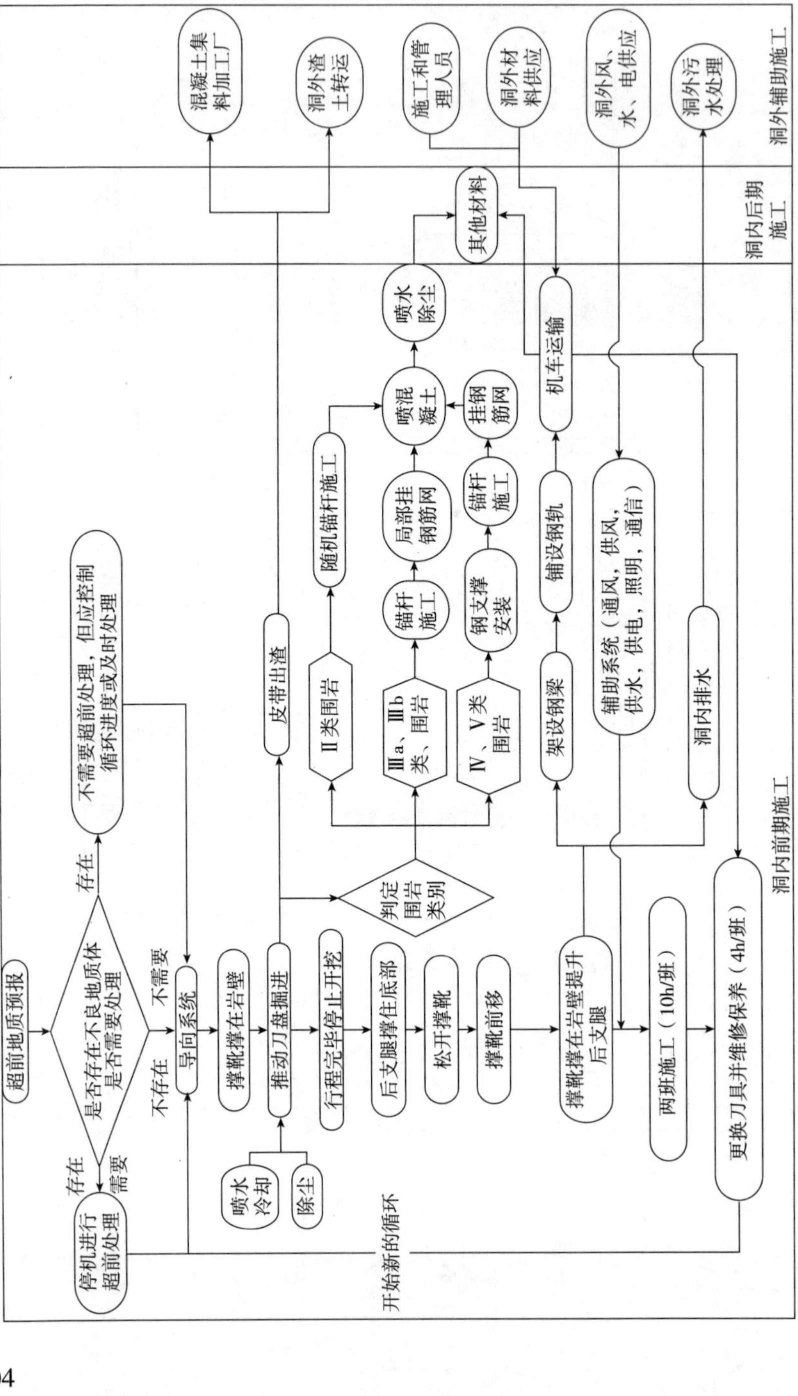

图6.13 TBM设备正常掘进施工工艺框图

②岩壁吊车梁完成施工后，安装吊机，实施洞内组装、调试工作。

③完成 TBM 设备组装期间所需的风、水、电供应设施的组装工作，并将风、水、电供应到组装场内。

④组装时的零部件供应：TBM 设备组装时的零部件供应工作对于组装十分重要，它直接影响着 TBM 设备组装进度。在组装前应完成以下工作：

a. 组装前的详细标识；

b. 零部件的完整性检查；

c. 零部件运输和堆放的计划性和适用性检查；

d. 零部件的清洁和功能检查。

⑤在组装场内将 TBM 设备主机大件合理摆放。组装洞充分考虑 TBM 设备组装、主机大件的摆放、吊机的盲区及洞外部件运输到洞内的卸车区域等因素，摆放位置尽量靠近组装位置且吊装互不干涉。

⑥编制组装施工组织设计，用以指导组装工作的有序进行。

⑦做好参与组装的各类人员的培训工作。

⑧做好其他人、材、物、机的准备工作。

(2)组装、调试工作的人员组织

项目部应积极组织人员配合设备厂家进行组装调试工作，配合人员计划如下：主管 TBM 项目副经理和项目副总工(负责组装工作的协调管理)、电气工程师、液压工程师、机械工程师以及各种熟练技术人员进行技术配合。

(3)设备组装流程

TBM 设备主机及后配套的大件为刀盘中心块、刀盘外围块、刀盘支架、前支撑、顶支撑、侧支撑、后支撑、主大梁及鞍架滑块、主轴承密封件、撑靴组件、推进油缸、液压润滑系统后部组件、鞍架液压润滑系统后部组件和变压器等部件，其单件质量均大于 10t，不易分解运输，而采用整件运输。

TBM 设备组装流程图见图 6.14。

①TBM 设备主机组装步骤：

a. 将刀盘中心独块直立，置于组装区前部，然后将刀盘外围块运移到组装区的最前部；

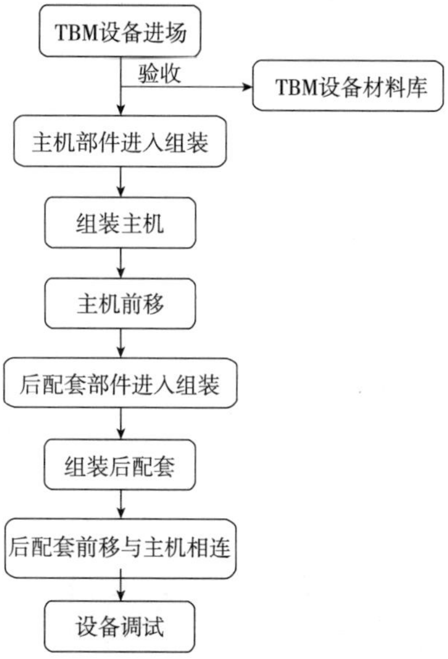

图 6.14　TBM 设备组装流程框图

b. 放置竖向前支撑于行走梁的前部；

c. 机头架水平放置在出发洞的底拱上，再将前轴承座暂置于机头架上，然后将机头架与前轴承座依次向上旋转到竖直位置，再组装到竖向前支撑上；

d. 组装前部主梁于机头架上，然后在机头架内侧组装前皮带机架、出渣皮带和受料槽；

e. 将刀盘中心独块放至刀盘支架上；

f. 将后大梁与前大梁对接，再将鞍架装配在后大梁上，然后组装上部水平支撑缸于鞍架上；

g. 组装下部水平支撑靴油缸、推力油缸和支撑靴垫到撑靴架上后，装配于鞍架上，然后组装后部架及后支撑；

h. 组装主驱动和侧支撑置机头架上；

i. 依次组装环形梁组装器、顶部超前钻机、人行通道与梯架、液压和润滑油泵站及动力系统至主大梁上；

j. 组装刀盘外围块组装至刀盘中心块上，然后组装顶支撑及顶侧支撑至机头架上。

②后配套的组装步骤：

a. 后配套系统的组装是台车从前往后一节一节装，装完一节推向掘进方向与主机连接，直至组装最后一节台车；

b. 将后配套辅助系统组装在台车上。

③运输滑车拆卸步骤：

a. 利用运输滑车推进 TBM 设备，直到下支撑的后部通过进入位置；

b. 让水平支撑靴顶紧洞壁，同时用扭转油缸将大梁上顶，直到后部支撑的运输滑车能被拆除；

c. 利用水平支撑靴仍然给大梁施加一个向下的力，直到前部支撑的运输滑车能被拆除；

d. 用锚杆将运输滑车的前端固定到隧道顶部，然后将运输滑车放进边部的洞穴中；

e. 利用水平支撑靴反力，通过推力油缸将 TBM 设备推到启动工作面。

④组装过程中的注意事项：

a. 组装间底板坡度不超过 2%；

b. 混凝土最小抗压强度为 25MPa；

c. TBM 设备组装现场要由专人负责指挥；

d. 组装人员要全部佩戴安全帽；

e. 分工明确，相互协作；

f. TBM 设备组装过程中，随时对设备主机各总成、部件及附属设备进行外观质量检查；

g. 高空作业或吊装重件时，采取相应安全防范措施；

h. 组装后，对设备组装的完整性、合理性、安全性等进行检查。

(4)设备调试流程

在 TBM 设备运行之前，要对 TBM 设备主机和后配套系统进行认真调试。首先是对后配套工作平台上的电气系统、液压动力系统及与主机系统连接架等进行全面的连接检验，经检查后进行 TBM 设备的调试工作，调试工作包括所有的运行系统。设备调试由 TBM 设备供应商派专业的人员到现场进行操作，设备调试工艺流程如图 6.15 所示。

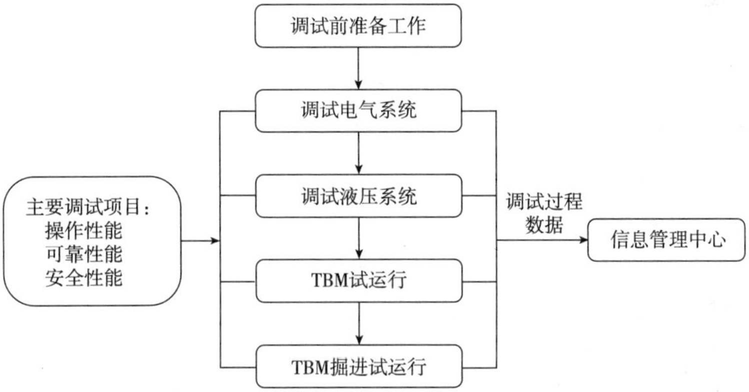

图 6.15　TBM 设备调试工艺流程框图

调试前，要对设备组装的完整性和安全性等进行检查，确保调试工作安全、顺利地进行。

调试时，主要试验设备操作性能、可靠性能、安全性能等，以便对 TBM 设备掘进施工起到指导作用。

调试结束后，仔细清点调试过程中使用的辅助器械，避免影响 TBM 设备掘进施工。

①电气系统调试内容

a. 检查用电线路在通电情况下的电压是否正常。

b. 分别启动各用电设备及用电设备组，检查用电设备在空载情况下的电压、电流是否正常。

c. 调试各用电设备及用电设备组，检查用电设备的各种参数在加载情况下能否达到设计值。

d. 调试各用电设备紧急断路装置是否有效。

e. 调试控制系统是否有效运行。

②液压系统调试

TBM 设备液压系统为 TBM 设备掘进施工提供推力、支撑力与辅助系统的动力。液压系统密封要求高、易磨损,设备性能随外围条件的改变而改变。液压系统经过在厂家车间组装调试→拆卸→运至现场→组装这一过程后,整个液压设备及管路等能否达到设计的各项要求,将直接影响 TBM 设备的掘进施工。因此,在组装完成后的液压系统调试对于整个 TBM 设备系统来说将至关重要。

主要调试的内容有:

a. 泵的调试;

b. 控制系统的启动及其控制部件;

c. 进一步调试液压设备,检查油压管道工作组能否经受压力的变化、组装位置是否正确,在压力下组装的油管是否有摩擦的现象;

d. 高速运转系统的启动。

③TBM 设备行走机构调试

a. 调试液压步履机构实施步进的全过程;

b. 调试液压步履机构步进过程中液压系统参数是否能达到设计要求。

24. TBM 施工规划如何制订?

答:(1)TBM 掘进总体规划原则

①保障 TBM 设备掘进工效,避免其他工序的施工干扰;

②保证 TBM 设备正常掘进;

③加强设备的维修、保养、保养,合理安排易损耗部件的备用量;

④进度计划编制合理,切实可行并留有余地。

(2)TBM 施工方案

针对不同施工期的主要工作内容,规划 TBM 设备施工总体方案如下:

①在总体控制路线规划上采用:首先按期安装并进行设备调试,最后争取提前贯通。

②施工运输方案规划:为充分发挥 TBM 设备的掘进速度,保证长隧道的出渣能力,出渣单独采用连续皮带机出渣方案,施工人员及材料、混凝土、配件采用轨道机车运输方案。

③超前地质预报方案规划:开工前及 TBM 设备掘进调试期进行地面地质勘

察工作，初步确定不同围岩类别在不同位置的分布情况。在正常掘进期跟进短期超前地质预报，探测掌子面前方 50 ~ 200m 的地质情况。

④TBM 设备掘进施工参数控制方案：根据不同围岩，施工调试期初步确定前期施工参数（如采用较高转速、较低扭矩等）；施工过程中根据围岩地质情况、设备性能状况、刀具的磨损情况等，及时调整施工参数（如采用较高转速、较高扭矩）；施工后期由于主轴承及大、小齿轮等磨损较大，掘进速度减慢，施工参数应选择较小的磨损工况（如采用较小的转速、较高的扭矩等）。

⑤针对不同岩层条件及施工条件，TBM 设备掘进施工控制方案不同：

Ⅱ类围岩——特点是围岩强度较高，稳定性好，不会产生塑性变形，但局部可能有掉块。通过此类围岩时要控制掘进速度，并在施工中不断地调整。施工的重点是加强对不同地质结构体的稳定性判断，并及时跟进系统锚杆加固；加强刀具的冷却，适时判断刀具的磨损程度，并及时更换；加强整机的维修、保养以及后配套系统及辅助系统的协调管理，从而保持 TBM 设备处于高效的运转状态。

Ⅲ类围岩——特点是局部稳定性较差，不及时支护可能产生塌方或变形破坏。通过此类围岩时要不断地调整掘进速度。施工的重点是加强不稳定块的随机锚杆及系统锚杆的及时支护施工，同时也要加强后配套系统及辅助系统的协调管理。

Ⅳ类围岩——特点是岩体不稳定，围岩自稳时间较短，不及时支护随时可能发生规模较大的变形和破坏。通过此类围岩时要控制施工掘进速度。施工的重点是加强超前地质预报和地质观测判断，配合地质探测，并准备足够的钢支撑、锚杆，及时喷射混凝土进行初期支护，保证机械顺利通过不良地质地段。

Ⅴ类围岩——特点是围岩极不稳定，随时将产生变形和塌方，且较为严重，多出现在破碎带发育部位，并有可能伴随涌水等。通过此类围岩时要控制掘进速度。施工的重点是加强短期超前地质预报，并配合超前钻孔探测，存在问题将立即停机进行超前地质处理；掘进过程中，进行钢支撑、锚杆、挂网、喷混凝土及排水等措施的处理加固，并控制 TBM 设备机头方向，防止机头下沉、倾斜，偏离掘进方向，确保 TBM 设备快速、顺利通过不良地质体地段。

地下水大流量涌水——特点是涌水量大、压力高、突发性强、随机性强，存在发生突水、突泥的可能性。施工过程中出现此类地质灾害时，首先判断或探明水文地质条件及围岩稳定条件，在保障围岩稳定和设备、人员安全的条件下掘进，尽可能地减少涌水对施工造成大的影响。若发生突水、突泥，且来势猛、速度快、流量大时应立即启动紧急应急预案，人员撤离突水、突泥位置，待其减退后再进行处理，TBM 设备将停止掘进，待水量减退后清除淤泥，再采取防护处理措施。

若在涌水的同时围岩稳定性较差或岩石破碎而不具备引排水条件时，则要通过采取注浆加固、堵水封闭掌子面、超前小导管支护、钢支撑、钢瓦片、挂网喷钢纤维混凝土、打排水孔等处理措施后再掘进，以控制围岩变形，否则地下涌水可能会造成工作面、侧壁的坍塌，以及可能会造成底板的膨胀变形等。日常施工期间，设立隧道施工巡视班组，对洞内水情进行观测，及时清理洞底淤积，防止水位壅高，保证水流畅通，减小因隧道排水降低 TBM 设备掘进性能。

岩爆——特点是存在出现岩块弹射的可能性，一旦发生，会危及到人员和设备的安全。通过典型岩爆点的统计看，岩爆多发生在距掌子面 6 ~ 12m 的范围内，掌子面开挖后的 5 ~ 20h 是岩爆发生的高峰期，一般 TBM 设备在 5h 的时间里可掘进十几米，而这个距离和时间正好处于 TBM 设备的支护区域内，可及时采取多种支护手段，有较为充分的时间进行处理。因此，适时进行地质预报，判断或探明可能发生岩爆的位置，对可能发生岩爆的洞段采取处理措施，不但保障了人员和设备的安全，而且对 TBM 设备掘进速度影响也会减小到最低，保持 TBM 设备快速掘进的性能。

25. TBM 施工管理技术要点有哪些?

答:TBM 施工管理技术要点如下：

(1)超前地质预报及超前加固处理：前期进行超前地质预报勘查，初步确定不良地质体(如断层、破碎带及地下水、岩爆等)的类型、规模、位置，在 TBM 设备掘进至预报的不良地质体附近时，再进行进一步的探测，发出预警报告，确定围岩的稳定性和不良地质体的特性，并及时采取处理措施(如超前小导管、超前注浆等)。

(2)导向控制：TBM 设备配备激光导向系统，用于 TBM 设备掘进方向控制，过程为:“测量放线→导向监控→分析与屏幕显示调整控制”。

(3)试掘进：人员与设备的磨合，对设备的熟悉。

(4)正常掘进：根据不同的隧道围岩条件确定合理的 TBM 设备掘进参数，如推力、扭矩、转速、刀具贯入量及切入速度等，并随时根据围岩变化情况进行合理的调整。

(5)出渣：出渣系统是 TBM 设备正常掘进的重要保障，对于长隧道要强化连续皮带运输机的维修、保养工作，并建立科学的维修、保养机制，做到准确事故预测、快速事故处理、完善事故分析和交流制度。

(6)初期支护：掘进过程中及时判定围岩分类，并按设计规定的技术要求进行围岩的初步支护。

(7)对外运输:除正常的轨道、刀具、维修人员、混凝土等运输外,根据围岩的变化情况和 TBM 设备的掘进速度合理的制订运输方案,将支护材料(如锚杆、钢筋网、钢丝网、钢支撑和混凝土等)及时运抵施工现场,从而使掘进施工材料、人员与初期支护等有机结合起来,实现快速一体化施工。

(8)信息反馈分析与管理控制:在 TBM 设备监控系统信息管理的基础上,建立快速的信息、传输、分析、反馈管理制度,健全完善的信息数据库和科学的信息报告体系,确立项目经理和总工直接领导下的信息收集、汇总、分析、整理、处理、储存、传输、应用的控制流程,以达到有效地控制工程施工的各个工序、各个阶段和各个部门。

(9)设备维修、保养及零配件供应控制:设备的完好率是保障 TBM 设备的施工效率和水平的重要因素,设备的保养、维修要做到科学化,需要进行系统有序和有计划性的 TBM 设备日常维修与保养,减少易损件的消耗量,保证 TBM 设备的正常掘进水平。

(10)刀具损耗量分析:刀具是 TBM 设备正常掘进施工消耗量较大的机件,充分研究刀具的磨损规律,不但能够提高工效,而且可以降低成本,同时要保障刀具及其他易损件的供应,防止因配件不足影响施工进度。

(11)进度计划控制:按施工计划编制详细的进度计划保证措施,从 TBM 设备安装调试、初始掘进、正常掘进、中间修理及 TBM 设备全套系统的拆除等全过程,监控进度计划的实施情况,确保进度计划的实施。

26. TBM 技术保证措施有哪些?

答:TBM 技术保证措施如下:

(1)将 TBM 设备正常掘进施工作为关键施工工序,其他工序围绕此关键工序展开;严格控制里程碑工序的竣工时间,保证整体工期的实现。

(2)制订掘进方向监测预防保证措施,在隧道施工中,严格控制掘进方向,由专门的测量人员对激光导向站点进行校核,将隧道方向偏差控制在允许范围。

(3)提高不良地质段的长、短期预报的准确度,针对断层破碎带、地下涌水、岩爆、有害气体等不良地质现象采取相应的地质勘察手段,合理运用钻孔、物探等探测设备和仪器,作出准确的预报,并及时进行超前小导管加固或注浆处理,以保证 TBM 设备掘进的顺利进行。

(4)加强刀具、机器设备的维修、保养与保养,提高 TBM 设备掘进的实际利用率。

(5)对采取紧急应急处理措施所需的机器设备、材料充分保障,并设立专门的保障体系和专用仓库,对项目部的所有人员进行培训,做到人人负责。

(6)集中优秀人才,保障人力资源供应,以老带新,培训 TBM 设备主要机械操作手、电气工程师、机械工程师及管理工程师等多方面的技术人员。

(7)合理地进行零配件、易损机件和施工原材料的储备,保证零配件和材料的及时供应。

(8)建立并健全施工信息网络化管理体系,加强施工过程中的信息收集及处理措施,并将处理后的结果直接用于工程的施工管理。

27. TBM 掘进流程是什么?

答:(1)施工工序流程

TBM 设备掘进施工工序流程图见图 6.16。

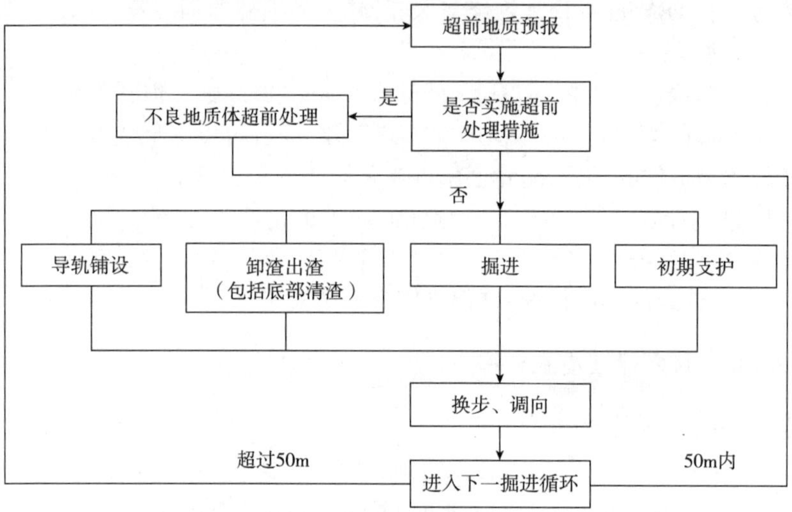

图 6.16　TBM 设备掘进施工工序流程图

(2)TBM 掘进作业过程

TBM 设备掘进时主要依靠由刀盘、机头架与大梁、支撑和推进装置组成的掘进系统来进行。TBM 设备掘进作业循环步骤流程图如图 6.17 所示。

①作业开始,支撑部分相对于工作部分处在前位,撑靴撑紧洞壁,此时,TBM 设备已完全找正,后支撑提起,切削盘转动,推进液压缸伸出,推动工作部分前移一个行程。

②掘进行程终了,准备换步,此时,切削盘停止转动,后支撑伸出抵到洞底上以承受 TBM 设备主机的后端重力,水平支撑油缸收回。

③推进油缸主支撑回缩，支撑部分自由地准备换步，由推进液压缸反向供油，使活塞杆缩回，带动水平撑靴及外机架向前移动。

④水平支撑靴伸出，再与围岩接触撑紧，提起后支撑离开洞底，TBM 设备定位找正。

⑤回到①，启动刀盘，切削盘又一次旋转，TBM 设备准备进行下一个循环。

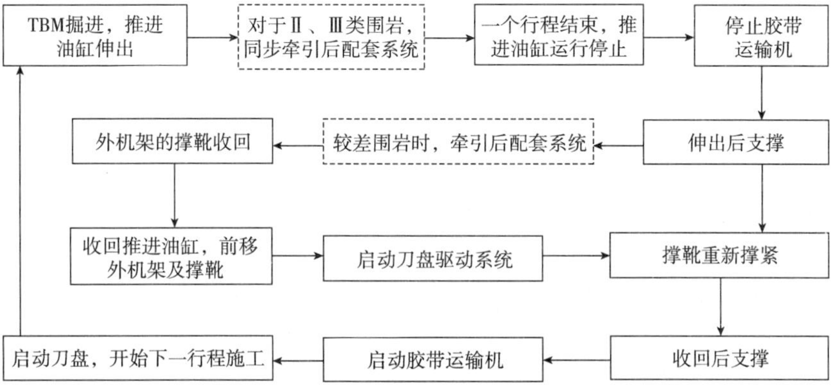

图 6.17　TBM 设备掘进作业循环步骤流程图

28. TBM 掘进参数如何确定？

答：(1)掘进模式的选择

TBM 设备根据转速可分为高速模式掘进和低速模式掘进两种。使用高速掘进时，周围岩石振动较大，容易引起周围岩石松动，所以在地质情况较差时，采用低转速、高扭矩掘进，围岩较完整时，采用高转速、低扭矩掘进。

(2)不同地质状况下掘进参数的选择和调整

①节理不发育的硬岩(Ⅱ、Ⅲ类)情况下作业

a. 选择电机高速掘进。

b. 开始掘进时掘进速度选择 15%，掘进到 5cm 左右开始提速。

c. 正常情况下，掘进速度一般选择≤35%。

d. 围岩本身的干抗压强度较大，不易破碎，若掘进速度太低，将造成刀具刀圈的大量磨损；若掘进速度太高，会造成刀具的超负荷，产生漏油或弦磨现象，因此，必须选择合理的掘进参数。

②节理发育的Ⅲ类围岩状况下作业

掘进推力较小，应选择自动扭矩控制模式，并密切观察扭矩变化，调整最佳掘进参数。

③节理发育且硬度变化较大的Ⅳ类围岩状况的作业

因围岩分布不均匀，硬度变化大，有时会出现较大的振动，所以推力和扭矩的变化范围大，必须选择手动控制模式，并密切观察扭矩变化。

a. 此类围岩下掘进，推力、扭矩在不停地变化，不能选择固定的参数（推力、扭矩）作标准，应密切观察，随时调整掘进速度。若遇到振动突然加剧，扭矩的变化很大，观察渣料有不规则的块体出现，可将刀盘转速换成低速，并相应降低推进速度，待振动减少并恢复正常后，再将刀盘转换到高速掘进。

b. 掘进时，即使扭矩和推力都未达到额定值，也会使通过局部硬岩部分的刀具过载，产生冲击载荷，影响刀具寿命，同时也使主轴承和主大梁产生偏载。所以要密切观察掘进参数与岩石变化，当扭矩和推力大幅度变化时，应尽量降低掘进速度，控制在30%左右，以保护刀具和改善主轴承受力，必要时停机前往掌子面了解围岩和检查刀具。

④节理、裂隙发育或存在断层带（Ⅳ、Ⅴ类围岩）下的作业

掘进时应以自动扭矩控制模式为主选择和调整掘进参数，同时应密切观察扭矩变化、电流变化及推进力值和围岩状况。

a. 掘进参数选择：电机选用低速，掘进速度开始为20%，等围岩变化趋于稳定后，推进速度可上调，但不应超过一定范围（如35%），扭矩变化范围<10%。

b. 密切观察皮带机的出渣情况：当皮带机上出现直径较大的岩块，且块体的比例占出渣量20%～30%时，应降低掘进速度，控制贯入度。当皮带机上出现大量块体，并连续不断成堆向外输出时，停止掘进，变换刀盘转速以低速掘进，并控制贯入度。当围岩状况变化大，掘进时刀具可能局部承受轴向载荷，影响刀具的寿命，所以必须严格扭矩变化范围≤10%，以低的掘进速度，一般情况，掘进速度≤20%。

29. TBM出渣有哪些注意事项？

答：（1）设备组成

由于开挖断面大，出渣量大，掘进距离长，加上TBM设备掘进速度快，必须采用皮带机连续出渣。TBM设备出渣设备采用与主机配套的全套连续皮带运输机系统，该系统主要由以下几部分组成：主皮带驱动装置、张紧装置（皮带储存仓）、皮带、辅助驱动装置、皮带返程辅助驱动装置和皮带支架及上、下托辊，可移动的皮带机尾部，如图6.18所示。

出渣系统的一端位于TBM设备主机大梁内，并向后延伸至整个后配套系统，刀盘刀具切削岩石产生的岩屑经收集装置传输到大梁前部的中转皮带上，再

传输到后配套上的主皮带运输系统。石渣通过移动皮带机输出至主洞皮带机上，运到弃渣场。

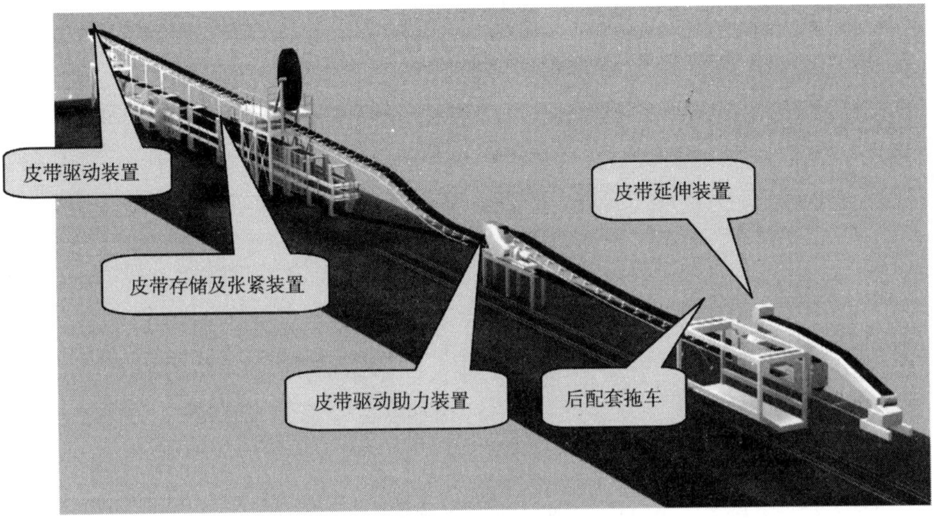

图6.18　隧道连续皮带输送机整体示意图

(2)注意事项及保障措施

①由于连续皮带机一般是采用吊链把皮带支架及三脚托架固定在隧道洞壁支架上的，而且皮带机的传送速度很快，为保证输送的安全性，三脚架及洞壁固定支架必须稳固，经常进行检查，发现问题及时采取有效措施，避免因此而影响施工进度。

②皮带机输送系统中的边轨(钢结构)和托辊数量较多，任何一个部位部件的非正常运转都会使皮带磨损严重，甚至卡死，进而影响石渣运输，降低掘进速度。为此，必须经常巡视，若发现异常，及时处理。

③由于使用TBM设备掘进，速度快、距离长、负荷大，运输皮带需采用高强度的带钢丝胶带，同时，还需要可靠的制动系统以避免胶带损坏时石渣溢出及其他紧急情况停机。另外，在皮带机的边缘视需要设立防护罩，防止石渣掉落。

④连续皮带机的皮带临时存储在皮带仓中，要注意保证仓中的皮带能够连续输入和输出，避免缠卷以及保证硫化长度。

⑤操作人员在掘进过程中要注意皮带驱动马达压力的变化，一旦出现故障，马上停机检查，对损坏、断裂、失效的托辊等进行更换。

⑥如果掘进偏差较大，会造成皮带跑偏、皮带机行走不畅的问题，此时，应严密监控皮带机行走时的状态，派专人巡视，还可以通过加摄像探头连到操作室，

操作手通过监视屏一目了然，出现异常情况及时采取相应措施进行处理。

⑦掘进后期，皮带磨损严重，局部会出现胶层剥落，甚至皮带被砸穿，此时，要采取对破损处硫化补胶的方法，尽量延长皮带机的寿命。

30. TBM 通风及供风、供排水如何布设？

答：(1)通风及供风管路布设

①通风

TBM 设备通风管一般安置在主洞洞室的顶拱部位，风管直径为 3m，一直延伸至距 TBM 设备掘进断面约 100m 位置。随着 TBM 设备掘进施工段的不断加长，由此通风管路向洞内通风，以改善施工作业面的空气环境。

新鲜空气由通风管路送入，然后通过后配套尾部的风筒轮进入前面的新风机，其中一部分进入到后配套前部补充抽风系统抽出的空气，一部分在后配套的尾部释放。新风机抽取新鲜空气，并把它们加压送入前面的风筒，取代被除尘器抽出的那部分空气。

在若干需要的作业点，同样需要足够的新鲜空气通过风筒排风口释放，然后向后配套的后部流动。在风管轮前部，还设有硬风管，风管在各台车的相连接处由柔性接头相连，相关位置设有上述风筒轮的提升机构。此外，除尘器的吸风口和软风管应有适当的重叠，确保从 TBM 设备头部到后配套系统尾部的作业人员都能呼吸良好质量的空气。

②供风

在 TBM 设备的后配套台车上安有空气压缩机，用于 TBM 设备施工，分别用于喷浆设备和气动工具的操作。

后配套上的压缩空气供应系统足以满足后配套系统的用气设备使用，此系统包括空气压缩机、沿后配套全长的供气管路及必要的零部件。

TBM 设备掘进通风、除尘示意图见图 6.19。

(2)供、排水管路布设

①TBM 设备施工用水一般来自沿隧道壁铺设到洞室内的主供水管，在后配套上备有水箱，用胶管直接将水经过滤网去除砂粒后引入水箱。水箱设有进水浮阀，以维持水箱的水位，隧道中的水管与后配套之间通过软管连接，软管由装在后配套上的水管滚筒中接出并延伸。

②TBM 设备掘进系统供水项目主要有：冷却供水、除尘供水、锚杆及喷射混凝土施工、钻孔等，依靠后配套上设置的水箱，以供冷却驱动电机、减速箱、液压油冷却器，及刀盘石渣喷洒。需要水箱供水的设备和部位主要有：

a. 刀盘密封、电动机、齿轮减速机及液压系统。
b. 滚刀作业监室和皮带运输机卸料斗处的喷雾泵。
c. 增压泵。
d. 注浆和混凝土喷射系统。
e. 岩石锚杆、钻机冲洗用水。
f. 空气压缩机。
g. 除尘区。
h. 构架冲洗。
i. 作业人员休息设施。

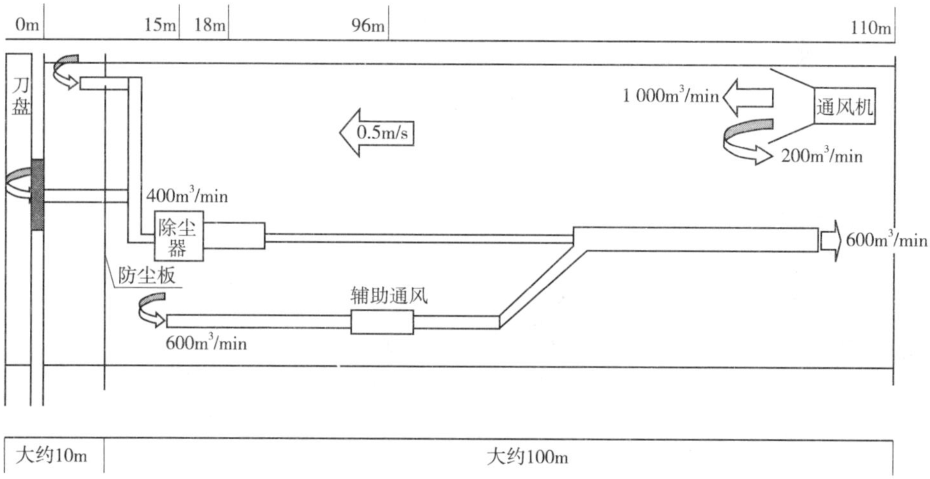

图 6.19　TBM 设备掘进通风、除尘示意图

31. TBM 后援系统有哪些?

答:TBM 后援系统如下。

(1)施工材料的供应

紧随 TBM 掘进施工的辅助施工项目有:轨道铺设、喷射混凝土、锚杆支护及挂钢筋网,Ⅳ类围岩架设钢支撑支护及超前勘探等,材料供应根据 TBM 掘进速度合理确定。

(2)刀具的管理供应

刀具的磨损与消耗不仅增加易损件的消耗量和设备的维修工作量,还降低 TBM 掘进机的有效工作时间,导致单位隧道开挖成本的提高,所以要按照设备供应商的操作指南及时进行刀具更换。依据设备供应商的条件,施工单位应在现场设立 TBM 刀具维修车间，配备足够的人员配合设备商做好刀具供应工作。

(3)TBM 配件、油料的供应

TBM 设备掘进过程中的易损件和消耗件由 TBM 供货商负责供应。施工单位按 TBM 设备操作手册正常操作，在现场建立油料库，保证一定的库存，满足 TBM 施工的需要。

(4)轨道铺设与材料运输

为保证 TBM 掘进的顺利进行，支护材料、设备零配件等均需及时到位。由于通风、供水、供电及运输石渣的连续皮带机等设施占据了隧道一定的空间，并考虑 TBM 设备掘进与注浆分序施工及皮带机出渣的施工方案，TBM 设备掘进施工时存在大量混凝土和石渣运输问题和人员、材料运输问题，运输强度高，因此，机车运输轨道采用双行线布置，但为便于长距离隧道会车，在隧道内间隔 2 ~ 3km 的位置设置渡线道岔，便于空载及重载列车错车运行。需在 TBM 的铺轨区进行后配套轨道和运输轨道的铺设，TBM 设备边掘进边进行轨道的延续，保证 TBM 的正常行走及运输的畅通。

(5)组装场轨道布置

①根据机车车辆轴重、钢轨类型的要求，确定轨枕的间距。

②铺设轨枕时，需要注意洞壁的凸凹变化、清除表面喷射混凝土的回弹残渣等，并备用垫块，避免轨枕与洞壁底拱之间接触不实，影响轨道平衡和稳定。

③每根轨枕铺设完毕后，均要测量轨枕块顶面的高度和延伸方向，并进行前后对直或左右找平，确保所有铺设的轨枕均沿轴线及倾角在同一平面上。

④钢轨铺设时，按照轨枕块上设置的卡座准确定位，利用螺栓及紧压弹簧垫片将其固定。

⑤轨距采用 900mm，车辆距隧道壁式支撑物净间距不小于 20cm。

(6)轨道布置

①必须保证所有钢轨的平、直、新。

②轨枕要有足够的强度和良好的抗变形能力。

③道岔连接处的调换装置必须易于操作，且具有足够的灵敏度，保证列车安全错车。

(7)轨道运输

①列车发车前，要检查车辆之间的挂钩是否牢靠，列车制动性能是否良好，严禁带故障行车。

②列检工作专人负责，按列检要求记录每班、每列进行，作好记录，确保设备的完好率。

③机车驾驶员必须经专业培训，考试合格后方可上岗，并严格按照《机车安全操作规程》操作。

④严禁机车驾驶员酒后驾驶，开快车、开疲劳车。

⑤机车驾驶员严格按信号人员的指示开车。

⑥机车驾驶员要加强瞭望，经过道岔区、后配套区等要减速慢行，鸣笛示意。

⑦列车要严格按进出线的规定行车，严禁改变行车路线。

⑧列车行车前的安全设施必须备齐，如三角木、起轨器和千斤顶等。

32. TBM 设备如何维修、保养？

答：在 TBM 施工中应每天专门安排一定的时间进行维修保养，各组人员应严格按照保养规章制度执行，确保 TBM 设备的高速有效运转。想保持高强度的掘进速度必须保证 TBM 设备具有良好的运行状态，以高效、经济、安全可靠的方式进行掘进施工。掘进施工过程中，应严格按照设备供应商的操作手册进行施工，按照设备各系统维护保养的内容及时间进行设备维护工作，同时在设备运行中密切注意机械设备的运行状态，以便及时发现设备可能发生的异常现象。

维修、保养的内容主要有：刀盘、护盾、液压系统、电气系统、通风系统、除尘系统、钢拱架安装器、锚杆钻机系统、喷混凝土系统、皮带运输出渣系统、水循环系统。对机器进行定期维修检查、保养，具体保养内容见表 6.4，所有的保养工作都要做记录，填写维维修保养表格并归档，定时进行总结，以不断地提高维修保养水平。

TBM 掘进机维修、保养表　　表 6.4

项　目	维修、保养工作内容	注意事项
水箱和油箱	目测液面和测量温度	根据润滑油保养计划和润滑油技术参数中关于油料数量的要求进行
泵、发动机、阀门	检查异常噪声情况	停机进行异常噪声检查，直到确定噪声位置并消除
液压系统	在液压油达到正常操作温度时，检查是否漏油	不要在有压的情况下试图修理液压管和配件；不要徒手检查是否漏油，高压油射流将损坏皮肤
液压油滤芯的组装	检查液压油滤芯，在运行时运行工况显示器显示为绿条状态	滤芯元件在初始运行阶段要频繁更换，在运行时要对滤芯元件进行密切检查；在液压油正常工作温度的情况下检查滤芯，看是否要更换滤芯元件

续上表

项　　目	维修、保养工作内容	注 意 事 项
润滑油滤芯的安装	检查润滑油滤芯,在运行时运行工况显示器显示为绿条状态	滤芯元件在初始运行阶段要频繁更换,在运行时要对滤芯元件进行密切检查;在液压油正常工作温度的情况下检查滤芯,看是否要更换滤芯元件。主轴承、主齿轮和驱动小齿轮要在重新安装滤芯时检查其运行情况
计量	目测系统工作运行是否正常和损坏	
通气阀门元件	目测液压油箱、润滑油箱和齿轮变速箱通气阀门是否清洁或损坏	当设备的元件达到设备供应商要求的时间时,都要更换元件
刀具安装	目测刀盘各组件,刀圈、刀具固定装置的情况;检查刀圈磨损和损坏情况;抽查刀具固定螺母是否紧固等	在拆除刀具的情况下,检查螺纹口是否有损坏,对所有的紧锁部件进行检查
润滑油系统	在设备运行时间检测压力和流量值	如果流量和压力有显著变化,则表明润滑系统有故障需要停机检查。润滑油的压力和温度在设备运行时呈相反关系,如果润滑油压力减少时需要增加润滑油温度。润滑油加速损失能导致密封系统的损坏
齿轮变速箱	检查各系统油面情况	用干净的塑料油管显示油面的位置
稳固装置	目测是否有自由活动现象	清除废渣
润滑油密封系统	检查系统是否运行正常	保证为系统的内、外密封装置提供有充足的润滑油,在需要的时候调整油量控制阀门

TBM 配件储备:

(1)为保证 TBM 设备的连续施工,应对 TBM 的零部件进行储备。TBM 设备部件按用途分为:常用备件、易损备件、事故备件、修理备件。

(2)根据对 TBM 设备掘进数据的分析处理,以及根据施工经验对设备易损件、重要部件损耗等的预测,提前进行设备采购储备。

(3)根据工程的情况,结合类似工程经验,按照 TBM 设备商提供的备件进行储备。设备配件信息化管理流程见图 6.20。

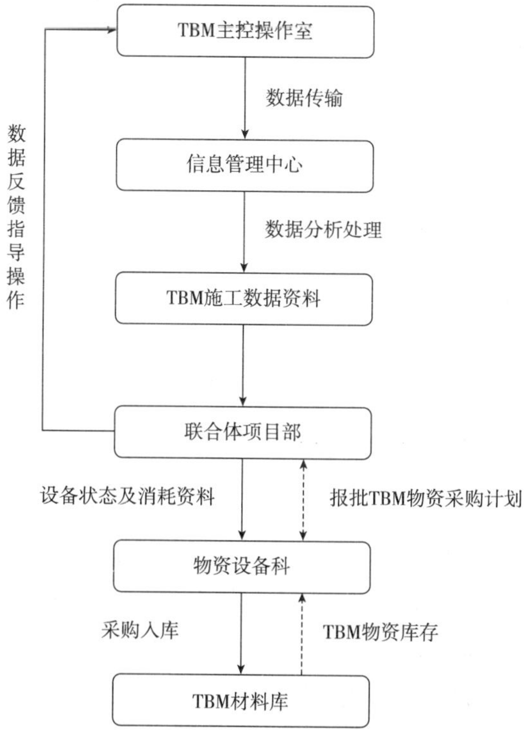

图 6.20　设备配件信息化管理流程图

33. TBM 拆卸及运输怎么进行？

答：当 TBM 设备完成掘进施工后，步进至拆卸间进行拆卸，然后运出。TBM 设备的拆卸相对组装要简单，在前期运输、组装经验的基础上，有计划、有组织、有安排地进行拆卸工作，在拆卸 TBM 设备过程中尽量保护设备各结构的完好性。

TBM 设备拆卸移交给业主前，应对设备进行恢复性修理。通过恢复性修理使设备达到以下要求：

①设备的整机及其附件应完整，不能有缺件。

②设备应完好，不能有不合理的性能降低，各部位、装置、机构等工作正常、可靠，运转灵活，无卡阻，无破损，无异常响声，无异常升温。更换所有超过规定使用周期的各种油料，更换所有损坏的各类零部件。

③设备内部与外部应清洁，无污垢和混凝土结块；原有的表面涂层予以保

持,不应有脱漆、挂痕和锈蚀的表面,对涂层已脱落部位进行以防腐为目的的涂装。

④皮带应无明显损坏。

⑤对产生变形的构件和零件予以校正或更换。

设备期末退库前施工单位按监理批准的方案组织设备的拆除并编号,向监理和业主提交设备清单。设备拆卸后,运输至业主指定的场内地点,并按监理要求堆放设备,连同运行维护记录、业主提供的有关设备的技术资料以及监理要求的其他资料一起完整地移交给业主。

(1)拆卸准备工作

①准备好洞外的拆卸临时存放仓库、维修设备和转运设备。

②按 TBM 设备拆卸要求,开挖拆卸间。

③机械设备:利用组装间内的桥吊、布置相应的附属吊装设备,安装手动葫芦和小型卷扬机和其他各种专用拆卸工具。

(2)TBM 设备拆卸方案

整套设备拆卸工作包括主机拆除和后配套拆除两部分。

先拆除皮带出渣系统和通风系统,然后对后配套采取整体拖移到组装间拆卸,再运到业主指定的地方;依据拆卸间内可能存放的空间,在拆卸间对主机进行拆卸、最后运出。

①主机拆卸:主机各部件在拆卸间进行拆卸,待后配套拆卸运输完毕后才运输主机部件。主机拆卸流程如图 6.21 所示。

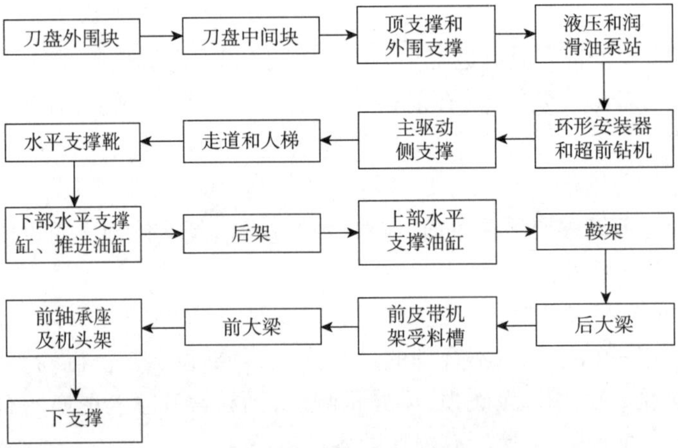

图 6.21　TBM 设备主机拆卸流程框图

②后配套拆卸：拆卸前，对后配套上的各种管油路拆除包扎好；拆卸时，从后往前逐件拆除连接桥和各节台车，后配套拆卸流程如图 6.22 所示。

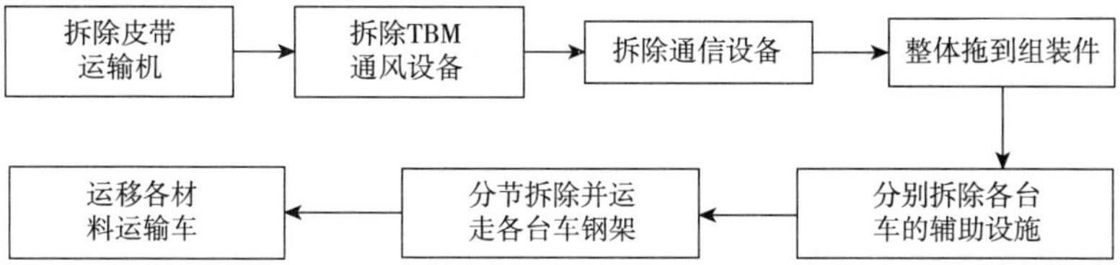

图 6.22 TBM 设备后配套拆卸流程框图

(3)拆卸技术、安全方案措施

①洞室拆除作业场地较小，有足够的照明度。

②拆卸过程中，频繁地使用吊车、运输车辆，严格加强对操作手、驾驶员的协调配合及操作安全教育。

③此拆卸属于洞内重大机件的拆卸装运工作，对各受力部位进行合理受力验算，选择合适的吊具、索具和锚点。

④严格遵守安全操作规程，确立专人负责统一指挥，制定规范统一指挥信号。

⑤拆卸期间设专人巡查，出现异常情况及时处理。

⑥除主轴承、刀盘等损耗较大的构件外，拆卸时采取一定的保护措施，尽量维护设备的完好性，避免对构件造成较大的损坏。

⑦加强人员管理，闲杂人员禁止在现场逗留。

34. TBM 主要技术保障措施和组织保障措施有哪些？

答：(1)超前预报保障措施

①对于工程有可能遇到的各种不良地质体，在超前地质预报的基础上，坚持以预防为主、不盲目施工、确保 TBM 设备不受到大的损害为原则。

②做好超前地质预测、预报工作，在确保人员、设备安全的前提下，制订切实可行的施工方案，并作出专门设计，报请工程师批准后及时实施。

③超前地质预报工作，采用长期超前地质预报、短期超前地质预报相结合的方法，可以较准确地掌握前方围岩的状态、破碎带位置、长度、破碎程度、裂隙水情况等，从而为下一步支护措施的选择提供可供借鉴的依据。

④施工中，如果根据超前地质预测、预报工作发现前方存在有不良地质体时，要及时通知监理工程师，并采取有效措施，防止 TBM 设备在没有任何保护的

情况进入不良地质地段，避免发生TBM设备被卡埋、水淹或其他更严重的事故。

⑤在施工过程中，要随时观察围岩、石渣料、地下水的变化情况，经常检查支护的受力状态，防止突然事故的发生，如有险情要立刻分析情况，采取措施迅速处理。

(2)采取正确的施工措施

①在不良地质洞段掘进施工时，应当首先对渗漏面积较大或渗水量大的渗漏水点或承压水点进行处理。

②开始掘进前，确保风、水正常，机器状态良好，对于故障显示屏上显示的故障一定要有效处理，经确认该故障消除后方可正常掘进。

③TBM设备施工要求操作员熟悉机械结构及控制室内的各种仪表，熟记各种掘进参数，掘进时精力集中，对监视系统的观察要细、快、准，对异常声音的判断要准确，出现异常时动作要快，以避免无故停机影响生产或机器自动停机导致一系列不良后果。

④换步时调向要合理，以免因过小而难以纠正或过大而损害刀具。

(3)在设备、人员、材料等方面做好充足的准备工作

①针对工程的具体情况，在定制TBM设备时配置相应的附属设备和机具，并提高设备的防水等级。

②在TBM设备上建立现场仓库，储备一定数量的锚杆、钢支撑、排水设备和材料等应急物资，确保对随时出现的紧急情况及时处理。

③设立TBM设备施工紧急状况应急小组，及时对施工中出现的情况进行判断、决策，并指挥实施。

(4)TBM设备施工组织管理措施

①根据工程的特点，在项目组织上以保证TBM设备正常运行为中心，专门设立TBM设备维修班包括机械维护组、电气维护组、液压维护组、皮带维护组等组织，专门进行设备的维修、保养等工作。

②设立由地质工程师、施工现场工程师、TBM设备机械工程师、TBM设备电气工程师，以及TBM设备操作人员组成的“TBM设备施工紧急状况应急小组”，及时对施工中出现的情况进行判断、决策并指挥实施。

③根据TBM设备的设备特点，制定具体的TBM设备各个工序和工种的操作规程，制定TBM设备的维护保养制度和强制保养规定。

35. TBM转场方案如何制订？

答：TBM转场方案制订步骤如下。

(1)转场前的准备工作

①TBM 施工的拆卸间已建成。

②TBM 施工的隧道与钻爆法施工的隧道之间相连的横向连接洞扩挖成能够通行 TBM 单节台车和 TBM 大件运输的通道,包括角度、转弯半径等。

③TBM 转场到达位置所需的渐变段、组装洞及出发洞的开挖、支护和 TBM 后配套运行轨道平台、再次组装的吊装设备已经完成。

④TBM 施工的隧道拆卸洞、钻爆法施工的隧道组装洞各种设备安装完成。

⑤由于 TBM 设备属于非整体拆卸、整体组装,因此,所需新设置的组装间、拆卸间长度可按 30m 考虑。

(2)拆卸及转场组装程序

①首先拆卸 TBM 刀盘的边块,同时将后配套与主机分离。

②后配套台车只分拆单节台车,但每节台车间连接的软管均需断开、拆除,不能断开的电缆、软水管等全部收回卷筒。

③利用牵引机车,将后配套自后配套的后部牵引至扩挖的横通道下游侧的隧道内存放,同时在转入隧道的组装扩大洞室内暂存四台牵引机车。

④拆卸撑靴及配备在 TBM 主机上的锚杆钻机、钢拱架安装器等设备,并与 TBM 刀盘中心块(两个中心块不用分解)和边块暂存于拆卸间内。

⑤利用两台牵引机车拖挂的平板车(平板车需要改造)将主机未拆卸部分运送至扩挖的横通道下游侧的隧道内存放。

⑥利用两台牵引机车拖挂的平板车(平板车需要改造)将 TBM 刀盘的散件和撑靴及锚杆钻机、钢拱架安装器等设备运送至转入隧道的组装扩大洞室内。

⑦将主机未拆卸部分运送至转入隧道的组装扩大洞室,开始组装刀盘、撑靴及锚杆钻机、钢拱架安装器等设备。

⑧将后配套台车推入转入隧道的组装扩大洞室,并与主机连接,同时连接各种软管和电缆、软水管等。

⑨在拆卸主机、后配套的同时进行连续皮带机的拆卸和连续皮带机在转入隧道的安装。

⑩组装完成后将主机步进至出发洞。

⑪TBM 调试、掘进。

(3)TBM 转场组织

TBM 转场期间,设置专门的转场指挥以及调度协调经理,并提前与设备供应商做好相关的技术准备工作,包括配件的供应等,制订详细工作进度的安排和服务人员的工作组织等,制订相关的设备保障措施,制订作业指导书,及时对相关人员进行技术培训等。

四、石 渣 处 理

36. 如何编制石渣处理计划?

答:石渣处理可分为装渣、运渣、弃渣三部分,而基本作业是运渣。编制石渣处理计划时,要从以下几方面着手:

(1)考虑围岩的地质条件、掌子面的涌水现象、隧道的开挖方法和开挖方式,研究爆破后石渣的尺寸、硬度、吸水后的变化、体积增加率等,因石渣的这些性质状态受地层条件、开挖方式等的影响。

(2)因石渣的尺寸及其级配、硬度及吸水后的变化关系由装渣机、运输设备、二次破碎设备等决定,而石渣体积增加则与石渣处理设备的容量有关。石渣量除受体积增加影响外,还因超挖面增大而增大,因此应考虑这些因素而综合估计石渣量。

(3)根据隧道周围环境、弃渣场位置及运输路线、隧道的断面尺寸和长度及坡度选择运输方式,即决定采用轮胎式还是轨道式运渣,进而确定装渣机械、运输机械、弃渣设备等。运输方式决定后,应考虑石渣状态,再将装渣机、运输机械及其组合加以研究比较,从而确定安全、高效的石渣处理计划。

37. 装渣作业注意事项有哪些?

答:装渣作业注意事项如下:

(1)要观察爆破后所出现的新掌子面的围岩状况、裂隙和涌水状况是否有变化,若有崩坍危险,在出渣之前,必须采取应急处理措施。

(2)在装渣作业中要注意爆后残留在掌子面上和埋在爆渣之中的拒爆残药,即使在弃渣场地也需要进行对拒爆残药的检查。

(3)在掌子面附近,每次爆破作业均要拆去电线和照明,使装渣作业照明常常不足,故要求装渣机自身照明设备完善,保持足够亮度。

(4)装渣作业是在狭窄的隧道断面内作业,必须挂牌,严禁与装渣作业无关的人员进入,并配置监视员。当不得已因其他作业面进入掌子面时,必须彻底暂时中断装渣作业。

(5)装渣作业时,注意不要损坏钢支撑、喷混凝土、锚杆等支护和高压风管、通风管、电线等临时设备等;向运渣车辆中装渣时,必须避免偏载、超载、运输途中掉渣等。

(6)在掌子面使用的装渣机,要备有坚固的顶板。作业人员必须佩戴防尘罩等保护器具,根据需要采取洒水等使粉尘降低的措施。

38. 洞内运输方式的选择应考虑哪些因素?

答:洞内运输方式一般采用轮胎式及轨道式两种。轮胎式使用自卸卡车、搅拌卡车等车辆,可以不必倒装而完成洞内与洞外的运输,因而比轨道式所需洞内、外临时设备要简单,适用于大断面、少涌水的隧道,但因车辆排出废气须用大型通风设备。轨道式是在洞内铺设轨道,将斗车、台车、搅拌车等连成列车,用机车牵引的运输方式。此种方式不受隧道规模、地质条件等的制约,但却受隧道纵坡的限制,当坡度达20°以上时,车辆滑走的危险性增高,必须采取可靠的防滑行措施。需综合考虑围岩条件、现场条件、隧道断面尺寸、隧道长度、坡度、开挖方法和开挖方式等条件而选择最合适的运输方式。表6.5给出轮胎式与轨道式运输方式的比较。

轮胎式与轨道式运输方式的比较 表6.5

项　目	轮胎式	轨道式
洞外设备	简单设备即可	一定程度的设备,需设地基
通行道路	需补修路面,在涌水量大、地层软的场合下一般不适用	不损伤路面,无论地层软弱均可用
坡度限制	限制少	有限制
断面限制	小断面不适用	与轮胎式相比可用于较小断面
通风设备	必须大型通风设备	用电瓶车的场合下,与轮胎式相比设备规模较小

39. 洞内运输对道路及轨道有什么要求?

答:(1)用轮胎车辆运输时,对道路的要求有:

①从隧道的开挖面到弃渣场地,通过狭窄的道路,必须按需要设置退避和转向场所,同时,还必须设置行人的安全通路。对于在洞内转向的方法,有由操作运输车的方向盘来进行的和转车盘方式或横坑道掘进方式(超挖方式),要斟酌隧道内的状况和采用的机种后,再决定采用哪一种。对于台阶式掘进施工的上下半断面的联络坡道,在没有充分宽度时必须采取防止车辆掉下等措施。

②不注意排水,容易使正施工的隧底损坏,不仅运输效率降低,而且对整个地下建筑物都有坏影响。因此,应注意保持隧底的纵、横坡度及排水沟,必要时应用水泵排水,还应根据地质及涌水状态考虑用砂砾、碎石、衬板铺底,或铺设临时路面等。特别是在转车盘周围,应严格清理石渣和排水,经常保持良好状态。在长大隧道中必须规划好临时路面铺装,为了防止粉尘发生需进行洒水。

③在洞内有衬砌拱架和电器机械、通风给水管道等重要临时设置物,如被运输车等碰撞,有可能造成灾害,因此,在洞口和拱架、重要临时设置物的附近必须用夜光涂料和红灯易见标志表示。此外,也可采用光电转换开关的方法对危险地段进行警示。

(2)用轨道车辆运输时,对轨道的要求有:

①根据运输车辆质量选择钢轨、枕木等,按车辆设计图进行轨道铺设,注意确保线形和轨距。表6.6为各种使用车辆标准轨道结构示例。但是,对于枕木为等三线的场合,每10m使用13根以上,对于固定道岔部必须全部使用双头联结枕木。

各种使用车辆标准轨道结构示例 表6.6

使用机车(t)	装渣车辆(m^3)	轨道间距(mm)	使用钢轨(kg/m)	枕木尺寸(cm)	枕木间距(cm)
12~15	8.0	914	30	17×14×150	<75
10~12	6.0	762,914	30	17×14×150	<75
8~10	4.5	762,914	22~30	15×12×130	<75
6~8	3.0	672	22	15×12×130	<75
6以下	3.0以下	610,762	15	15×12×130	<75

②在围岩路基上铺设时,要进行充分排水,随时补给砂砾、碎石保护路基;在混凝土路基上铺设时,为经常保持好枕木的磨合,要常用木制路拱等作调整。钢轨接头必须用接头板加以固定,接头的左右及上下误差保持在3mm以内,接头游间保持在5mm以内;钢轨应用道钉、止动垫板、止动销等铁件,牢牢地紧固在枕木、混凝土道床上;轨道分岔处设置具有可靠机能的转辙器及辄叉。

③轨道曲线部分,轨道的曲线半径要尽量大,宜在30m以上,并设置适当的超高与加宽,必要时应设护轮轨。轨道的坡度应为50/1 000以下。当车辆有顺坡滑走的危险性时,要设置滑动防止装置,大致按300~500m的间隔安装。在轨道的终端要设置可靠的车挡装置。

④综合考虑钢轨质量、轨距、坡度、曲线半径、车辆质量、制动距离后，规定出适合作业场的限制速度。洞内在曲线区间、转辙器、人行横道处等要设慢行限制。车辆的限制速度、注意或危险警示等必须用交通标志及标灯明示出来，让运输驾驶员及有关作业人员知晓。

40. 关于石渣处理机械选型有哪些考虑？

答：(1)装渣机

装渣机的驱动方式有电动、内燃机驱动两种，走行方式有轨道式、履带式、轮胎式三种。装渣方式多种多样，故选定机械时应选择适合坑道断面、装渣能力与运输机械容量互相平衡、能在断面全宽装渣、与洞内运输方式相配套的机种。

(2)运渣车辆

用轨道方式运输的斗车大小和列车编组车辆数是决定机车、轨道构造、调车方式的因素。斗车的类型有固定式、侧卸式、底卸式等，要根据弃渣条件而恰当选用。利用斜井出渣时，有用卷扬机直接牵引斗车出渣方式、用箕斗车运出方式。利用竖井出渣时，有用抓斗出渣方式、箕斗出渣方式及罐笼出渣方式。

(3)弃渣设备

采用轨道方式运输，如隧道洞口附近有弃渣场时，可把轨道延长而直接弃渣；但弃渣场远离隧道时，可在洞口附近设储渣仓暂时存放，或就地临时堆放。用储渣仓需通过仓底的出料口将渣土装入自卸汽车运走，临时堆放则需用单斗挖土机将渣土装入自卸汽车运走。翻转斗车装置按斗车形式可分为翻车机和斗车倾卸机两大类，必须选用适合斗车构造的高效机种。

41. 运输作业如何组织管理？

答：综合开挖施工计划决定使用运输车辆的种类、台数、搬运量、工作时间等，制订安全而合理的作业计划，此外，为了实现安全运输作业，制定具体车辆运行管理规定，建立安全管理体制。具体要点如下：

(1)洞内的速度限制虽可根据隧道的延长、洞内运输路况而制定，但一般设定为20km/h以下居多。

(2)在装渣场、弃土场、崖边、倾斜地等运输机械有倾倒或掉下的危险时，必须安排引导员。视线不好的场所、与公路的交叉部等，采用信号和转弯反光镜等措施防止事故的发生。

(3)在隧道内使用的运输车辆，倒退运行时，原则上要按照导向员的联络信号进行。装载要遵守车辆限制规定，不要发生超载、货物垮塌、掉货等。

(4)在安全通道、作业地点、限速区间和暂时停车地点、避车地点、转车盘设置和转向场所等危险场所,要设置能使驾驶员明确识别的标识或标灯。

(5)对于运输车辆的各种状况,要求驾驶员或检查负责人在车辆开始作业前进行检查。对检查结果确认有异常时,要马上修理或采取其他必要的措施。

(6)定出巡道保线员,随时进行钢轨和枕木的检查及轨道的维修管理。

(7)机车要设警笛和警报器等警报装置、前照灯和驾驶座的照明灯。对于客车要按规定搭乘定员,设置护栏和上下车门、座位、手提固定杆等设备。运渣使用梭式矿车时,要注意整个车体长都能合理而安全地通过轨道的曲线部分,主体车宽不应有突出部分。

42. 洞内运输作业应注意哪些事项?

答:在有轨运输中,由于与车辆有关的事故容易造成重大事故,因此对车辆的运转,应注意的事项如下:

(1)机车要由受过专业培训的人驾驶。

(2)对驾驶员、信号员等需事先就运转图表、轨道车辆的标准联络信号方法、运转所必须了解的事项进行充分教育。

(3)除少数人员或临时输送之外,禁止用非乘人车辆输送作业人员。长大隧道最好配备乘人车并定时运行。此外,乘人车应设座位、扶手等,周围要围护,其构造要能防止人员掉落。车辆开动时要禁止跳上跳下。

(4)驾驶员离开驾驶室时,一定要停止动力,做好停车制动。在有坡度的轨道上停放车辆时,要确实做好停车制动。停在洞内时要设置照明标志、标灯等以便于判断。

(5)安排引导员让其引导倒车运转,并配备引导员和驾驶员间的联络装置。让引导员搭乘先头车辆时,为防止引导员从车辆上掉下发生危险,故要采用设有栅栏的车辆或在乘车台上搭乘等措施。

(6)在车辆搭乘者与隧道内部的边墙、拱顶、障碍物等之间必须确保留有一定的距离。如因围岩、支撑发生了变形而不能确保有必要的距离时,必须设置标志和标灯让搭乘者易于识别和躲避。

(7)用电瓶机车牵引的钢斗车的编组车辆数,要在对轨道的坡度、钢轨的状态、车辆质量等综合考虑后决定,并要确保安全制动距离。

(8)运转前,驾驶员和引导员要与作业指挥者协商当日的作业地点、作业内容以及对运转的其他注意事项等,对机车等进行检查,确认有无异常。车辆向洞内发进时,要确认车辆前后左右的安全,要按引导员的联络信号发进。

(9)作业结束后要把车停在规定的场所,做好停车制动,停止动力,拔出杆式操纵柄或钥匙,放在规定的场所保管。停车位置原则上在水平场地上,不得已需停在倾斜轨道时一定要用制动器等防止滑动。要对蓄电池的放电限界或燃料进行确认,当容量不足时要及时进行更换、补充。

(10)对于各类车辆开始作业时的检查以及月检、年检,除一般的检查项目之外,还要按各车辆所具有的性能进行检查。检查要按计划进行,检查结果要记录并保留。

第七章 支护与衬砌

一、钢筋混凝土作业

1. 混凝土工程主要包括哪些内容?

答:混凝土工程主要包括:隧道钻爆法施工段和 TBM 施工段的衬砌混凝土、封堵混凝土、不良地质洞段回填混凝土、集渣坑和隔墙混凝土,集渣坑预制梁混凝土,排水竖井、平洞回填混凝土,锁口及堵头封堵衬砌混凝土等。

2. 钢筋材质如何检验?

答:钢筋材质的检验主要包括以下几方面。

(1)钢筋材料进场

钢筋进场时,应按国家现行相关标准的规定抽取试件做力学性能和重量偏差检验,检验结果必须符合有关标准的规定。

检查数量:按进场的批次和产品的抽样检验方案确定。

检验方法:检查产品合格证、出厂检验报告和进场复验报告。

(2)钢筋材质检验

对有抗震设防要求的结构,其纵向受力钢筋的强度应满足设计要求;当设计无具体要求时,对一、二、三级抗震等级设计的框架和斜撑构件(含梯级)中的纵向受力钢筋应采用 HRB335E、HRB400E、HRB500E、HRBF335E、HRBF400E 或 HRBF500E 钢筋,其强度和最大力下总伸长率的实测值应符合下列规定:

①钢筋的抗拉强度实测值与屈服强度实测值的比值不应小于 1.25。

②钢筋的屈服强度实测值与强度标准值的比值不应大于 1.30。

③钢筋的最大力下总伸长率不应小于 9%。

当发现钢筋脆断、焊接性能不良或力学性能显著不正常等现象时,应对该批钢筋进行化学成分检验或其他专项检验。

3. 钢筋如何加工?

答:(1)钢筋的表面处理

钢筋的表面应洁净无损伤,油漆污染和铁锈等在使用前应清除干净。带有颗粒状或片状老锈的钢筋不得使用。

钢筋在加工场内集中加工。在加工前,应对施工洞段实际测量,根据各段结构实际情况提出加工方案,列出加工材料表。

钢筋切断时,根据钢筋下料表中编号、直径、数量、尺寸进行搭配,先断长料,后断短料,尽量减少钢筋接头,节约钢材。

(2)钢筋调直

钢筋宜采用无延伸功能的机械设备进行调直,也可采用冷拉方法调直。当采用冷拉方法调直时,HPB235、HPB300 光圆钢筋的冷拉率不宜大于 4%;HRB335、HRB400、HRB500、HRBF335、HRBF400、HRBF500 及 RRB400 带肋钢筋的冷拉率不宜大于 1%。

钢筋调直后应进行力学性能和重量偏差的检验,其强度应符合有关标准的规定。盘卷钢筋和直条钢筋调直后的断后伸长率、重量负偏差应符合表 7.1 的规定。

盘卷钢筋和直条钢筋调直后的断后伸长率、重量负偏差要求 表 7.1

钢筋牌号	断后伸长率 A(%)	重量负偏差(%)		
		直径 6~12mm	直径 14~20mm	直径 22~50mm
HPB235、HPB300	≥21	≤10	—	—
HRB335、HRBF335	≥16	≤8	≤6	≤5
HRB400、HRBF400	≥15			
RRB400	≥13			
HRB500、HRBF500	≥14			

注:①断后伸长率 A 的量测标距为 5 倍钢筋公称直径。

②重量负偏差(%)按公式$(W_o - W_d)/W_o \times 100$ 计算,其中 W_o 为钢筋理论重量(kg/m),W_d 为调直后钢筋的实际重量(kg/m)。

③对直径为 28~40mm 的带肋钢筋,表中断后伸长率可降低 1%;对直径大于 40mm 的带肋钢筋,表中断后伸长率可降低 2%。

④采用无延伸功能的机械设备调直的钢筋,可不进行本条规定的检验。

(3)钢筋的弯曲、成型

①受力钢筋的弯钩和弯折应符合下列规定：

a. HPB235 级钢筋末端应作 180°弯钩，其弯弧内直径不应小于钢筋直径的 2.5 倍，弯钩的弯后平直部分长度不应小于钢筋直径的 3 倍；

b. 当设计要求钢筋末端需作 135°弯钩时，HRB335、HRB400 级钢筋的弯弧内直径不应小于钢筋直径的 4 倍，弯钩的弯后平直部分长度应符合设计要求；

c. 钢筋作不大于 90°的弯折时，弯折处的弯弧内直径不应小于钢筋直径的 5 倍。

②除焊接封闭环式箍筋外，箍筋的末端应作弯钩，弯钩形式应符合设计要求；当设计无具体要求时应符合下列规定：

a. 箍筋弯钩的弯弧内直径除应满足上条规定外，尚应不小于受力钢筋直径；

b. 箍筋弯钩的弯折角度：对一般结构不应小于 90°；对有抗震等要求的结构应为 135°；

c. 箍筋弯后平直部分长度：对一般结构不宜小于箍筋直径的 5 倍，对有抗震等要求的结构不应小于箍筋直径的 10 倍。

③钢筋加工的形状、尺寸应符合设计要求，其偏差应符合表 7.2 的规定。

钢筋加工容许偏差 表 7.2

项　　目	允许偏差(mm)
受力钢筋长度方向全长的净尺寸	±10
弯起钢筋的弯折位置	±20
箍筋内净尺寸	±5

(4)钢筋连接

①钢筋的接头宜设置在受力较小处。同一纵向受力钢筋不宜设置两个或两个以上接头。接头末端至钢筋弯起点的距离不应小于钢筋直径的 10 倍。

②在施工现场应按国家现行标准《钢筋机械连接技术规程》(JGJ 107)、《钢筋焊接及验收规程》(JGJ 18)的规定，对钢筋机械连接接头、焊接接头的外观进行检查，其质量应符合有关规程的规定。

③当受力钢筋采用机械连接接头或焊接接头时，设置在同一构件内的接头宜相互错开。纵向受力钢筋机械连接接头及焊接接头连接区段的长度为 $35d$(d 为纵向受力钢筋的较大直径)且不小于 500mm，凡接头中点位于该连接区段长度内的接头，均属于同一连接区段。同一连接区段内，纵向受力钢筋机械连接及焊接的接头面积百分率为该区段内有接头的纵向受力钢筋截面面积与全部纵向受力钢筋截面面积的比值。同一连接区段内，纵向受力钢筋的接头面积百分率

应符合设计要求；当设计无具体要求时，应符合下列规定：

a. 在受压区不宜大于 50%；

b. 接头不宜设置在有抗震设防要求的框架梁端、柱端的箍筋加密区，当无法避开时，对等强度高质量机械连接接头，不应大于 50%；

c. 直接承受动力荷载的结构构件中，不宜采用焊接接头，当采用机械连接接头时，不应大于 50%。

④同一构件中相邻纵向受力钢筋的绑扎搭接接头宜相互错开。绑扎搭接接头中钢筋的横向净距不应小于钢筋直径，且不应小于 25mm。钢筋绑扎搭接接头连接区段的长度为 $1.3l_a$（l_a 为搭接长度），凡搭接接头中点位于该连接区段长度内的搭接接头均属于同一连接区段。同一连接区段内，纵向钢筋搭接接头面积百分率为该区段内有搭接接头的纵向受力钢筋截面面积与全部纵向受力钢筋截面面积的比值。同一连接区段内，纵向受拉钢筋搭接接头面积百分率应符合设计要求；当设计无具体要求时，应符合下列规定：

a. 对梁类、板类及墙类构件不宜大于 25%；

b. 对柱类构件不宜大于 50%；

c. 当工程中确有必要增大接头面积百分率时，对梁类构件不应大于 50%，对其他构件可根据实际情况放宽。纵向受力钢筋绑扎搭接接头的最小搭接长度应符合相关规范的规定。

4. 钢筋的安装及保护需要注意哪些事项？

答：(1) 钢筋安装时，位置偏差应符合表 7.3 所列要求。

钢筋安装位置的允许偏差和检验方法 表 7.3

项目			允许偏差(mm)	检验方法
绑扎钢筋网	长、宽		±10	钢尺检查
	网眼尺寸		±20	钢尺量连续三档，取最大值
绑扎钢筋骨架	长		±10	钢尺检查
	宽、高		±5	钢尺检查
受力钢筋	间距		±10	钢尺量两端中间，各一点取最大值
	排距		±5	
	保护层厚度	基础	±10	钢尺检查
		柱、梁	±5	钢尺检查
		板、墙、壳	±3	钢尺检查

续上表

项　　目		允许偏差(mm)	检 验 方 法
绑扎箍筋、横向钢筋间距		±20	钢尺量连续三档,取最大值
钢筋弯起点位置		20	钢尺检查
预埋件	中心线位置	5	钢尺检查
	水平高差	+3,0	钢尺和塞尺检查

注:①检查预埋件中心线位置时,应沿纵、横两个方向量测,并取其中的较大值。

②表中梁类、板类构件上部纵向受力钢筋保护层厚度的合格点率应达到90%及以上,且不得有超过表中数值1.5倍的尺寸偏差。

(2)钢筋保护要注意以下事项:

在施工前,针对不同工程部位,根据设计图纸及验收规范,确定正确的钢筋保护层。在施工过程中,重点做到规范操作,特别是在混凝土现浇振捣过程中,尤其需要重视。设置符合要求的混凝土垫块,必要时设加强钢筋,提高钢筋网架整体刚性。施工中严禁操作人员在钢筋上随意行走。通过对钢筋做有效的加固和位置控制,以及振捣中经常检查,能够较好地解决浇筑过程中钢筋的保护问题。

5. 模板设计技术要求是什么?

答:模板设计技术要求如下:

(1)选择的支撑模板及其支撑体系不得是脆性大、严重扭曲和变形的材料。

(2)能够保证工程结构和构件的位置、形状、尺寸符合设计要求。

(3)具有足够的承载能力、刚度和稳定性,能可靠地承受新浇混凝土的重量和侧压力,以及在施工过程中所产生的各种荷载,做到不变形、不破坏、不倒塌。

(4)构造力求简单,装拆方便,便于钢筋的绑扎与安装,并满足混凝土的浇筑及养护要求。

(5)模板的接缝严密、平整、不漏浆,支立前清理干净并涂刷隔离剂。

(6)模板应按部位进行编号,按编号堆放,以免用错。

(7)模板上预埋件及预留洞的位置必须准确。

(8)模板的安装就位与钢筋的绑扎应密切配合,以方便施工、提高工效为准。

(9)模板的接缝处使用原子灰、海绵条或玻璃胶填塞磨平。

(10)模板安装完毕,必须经检验合格后,才可进行下一道工序的施工。

6. 模板运输、安装、拆除及清理如何进行?

答:(1)模板运输

大块钢模板和组合钢模板采用平板车运输至施工场地。整体钢模台车采用散件平板运输的方式进场。

模板在运输吊装的过程中,设置足够的临时固定设施,以防变形和倾覆。

(2)模板拼装

钢模衬砌台车全部采用洞内组装的方式,先进行检验性试拼装,再通过轨道运入洞内组装。

按施工图纸进行模板安装的测量放样,重要结构设置必要的控制点,以便检查校正。

(3)模板拆除

混凝土液压衬砌台车为支架与模板的整体结构,通过千斤顶的收回自动脱模。

模板拆除时限,除符合施工图纸的规定外,还遵守下列规定:不承重侧面模板的拆除,在混凝土强度达到其表面及棱角不因拆模而损伤时,方可拆除;墙部位在其强度不低于3.5MPa时,方可拆除。拆模时,对于存在外水压力的混凝土衬砌,需进行专门论证并经监理工程师批准后方可拆除。

混凝土或钢筋混凝土结构承重模板的拆除符合施工图纸要求,并经计算和试验复核,混凝土结构物实际强度已能承受自重及其他实际荷载时,经监理工程师批准后,方能提前拆模。

(4)模板清理

钢模板在每次使用前都应清洗干净,为防锈和拆模方便,钢模面板涂刷矿物油类的防锈保护涂料,不采用污染混凝土的油剂,不得影响混凝土或钢筋混凝土的质量。若检查发现在已浇筑混凝土面沾染污迹,要采取有效措施予以清除。

木模板面采用烤涂石蜡或其他保护涂料。

7. 混凝土如何拌制及运输?

答:(1)混凝土拌和

①拌制现场浇筑混凝土时,必须严格遵守现场试验室提供并经监理工程师批准的混凝土配料单进行配料,严禁擅自更改配料单。

②拌和设备安装完毕后，会同监理工程师进行设备运行操作检验。

③混凝土拌和符合相关规范规定，拌和程序和时间均应通过试验确定，且纯拌和时间符合有关的规定。

④混凝土拌和物出现下列情况之一者，按不合格料处理，弃置在监理工程师指定的地点：

a. 错用配料单已无法补救，不能满足质量要求；

b. 混凝土配料时，任意一种材料计量失控或漏配，不符合质量要求；

c. 拌和不均匀或夹带生料；

d. 出机口混凝土坍落度超过最大允许值。

(2)混凝土运输

①前期主要采用混凝土搅拌运输车，后期采用轨行式混凝土搅拌运输车。

②运输混凝土时不能发生分离、漏浆、严重泌水、过多温度回升和坍落度损失。

③混凝土的自由下落高度不宜大于1.5m，超过时采取切实可行的防止集料分离的措施。

④混凝土运输的其他要求符合相关规定执行。

混凝土运输过程中注意事项如下：

运输过程中注意保持混凝土的匀质性，控制运输时间，尽量减少转运次数，防止发生分离、漏浆、泌水过多、过多温度回升和坍落度损失。

混凝土运输时间不超过现行《混凝土结构工程施工质量验收规范》(GB 50204)的规定值。

保持运输道路平整，避免混凝土受振后发生分离、泌水等现象。

8. 混凝土质量如何检查?

答:(1)水泥检验

每批水泥均应有厂家的品质试验报告，施工方应按国家和行业的有关规定，对每批水泥进行抽样检测，必要时还应进行化学成分分析。检测取样以200～400t同品种、同强度等级的水泥为一个取样单位，不足200t也应作为一个取样单位。检测的项目包括：水泥强度等级、凝结时间、体积安定性、稠度、细度、相对密度、烧失量、碱含量、MgO含量、SO_3含量等试验，监理工程师认为有必要时，可要求进行水化热试验。

(2)混合材料检验

粉煤灰及其他经批准的掺和料的检测取样以每200t为一取样单位,不足200t也作为一取样单位。检测项目包括细度(比表面积)、含水率、游离氧化钙、需水量比、烧失量和三氧化硫等指标。

氧化镁以60t为一取样单位,不足60t一取样单位。检测项目包括MgO含量、活性指标、CaO含量、细度、筛余量、烧失量和SiO_2含量等。

(3)外加剂的检验

配制混凝土所使用的各种外加剂应有厂家合格证书,施工方应对其质量按国家和行业标准进行试验鉴定。储存时间过长的应重新取样,严禁使用变质的不合格外加剂。

外加剂的分批以掺量划分,掺量大于或等于1%的外加剂以100t为一批,掺量小于1%的外加剂以50t为一批,掺料小于0.01%的外加剂以1t为一批,一批进场的外加剂不足一个批号数量的,应视为一批进行检验。

对配置的外加剂溶液浓度,每班至少检查一次。

(4)水质检查

拌和及养护混凝土所用的水,除按规定进行水质分析外,应按监理工程师指示进行定期检测。在水源改变或对水质有怀疑时,应采取砂浆强度试验法进行检测对比,如果水样制成的砂浆的抗压强度低于原合格水源制成的砂浆28d龄期抗压强度的90%时,该水不能继续使用。

(5)集料质量检验

混凝上粗细集料按照有关要求进行检验、检查。

(6)混凝土质量的检测

①混凝土拌和均匀性检测

定时在出机口对一盘混凝土按出料先后各取一个试样(每个试样不少于30kg),以测定砂浆重度,其差值应不大于30kg/m³;用筛分法分析测定粗集料在混凝土中所占百分比时,其差值不应大于10%。

②坍落度检测

按施工图纸的规定和监理工程师指示,每班应进行现场混凝土坍落度的检测,出机口应检测4次,仓面应检测2次。

③强度检测

现场混凝土抗压强度的检测,同一等级混凝土的试样数量应以表7.4规定为准;非大体积混凝土抗拉强度的检查以28d龄期的试件按每200m³成型试件取3个,3个试件应取自同一盘混凝土。

混凝土龄期试件取样表 表7.4

类别	28d龄期试件数	设计龄期试件数
大体积混凝土	每500m^3成型试件	3个
大体积混凝土	每1 000m^3成型试件	3个
非大体积混凝土	每100m^3成型试件	3个
非大体积混凝土	每200m^3成型试件	3个

9. 混凝土外观有哪些要求?

答:(1)大面平整度的保证

①在模板加工和选择上,尽可能统一标准,如螺栓孔位置、大小等必须统一,使模板在拼接时无错茬。

②确保模板加固牢靠,对容易发生胀模的部位加强锚固,并在混凝土浇筑期间注意观察,发现不利情况后,立即采取有效措施。

③支立模板前,尽量不要选用凸凹不平、弯曲变形的模板。

(2)不露筋及保护层厚度的保证

①混凝土在拌制、运输、浇筑过程中,严格按照规范操作,保证混凝土有良好的和易性,而且最大粒径不超过规定要求。

②在钢筋过密的部位采用合适的振捣方式进行振捣。

③对钢筋进行加固处理,钢筋模板之间垫好砂浆块,避免钢筋位移。

(3)减少表面蜂窝、麻面、气泡的保证

①模板在使用前,用钢刷打磨平整,去掉残留的焊渣和灰浆等附着物,脱模剂涂刷均匀。

②控制好拆模时间。

③模板接缝、所有孔隙用密封条密封,防止漏浆。

④控制混凝土拌制、运输、浇筑过程中的各个环节,保证质量要求。

⑤浇筑过程中,掌握好分层、分段的控制标准,采用合适的振捣器及控制振捣间距、振捣时间。

⑥采用外加剂改善混凝土性能。

10. 保证混凝土质量的措施有哪些?

答:(1)组织管理措施

①混凝土施工前确立管理人员名单,负责混凝土运输、模板安装以及实施混

凝土浇筑有关的组织管理工作，保证混凝土料的连续供应和按施工工艺组织施工，从而保证混凝土的浇筑质量。

②浇筑混凝土前，首先组织施工人员按施工组织设计制定的混凝土施工工艺、施工技术性能等特点和施工条件，实行班组技术交底。项目副经理负责组织相应施工机具，为混凝土施工的实施作提前布置。项目部的质量监察部、技术部指定专人负责相应部位的混凝土浇筑质量和混凝土的质量检验及监督。

③项目经理部相关的质量、技术和物资部等，组织现场小组专职负责落实混凝土的供应和施工工艺组织，特别是拌和站配料的施工质量。

④混凝土浇筑施工实行质量承包责任制，个人利益与工程施工的经济效益直接挂钩，项目部制订相应的奖励措施，以调动相关人员群众性质量攻关和合理化建议活动。

(2)施工技术措施

混凝土的质量形成过程分为：原材料的选定、配合比设计、拌和及运输、浇筑四个阶段，其中原材料的选定和混凝土配合比设计是混凝土本身质量形成的重要阶段，要采取科学的、严格的试验手段和管理措施，使混凝土的本身质量得到有效的控制；而混凝土的拌和和运输，以及浇筑阶段影响混凝土质量的因素较多，为确保本工程混凝土质量，采取如下措施保证混凝土的运输及浇筑质量。

①混凝土施工前，现场试验室根据各部位混凝土浇筑的施工方法及性能要求，进行混凝土配合比设计，确定合理、先进的混凝土配合比。

②从拌和站运至施工现场的混凝土应先检查随车提供的配合比通知单是否符合现场当前所需的混凝土配合比要求，再检查混凝土的坍落度等是否满足入模要求，否则不得在本工程中使用。

③混凝土应对称下料，混凝土振捣至不冒气但不得过振为准，以免引起混凝土中粗集料下沉。

④检查混凝土配合比、配料单，检查原材料(如水泥、外加剂、粗细集料及含泥量、含水率等)是否符合规定要求，如有变化应及时调整配合比或禁止拌制。

⑤检查各原材料掺量与外加剂掺量。

⑥记录有关混凝土生产过程的各项参数，如拌和速度、搅拌时间等。

⑦检查混凝土坍落度是否符合要求，随机抽样。

⑧测定并记录混凝土运输到工地的时间及温度。

⑨检查并监督试件制作的全过程。

11. 混凝土面的修整和混凝土面保护怎样进行?

答:(1)有模板混凝土结构表面整修

①有模板混凝土浇筑的成型偏差不得超过规定的数值。

②混凝土表面缺陷处理:

a. 混凝土表面蜂窝凹陷或其他损坏的混凝土缺陷按监理工程师指示进行修补,直到监理工程师满意为止,并作好详细记录;

b. 修补前必须用钢丝刷或加压水冲刷清除缺陷部分,或凿去薄弱的混凝土表面,用水冲洗干净,采用比原混凝土强度等级高一级的砂浆、混凝土或其他填料填补缺陷处,并予抹平,修整部位应加强养护,确保修补材料牢固黏结,色泽一致,无明显痕迹;

c. 混凝土浇筑块成型后的偏差不得超过模板安装允许偏差的 50% ~ 100%,特殊部位应按施工图纸的规定。

(2)无模板混凝土结构表面整修

①各种无模板混凝土表面的允许平整度偏差见表 7.5。

无模板混凝土表面的允许平整度偏差 表 7.5

序号	项　目	建筑物部位	允许平整度偏差(mm)
1	整平板修整	混凝土表面抹平	4
2	木模刀修整	渐变表面	5
		表面突变	5
3	钢质修平刀修整	渐变表面	6
		地板抹面,不规则度	3
4	扫帚处理	施工图纸规定部位	5

②无模板混凝土表面的修整,根据表面结构特性和不平整度要求,采用整平板修整、木模刀修整、钢质修平刀修整和扫帚处理等不同施工方法和工艺进行表面修整,并达到表 7.6 中规定的允许平整度偏差要求。

③无模板混凝土表面的保湿:为避免新浇混凝土出现表面干缩裂缝,及时采取混凝土表面喷雾,或加盖聚乙烯薄膜,或其他方法,保持混凝土表面湿润和降低水分蒸发损失。喷雾时水分不应过量,要求雾滴直径达到 40 ~ 80μm,以防止混凝土表面泛出水泥浆液,保湿应连续进行。

(3)混凝土养护

针对工程建筑物的不同情况,选用洒水或薄膜进行养护。

①采用洒水养护,应在混凝土浇筑完毕后6~18h内开始进行,其养护期时间不少于28d,有特殊要求的部位,应延长养护时间。大体积混凝土的水平施工缝则应养护到浇筑上层混凝土为止;隧道衬砌混凝土则应喷水养护,使表面保持湿润状态。

②薄膜养护:在混凝土表面涂刷一层养护剂,形成保水薄膜,涂料应不影响混凝土质量。在狭窄地段施工时,使用薄膜养护应注意防止工人中毒。

(4)混凝土面保护

①各个部位的混凝土达到设计要求的强度后,再进行拆模工作,避免混凝土表面缺棱掉角或出现粘模掉皮现象。

②拆模后,按照设计要求的时间进行洒水养护,避免混凝土表面出现龟裂或裂缝情况。

③避免人、机械设备等对混凝土表面的损坏。

12. 混凝土施工中需要采取哪些安全措施?

答:(1)模板作业安全措施

①模板材料:模板用大面积钢模板,表面平整,无严重锈蚀、弯曲、压扁,支撑材料无锈蚀、扭裂、劈裂、弯曲变形。模板连接必须使用合格的连杆,在连接部位不得使用铅丝、铁丝和其他材料连接。

②作业要求:

a. 施工作业前,四周用钢管搭设施工平台,在平台外侧搭设防护栏杆,作业防护栏杆外围须张挂安全网,施工平台铺满支架板,不得有空隙和探头板、飞跳板。

b. 模板施工从底部到上层,禁止超前施工。每层模板应连接牢固,外侧用支撑固定,内侧用拉杆对称连接,顶撑要垂直,底端要平整、坚实,并加垫木;支撑杆件用横顺拉杆和剪刀撑拉牢。每层模板经固定稳当后,方可进行上层施工。模板安装须由两人以上安装,模板之间应平直。模板安装时将模板对正后提升到模板安装位置,缓慢移动进行安装。模板放置平台未用时,须平面朝上,平稳放置,不准直接在模板上堆放材料。

c. 模板安装完毕投入使用前,必须由施工负责人组织安全人员共同进行检查,履行交接验收手续。模板施工安装前要由技术部门编制安全施工方案,并报监理工程师审批后,方可施工。

（2）模板拆除安全措施

①拆除准备：正确穿戴好个人防护用品，脚应穿软底鞋。施工现场作业人员严禁酒后上岗，疲劳作业、带病作业。进入施工现场必须遵守施工现场安全管理制度，严禁违章指挥，违章作业；做到三不伤害：不伤害自己，不伤害他人，不被他人伤害。拆除模板前，班组成员要明确分工，统一指挥，操作过程中精力要集中，不得东张西望和开玩笑，工具不用时要放入工具袋内。高层模板及危险部位要挂安全带。拆除模板前，周围应设围栏或警戒标志，在交通要道设专人监护，禁止入内。

②模板拆除：严格遵守拆除顺序，由上而下，一步一清，不准上下层同时作业。先松动对接杆，拆除顶层支撑后才能进行模板拆除。拆除的连接杆、支架板、支架、碗扣、支撑、模板等材料应往下传递或用绳索吊下，不得往下投扔，以免伤人和不必要的损失，模板拆除时不得使用钢钎乱撬。拆除过程中最好不要中途换人，如必须换人时，应将拆除情况交代清楚。拆除过程中最好不要中断，如确需中断应将此层拆除处理清楚告一段落，并检查是否会倒塌，确认安全后方可停歇。模板拆除完后应将架料分类堆放，堆放地点要平坦，下设支垫排水良好，清除模板表面残渣，涂刷防护油，加以遮盖。对螺栓、螺杆等零星小构件应用柴油清洗干净装箱、袋分类存放室内以备再用。弯曲变形的钢构件应调直，损坏的及时修复并刷漆以备再用，不能修复的应集中报废处理。

（3）钢筋加工安全措施

钢筋机械切断机、弯曲机、砂轮切割机，用电要有漏电保护器。砂轮切割机要有砂轮防护罩，严禁使用不圆、有裂纹和直径小于25cm的锯法，钢筋机械传动部位必须有防护罩，人员操作应避开钢筋运动方向，停用机械时将电源切断。

（4）钢筋焊接安全措施

无论采用何种焊接方法，在现场焊接操作必须有操作架，操作架口必须铺跳板，绑扎防护栏杆，特殊情况下操作人员挂好安全带。

所有焊接操作人员必须经考试合格持证上岗。

钢筋施工时，金属物极多，电气危险性最大，要特别注意以下几点。

①电焊机：一次线不得超过3m，二次线不得超过30m，焊机侧必须有防护罩，二次线必须双线到位，二次零线，焊把线严禁用钢筋或钢管代替。

②电渣压力焊：必须接漏电保护器，有专用开关电箱，一次线不得任意接长，并保证有两极以上漏电保护。

③所有电缆线及电焊把线不得拖到地，不得将钢筋，钢管压砸，电缆必须

架空。

④乙炔和氧气瓶不得放置在焊点下方，它们之间要保护安全隔离不得少于5～8m。

(5)混凝土浇筑安全措施

①工作前对混凝土施工机械和施工条件进行检查。

a. 振动器电动机的绝缘必须良好，闸刀开关灵活，机具连接紧密，并试运转方向正确，电动机的导线保持有足够的长度和松度；

b. 现场运输道路平整畅通，脚手架牢固，模板支撑可靠，夜间施工应有足够的照明设施等；

c. 仓内振捣人员除了配有安全设施外，还要注意混凝土下落时的安全避让。

②使用平板振动器和振动棒的作业人员，穿胶鞋和戴绝缘手套。振捣器应保持清洁，防止有混凝土黏结在外壳上妨碍散热。绳拉平板振动器时，拉绳应干燥绝缘，移动时，不用脚踢振捣器。同时使用几台附着式振捣器时，频率必须相同。使用过程中如发生故障，应立即切断电源，进行检查修理。

③用泵送混凝土时，输送管道的接头紧密可靠不漏浆，安全阀必须完好，管道的架子要牢固，输送前要试送，检修时必须卸压。

④浇筑混凝土时设置操作平台，严禁直接站在模板或支撑上操作，以免踩滑或踏断坠落。

⑤浇筑拱形结构，自两边拱脚对称。

二、衬 砌 作 业

13. 对喷射作业前的准备工作有哪些要求？

答：喷射作业前的准备工作如下：

(1)检验水泥、砂、石、速凝剂、水的质量。砂、石均应过筛，并应事先冲洗干净。砂、石含水率应符合要求，为控制砂、石含水率，一般应设置防雨棚，干燥的砂子应适当洒水。

(2)喷射机、混凝土搅拌机、皮带运输机等使用前均应检修完好，就位前要进行试运转。管路及接头要保持良好，要求风管不漏风，水管不漏水，沿风、水管路每隔40～50m装一阀门接头，以便当喷射机移动时，连接风、水管。

(3)备好脚手架或喷射台车，以便于喷射边墙上部或拱部。埋设测量喷混凝土厚度的标志，如利用锚杆预留一定长度作标记时，应将多余长度锯掉。

(4)做好回弹物的回收和使用的准备，喷射前先在喷混凝土地段铺设薄铁板或其他易于回收固弹物的设备。

14. 对喷射面的处理有哪些要求？

答：对喷射面处理的要求如下：

(1)检查开挖断面，欠挖处要补凿够，敲帮找顶、清除浮石。用高压水或离压气清除附着岩面的泥污、灰尘和细岩液及飞溅的喷射材料，每次以10～20m为宜。

(2)喷混凝土和围岩之间的水膜，既会妨碍黏附力，同时又会使强度出现推迟。改善的方法是在掌子面前方及周边围岩用凿岩机钻孔排水。

(3)装有金属网、钢筋、排水设施、量测元件等的喷射面，应将其固定牢靠。因钢筋和金属网固定不牢时，在喷射过程中会移动和振动，将增大回弹量。因此，应使用锚固筋、锚固栓等将其完全固定。

15. 对喷射作业的要求有哪些？

答：对喷射作业的要求如下：

(1)干喷作业时，要求风压稳定，压力大小调整适当。水压一般要比风压高50～100kPa，要求在喷头水环处形成水雾，使干拌和料充分湿润。

(2)干喷水灰比的控制，目前只能凭借喷射手的经验目测掌握。如喷射的混凝土易黏着，回弹小，表面湿润光泽，说明水量合适，此时的水灰比一般在0.4～0.5之间。如果表面无光泽，或出现干斑，回弹物增加，灰尘飞扬，混凝土不密实，则说明水量小；如果表面塑性大或出现流淌、滑动现象，说明水量大。喷射手应根据这些现象，及时调整水量。

(3)喷嘴与岩面的角度，一般应垂直于岩面。但在喷边墙时，宜将喷嘴略向下俯10°左右，使混凝土束喷射在较厚的混凝土顶端。喷射距离是以喷混凝土最小的回弹和最高的强度来确定的。原则上以能看清喷射情况、使料束集中、回弹量小为宜，一般以0.6～1.2m较好。喷射手应视具体情况，选用适当的喷射距离。

(4)适宜的一次喷射厚度就是混凝土层在不错裂、不脱落的情况下达到的最大厚度。分层喷射厚度一般为粗集料最大粒径的2倍，如一次喷射厚度小于5cm，使用石子的最大粒径也要相应减小。分层喷射厚度主要与喷射部位有关，可参见表7.6。

喷射厚度与喷射部位 表7.6

项目	一次喷射厚度(cm)	
	掺速凝剂	不掺速凝剂
拱部	5~6	3~4
边墙	7~10	5~7

(5)分层喷射合理的间隔时间不仅与水泥品种、速凝剂掺量有关,而且与施工温度、速凝剂种类和水灰比大小等有关。分层喷射间隔时间不宜过短,当掺入(红星一型)速凝剂达2.5%~4%时,分层喷射的间隔时间一般为15~20min。

(6)喷射的顺序应先墙后拱,自下而上。如岩面凹凸不平时,应先喷凹处找平,然后向上喷射。喷射时喷嘴料束应呈旋转轨迹运动,一圈压半圈,纵向按蛇形进行。转动半径一般在15cm左右,每次蛇行长度3~4m或根据速凝效果而定。喷射纵向第二行时,要依顺序从第一行的起点处开始,行与行间须搭接2~3cm。料束旋转速度原则上要均匀,不宜太慢或太快。如因工程需要适当考虑美观时,可在喷混凝土表面上再喷射一层同强度水泥砂浆,此时喷射顺序应自上而下,喷头料束呈横扫方式运动,不能旋转或停留,以使表面平整光滑。

(7)喷射应使围岩的凹凸完全被覆盖,有钢支撑时应注意使喷射混凝上与钢支撑结成一体,要注意在钢支撑背面不留空隙。为了防止后续的防水卷材破损,喷层表面应进行平滑加工。特别是在上半断面和下半断面连接处,施工时容易发生凹凸不平现象,必须加以注意。另外也应注意不要在回弹材料上继续喷射。

16. 预防和处理堵管故障有哪些措施?

答:造成堵管的主要原因有:筛选不严,有杂物或大石块、结块水泥混入拌和料中;砂、石含水率过大,引起管壁黏结;喷射机用毕未清洗,再次运转中有大块黏结物脱落;输料胶管内壁磨损翻起,输料阻力大增;输料管漏风,风压降低;输料管出现死弯或弯度过大;供风压过低或风量不足。

堵管现象表现为:料罐内有拌和料,但喷枪不出料;喷射机压力表指针突然上升,工作料罐内压力增大;喷射机突然出现反风现象。

排除方法如下:

(1)停止上料,停风关机,打开排气阀,放出罐内压缩空气。

(2)找出堵塞部位。

(3)如在输料胶管堵塞,可将胶管托起,用木棍沿堵塞部位的前端逐渐向堵塞部位敲打至胶管松软,如在喷出弯管或在喷枪出口处堵塞,可卸下弯管或喷枪,用铁条疏通。

(4)最后打开风阀送风,排出积料。

预防堵管措施有:

(1)喷射机在使用前或使用后,要检查、清理料罐中的余料杂物,停止工作时,上料口应加盖盖严,防止杂物、石子掉入。

(2)在操作过程中经常用木槌敲打罐体,使拌和料不致黏结在料罐内壁。

(3)在喷射机的上料口处再增设一道筛子。

(4)对已磨损的输料管要及时修补或更换。

(5)输料胶管的弯度要适宜,避免死弯。

(6)喷射前要检查风压、风量,风压或风量不足时不喷。

17. 喷射作业中需注意哪些安全事项?

答:喷射作业中需注意如下安全事项:

(1)严禁将喷枪对准其他施工人员,以免突然出料时伤人。

(2)如出现堵管现象,可能有大石块堵住喷出弯管,应立即停机排除,切勿将大石块强行吹出。

(3)震动疏通喷管时,操作员紧握喷枪,以免送风时喷枪甩动伤人。

(4)处理堵管时,料罐工作风压不能超过0.4MPa。

(5)严禁在机械运转的情况下将手伸入喷出弯管或料罐内处理堵塞或清理料罐。

(6)平行作业中处理堵管时,应通知附近工作人员避开喷枪出口方向。

(7)喷射手应佩戴防护面罩或防护银镜、胶布雨衣和手套,洞内工作人员戴防尘口罩,加速凝剂的工作人员应戴胶皮手套。

18. 喷射作业中有哪些防尘措施?

答:喷射作业中的防尘措施如下:

(1)适当增加砂石的含水率,是减少砂、石在搅拌、上料和喷射过程中产生粉尘的有效方法。

(2)距工作面10~15m安设通风管加强通风;在喷射工作面的回风流中设

置喷雾器进行水幕喷雾，以降低粉尘。

(3)适当增加拢料管长度，可使料、水混合均匀，减少粉尘喷出。拢料管长度以 40 ~ 60cm 为宜。

(4)严格控制工作压力。在满足工艺要求的条件下，工作风压不宜过大，水灰比要控制适当，避免干喷。

(5)如采用普通搅拌机时，应增加密封盖。上料尽可能采用皮带上料机。

(6)在施工布置上，根据设备、操作技术等条件，尽量采用远距离管道输料喷射。

19. 壁面有涌水怎样喷射混凝土？

答：围岩表面有涌水，会造成喷射混凝土被冲、喷层附着力降低，甚至剥落，直接影响施工质量，以及降低作业效率。一般根据岩面出水情况，可采取的措施有：

(1)涌水量较少，仅为局部小面积的渗水，可以增加水泥用量和速凝剂掺量，变更配合比后喷射。干喷时先喷干拌混凝土，待与涌水溶合后，再徐徐加水喷射。

(2)点状集中涌水，水量不大，可在出水点处钻一浅孔，插一个氟化乙烯管将水引离壁面，用孔口后，由下向上、由远到近逐渐向出水点喷射混凝土。

(3)岩体裂隙涌水，水量较大，可采用排水槽沿裂隙直接覆盖涌水处，并引至纵向排水管，用射钉、膨胀螺钉等固定，表面及边缘涂抹 2cm 厚水泥砂浆，再喷射混凝土覆盖之。

(4)局部大面积、大量涌水，在渗水壁面下部适当位置钻深孔，插入氟化乙烯管，将大面积流水集中，并引到排水沟，或在渗水壁面铺挂过滤性材料，再覆盖喷射混凝土。

20. 喷射混凝土工序是怎样的？

答：喷射混凝土工艺流程图见图 7.1。

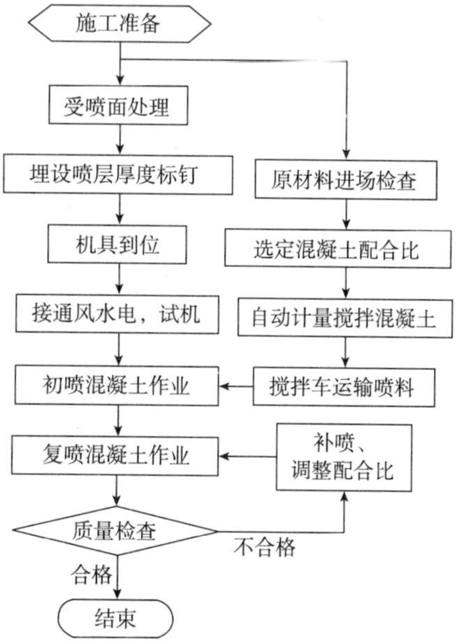

图 7.1　喷射混凝土工艺流程图

21. 二次衬砌施工工序是怎样的？

答：二次衬砌施工工艺流程图见图 7.2。

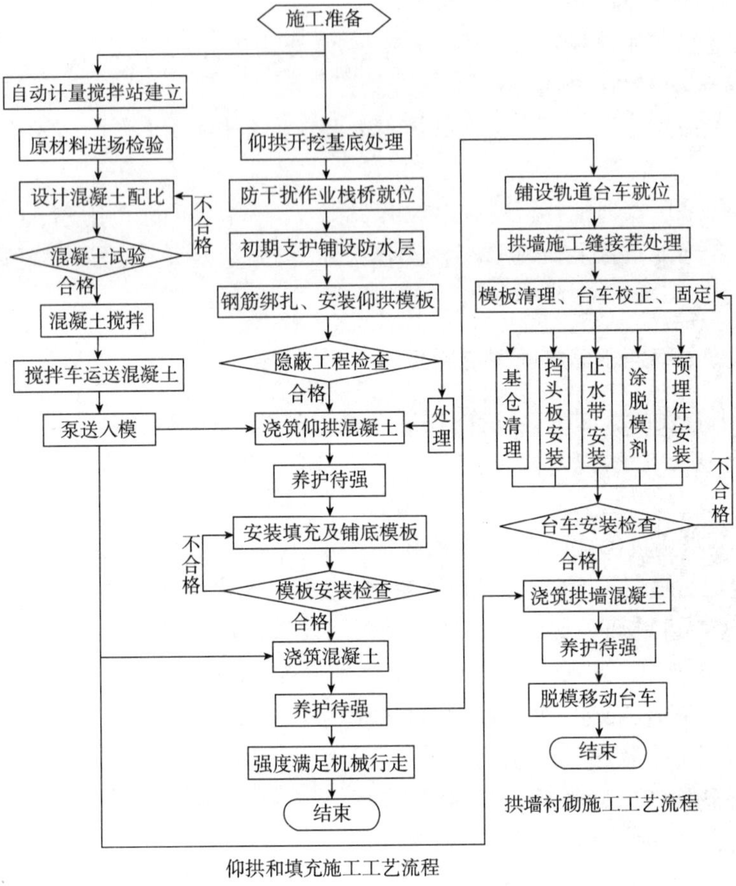

图 7.2　二次衬砌施工工艺流程图

22. 衬砌背后空洞及回填问题怎么解决?

答:隧道衬砌背后和围岩之间存在空洞时,都会促进围岩的松弛,使衬砌产生弯曲应力,而损伤衬砌功能,降低其承载力。明确背后有空洞处,都要采用回填压注的方法予以充分填充。

(1)注浆回填施工

①预埋回填注浆孔杆件:回填注浆的目的主要是为了充填衬砌与围岩之间的间隙,以改善传力条件和减少渗漏。为避免因钻孔破坏防水板,注浆孔孔位事先预留,其做法通常是在衬砌模板设计规定位置预留注浆杆件,混凝土衬砌浇筑

前埋设入台车并锁定，待混凝土终凝前及时松动，适时拔出即可成孔。回填注浆孔（管）位置与设计孔位偏差不大于20cm。

②注浆孔处安装一段钢管与注浆管路相连，要求钢管直径与注浆孔大小一致，管口用锚固剂将钢管固定在孔中，确保注浆时管路稳固，管口设置一个闸阀与注浆管路相连。回填注浆施工自较低的一端开始，向较高的一端推进。回填注浆方式一般采用纯压式，分二序进行。一序孔灌注水灰比为1.2∶1（或1∶1）的水泥浆；二序孔为灌注1∶1的水泥浆，空隙大的部位灌注水泥砂浆，掺砂量不宜大于水泥质量的2倍。在规定的压力下，注浆孔停止吸浆，继续灌注5min即可结束。上述过程反复进行3次，每次间隔10min，确保拱背回填密实，每次注浆结束后，先关闭孔口闸阀后再停机，最后孔内无返浆方可拆除孔口闸阀。

③注浆结束后，排除钻孔内污物，采用浓浆将全孔封堵密实和抹平。露出衬砌混凝土表面的埋管应割除。

（2）注浆过程中特殊情况处理

①注浆过程中，发现冒浆、漏浆，应根据具体情况采用嵌缝、表面封堵、低压、浓浆、限流、限量、间歇注浆等方法进行处理。

②注浆工作必须连续进行，若因故中断，可按照下述原则进行处理：

a. 应及早恢复注浆，否则应立即冲洗钻孔，而后恢复注浆。若无法冲洗或冲洗无效，则应进行扫孔，而后恢复注浆。

b. 恢复注浆时，应使用开灌比级的水泥浆进行注浆。如注入率与中断前的相近，即可改用中断前比级的水泥浆继续灌注；如注入率较中断前的减少较多，则浆液应逐级加浓继续灌注。

c. 恢复注浆时，如注入率较中断前的减少很多，且在短时间内停止吸浆，应采取补救措施。

③孔口有涌水的注浆孔段，在注浆前应测记涌水量，根据涌水情况，应采取相应措施进行处理。

④注浆注入量大，注浆难于结束时，可选用下列措施处理：

a. 低压、浓浆、限流、限量、间歇注浆；

b. 液中掺加速凝剂；

c. 灌注稳定浆液或混合浆液。

⑤注浆过程中如回浆变浓，宜换用相同水灰比的新浆进行灌注，若效果不明显，延续灌注30min，即可停止灌注。

⑥在注浆过程中注意控制注浆压力，随时观察喷射混凝土的变形情况，确保喷射混凝土不因注浆压力过高而破坏，必要时对注浆段围岩进行变形监测。

(3)质量保证措施

①回填注浆应在二次衬砌混凝土达到设计强度的100%后进行。

②回填注浆孔(管)位置与设计孔位偏差不大于20cm。

③在回填注浆前必须将衬砌端部封堵严密。

④回填注浆应按划分的注浆区分序加密进行,分序序数和分序方法应根据地质情况确定。注浆终压不宜大于0.2MPa。

⑤浆液配合比:对顶拱有大空洞时,第一序孔一般从浓浆开始,或采用水泥砂浆作为起始浆液。开始注浆时,要用清水试压,以观察管路是否畅通,接着直接灌注水泥浆或水泥砂浆。

⑥回填注浆孔发生串浆后要等串浆孔清水流完,流出浆液时才可以将串浆孔堵死,然后再继续不断地向注浆孔灌注浆液。

⑦回填注浆因故中断时,若中断时间大于30min,应清洗至原孔深后恢复注浆;此时若注浆孔仍不吸浆,则应重新就近钻孔进行注浆。

(4)安全措施

①对施工人员进行岗前安全教育培训,牢固树立"安全第一、预防为主"的思想意识。高空作业必须系安全带,戴安全帽。

②施工台架必须牢固可靠,不能有晃动。

③注浆施工前及施工过程中应不断检查注浆管路的完好情况及机械性能状况,以防止注浆过程中突然跑浆伤人及机械伤人事故发生。

④加强现场管理,搞好文明施工,建立良好的安全施工环境。

⑤施工队设专门的安全员,工班设兼职安全员,对施工过程的各个环节进行监控,确保施工安全。

23. 如何防止二次衬砌的开裂?

答:(1)混凝土材料

①一般山岭隧道的衬砌混凝土多采用波特兰水泥。为了控制起因于水泥的水化热的温度收缩引起的开裂,在可选择的水泥中,应尽量采用水化热小的水泥。如中热波特兰水泥、低热波特兰水泥、高炉水泥等。一般来说,衬砌厚度在20~50cm,采用低水化热的水泥,对大体积混凝土没有显著效果,但在一定程度上能够降低开裂的发生。

采用低发热水泥的混凝土,一次强度比普通波特兰水泥发生较迟,应对拆模时期进行研究。

②高炉矿渣微粉末具有延缓水化热发生速度的效果,品质好的粉煤灰有水

化热小的特点。同时,也可利用特殊的水化热控制剂来控制温度上升速度和温度上升量。

(2)混凝土配比

混凝土的发热量与单位水泥量成正比,单位用水量小,能够减少干燥收缩。因此,为降低混凝土温度上升和减少干燥收缩开裂,应尽可能地采用单位水泥量、单位用水量来确定配合比。

(3)混凝土养生

隧道洞内,除洞口外一般湿度比较高,温度也比较稳定,没有日照作用,也几乎不受风的影响。因此,隧道内保持有适合混凝土养生的湿润状态,一般不需要附加的养生。但是,隧道贯通后的通风等条件使环境发生变化,应设置防风板等。

在因温度应力而发生开裂的场合,应根据条件,采取措施使混凝土构件内外的温差不要过大,使构件的温度下降速度和干燥收缩不要过大,如设置养生门或在灌注区间的前后覆盖养生板等。

(4)设置隔离层

山岭隧道一般都使喷混凝土和衬砌间分离,不约束衬砌的收缩变形。一般说,要设置降低背后约束材,但有漏水的场合,最好设置防水材。此对策,虽然不能够完全控制温度及干燥收缩引起的开裂,但可以极大地减少开裂。因此,以降低混凝土开裂为目的,在喷混凝土和衬砌间采用的降低背后约束材,应确保其品质。

采用防水板的场合,防水板可以起到背后约束材的作用,通常就不再使用背后约束材了。背后约束材的施工方法有张挂法和喷射法,一般采用张挂法。

降低背后约束的板应富有变形跟踪性和柔软性,施工时不能破损。但是,背后约束用的板,主要是防止在混凝土灌注后早期发生的温度收缩和干燥收缩引起的开裂,因此对板的连续性和长期的耐久性不作要求。背后约束用的板,使用一次阶段采用厚 0.2mm 的薄的聚氯乙烯板,但最近为确实地防止开裂开始采用厚一些的板,如 0.4mm 的 EVA 板和厚 1mm 的聚乙烯板,但如能够确认作为背后约束材的性能,也可采用其他材料。

(5)设置开裂诱发缝

在衬砌拱的上半部易于产生隧道轴向开裂,在一次灌注长度大的场合易于产生隧道环向开裂。特别是,喷混凝土和衬砌间没有降低背后约束材的场合,更为显著。此种开裂从材料和配比上采取对策是比较困难的,因此,在一定间隔设断面缺损部分,来诱发开裂,从而开展其他部分的开裂,对开裂部分进行事后处理,这种方法是比较容易的。开裂诱发缝的间隔受到隧道断面尺寸、衬砌厚度、灌注温度的影响极大,一般说,沿隧道轴直角发现的缝,从仰拱到拱顶的高度为 H 时,以 $H \sim 2H$ 为大致标准。开裂诱发后为防止漏水,应进行补修。

(6)掺入纤维系补强材

即使衬砌发生开裂,但没有扩大到有害的宽度,对衬砌的功能的影响是不大的。为了控制开裂宽度,应采用耐腐蚀好的钢纤维、尼龙纤维、钢纤维、碳纤维等短纤维混入混凝土中,是比较有效的,但其配合比和强度特性等应通过试验等确认。

(7)灌注施工缝等

为防止安装模板时灌注周边发生开裂,在灌注部应设施工缝。在已灌注混凝土与模板重叠部分设比缝深度高些的橡胶和发泡苯乙烯或海绵等接缝材充当模板,就能够防止已灌注混凝土端部过大的荷载的作用。

24. 施工缝如何处理?

答:(1)一般混凝土施工缝的处理

在上层混凝土浇筑前,对下层混凝土的施工缝面,按规定的方法进行冲毛或凿毛处理。

(2)防水混凝土施工缝的处理

施工中,防水混凝土控制连续浇筑,少留施工缝。必须留设施工缝或因特殊原因留设施工缝时,计划埋设好止水条,以提高结构抗渗能力,保证使用功能。

①遇水膨胀水条固定方法

采用软木条在已浇筑混凝土施工面处预留凹槽,与端头板一并拆除,在新混凝土浇筑前,将止水条用力按入预留凹槽中,就可以固定牢固。

施工处理时须将已浇筑混凝土表面浮浆及松动石子剔凿掉。

②钢板止水带固定方法

在止水带中间两侧各焊一个"T"形钢筋支架,间距是墙体竖向或水平钢筋间距的倍数,但不超过800mm,在墙体水平与竖向钢筋交点处将支架与节点绑扎牢固。为防止出现返锈现象,其长度为墙体厚度减去2倍保护层的厚度。

25. 对衬砌模板有何要求?

答:对衬砌模板的要求如下:

(1)衬砌模板的构造,要适合施工条件。用于隧道衬砌的模板,可分为移动式模板和组装式模板。移动式模板,也称为衬砌台车,是被制作成集走行台架和拱架、钢模板为一体的可移动的通用性模板。组装式模板,又称为衬砌拱架,一种每次浇筑都需组装、解体拱架和钢模板的灵活性模板，主要用于移动式模板受到限制的小半径曲线和扩宽部，或需及早浇筑衬砌的洞口部、围岩不稳定段。移动式模板，多为全隧道断面形状，用于全断面衬砌，采用移动性好而坚固的门架式结构，以利于运输车辆通过；组装式模板，要采用容易组装、拆卸、搬运等的结构，根据需要可设计成拱部形状、边墙形状或全隧道断面形状，以适应不同的开挖方法。

(2)衬砌模板的结构，要充分承受浇筑混凝土时的压力。模板结构要在浇筑混凝土过程中不发生偏位、应变、膨胀等，其强度高并能反复使用且具有耐久性。作用于模板的荷载，是由每次的浇筑量、浇筑长度、灌注速度等得出的未硬化混凝土的质量，以及用压气输送方式灌注时增加的压力等。衬砌厚度特别薄时，要增强横撑或控制混凝土的灌注速度，防止因侧压变大出现跑模现象。曲墙式整体衬砌模板要有一定的质量，以抵抗混凝土最初灌注时所产生的上浮力。另外，移动式模板应能抵抗移动时可能发生的扭转等变形。

(3)确定移动式模板的长度，即一次灌注段的长度，要考虑工程进度、混凝土灌注能力、曲线段的曲率等。一次灌注段长度过长，混凝土容易因温度收缩和干燥收缩面开裂，一般适用的长度为 9 ~ 12m 使用组装式模板时，应注意钢、木模板的强度及拱架间距，使在灌注混凝土的压力下不致产生大挠曲。拱架间距通常为 1.2 ~ 1.5m，钢、木模板架设时最好每端至少有 3.5 ~ 5cm 搁放在拱架上。模板的材料，不要使用有明显损坏、变形、腐蚀等的材料。

(4)模板还要考虑容易进行清扫、浇筑、振捣、检查等作业。为供检测、振捣、清扫等作业使用，在模板上适当的位置要设置足够数置的作业窗，其布置应使混凝土能均匀地撒布。采用压力输送灌注混凝土，灌注口的配置应考虑不致因空气停滞而在混凝土中残留空隙，最好设置有备用的灌注口，风管固定方式应使其阻力达到最小。特别是在衬砌厚度小的场合，由于作业进行困难，必须使作业窗的尺寸能使人钻过，并尽量多设一些。

(5)模板必须充分考虑升降设备、扶手等的结构，防止坠落危险。所使用的千斤顶之类机具必须构造坚固，不致因松弛而振动和漏油。用充足光照显示净空断面，防止因重机、车辆等通过而造成的接触。

26. 用模板台车衬砌时有哪些事项需注意?

答:用模板台车衬砌时需注意如下事项:

(1)安装模板时，应进行严格测量，以安装在正确位置上。如在安装之后再进行修正或调整，则非常费事，而且还会延误作业进度。

(2)所用轨道结构应使模板移动顺畅,灌注混凝土时不产生下沉。钢轨要选用能承受拱架模板质量及混凝土荷重的型号,并尽量采用长轨。铺轨时地基要充分整平,在承载力不够的地基上,必须采用缩小轨枕间距的措施。铺设台车轨道的要求见表7.7。

铺设台车轨道的要求 表7.7

项　目	要　求	项　目	要　求
钢轨类型	≥24g/m	轨道允许高差(小于)	±3cm
轨距	390cm	同一横断面上左右轨的高差	<3cm
轨距允许误差	±3cm	轨道纵坡	与隧道纵坡一致
轨道中心与隧道中心允许偏差	≤3cm	枕木规格(长×宽×高)	60cm×22cm×16cm
台车轨道顶高程(在隧道轨面下)	46cm	枕木间距	≤60cm

(3)在立模、拆模时,除应事先检查电机、油泵状况是否良好,电源连接是否正确外,其他电源(如振捣器、拉线照明电缆、搅拌输送机、提升卷扬机、皮带输送机等)都应拆除。在检查确走一切都已正常后,才能启动电机和油泵。

(4)拆模时要考虑到混凝土的质量,规定养生和脱模时间,一般要有12~15h、模板大多要在已达到不因衬砌的自重而发生崩坍破坏的强度时拆卸。而达到该强度时,又因水泥的种类、混凝土的配合比、养生温度和隧道的断面形状、衬砌厚度等而不同,因此必须根据强度试验来予以确认。

(5)台车移动时,钢模必须完全脱离衬砌,要收拢到穿行要求位置,并关闭所有作业窗,要有专人掌握制动装置,防止台车溜放和冲撞。要确认轨道的高度、宽度及模板内部和附近无作业员,还必须做到模板移动对风管、送水管、排水管、电线等无妨碍。

(6)模板就位时,必须确认地基的支承力充分,并预留一定的沉落量,目前采用2cm。还必须对模板进行全面的表面处理、涂油作业。立模就位调整时,模板后端应以已浇筑的衬砌内轮廓线为准;前端以隧道开挖面的拱顶和基底中心点及两侧的隧道边墙基础顶面高程为准。

(7)利用作业窗采用插入式振捣器进行边墙和拱脚的混凝土振捣作业。拱顶利用混凝土搅拌输送器的喷射作用,使混凝土密实,同时用插入式振捣器振打模板内表面,或使用附着式振捣器进行拱顶混凝土的振捣。

(8)超挖回填一般是通过作业窗口用人工回填。在拱顶2~3m范围内超挖不大时,一并以混凝土浇筑;超挖较大时,也可用人工回填或用搅拌输送机喷送干砂或碎石回填。但遇到局部穹形超挖过大时,在不可能填实而留有一定空隙时,应在衬砌完成后,以压浆方法加以处理。

(9)浇筑衬砌混凝土中,遇有大小避车洞时,应先将避车洞的模板全部安装完毕,然后进行模板台车的立模作业。大小避车洞的混凝土和边墙衬砌同时整体浇筑,质量较好。

27. 模板移动安装常出现哪些问题?

答:模板移动安装常出现如下问题:

(1)模板表面状态不良,混凝土黏附到模板上。主要原因有:隧道衬砌混凝土的养生期不长;模板内表面上涂脱模剂效果差;涂油之前未将模板内表面仔细清扫。

(2)移动式模板的组装螺栓,因振动等原因会松动,导致模板形状改变、架立不稳固。应随时检查,并进行再紧固。组装式模板,通常其螺栓孔与螺栓之间有一定的空间,因此应将螺栓充分拧紧。

(3)模板移动时,接触浇筑好的混凝土表面,可能损伤混凝土表面或碰坏模板,因此应使千斤顶之类机具充分缩回到规定的位置。

(4)安装的堵头板漏浆、损伤防水卷材。堵头板是在现场比照着凹凸不平的开挖表面或喷混凝土表面用木材加工而成的,安装应不损伤防水板,且在混凝土压力作用下即使变形也不致漏浆,因此多在堵头板边缘处固定较厚的塑料泡沫板条。

(5)衬砌混凝土未达到规定的强度就拆模,特别是对最后浇筑的拱顶混凝土,在其强度未能承受自重之前不准拆模。

28. 防止衬砌混凝土缺陷的对策有哪些?

答:防止衬砌混凝土缺陷的对策如下:

(1)混凝土的浇筑不产生离析,能填满各角落,不留空隙,特别是拱顶。一般采用压气吹送的方法。从设在移动式模板拱顶的带有阀式管的送入口送入混凝土,按照填充顺序把松料管相继换到下一送入口,如此顺次移动下去。此法虽能良好地填充拱顶,但对模板产生大的压力,作业中必须要有专人监视。仅从拱顶一处灌入时,混凝土要沿隧道轴向流动,很容易使材料离析,在模板适当位置设混凝土浇筑口的解决办法很有必要。

(2)要用适当的速度、左右对称浇筑,应使模板不受偏压,尽可能水平地、把一段混凝土连续浇筑完毕。捣固时,一般边墙部分用插入式振捣器,拱部用模板振动器,应将扩散到模板内各角落混凝土充分捣固。模板内的涌水,必要时应用软管等集水设施将水从模板内排出。模板底部的积水,应在浇筑混凝土之前加以排除。

(3)衬砌混凝土的浇筑，一般用混凝土泵或带搅拌机的灌注机进行。衬砌混凝土的施工配合比应以适合灌注机的和易度决定最佳配合比。配合比随浇筑机械和浇筑方法而异，一般情况下，坍落度在 12 ~ 18cm，衬砌混凝土一般使用普通硅酸盐水泥，为了减少单位用水量和改善和易性，可掺加粉灰、AE 剂、减水剂、硫化剂等掺加剂。

(4)混凝土应使用不引起材料离析和不混入异物的方法运送。运送时原则上应使用混凝土搅拌运送车。混凝土从搅拌后到浇筑终了的时间应注意不超过 1h；温暖干燥时不超过 1h，低温湿润时不超过 2h 在使用斜井、竖井等辅助坑道的隧道中，混凝土的运送使用溜槽、皮带运输机、混凝土吊桶等运送设备，应特别注意不让材料离析。

29. 仰拱混凝土作业有哪些要求？

答：仰拱混凝土作业有如下要求：

(1)仰拱混凝土应在仰拱开挖后迅速浇筑。浇筑仰拱混凝土之前应清扫开挖表面或喷混凝土表面，充分排除仰拱底部存有的积水。

(2)仰拱多用小坍落度的混凝土，必须注意捣固，特别是仰拱曲率大时，应使用模板浇筑混凝土，以便充分捣固。

(3)衬砌混凝土与仰拱混凝土的施工缝，应以能理想地传递仰拱轴力的适当方法施工，原则上应使接头面垂直于仰拱轴力方向。

(4)在围岩条件恶劣，希望及早全断面闭合时，应缩短仰拱混凝土每次浇筑长度，与下半断面同时开挖仰拱，迅速浇筑仰拱混凝土。在良好的围岩中全断面不急于闭合的情况下，也可以取不妨碍开挖面开挖作业的较长距离进行仰拱施工。

(5)为了防止仰拱混凝土收缩开裂，应隔适当距离设一伸缩缝。

(6)隧底围岩松软时，尽可能使用风镐开挖，必须爆破时，要严格控制装药量。仰拱不能欠挖，超挖在允许规定内用同强度等级混凝土浇筑；超挖较多时，先用浆砌片石回填后再做仰拱。

(7)浇筑仰拱混凝土时，应使用仰拱大样的样板，每间距 2m 设置一个，以检查和控制仰拱断面。浇筑时由仰拱中心向两侧扩展至拱座为止。

30. 隧道铺底作业的注意事项有哪些？

答：隧道铺底作业注意事项如下：

(1)为了圬工结合良好，一般先做水沟电缆槽，再铺隧底。

(2)铺底的顶面高程,应根据路面高程正确测定。

(3)隧底应保持正确的纵向和横向坡度,表面平整。

(4)隧底超挖过多时,先用浆砌片石回填后再进行铺筑。

三、锚 杆 作 业

31. 锚杆施工工序是怎样的?

答:砂浆锚杆施工工艺流程图见图 7.3。中空注浆锚杆施工工艺流程图见图 7.4。自进式锚杆施工工艺流程图见图 7.5。

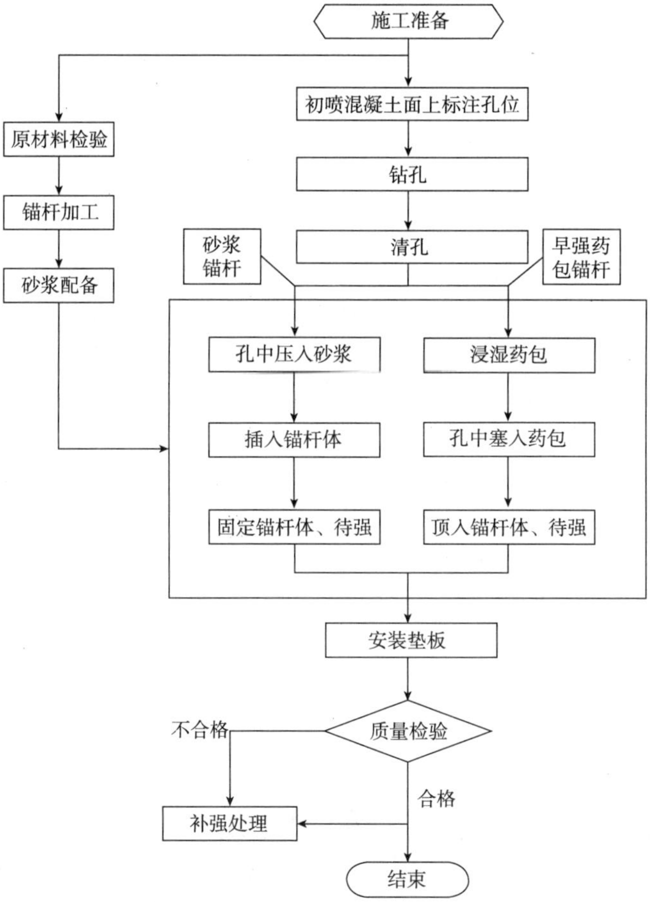

图 7.3　砂浆锚杆施工工艺流程图

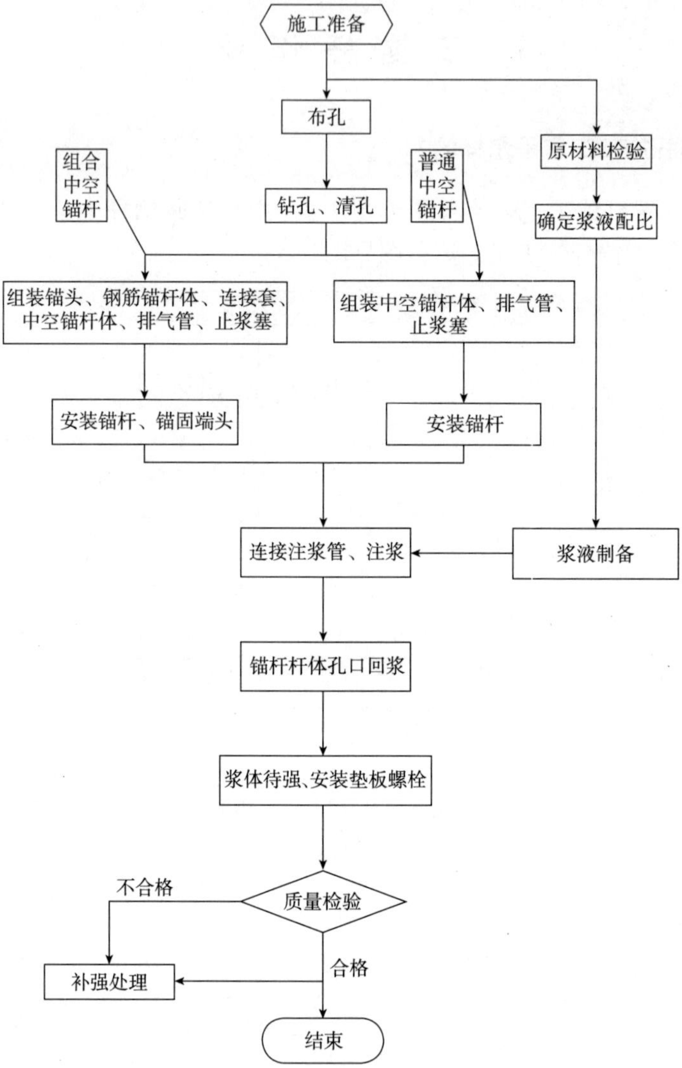

图 7.4　中空注浆锚杆施工工艺流程图

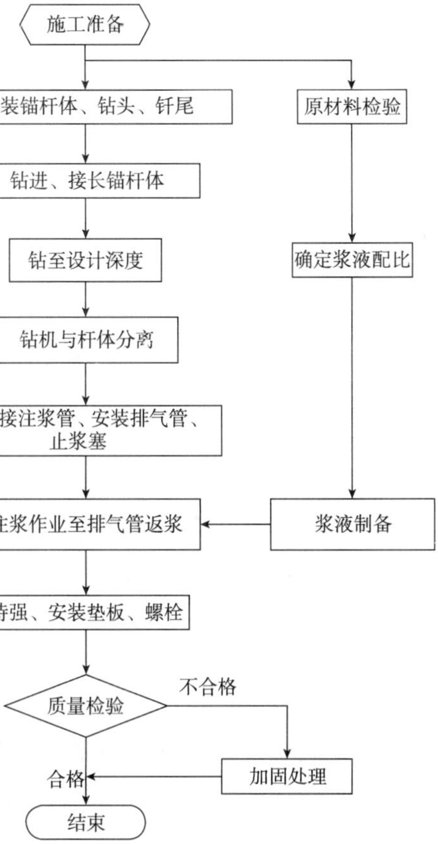

图7.5　自进式锚杆施工工艺流程图

32. 锚杆施工工艺不良有哪些影响?

答:锚杆施工工艺对支护效果的影响参见表7.8。

锚杆施工工艺对支护效果的影响　　表7.8

问　　题	造成问题的原因	不 良 影 响
钻孔不直	钻孔时,凿岩机下端位置移动	锚杆不易安装到孔底,注浆管不能插入孔底
钻孔过深或过浅,钻孔直径过大或过小	未按设计要求施工	降低机械式锚杆的锚固能力
眼孔内有泥浆	钻孔时放水不足	安装锚杆、注浆均困难

续上表

问　　题	造成问题的原因	不 良 影 响
锚杆打击不进	钻孔不直、有台阶，先灌后锚时砂浆过稠，锚杆头部楔子捆扎不良	达不到设计锚固力
注浆时注浆管外壁砂浆过多	注浆时注浆管未同时抽出或所用砂浆过稀	减少了孔内砂浆，降低锚固能力
注浆时砂浆下淌	砂浆过稀或孔口堵塞不良	孔内砂浆不饱满，降低锚固能力
打击锚杆时，孔内砂浆向外喷出	孔内空气未排出，砂浆未灌到孔底	降低锚固能力
先注后锚时，插入锚杆前，砂浆硬化	掺入的氟化钙含量过多或砂浆拌和后使用时间较长	锚杆不易打入
承托板或垫板易部松动	未采用打击套筒打击承托板和横梁空隙未楔紧	降低锚固能力

33. 对锚杆钻孔有什么要求?

答:对锚杆钻孔有如下要求:

(1)锚杆孔应与岩体主结构面成较大角度布置。当围岩主结构面不明显时，可与隧道周边轮廓垂直布置。

(2)当围岩稳定时，系统锚杆孔可按方形布设；当围岩较差时，宜按梅花形布置。

(3)锚杆孔位置误差不大于±10cm。钎头的尺寸，应根据锚杆孔径要求决定，当钎头磨损后影响底部孔径尺寸达2mm时，则应更换钎头。

(4)钻孔后，孔内石粉必须用高压水冲洗干净。钻到设计深度时，若流出的岩粉浆呈黄色或褐色，或钎头冲击声异常时，说明遇到较软弱的岩石或破碎夹层，应变更锚杆的深度与位置。

34. 对锚杆质量有什么要求?

答:对锚杆质量有以下要求:

(1)杆身必须调直无缺损。

(2)锚杆长度应大于孔深6~10cm，每根加工长度误差不宜大于1cm，并应除去杆上油污、铁锈、杂质。

(3)楔缝锚杆的楔缝必须垂直、平整,位置应在锚杆中心截面,缝宽误差不大于0.5mm,缝长误差不大于±5mm。

35. 选用锚杆类型依据是什么?

答:锚杆选定时,要考虑围岩条件和目的,选定出能快速施工、保证锚固质量、确保安全的锚杆。

按锚杆打设目的分,有圆周方向打设的承载锚杆、斜前方打设的超前支护锚杆和对开挖面防护打设的开挖面锚杆。根据锚杆打设目的和锚杆的特性,应考虑以下方面:

(1)承载锚杆数量大,锚杆的单价对工程的造价影响较大,锚杆的安装难易、安装质量等直接影响工程进度和工程质量。一般多优先采用标准的砂浆锚杆。对于局部加强的承载锚杆,视情况有采用预加力锚杆和预应力锚杆。

(2)超前支护锚杆主要为防止掌子面上方坍方、掉块,因而使其能够快速承载是很重要的。可用早强的药包锚杆或楔缝式锚杆。

(3)开挖面锚杆是临时锚杆,需要挖除的,可用塑料纤维锚杆和涨壳式锚杆。

由于围岩条件差,致使孔壁的自稳性不好、孔壁粗糙等造成锚杆安装困难、施工时间延长或有不能施工的可能。另外,围岩自稳性差要求尽早体现锚固效果,或因涌水导致锚固材料流出,或因形成水膜而不能锚固等。对这种情况需考虑的内容则如下:

(1)孔壁粗糙和易塌孔而阻碍锚杆插入,使用自钻孔、中空注浆式锚杆可解决锚杆安装的困难。

(2)必须采用早期锚杆的场合,可使用速凝型锚固材料的药包式锚杆,或机械式前端锚固型、周面摩擦型的锚杆,但作为永久锚杆还需孔内注水泥砂浆。

(3)因涌水而妨碍锚固的情况,使用机械式前端锚固型或摩阻型的锚杆,使用灌注式(包括自穿孔型)锚杆。

对于诸条件的各种锚杆的选择,最好是在设计或施工计划中预先决定好,要对各种形式的锚杆加以考虑,选定最合理的。拘泥于当初的设计或施工计划,使锚杆的施工时间延长,造成周边围岩不稳定状态延长,这对安全来说也是没有好处的。

36. 锚杆施工的基本要点是什么?

答:锚杆施工的基本要点如下:

(1)开工前,通过所规定的拉拔试验来确认锚杆的锚固力。施工期间用拉拔试验抽检已安装锚杆,如发现有锚固力不足的,必须对其周围的锚杆实施拉拔试验外,还必须检查是否是施工不良。

(2)作业前,必须进行浮石等的检查、清除,做打设位置标记,检查锚杆体的弯曲程度、有无锈蚀等,冲洗锚杆注浆孔等。

(3)施工中,每个断面上要按所定的布设打设锚杆,要将钻孔内的石屑、积水清除;锚杆要充分紧固,以免通过垫板而松弛等;预防锚固材料的喷出、锚杆掉下、从作业脚手架滚落及材料的落下等灾害。

(4)施工后,必须要检查螺母的松动情况和采取再紧固等措施,还必须努力做好脚手架的日常检查等安全管理。施工不良的锚杆,一般无法纠正,只能是重新施工,故必须加以注意。

(5)采用专用的测定锚杆来进行轴力测定,以确认锚杆的应力安全性和锚固效果。锚杆轴力测定要据围岩条件而定,在比较坚硬的岩质中,轴力测定就不太重要,但在担心松弛区域发达的山体中,轴力测定在对支撑是否适当和安全的确认这点上就很重要了。

37. 格栅与钢支撑有什么不同?

答:格栅与钢支撑,我们都归为构件支撑一类,但两者的力学作用是完全不同的。前者,只有与喷混凝土并用,才能发挥其支护作用。而且不能立即发挥承载作用,而后者可以立即地、独立地发挥承载作用。因此,需要采用钢支撑的,决不能用格栅代替。两者的比较列于表7.9。

钢支撑与格栅的比较 表7.9

支撑形式	优　点	缺　点
钢支撑	架设后能够立即承载,充分发挥其力学作用; 加工比较容易,但需要较大的加工设备; 安装及构件连接,比较简洁、方便	背后的混凝土不易填充密实,留有空隙; 质量大,架设安装困难; 钢支撑的变形与混凝土变形不协调,混凝土易开裂
格栅	加工容易,且不需要大型加工设备; 重量小,易于架设安装; 因具有一定的柔性,能够适应围岩的变形; 喷混凝土完全包裹格栅,整体性好,背后不易留下空隙	架设后不能立即承载,必须与喷混凝土配合,才能发挥其力学作用,一次支护作用小; 在围岩变形大的场合,不能有效地控制围岩的变形

38. 什么时候选用格栅工法?

答:在下列情况下选用格栅工法:

(1)自稳时间很短的围岩,在锚杆或喷混凝土支护发挥作用前,可能发生围岩失稳或塌坍危险时。

(2)浅埋、偏压隧道,当早期围岩压力增长快,需要提高一次支护的早期强度和刚度时。

(3)在难以施作锚杆、喷射混凝土的砂卵石、土夹石或断层泥等地层,大面积淋水地段,以及为了抑制围岩大的变形而增加支护抗力时。

(4)当需要施作超前支护,设置格栅作为超前锚杆(或超前小钢管等)的支承构件时;自稳时间短,一次变形大的地层,对地面下沉量有严格限制的情况。

39. 格栅施工需要注意哪些问题?

答:格栅的施工必须注意三点:首先,格栅的力学作用是逐渐发挥出来的,在没有喷混凝土之前是不能单独承载的,随着混凝土的喷射和硬化,才开始与喷混凝土共同地发挥其作用。因此,架设格栅后应迅速地喷射混凝土。其次,必须用喷混凝土充分填充并与围岩紧密接触。最后,当有锚杆时,必须让格栅和锚杆等连接在一起,形成共同的承载体系。

40. 钢架施工工序是怎样的?

答:钢架施工工艺流程见图7.6。

41. 对钢拱支撑施工有什么要求?

答:对钢拱支撑施工有如下要求:

(1)对松弛发达的围岩或从掌子面前方发生超前松弛的围岩、要抑制早期壁面变形的围岩,开挖后须尽快采用强度和刚度都高的钢拱支撑,架设后能立即发挥支撑机能,并与喷射混凝土构成整体而起作用。

(2)选用的钢拱支撑,除考虑构件断面形状、尺寸外,还要根据接头机构类型来选择。当围岩显示出具有动态膨胀性,则选用U形钢、接头部配备可缩机构的钢拱支撑;像具有强大荷载增加的隧道,可采用II形钢拱、钢管拱;有些场合也有采用格栅钢拱的。

(3)钢拱支撑的标准施工,是按"所定的间隔和高度架设—接头安装→连接螺栓的紧固→纵向联系筋的焊接"的顺序进行,要求使其在喷射作业中不产生移动。

(4)钢拱支撑脚部应坐落在基岩上或用锁脚锚杆稳固,拱背与开挖面用钢楔间隔楔紧,再用喷混凝土填充支撑和围岩之间间隙,避免留下空隙。

(5)当预测要发生强大的荷载而定量又不确切时,对支护的应力进行测定是非常必要的。钢拱支撑的应力测定,不仅可把握支护的稳定度,而且在把握荷载状况方面也是有效的。最好根据围岩条件,预先作好观测计划。

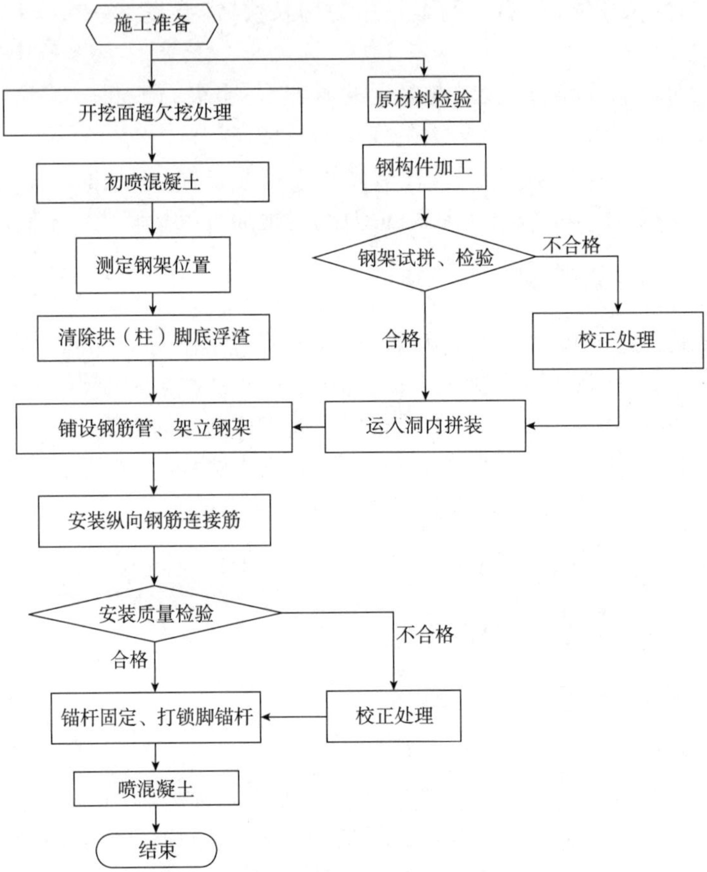

图 7.6　钢架施工工艺流程图

第八章 防水与排水

一、防排水施工

1. 防水作业的要点是什么？

答：隧道复合式衬砌防水主要依靠夹在初期支护与二次模筑衬砌之间的防水层，影响防水效果的主要因素有：对初期支护表面处理，防水板铺挂焊接的质量，二次模筑时不损坏防水层。所以防水作业的要点为：

（1）喷混凝土表面极端凹凸处、暴露在喷混凝土外面很高的钢支撑和锚杆头部，浇筑衬砌混凝土时将给卷材施加很大的拉力，导致防水卷材破损。因此，防水作业施工之前应使喷混凝土覆盖极端凹凸处、钢支撑处，并做成圆顺的曲面；切断外露的锚杆头，用砂浆或防护罩加以覆盖。

（2）防水卷材铺设应与喷混凝土表面密贴，在纵横方向都适当放松一点，等到浇筑混凝土后，靠后者挤压就可以整个贴在喷混凝土表面，即便在拱顶也不存在空隙。所以，防水卷材的铺挂最好由下到上沿环向逐步固定。防水卷材的接缝应具有充分的止水性和结合强度。因此，防水卷材的接缝最好由熟练工人用热焊机精心地进行焊接。

（3）堵头模板的安装、浇筑混凝土的冲击、插入式振捣器的接触等二次模筑作业都有可能损坏防水板，除选用较厚的防水卷材提高抗损坏能力外，在施工过程中，将防水卷材接缝与衬砌施工缝错开或在施工缝处加铺一层防水板材，避免混凝土送料口直接对防水板出料，谨慎操作插入式振捣器，不得顺防水层表面插入和振捣。

2. 洞内水沟作业需注意哪些事项？

答：水沟一般采用矩形断面，位于两侧路缘附近，坡度应与线路纵坡一致，间隔设有沉淀井或检查井。施工时应注意：

(1)根据隧道横断面设计,开挖时应将侧沟空间与边墙基脚一次挖好,以免做好边墙后进行爆破,影响圬工质量和爆破效果。全断面开挖时,底部布眼应将水沟断面包括在内,后续不宜再开挖水沟。

(2)水沟应根据隧道中线桩放样,保证水沟沟壁外缘平顺,其高度位置应依据路线高程确定。

(3)边墙完成后,在铺底前先将水沟做好。水沟施工应按线路纵坡先将混凝土铺沟底,然后立模浇筑两侧沟壁混凝土。

(4)排水沟盖板应及时安设,以防水沟堵塞和便利工作人员行走。铺设盖板前须将两侧沟壁顶面修凿或抹砂浆整平,使加上盖板后平稳不晃动。

3. 防冻水沟施工需注意什么?

答:月平均气温在 -10℃以下的寒冷地区和严寒地区,如地下水发育,冬季又有水的隧道都应采用防冻水沟。

防冻水沟在隧道内设置的长度应按洞内气温能使水流冻结的范围而定,寒冷地区一般为自洞口以内 300 ~ 500m 地段;严寒地区大都要全洞设置。水沟采用埋深较大的中心圆形水沟和带保温层的矩形边沟。施工时需注意以下事项:

(1)防冻水沟深度超过边墙基础很多,开挖时如有地下水且围岩松软时,常会引起边墙圬工开裂或倾覆,因面水沟不能开挖过长,宜采用分段间隔施工较安全。

(2)洞内设置防冻水沟地段每隔 25 ~ 50m 需设汇水坑和检查坑,汇水坑和检查坑圬工宜整体浇筑混凝土。检查坑内可使用木盖板,必要时可在盖板上加防冻材料,如锯木屑、炉渣等。

(3)埋设混凝土圆管上半面应有梅花形布置的孔眼。埋设后须夯填碎石并做反滤层,防止堵塞孔眼。管子两端的接头应用沥青麻筋填塞好,以免漏水。

(4)防冻水沟的出口,有条件时,应选设在陡峻的有利地形处,使水流急速排出,否则应用暗管埋入地底冻结线下至少 0.25m,或在暗管外包裹保暖材料防冻。暗管内径根据水的流量和含泥量决定,但不小于 400cm。

(5)中心水沟安装完成后,要防止后续浇筑仰拱混凝土、回填仰拱混凝土、铺筑路面混凝土有灰浆漏入管内堵塞管道,可在上述作业进行后、灰浆初凝前灌水冲洗中心水沟。

4. 衬砌背后排水沟管施工需注意什么?

答:衬砌背后排水设施有沟管、排水板、排水网。沟管按布设形式可分为环形沟管、竖向沟管和纵向沟管；按构造分有暗沟、暗管和盲沟三种。排水沟管构成衬砌背后的排水系统，对降低衬砌水压荷载、防止地下水渗入隧道内、减轻软弱围岩岩性恶化起到非常大的作用。但施工质量难以保证，出现问题难以查明且无法补救，故施工时要特别注意。

(1)衬砌背后的排水沟管设置应做好施工记录，衬砌完成后应将背后的排水设施做出明显标志。钻孔和压浆时，都应避开排水设施位置，严防浆液流入沟管堵塞水流。

(2)衬砌背后的排水暗沟、暗管需有一定的刚度，不致因衬砌时被压扁；暗沟、暗管的连接须采用制式管件并黏结牢靠，整个堵管排水系统须固定在围岩层初期支护表面上，并包裹防水板、土工布或涂抹防水砂浆等，防止衬砌混凝土浆液流入。

(3)衬砌背后的排水盲沟应与衬砌同时进行，盲沟反滤层外回填更应密实，以防渗水漫流。

(4)严寒地区的衬砌背后排水设施要加设防冻保温层；如气温很低，还应将排水设施设在离衬砌背面较深位置，四周加厚保温层，务必使排水设施内的水流不受衬砌表面的低温影响而造成冻害。

(5)衬砌前要进行施工质量检查和排水试验，合格后方能进行下道工序。

二、施 工 排 水

5. 隧道施工防水排水有什么基本要求？

答：隧道施工防水排水一般情况以排为主，特殊条件下以堵为主，采取截、堵、排相结合的综合措施。

(1)尽量采取能减少对地下水平衡破坏、对地表水污染、对农田山体坡脚毁坏的措施。如将水堵于主体工程以外，施工用水经过处理符合排放要求后排入河道内。

(2)采取的措施首先有利于隧道施工顺利开展，并有利于隧道营运期间的结构稳定和交通安全。如截断水源尽可能减少洞内水量和堵水的发生；沿着安排的途径疏干围岩含水，保障不损坏和降低工程质量。

(3)施工安排上尽量利用设计的排水系统，保障施工期间排水畅通。如寒冷地区及严寒地区施工应先安排排水坑道施工，既可探明地质条件，又能排除施工水，且能减少防冻投入。

6. 洞口防排水需做哪些方面工作?

答:隧道施工前必须先做好洞顶、洞口和隧道周围地表的防排水工作,主要内容有:

(1)整洞顶地表,排除积水。所有坑洼、陷穴、探坑、钻孔等,应用不透水土壤回填夯实(湿陷性陷穴和岩溶孔洞等特殊地质应按设计认真处理)。

(2)整理对隧道有危害的流水沟渠,必要时以圬工铺砌,防止下渗,并使水流畅通、远离洞口;洞顶设有高压水池时,必须防渗漏、防溢;避免在洞顶安置生活区。

(3)洞口边、仰坡坡顶外天沟应确保截水引流,路堑纵坡向隧道内为下坡时应在洞口设置横向盲沟,路基边沟应挖成反坡排水。如为临时水沟需用防水砂浆抹面封闭。

(4)隧道洞口、辅助坑道口或井口的排水系统必须尽早完成并应妥善处理出水口,防止冲刷废渣危害农田和水利设施。

7. 隧道施工排水有哪些方式?

答:长隧道反坡地段不能自流排水,如涌水量较大并有长期补给来源时,应采取机械排水。隧道通过含水沙层,要设置滤层并采取降低其流速和流量的措施,以防止细小颗粒随排水流入坑道。隧道施工排水方式参见表8.1。

隧道施工排水方式 表8.1

部位	排水方式	施工方法	基本要求	附注
正洞	自然排水	利用隧道内上坡方向开挖的自然坡度挖沟排水	根据排水量及隧道纵坡决定水沟断面,水沟坡度与隧道坡度一致	不需要其他机械设备
	反向坡机械排水	当隧道向下坡方向开挖,需逐段开挖反向水沟和集水坑,并用水泵逐段抽水排出洞外	其反向水沟坡度不小于2%,分段长度根据洞身及水沟坡度和深度确定,挖沟要紧跟工作面	需用多台水泵
	工作面机械排水	隧道向下坡方向开挖,在工作面用潜水泵和辅助小水泵排至集水坑,再由主泵经排水管一次(或分段)排至洞外	集水坑宜设在侧洞内,其容积一般为2~4m^3,应保证莲蓬头淹没在最低水面以下不小于0.5m,窝壁和窝底宽度不小于莲蓬头外径	集水坑与泵站一起,不挖反向水沟,水泵用量少,但要大量排水管和大功率水泵

续上表

部位	排水方式	施工方法	基本要求	附注
辅助坑道	横洞自流排水	傍山、沿河或山体一侧较薄的隧道，设置横洞时，结合洞内排水引至横洞排出	横洞具有向外不小于3%的下坡	缩短正洞内排水长度，减少施工干扰
	平导综合排水	当有平行导坑时，正洞涌水结合洞内排水方式，通过横通道引至平行导坑排出	平行导坑底比正洞低0.2～0.6m	涌水由平行导坑排出，减少施工干扰
	斜井机械排水	当斜井掘进工作面涌水量较小时，可用潜水泵将水排入斗车或箕斗提升至地面；当涌水量较大时，用水泵直接将工作面涌水排出井外	用机械排水，泵站设置和管路选择应通过设计确定。在井口必须修建排水沟和环形截水沟，并防止地面水流入斜井	
	竖井机械排水	井身用吊桶或吊泵排水，对井壁涌水可用截水管截水或结合压浆堵水	为防止雨水、山洪流入井内，在井口周围需修建水沟和排水墙	

8. 截排水坑道设置有什么要求？

答：截排水坑道设置要求如下：

(1)根据地层含水率大小和对隧道的危害程度等确定排水坑道位置，一般设在最底层或设在对隧道影响最大的含水层中。截排水坑道一般与隧道平行或近似平行，并设于地下水流向隧道的一侧，垂直于水流方向。

(2)严寒地区隧道的截排水坑道用作为永久泄水洞时，一般可设在隧底之下，其埋置深度不得小于地层的最大冻结深度。除必须衬砌外并应留足泄水孔，隧道衬砌背后的防排水设施应予连通。

(3)当隧道设有平行导坑时，可利用平导超前开挖拦截地下水，而不必专设排水坑道，但应视坑道地质情况，进行必要的衬砌。

(4)截排水坑道可在出口接明渠将水排走，或用通道和排水管与隧道水沟连通。如只设局部地段的截排水坑道，可将通道与开挖面附近水沟连通。

(5)严寒地区的截排水坑道出口处应保温防寒，防止出现冰塞和冰锥。一般可加大出口段坡度、加厚土层保温，将出口置于沟谷最高结冰面以上，防止含泥水流倒灌淤塞，并做保温圆包头式和端墙式。

(6)截排水坑道的纵向坡度，应不小于3%，其断面大小，应在满足施工要求和机具条件下力求缩小净空，减少工程量。

9. 如何进行超前钻孔探排水？

答：当隧道掘进面接近与河流、湖泊、蓄水池等相通的断层、裂隙发育的破碎岩层时，接近溶洞、含水断层或地下水丰富的流沙层、冲积层、破碎岩层等含水层时，必须超前钻孔探排水掘进。作业要点有：

(1)根据水文地质和地质构造情况判定地下水流方向，确定钻孔位置、方向、数目和每次钻进深度。

(2)加强钻孔附近的坑道支护，清理坑道，准备好排水设施。

(3)根据估计水量、水压，对探水孔口进行加固，设套管安装水阀，以控制放水眼流量和预先释放掘进前方的高承水压。根据隧道排水能力，控制放水眼流量。

(4)为防止高承水压突然涌出，钻孔必须在高压滞水层前，预留15～20m的不透水层作为防护；宜经常保持15～20m的超前距离，以保证施工安全。

(5)当钻孔时发现岩层变松或黏土量增多，或沿钻杆向外流水超过正常凿岩供水量或出现空气变冷、发生雾气、有水声、顶板淋水、底板流水加大等其他涌水征兆，应立即停钻并不得抽动钻杆，一面监视水情，一面撤离人员再进行治理。

10. 怎样进行井点降水？

答：井点降水适用于渗透系数为0.1～8m/d的砂砾，粗、中、细砂等地层，但要求事先确知地下水的流动方向和不透水地层的位置、厚度等，以保证正确布置井点。降水的深度主要受设备限制，一般一层井点系统能降低水位3～6m。

井点系统的构成是将一系列井点管埋设于开挖底面以下的地层中，并将这些井点都连接到抽水总管，用真空泵和水泵将地下水抽出，以降低地下水位。井点管由滤管及井管连接组成，其中：滤管为长1m左右、直径50mm的无缝钢管，管壁钻有直径的花孔，管外缠绕间距2cm铁丝圈，再包两层金属滤网。管底端做成尖形，封死；井管一般用直径25mm无缝铜管制做，其长度视施工现场的具体条件确定，导坑内施工受空间限制，可采用1m左右短管分节打入接长。

井点管安装在钻孔内，孔壁与井管之间应及时用粗砂填实，孔口下至少0.5m深度内应用黏土填塞严密，防止漏气。井点间距一般为0.8～1.6m，钻孔深度比滤管底深0.5m左右，滤管顶端应低于底面以下1.0～1.2m，每组井点的埋设深度必须保持一致，井点管方向可竖直亦可向前或向两侧倾斜 50°~55°。

如注入管内的水很快下渗，或向井管与孔壁间填砂管内水面上升，则埋管合格。然后装上弯联管并和总管连接；抽水总管与泵的安装位置应尽量降低且沿抽水水流方向有 0.25%~0.5% 的上仰坡度。井管系统各部件均应安装严密，防止漏气；如排水管出现倒流水时，在排水管与水泵连接处须装逆止阀。气水分离箱与总管连接的管口宜高于抽水泵的叶轮轴线。

整个井点系统安装完毕，做总管真空试验。将所有的弯联管阀门和总管阀门关闭，从接近泵站一端开始依次打开总管的阀门，读取真空度仪表的读数。总管合格之后，开启各井点的阀门，检查其真空度，对不合格的应立即加以检修。

真空试验合格后，即可正式运转。先开动真空泵，随即开动抽水泵，抽水管的阀门应根据水流多少确定开启大小，不可一开始时就将其开大。开始抽出的水可能夹带一部分细砂，正常情况下，过一段时间即可消失。但若滤网孔眼过大，沙粒会不断抽出。或者排水管上的阀门开启过大，泵将系统内的水全部抽完，真空泵又将系统外的水强吸进来，也将带进部分泥砂。这表示泵的抽水量过大，超过地下水流供应量，调整的方法是将排水管阀门关小。

若泵站经过数天抽水后，排水管的水仍然满流，则证明泵站的抽水量太小，可开动备用泵，以使水位迅速降低。井点系统在工作时，真空计所指示的真空度应和设计的相符，或比设计的略高，才能达到预计降低水位的目的。当发现真空度不够，抽出水量很少时，可先将泵站与总管之间的闸阀关闭，则真空计读数应上升到 600~650mm，如仍停留在低读数不动，则可断定真空度不足的原因与泵站有关。泵站检查完毕后，打开闸阀，再检查抽吸系统。抽吸系统漏气部位主要在各接头处和滤管处。抽水过程中应经常检查管路有无漏气及“死井”，如有“死井”，可用水冲进疏通或重新埋设。

11. 怎样进行深井抽水？

答：当浅埋隧道或竖井穿过潜水、承压水层时，在隧道两侧或竖井的四周从地表钻凿深井，依靠水管抽水降低水位。但地下水渗流入井的速度有一定限度，要达到预定的降低水位效果需要一定的时间。一般使用条件是：含水层厚度小于 15m，但其中黏土夹层不超过两层，否则每一层上都会留下未滤干带；岩层渗透系数 10~10m/d 较为合理；颗粒小于 0.05m 的含量不得超过 3%（按体积计），否则在抽水时，可能在井孔附近形成空洞。

深井钻孔直径宜大于井管直径 5~10cm，钻孔深度应达到隧底以下 5m 左右，并应根据抽水期内沉淀物沉积的高度加深；深井间距，一般为 25~30m。

钻井套管安置可逐节或整根沉放，其安置深度视土质而定。井管为穿孔的钢管，孔有网状和缝状两种。网状适用于渗透系数较小的岩层，缝状适用于渗透系数较大的岩层。井管滤网位置应放置在含水层的适当范围内，井管内径一般宜大于水泵外径5cm。井管与孔壁之间填充粒径须大于滤网孔过滤材料。水泵安装前应清洗滤井，冲除沉渣。使用前检查各管段、轴件的连接必须紧密牢固，不得漏水。对地下水位下降情况和流量应进行观测并做好记录。

12. 怎样进行斜井排水？

答：根据斜井长及倾角不同而采用单段排水和分段排水，单段排水适用于斜井倾角小于20°，斜井长不大于200m即在工作而用一台卧泵直接排放至地面，一般在斜井掘进初期，井身掘进不深时采用，随斜井长度加深再改为分段排水。分段排水是在工作面采用风动潜水泵将水排到移动泵站特制的水箱，再转固定泵站排至地面。如工作面直接用卧泵排水，应将卧泵安放成水平状态，为适应不同倾角斜井的情况，采用专用活接水泵台车，其前端的撑架为一螺杆千斤顶，后面平台与车架用铰链连接，可以随斜井倾角不同，升降千斤顶，使水泵保持水平状态。

工作面的卧泵随工作面的推进向前移动，其距工作面最远距离 L 按下式计算：

$$L = \frac{H_c + 0.4}{\sin\alpha}$$

式中：H_c——水泵吸水最大垂直高度（m），一般为5～6m；

0.4——吸水龙头上面的水层高度（m）；

α——斜井倾角（°）。

13. 竖井注浆堵水有哪些方式？

答：把浆液压注到岩层裂隙，将破碎的透水岩层胶结成稳定的不透水整体岩层，将水封阻于竖井外围，是保证竖井正常施工的有效措施之一，能最大限度降低竖井内涌水、减少机械排水量。竖井施工的注浆堵水，针对地层条件和涌水现象可采用下列不同方式。

（1）地面预注浆。适用于竖井穿过的含水层埋藏较浅，岩层厚度大；或每层厚度不大，但与不透水岩层互层，预计竖井涌水量超过 $50m^3/h$ 外以上。在竖井施工之前，围绕竖井周边，距开挖壁面3～4m，由地表钻孔透过含水层，将岩石裂隙灌注水泥浆或水泥—水玻璃浆液，形成圆形隔水墙。

(2)工作面顶注浆。是在掘进工作面距含水层5～10m时,便停止掘进工作进行衬砌,并在工作面筑止水垫,然后由工作面周边外插打钻孔,对下部即将穿过的含水层作注浆封水处理。这种方法用于处理局部含水层,或含水层赋存很深时。

(3)壁后压浆。主要用于竖井衬砌后井壁仍有渗水、漏水。壁后注浆后可杜绝水眼、封住淋水,还可作为加固井壁的有效措施。注浆孔的深度,对岩层裂隙注浆时,注浆孔必须穿透井壁,孔深等于或大于一倍半的井壁厚度。

14. 怎样处理施工期间井帮淋水及涌水?

答:施工期间井帮淋水及涌水处理方法如下:

(1)截。在漏水井壁下方设截水槽,将淋水截住,用胶皮管将水引入水桶,由水泵排出地面当竖井内设有中间转水站时,便可将水引入水仓,然后排出。

(2)导。当井壁施工通过含水层时,采用埋设导管的办法,将水集中导出,保证混凝土井壁的质量。导水管数量以能满足放水的要求为原则。导管一端应埋入砾石堆,以利于滤水和防止涌水带走壁后泥砂,另一端伸出井壁,以便利用注浆封水之用,伸出长度应不超过50mm,以免影响吊盘起落。

(3)挡。当水量较大时,可在衬砌厚度范围外设置临时挡板挡水,并迫使其全部通过导水管引走,以保证该段混凝土作业顺利进行。

三、注 浆 堵 水

15. 开挖前注浆堵水有什么方法?

答:开挖前注浆堵水有以下方法:

(1)地表预注浆。在隧道两侧地表钻孔注浆,以形成隔水帷幕。一般适用于覆盖层较薄的地段,帷幕预注浆的钻孔,一般离隧道中线7～10m。两侧交错排列梅花形布置或根据涌水方向决定;钻孔间距由浆液扩散半径确定;孔深要超过隧底约2m,碰到岩溶(几率较小)最好改布斜钻孔,以增加揭露裂隙几率。主要优点有:工作条件好,全部作业在地面进行,可以采用大型注浆设备以及多台钻机同时作业,并能提前预压不受洞内掘进限制。

(2)洞内工作面预注浆。在工作面水平钻孔压浆,以形成隧道周围隔水圈。适用于深埋隧道采用地表垂直钻孔工作量过大,且钻孔不易钻到突水层,或含水层较薄且多,层距较远。可根据水文地质资料或超前坑道与钻孔的探测确定注浆长度与掘进长度。掘进长度为注浆长度的70% ~80%，每段预留20% ~30%作为下段注浆的止浆盘。采用注浆泵能力来确定孔段长度，则要求注浆泵的单位时间的排浆量应大于或等于孔段长度单位时间的吸浆量。一般洞内钻压工作面小，干扰大，条件差。

(3)地表与洞内综合预注浆。当采用单一的地表或洞内预注浆都不能达到堵水作用时，或注浆的效果难以精确判断时，以两者综合预注浆较好。如地表预注浆比洞内预注浆超前一环进行，可以加快施工进度，可加固地层、堵塞大的突水通道，提高洞内预注浆效果。当岩溶地层溶裂无规律，地表钻孔往往不易钻到溶裂地层，必须结合洞内预注浆提高注浆质量。当地表预注浆能控制和堵塞溶裂，且钻20° ~30°斜孔，能见到溶裂层时，宜优先使用地表预注浆，反之，洞内预注浆止水效果优于地表，应优先或结合使用洞内预注浆。

(4)超前小导管注浆。是在开挖掘进前，沿坑道周边打入带孔的小导管，由上而下地向小导管内注浆，使浆液渗通到地层中，在坑道周围形或堵水帷幕并加固围岩。小导管一般采用直径40mm的无缝钢管制作，钻孔直径应较管径大20mm以上，间距一般为30 ~40cm，外插角控制在15°左右。注浆时严格控制孔口压力不得超过允许限值，当每根导管内已达到规定的注入量时，就可结束。若孔口压力已达规定值，但注入量尚不足时，亦应停止注浆。注浆结束后，必须钻检查孔，或用声波探测仪检查注浆效果，如未达到要求，应进行补孔注浆。

16. 注浆故障有什么处理方法？

答：注浆过程中，有时注浆压力和吸浆量会出现异常变化，有些是属于注浆中的正常现象，如由于局部裂隙暂时堵塞，会出现假压，随着在高压下充塞物被冲开，压力又复下降；有些则是由各种原因引起的故障，需采取一定措施处理。常见的异常现象及原因和处理方法可参见表8.2。

常见的异常现象及原因和处理方法 表8.2

异常现象	表现形式及原因	处理方法
泵压—突然自动下降，并长时间不回升，成泵压虽未明显下降，但注浆量突然增大	作业面跑浆，主要原因就是止浆岩盘压浆充填不密实，或孔浆封堵不严等	用麻棉丝或锯末加速凝胶泥进行外部封堵，并作间歇压浆，间隔时间不能超过浆液的凝胶时间，如若跑浆很严重，还可用改变C/S配比，缩短凝胶时间来加以控制，如采用上述办法都不能见效时，应重新补孔，加喷混凝土，再进行补压
	串浆	及时关闭串浆孔的孔口阀门。注浆孔的注浆量在可能的情况下，应加倍压入

续上表

异常现象	表现形式及原因	处理方法
泵压突增,而压浆孔口压力升压很慢或不升压,吸浆能力降低成停止	长时间不上压	首先查明有无浆液流失,两泵的吸浆是否正常。根据地质资料和钻孔记录,判断前方是否有断层、空洞、大裂隙等,视情况采取措施:如有浆液流失,及时采取封堵、调浓浆液、缩短凝胶时间、间歇注浆等方法;如是泵的吸浆不正常,则采取措施加以排除,但另一台泵不能停止,应继续注浆;如果有断层、空洞或大裂隙,则应调浓浆液、缩短凝胶时间、加大排量压注
	上压很快,不吸浆	可能管路的阀门没有开启,或地层流出的泥砂堵死了注浆管,只需打开阀门,或者把注浆管掏空,即可进行正常注浆
	输浆管路堵塞	单液压注或压注清水,待泵压正常再继续正规注浆,如混合胶管被堵塞,用泵吸清水加大压力和排量冲压,并振打混合管,即可排除,在注浆过程中,如有一台泵不吸浆,一般是吸浆口被堵或进排浆门有大颗粒物质堵塞。此时应立即停泵拆洗清除。但另一台泵不能停,应继续压注
泵压及注浆孔口压力突然上升,吸浆能力降低或停止	混合器或注浆管堵塞	单液压注或压注清水,待泵压正常再正规继续注浆
泵压骤降,吸浆量迅速减小或不吸浆	泵的吸水龙头或吸浆口球阀(低压阀)被堵	停泵清洗

17. 检查注浆质量有什么方法?

答:检查注浆质量有以下方法:

(1)采用径向钻孔,检查注浆范围的钻进情况与岩芯成分和注浆体、溶洞泥固结体的抗压强度等,以此来评价溶裂与流塑泥的注浆质量。

(2)开挖观察检查注浆液在地层的扩散距离、扩散方向,在地层的充填胶结情况以及开挖面的漏水量等。还可以从注浆段掘进情况直接检查注浆质量。

(3)根据注浆记录(如压力、注浆量等)来判断注浆效果。

(4)根据注浆前后地层声波速度的大小对比来判断浆液充填的密实程度。采用各种测试手段测定工作面注浆后的涌水量。涌水量小于规定值,则质量满足要求。

18. 洞内预注浆作业有哪些需注意事项?

答:洞内预注浆作业需注意以下事项:

(1)注浆布孔应根据涌水方向及地质情况进行调整,宜长短结合并呈伞形辐射状。一般在水流方向及岩层倾斜上方,钻孔可距隧道远些,孔适当密些,其他方向应距隧道近些,孔距大些。裂隙愈密小,孔适当增多;反之,可减少。钻孔倾斜角度随注浆段长度面异,在孔的终端断面,注浆孔距开挖轮廓距离一般为隧道开挖高度的0.5~1.0倍。对已探明溶裂突水应布孔,及时注浆堵水;对充填稀黏土的溶洞地层,采取邻孔钻注,使本孔排稀泥。布孔先稀后密,先外后内,根据具体情况再增加钻孔,先钻一般溶裂地层的孔,然后再集中于大的溶裂与溶洞层。

(2)钻注浆孔要按设计要求准确定孔位,开孔时要轻加压、慢速、大水量,防止把孔开斜,钻错方向。为防止串浆,钻进顺序应按上、中、下、左、右孔错开,长短孔错开。孔径宜尽可能大些,大孔径揭露岩石裂隙的几率也越多,对注浆越有利。钻孔中如遇破碎带,可停止钻进,先行压浆,再继续钻进。钻凿深孔应防止压弯钻具甩打孔壁,造成塌孔或断杆事故。详细记录:钻进进尺、起止深度、钻具尺寸、变径位置、岩石名称、裂隙发育程度及分布位置、出水量、出水位置、处理事故和时间、终孔深度等。

(3)根据钻孔涌水情况、裂缝发育程度和注浆设备能力等确定注浆方式。分段上行式注浆:注浆孔一次钻到设计全深,使用止浆塞由孔底分段向外注浆。其优点是无需重复钻孔,能加快注浆进度;但须使用性能良好、工作可靠的止浆塞;一般在岩层较稳定和裂隙、节理不甚发育的条件下采用。分段下行式注浆:注浆孔钻进一段压一段,由外向里反复交替,直至全深。其优点是上段注浆后,下段注浆时获得复压,堵水效果较好。但交替进行,加大了钻孔工作量,影响注浆进度。一般在岩层破碎或裂隙极发育的条件下采用。全段一次注浆:注浆孔一次钻至设计全深,一次完成注浆。其优点是工艺简单,由于减少装拔止浆塞的工作,因而可缩短注浆施工时间。其缺点是由于一次注浆孔段增长,难于保证质量,因而要求严格掌握注浆技术;岩层吸浆量大时,要求使用功率大的注浆设备;易出现不均匀扩散,影响堵水效果。一般在注浆孔不太深,且岩层裂隙较均匀的条件下采用。

(4)钻孔完毕,应进行掏孔检查。在确认没有坍孔和探头石的情况下,方可下管。如有坍孔或探头石,必须用钻机进行扫孔。根据确定的注浆方式确定止浆塞位置。用沾有 CS 胶泥的麻丝绳绕成不小于钻孔直径的纺锤形柱塞,把管子插入孔内,再用台车把管顶入孔内要求的深度,使麻丝柱塞与孔壁充分挤压紧实,然后在麻丝与孔口空余部分,填充 CS 塑胶泥,使注浆管和止浆塞固定。顶进注浆管时,必须将钻头换成冲套,注浆管须带护丝箍,以保护管口外丝扣。

(5)通过压水试验测定岩层的吸水性,核实岩层的渗透性,为注浆时选取泵量、泵压及浆液配方等提供参考依据,同时冲洗钻孔,检查止浆塞效果和注浆管路是否有跑、漏水现象。并通过压水将裂隙中松软的泥质充填物推送到注浆范围以外,使浆液进入裂隙后增加充塞的密实性和胶结强度。压水压力应由小逐渐增大到预定注浆压力,并持续几分钟。

(6)止浆盘的作用是防止未注浆地段地下水涌向作业面及防止下段注浆时跑浆。根据注浆终压和岩层的情况,可在预留的岩盘,加喷 15 ~ 25mm 厚 C20 混凝土加固岩壁。喷混凝土的范围是整个开挖面 3m 地段,特别是在注浆孔周围 3m 范围以内及钢拱和有管棚出露处附近,必须反复加喷,保证喷射厚度。喷混凝土时注浆管应带上防护套帽,以保护注浆管丝扣和避免喷混凝土堵塞注浆管。

(7)注浆顺序一般为先内圈孔后外圈孔、先无水孔后有水孔。根据降水漏斗的原理,一般是从拱顶顺序向下压注,如遇串浆或跑浆,则间隔一孔或几孔灌压。注浆压力的控制应使泵压达到预定值时,会自动停泵,不至于发生超压,并对注浆泵的排量用调节控制按钮和排量记录仪加以监控。为防止由于压注速度过大,造成上压过快返浆、漏浆等异常现象,影响注浆质量,在注浆前先测定注浆孔的吸水率,以确定合适的压入速度。浆液配比的控制原则一般是先稀后浓,逐级变换。

19. 如何确定注浆参数?

答:注浆参数确定如下。

(1)注浆扩散半径

在空隙性岩层比较规则、均匀,在岩层裂隙中是不规则的。浆液的扩散半径随岩层渗透系数、压浆压力、压入时间的增加而增大,随浆液浓度和黏度的增加而减少。施工中对压浆压力、浆液浓度、压入量等参数可以认为控制与调整。对控制扩散范围可以起到一定的作用。以水玻璃为主剂的浆液,其实际有效扩散半径见表 8.3。水泥浆液在裂隙岩石中的有效扩散半径见表 8.4。

以水玻璃为主剂有效扩散半径(单位:m)　　表8.3

岩层类别	实际有效扩散半径	岩层类别	实际有效扩散半径
砂砾	1.75~2.00	细砂	0.5~0.7
粗砂	1.2~1.45	淤泥	0.5
中砂	0.80~1.00	黏土	0.5

水泥浆液在裂隙岩石中的有效扩散半径　　表8.4

裂隙宽度(mm)	有效扩散半径(m)	裂隙宽度(mm)	有效扩散半径(m)
<5	2	>30	6
5~30	4		

(2)注浆压力

一般压力越高,浆液充填饱满,结石体强度高、不透水性好,并能增大扩散半径以减少注浆孔数。但压力过高,会使裂缝扩大,浆液流失过远以及工作面冒浆等。注浆终压通常根据经验确定,一般比水压高0.2~0.4MPa。

如量测水压有困难或不要求准确的终压值,亦可参考下列压浆压力经验公式:

地表注浆　　$P=(0.2\sim0.5)H_1$

洞内注浆　　$P=(0.2\sim0.5)H_1K$

式中:H_1——孔位至静水位高度(m);

K——洞内修正系数,1.2~2.0;

P——注浆压力(MPa)。

(3)浆液浓度

浆液浓度的选择根据岩层的吸水率来确定。吸水率越大,岩层透水层越强,则浆液宜浓。吸水率为单位时间内每米钻孔在每米水压作用下的吸水量,可通过压水试验按下式计算。

$$q=\frac{Q}{Hh}$$

式中:q——钻孔吸水率[L/(min·m·m)];

Q——单位时间内钻孔在恒压下的吸水量(L/min);

H——试验时所使用的压力(10kPa);

h——试验钻孔长度(m)。

根据上式算出单位吸水率,由表8.5选择水泥浆液浓度。

水泥浆液浓度选择表 表8.5

钻孔吸水率 [L/(min · m · m)]	浆液起始浓度 (水灰比)	钻孔吸水率 [L/(min · m · m)]	浆液起始浓度 (水灰比)
0.01~0.1	8:1	3.0~5.0	1:1
0.1~0.5	6:1	5.0~10.0	0.5:1(加掺和料)
0.5~1.0	4:1	>10	0.5:1(加掺和料)
1.0~3.0	2:1		

常用的水泥浆液浓度为1.5:1~0.5:1,用某浓度级水泥浆液压浆过程中,吸浆率为吸水率的80%~85%时,可以认为浓度适宜;压浆压力保持不变,吸浆量随压浆时间延长逐渐减少时,或当吸浆量不变而压力却逐渐升高时,均属于浓度适中,不需要改变浆液浓度;如果连续压入20~30min后,压浆压力和吸浆量均无改变或改变不大,即可换用较浓一级的浆液。遇到有冒浆或岩层破碎带、大裂隙、岩溶发育地层时,应越级加浓,或采用间歇压浆、水泥—水玻璃双液压浆等措施。在岩溶发育的石灰石岩层压浆,可利用表8.6所列的数据进行选择。

浆液浓度选择表 表8.6

钻孔吸水率 [L/(min · m · m)]	<0.1	0.1~0.5	0.5~1.0	>1.0
浆液起始浓度 (水灰比)	>4:1	4:1~2:1	2:1~1:1	<1:1

(4)浆液注入量

为获得良好的堵水效果,必须注入足够的浆液量,确保一定的有效扩散范围。但浆液注入量过大,扩散范围太远,浪费浆液材料,可根据扩散半径及岩层裂隙率进出粗略估算,作为施工参考。

$$Q=\pi r^2 H\eta\beta$$

式中:Q——浆液注入量(m^3);

r——浆液扩散半径(m);

H——压浆段长度(m);

η——岩层裂隙率,一般取1%~5%;

β——浆液在裂隙内的有效充填系数,为0.3~0.9,视岩层性质而定。

对于大的溶裂、大的溶洞,裂隙率>5%时,浆液注入量难以计算,因此,在这种情况下,宜用注浆压力控制注浆量,注浆量只能按注浆终压规定值时的注浆总量来决定。

注浆结束标准。一般以两个指标表示，即最终吸浆量和达到终压后的持续时间。一般结束标准是：注浆压力达到设计终压；吸浆量、双液（水泥—水玻璃浆液）为 50 ~ 100L/min，单液（水泥浆）为 20 ~ 60L/min，稳定约 20min 即可结束。在正常的情况下，一般采用定压注浆，当注浆压力达到或接近终压时结束注浆，而当压力接近终压或达到终压的 80% 时，如出现较大的跑浆，经间歇注浆后达到或接近终压也可结束注浆。整治涌水突泥，其终压值根据客观条件的变化，可选择合理的上限值和下限值与导坑突水量作为终止标准。

20. 依据什么选择注浆材料?

答：注浆材料选择依据如下：

（1）浆液在一定的压力下，能渗到一定宽度的裂隙或空洞中去，即具有良好的渗入性。水泥类浆液可以压入颗粒不小于 0.6mm 的粗砂；水玻璃类可压入 0.10mm 的粉砂；木质素类可压入颗粒不小于 0.03mm 的泥土；丙烯酰胺类黏度近似水，可压入 0.013mm 的泥土。

（2）浆液凝结成结石后，应具有一定强度和黏结力。一般情况下应尽可能采用固体颗粒材料（水泥浆液、水泥—水玻璃浆液），只有在固粒材料浆不能达到压浆处理的要求，如岩层裂隙细微、压不进去或涌水大、流速大时，才考虑采用化学浆液。

（3）根据地层条件选择压浆材料。断层破碎带和砂卵石地层，当裂隙宽度（或粒径）大于 1mm，或渗透系数 $k \geqslant 5 \times 10^{-4}$ m/s 时，宜优先选用单液水泥浆和水泥—水玻璃浆；中、细、粉砂层及细小裂隙岩层，断层泥段宜选用渗透性好、低毒、遇水膨胀的化学浆液，如聚氨酯类。对于颗粒更小的黏土层，采用水泥浆、水泥—水玻璃类，可在水泥浆中加入膨润土、粉煤灰等填料，将使浆液具有触变性能，并能防止材料的分离和水泥颗粒的沉淀。

（4）选择浆液时，除注重浆液的性能和岩层的渗透性外，还要考虑注浆压力、泵量和压注方式等与注浆工艺有关的因素。选用一种或几种最合适的注浆材料和配方，配合使用以充分发挥各种材料的特点，达到合理的技术经济指标。

21. 常用注浆液有何特点?

答：常用的注浆浆液有水泥浆液、水泥—水玻璃浆液以及各种化学浆液，如铬木素、尿醛树脂、丙烯酰胺、木胺和聚氨酯浆液等。常用浆液的基本性能、主要成分及适用范围见表 8.7。

常用浆液的基本性能、主要成分及适用范围　　表 8.7

浆液名称	单液水泥浆	水泥—水玻滴	水玻璃类	铬木素类	丙烯酰胺	PM 型浆液
黏度(cP)	15～140	15～140	3～4	3～4	1.2	10～900
注入最小粒径(mm)	1	1	0.1	0.03	0.01	0.03
渗透系数(cm/s)	10^{-1}～10^{-3}	10^{-2}～10^{-4}	10^{-2}	10^{-3}～10^{-4}	10^{-5}～10^{-6}	10^{-4}～10^{-5}
凝胶时间(min)	365～900	0.2～60	0～60	0.2～60	0.2～60	0.2～60
抗压强度(MPa)	10～25	5～20	3	0.4～2	0.4～0.6	6～10
拌入方式	单液	双液	双液	单或双液	双液	单液
扩散半径(mm)	200～300	200～300	300～400	300～400	500～600	400～500
适用范围	基岩裂隙注浆	基岩裂隙注浆	冲积层注浆	冲积层注浆	冲积层注浆	冲积层或裂隙注浆
主要成分	水泥、其他附加剂	水泥、水玻璃	水玻璃其他附加剂	亚硫酸盐纸浆废液、重铬酸钠、过硫酸铵、其他	丙烯酰胺、过硫酸铵、N,N′-亚甲基双丙烯酰胺、β-二甲氨基丙腈	甲苯二异氰酸酯、聚醚树脂、溶剂催化剂、表面活性剂等
材料来源	易	易	易	较易	难	难

注：1cP = 10^{-3}Pa·s。

水泥浆液具有结石体强度高、工艺简单、浆液配制容易、材料来源丰富、成本较低等优点。但水泥颗粒较粗、易沉降析水、稳定性差、浆液凝结时间较长、易被水冲失、早期强度较低，结石率低。一般常用水泥浆液的水灰比为 4∶1～0.5∶1 稀浆黏度低，易于压注，但强度亦低、凝结时间长、稳定性和结石率都不好；浓浆则相反。因此，在满足注浆工艺和岩层压注性需要的条件下，应尽量使用浓液。

水泥、水玻璃类浆液具有料源丰富，结石体抗压强度可达 10～20MPa，结石率可达 100%。无毒、不污染环境，可灌性好，易于配制，注浆设备简单。浆液的凝固时间，可以准确调节。加入少量(小于 3%)磷酸或磷酸氢二钠，浆液即缓凝;加入少量(小于15%)白灰或增加浆液温度,浆液即速凝;适宜用于0.2mm以上裂隙和1mm以上粒径的砂层使用。改变水玻璃与水泥的配合比或改变水泥稠度可以调整浆液凝结时间。唯对细粉粒土壤不易压入。在动水条件下注浆,被水冲走或稀释或排挤变位的程度甚小,不至于对注浆浆液的凝固产生大的影响;结石体在地层中因不与空气接触,不会受温度影响;在地下水中不含腐蚀性物质,浆液结石体不会因失水而开裂,不产生强度下降问题,由于效果好而被广泛应用于注浆堵水。

铬木素浆液黏度低,凝胶时间可以控制在十几秒到几十分钟之间,凝胶体化学性能稳定、浸水膨胀、抗渗性好,固砂体强度较高、材料来源广、成本低。

丙凝是以水溶液压入岩层,通过氧化—还原体系的引发作用,发生聚合反应,形成具有弹性的、不溶于水的高分子硬性凝胶,达到堵水和固结岩体的作用。缺点是目前料源少、成本高,而且凝固体的强度低。较好的办法是先压入水泥、水玻璃类浆液,使孔隙达到一定程度的闭塞,然后再用丙烯酰胺等化学浆液压注,这样,可以减少化学浆液用量,降低成本并提高凝固体的强度。

聚氨酯浆液压入岩层遇水立即反应,放出 CO_2,发泡膨胀,最后生成聚氨酯泡沫状固结体,达到防渗堵漏和加固岩体的目的。抗渗性能较好,强度较高,其固砂体的抗压强度在3MPa以上。遇水迅速反应,体积膨胀,产生二次渗透的作用。其膨胀体积可达原体积的5~10倍,因而有较大的扩散半径,并不易被地下水稀释和冲走。单液压注,工艺设备简单,但凝固时间不易控制。

第九章 辅助工法

一、辅助工法的一般规定

1. 辅助工法的目的和定义以及适用范围是什么?

答:(1)目的和定义

山岭隧道的工法目前主要采用以喷射混凝土、锚杆、钢架等为主要支护手段、一边保持围岩固有强度、一边进行开挖,而后修筑二次衬砌的施工方法,即通常所谓的“矿山法”。目前这种主流的施工方法的适用范围日益扩大。

随适用范围的扩大,仅仅采用主要的支护手段,来确保掌子面的稳定,在很多情况下是困难的。因此,就产生了用什么方法来使掌子面稳定,而且安全地、经济地进行施工的问题。这样,在隧道开挖和支护时,把主要使掌子面稳定的任何手段,都定义为“辅助工法”。

在日本的隧道技术规范(矿山法)中,把采用通常施工设备、机械能够处理的称为“辅助工法”,不能处理的,需要采用新的设备、机械才能处理的称为“特殊工法”。

(2)适用范围

辅助工法的适用范围相当广泛。有未固结围岩、膨胀性围岩、涌水的围岩、硬岩等。同时,在浅埋隧道存在地表下沉情况、在市区接近结构物的情况等,以及隧道洞口、扩幅、分叉等地段也广泛地采用了辅助工法。

过去在城市,对埋深小的隧道,多数是采用盾构法或明挖法修筑,但从经济观点出发,最近采用山岭隧道工法的情况也愈来愈多起来。这与辅助工法的采用有很大的关系。

2. 哪些围岩及地形条件需要辅助工法?

答:以下围岩及地形条件需要辅助工法:

(1)未固结围岩。

(2)砂层砂砾层围岩。

(3)砂层砂砾层互层围岩。

(4)风化花岗岩的围岩。

(5)膨胀性围岩。

(6)软弱的黏土质岩。

(7)蛇纹岩。

(8)结晶片岩和古生层的破碎带。

(9)强风化岩。

(10)大量、高压涌水的围岩。

(11)浅埋隧道。

(12)接近结构物的隧道。

3. 辅助工法如何分类?

答:辅助工法,有的是采用普通的设备、机械进行的,以稳定掌子面为主要目的的施工手段,其中包括掌子面喷混凝土、掌子面锚杆、超前支护、简便的注浆等方法。这些方法是比较简便的,可组合在隧道施工循环中。但掌子面喷混凝土和掌子面锚杆,在其后的开挖作业中要拆除。所以,选择的辅助工法合适与否,对隧道掘进速度有很大的影响。

不能采用通常的设备、机械,而主要以围岩补强为目的的辅助工法有注浆、冻结、垂直锚杆、管棚、高压喷射注浆等。同时,降低地下水位的辅助工法有井点、深层井点、排水钻孔、排水坑道等。这些辅助工法,多数是在隧道掘进之前进行的,规模比较大,所以,选择上述辅助工法时,要考虑对隧道开挖的安全性及经济性的影响。

辅助工法视其目的大体上分为掌子面稳定对策、地下水对策、地表面下沉对策、近接结构物对策。采用辅助工法时,要分别关注掌子面前方围岩、掌子面及掌子面后方围岩,并以最新的技术情报,进行综合判断,选定安全性、效果及经济性均优的辅助工法。具有代表性的辅助工法列于表 9.1。

辅助工法的分类 表9.1

工法			目的							围岩			摘要
			确保施工安全					保护周边环境					
			掌子面稳定对策			地下水对策		地表面下沉对策	近接结构物对策	硬岩	软岩	砂土	
			拱顶的稳定	掌子面的稳定	脚部的稳定								
超前支护	注浆小导管		○							○	○	○	
	长钢管		○					○	○		○	○	
	管棚		○					○	○		○	○	
	水平旋喷		○	○	○			○	○			○	
	预衬砌		○					○	○		○	○	
掌子面补强	掌子面喷混凝土			○						○	○	○	
	掌子面锚杆			○						○	○	○	
	长掌子面锚杆			○				○		○	○	○	
脚部补强	脚部补强锚杆				○			○			○	○	
	脚部补强钢管				○			○			○	○	
	临时仰拱				○			○				○	
地下水位对策	排水	排水钻孔	○	○	○	○	○			○	○	○	
		浅井点	○	○	○	○						○	
		深井点	○	○	○	○						○	
		排水坑道	○	○	○	○				○	○	○	
	止水	注浆	○	○	○	○	○	○	○	○	○	○	
		隔离壁				○	○	○	○			○	
围岩补强	注浆		○	○				○	○			○	
	地表垂直锚杆		○	○				○				○	

注：○-比较常用的方法。

二、辅助工法的选定

4. 稳定掌子面的辅助工法有哪些？

答：隧道开挖时，对涌水多的场合和未固结围岩、裂隙发育的围岩及膨胀性围岩等，应研究采用稳定掌子面的辅助工法。在对断层破碎带、岩堆及扇状堆积物等不良地质进行开挖时，应考虑施工的安全性、稳定性、对周边环境的影响等采用可靠性高的辅助工法。

(1)拱顶的稳定对策

拱顶稳定对策是开挖前在掌子面前方打入锚杆等来确保掌子面的稳定，因此可采用：开挖时，向前方斜向打入锚杆、钢筋、钢管等；能够提高拱顶稳定性的注浆短超前支护；具有改良拱顶周边围岩和正面掌子面稳定的长超前支护等方法。

①充填式超前支护

充填式超前支护是在掌子面上半部，沿外周施工小于5m的锚杆、钢筋、钢管等，力图增加拱顶围岩的抗剪强度，防止前方围岩松弛的方法。一般都采用钢筋充填水泥浆和砂浆。

此法作为防止拱顶崩落和松弛的对策是一般的方法，多在对策的初期阶段采用，在力图提高拱顶和正面掌子面稳定性的场合，也可采用正面喷射混凝土和正面锚杆等并用的方法。图9.1是充填式超前支护施工。

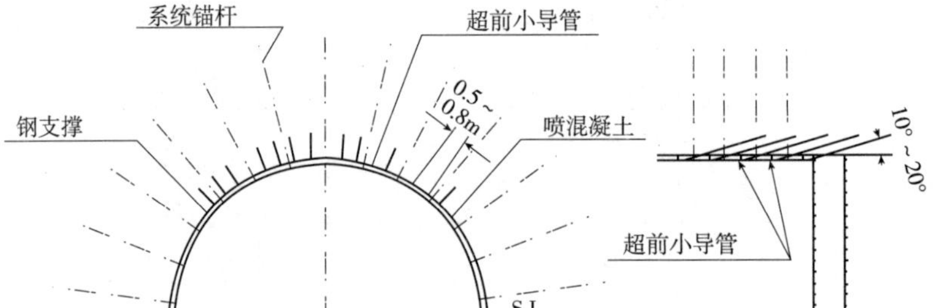

图9.1　充填式超前支护施工示意图

②注浆式超前支护

注浆式超前支护从掌子面斜向打入小于5m的锚杆和钢管等同时注入速凝

水泥浆等，提高前方围岩拱顶稳定性的方法。因施工时，可视掌子面状况，比较容易决定打设根数、注浆量、注浆压力等，因而应用效果好。图 9.2 是注浆式超前支护。

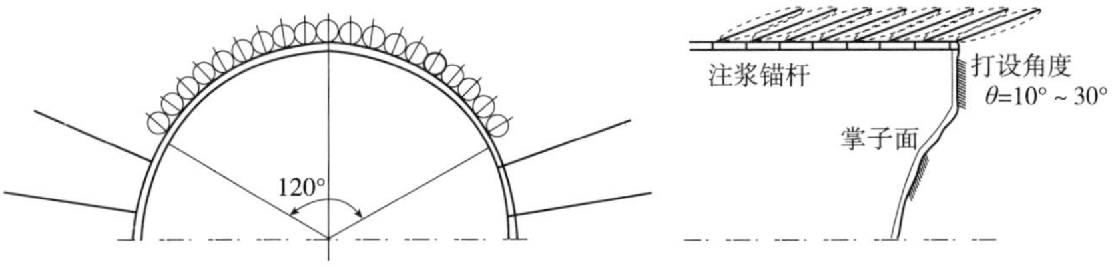

图 9.2 注浆式超前支护示意图

注浆式超前支护有钻孔后插入锚杆再注浆的类型和钻孔和注浆同时进行的自钻孔的类型。此法可以确实地对一定范围的围岩进行补强和改良，作为拱顶稳定对策，可靠性是比较高的，得到了比较广泛的应用。

③长超前支护

长超前支护是用于补强遇到岩堆、断层破碎带、未固结围岩等不能形成拱作用的不稳定围岩，控制先行位移，力图稳定掌子面的工法。一般说，超前支护构件多采用钢管，其长度超过 5m 以上，主要作为稳定拱顶围岩的对策。因为有时需要变更开挖断面形状和施工机械设备，采用时要考虑对工程进度的影响。长超前支护是在开挖前，沿开挖断面外周以一定间隔配置的，但要根据围岩条件和地表结构物位置的相互关系决定钢管的配置。此工法包括使用专用设备的工法和用钻孔台车施工的工法。图 9.3 是长超前支护施工。

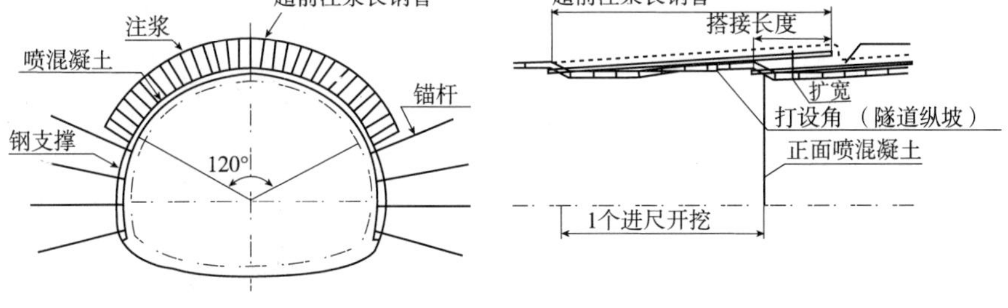

图 9.3 长超前支护施工示意图

(2)掌子面正面稳定对策

作为掌子面正面的稳定对策有核心土法、正面喷射混凝土法、正面锚杆法及注浆法等。正面的大小和形状及其自稳性有密切关系，故开挖断面小，就能够提高其稳定性,因此,小断面分部开挖,早期喷射混凝土,对提高正面稳定性是重要的。另外,并用正面喷射混凝土和正面锚杆等辅助工法进行大断面施工也是合理的,因此,要根据围岩条件、当地条件、施工性等进行综合判断决定。

①正面喷混凝土

开挖后立即喷射厚约 3 ~ 10cm 的喷混凝土,提高掌子面的稳定性。正面喷混凝土开挖后立即喷射,能够防止初期的崩塌和抑制围岩的松弛,提高正面的稳定性。在开挖作业停止的场合,为防止围岩劣化,要对正面喷射混凝土防护。图 9. 4是正面喷混凝土施工。

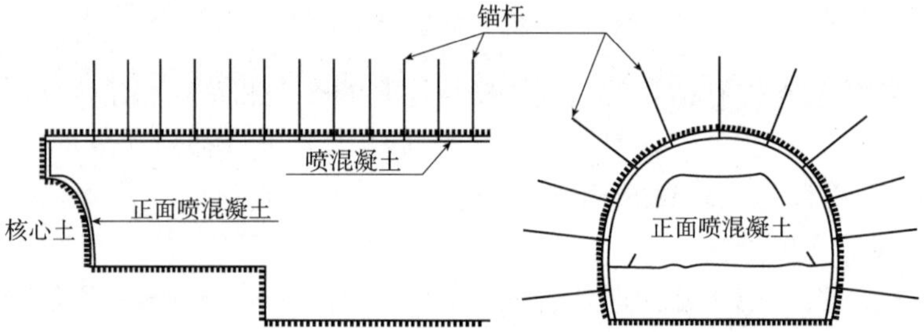

图 9. 4　正面喷混凝土施工示意图

②正面锚杆、正面长锚杆

正面锚杆可打设小于 5m 长度的和长度超过 5m 的锚杆。可在正面的一部分或者全部进行打设,用以维持掌子面的稳定和抑制地表面下沉,与喷混凝土配合使用效果更佳。可采用注浆式锚杆,锚杆材料考虑开挖时易于切断,多采用玻璃纤维锚杆。图 9. 5 是正面锚杆的施工。

③注浆法(图 9. 6)

作为掌子面稳定对策的注浆法,是向地层中压注水泥浆等非药液材料和水玻璃系的药液等材料,是在抑制地层的透水性和减少隧道内涌水量的场合,以及裂隙发育易于崩塌的围岩中采用的方法。采用注浆法时,要仔细调查断层破碎带等不稳定围岩的长度和涌水带的位置等,选定合适的注浆材料、注浆方法等。图 9. 6 是注浆法的施工。

(3)脚部的稳定对策

脚部稳定对策是针对支撑脚部支持地层的承载力不足、伴随脚部下沉和围岩松弛而采用的对策。具体地说,可采用上半断面临时仰拱、向支撑脚部打入斜向锚杆、钢管及喷射注浆等方法,也可以采用扩大脚部支持面积的带肋钢支撑的方法。

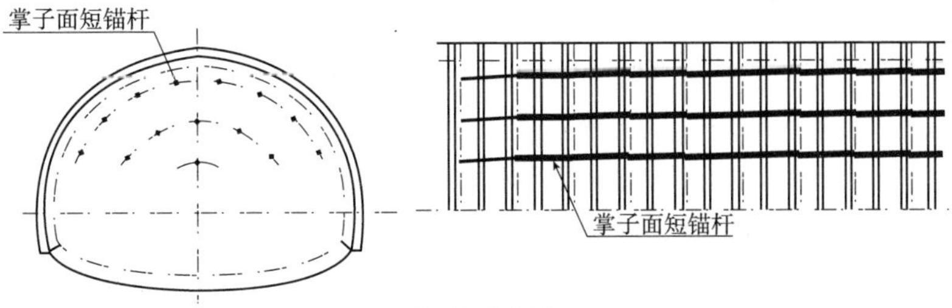

a)掌子面短锚杆

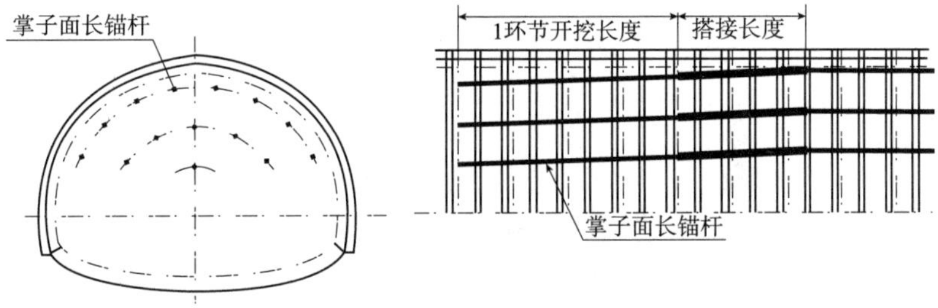

b)掌子面长锚杆

图 9.5　正面锚杆施工示意图

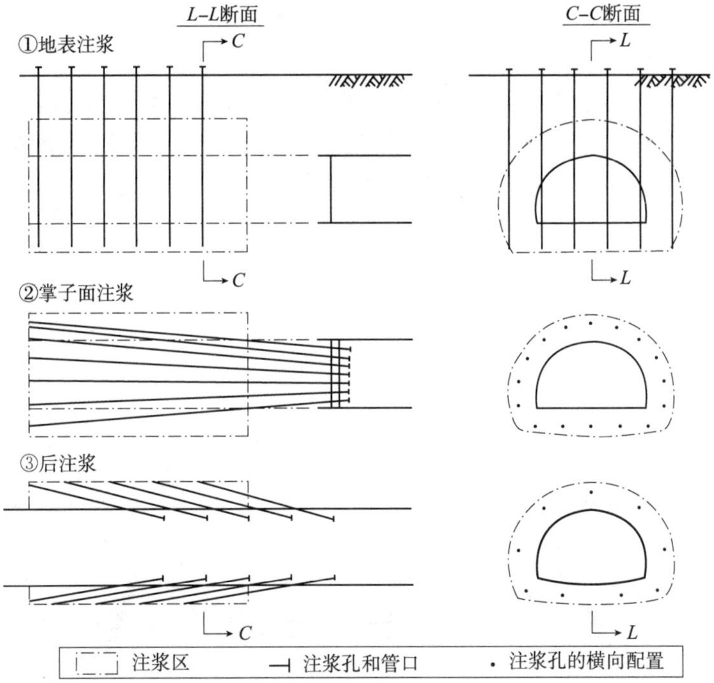

图 9.6　注浆法施工示意图

①上半断面临时仰拱

上半断面临时仰拱,一般是用喷混凝土临时闭合上半断面,稳定效果明显,而且可以根据量测结果及掌子面状况进行施工,但是也降低了上半断面开挖时的施工性和下半断面施工时拆除临时仰拱的施工效率。临时仰拱拆除时会产生很大的变形,事前要进行充分地研究。图9.7为上半断面临时仰拱施工。

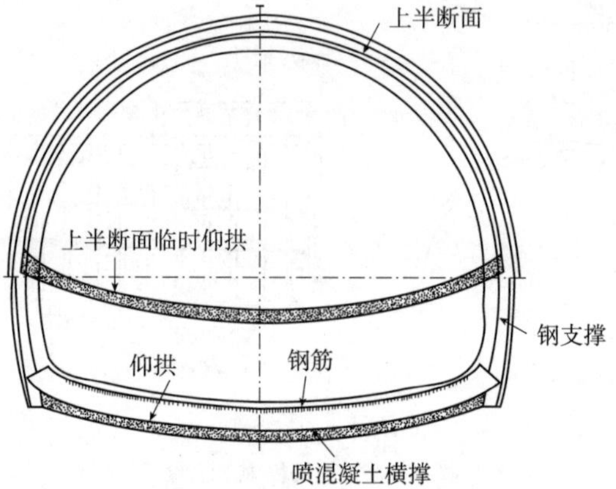

图9.7　上半断面临时仰拱施工示意图

②脚部补强锚杆、钢管

脚部补强锚杆、钢管是以缓和上半断面支撑接地部的应力集中和防止下半断面开挖时的围岩崩落为目的而施设的脚部锚杆、小口径钢管、旋喷注浆等方法。在脚部周边围岩强度不足的地方打设锚杆,同时压注速凝水泥浆等,力图增加脚部围岩强度。也有以确保脚部承载力为目的的脚部补强钢管的施工,见图9.8。

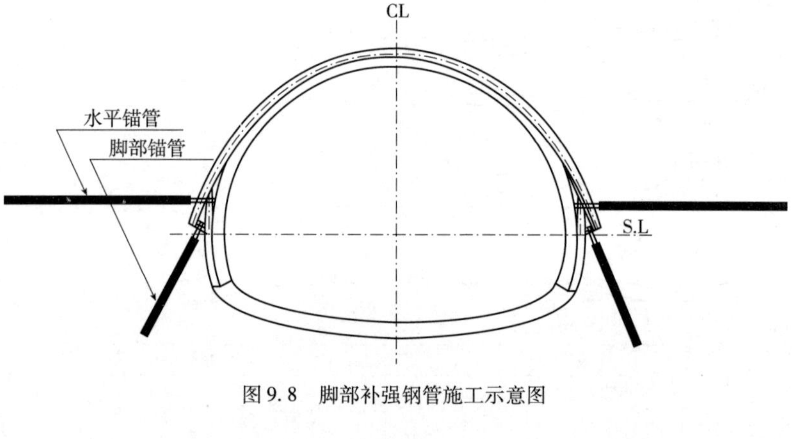

图9.8　脚部补强钢管施工示意图

5. 保护周边环境的辅助工法有哪些?

答:隧道开挖引起的地表面下沉,有时会对地表面、地中结构物产生变异的重大影响。采用地表面下沉对策的辅助工法时,要对围岩条件、受下沉影响的地表面、地中结构物等进行调查,并充分考虑各工法的效果、适用性、对周边环境的影响及隧道进度、施工方法等选定。

(1)长超前支护

此工法通常是沿隧道外周打设直径为 50 ~ 125mm 的长钢管,并往管内注浆,提高围岩刚度,从而抑制地表面下沉。一次的施工长度多采用 12m。图 9.9 是通过住宅区的双线隧道采用专用机型进行长钢管超前支护施工。

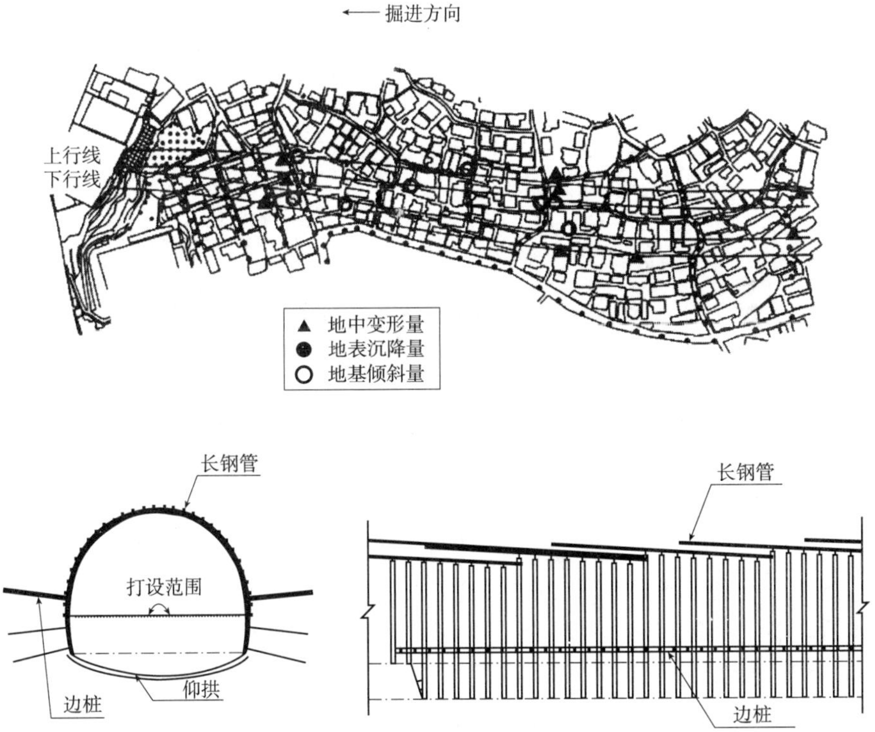

图 9.9 长钢管超前支护施工示意图

(2)管棚

此工法是沿隧道外周一边进行水平钻孔,一边插入钢管,而后向钢管内外进行充填注浆,利用钢管的刚性补强隧道周边围岩,抑制地表面下沉的方法。此工法因沿隧道外周打设水平钢管,多在隧道洞口段、埋深小的场合采用。因为需要设置反力壁等大型临时设备,施工速度比较慢,应根据施工条件、隧道进尺等选定。

此工法因要求正确的钻孔,其施工长度受到一定限制。为此,在施工区间比较长的场合多采用600mm大口径的钢管,也有采用能够控制方向的小口径推进机的方法。施工中要注意管棚自身引起的松弛,应对钢管外侧进行充分地填充,并用钢支撑确实地支持钢管。图9.10是在交通量大的干线公路下方通过的隧道中为防止施工造成道路沉陷的大口径管棚施工。

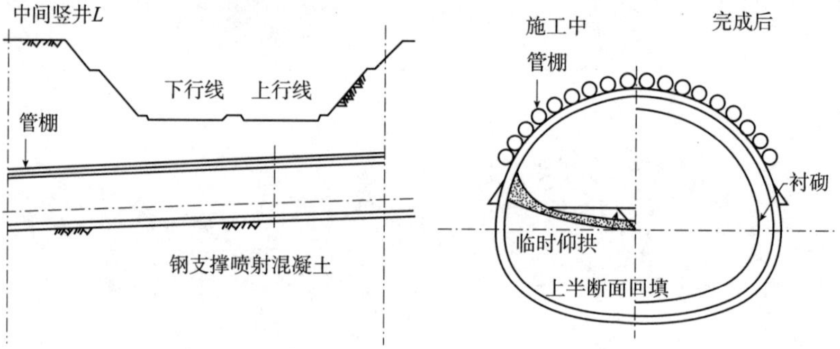

图9.10 大口径管棚施工示意图

(3)水平旋喷注浆

此工法一般采用专用机械钻深度10~15m的钻孔,以规定的速度,一边回转杆体一边拔出,在前端用超高压泵高压喷射,切削围岩形成半置换的圆柱改良体,此改良体沿隧道外周形成拱形改良区域,从而达到抑制地表面下沉的目的。也有在改良体内设置钢管,提高改良体纵向刚性的方法。

此工法因围岩条件不同,改良体也不同,施工前要进行试验施工,来决定改良体的规格。图9.11是在埋深小的隧道中的水平旋喷注浆施工。

(4)预衬砌

此工法是采用专用机械在掌子面前方沿隧道外周开挖一长约3~5m,厚约50cm的拱形沟槽,开挖后立即用混凝土等充填形成拱形壳体的方法。因在适当横向形成连续的刚性大的结构体能够发挥抑制先行位移的效果,适合用于地表面下沉容许小的城市隧道和接近重要结构物施工的场合。图9.12和图9.13为预衬砌施工。

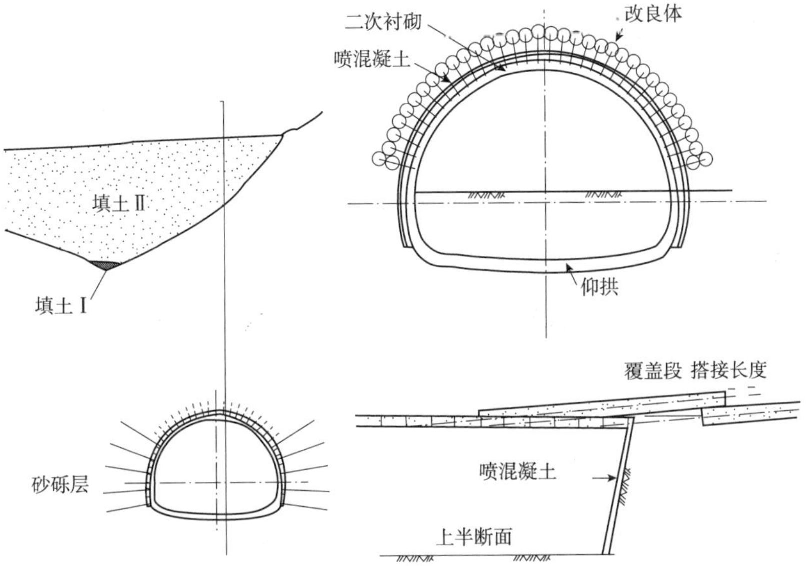

图 9.11　水平旋喷注浆施工示意图

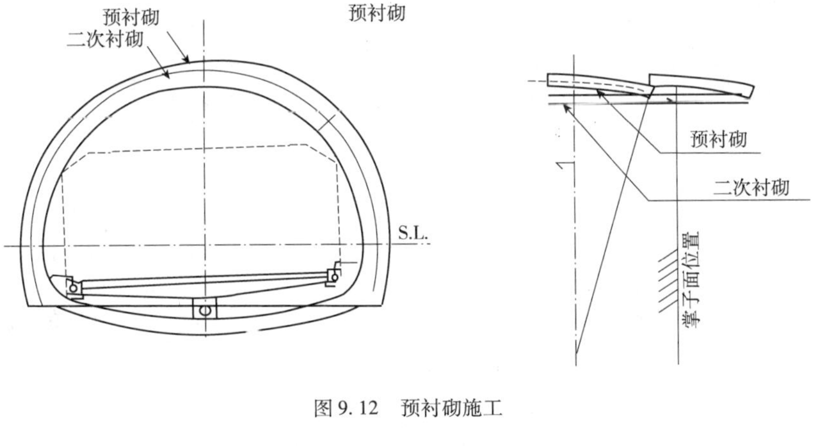

图 9.12　预衬砌施工

(5)地表垂直锚杆(图 9.14)

此工法是在隧道开挖前,事先从地表面进行垂直钻孔,而后插入钢筋等,并用砂浆等全面锚固对围岩进行补强,具有降低先行位移和围岩松弛的效果,不妨碍开挖作业是其优点,但也有因地表面土地利用状况不能施工的情况。

(6)注浆法(图 9.14)

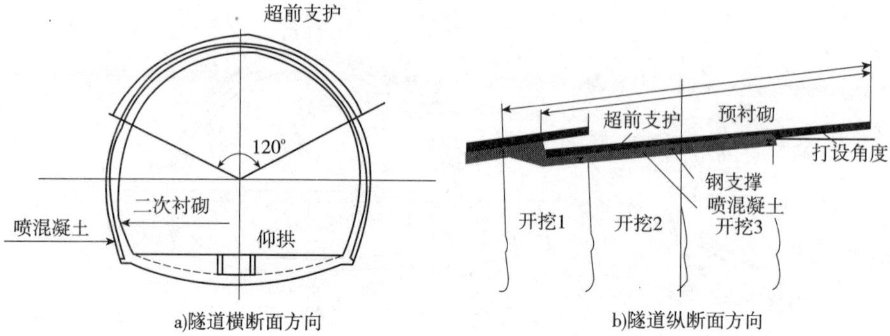

图 9.13　抑制地表面下沉施工示意图

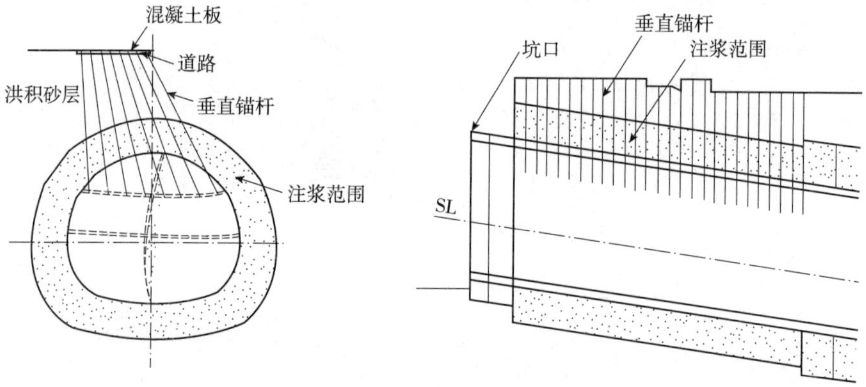

图 9.14　垂直锚杆与注浆法并用施工示意图

6. 近接既有结构物施工的辅助工法有哪些？

答：近接既有结构物施工的辅助工法，要进行围岩条件、受到影响的结构物等的调查，充分考虑各工法的效果、适用性、对周边环境的影响及隧道进度、施工方法后再选定。

近接施工对策的辅助工法有地层补强和改良、遮断壁、既有结构物补强等。在用地层补强改良工法抑制地层位移的方法中有注浆法和喷射搅拌工法。但要注意根据土质条件、施工顺序、近接程度等，注浆也会有使近接结构物受到损伤的情况，同时还要研究对周边污染的危险性。遮断壁是把既有结构物与隧道遮断来抑制位移的传播和地下水位的降低的工法。遮断壁的种类有钢背板、柱列桩、喷射搅拌、钢管桩等。用这些工法遮断地下水流的场合，要注意对地下水环境的影响。既有结构物补强工法有直接补强结构物的方法和托换的方法。图 9.15 是以止水为目的的遮断壁施工示意图。

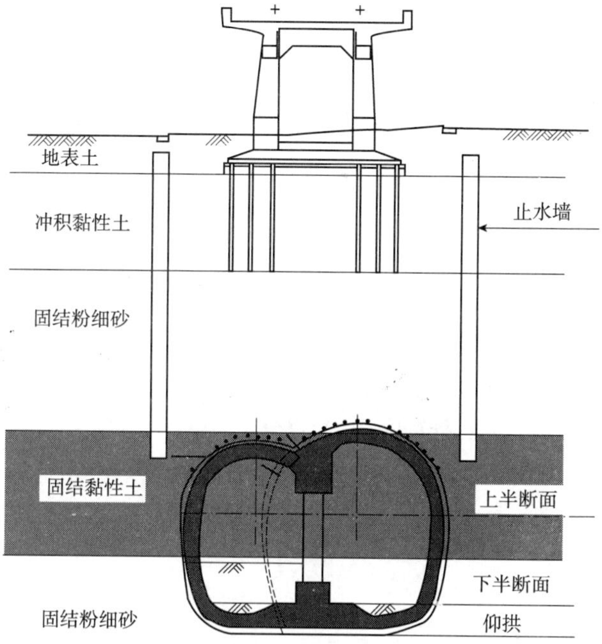

图 9.15　以止水为目的的遮断壁施工示意图

7. 地下水对策的辅助工法有哪些?

答:采用涌水对策的辅助工法时,应调查围岩条件、当地条件等并考虑隧道进度、施工方法等。涌水对策有排水工法和止水工法两种。

(1)排水工法

排水工法有排水钻孔、排水坑道、井点等。排水工法与止水工法相比是一般工法,但由于周边环境等地上状况和地下水的赋存量,也有降低地下水位不合适的情况,因此,要充分研究后选定工法。隧道埋深小、涌水量也小的场合,采用与隧道开挖并行的井点法是比较经济和有利的。隧道埋深大而且涌水量也大的场合,采用洞内排水钻孔、排水坑道的方法比较可靠,但有使细颗粒流失的可能,要加以注意。未固结的砂质围岩的场合,均质系数小于 5,细颗粒小于 10% 时,掌子面易于变得不稳定。过度排水会使围岩的含水率极度降低,也会引起掌子面崩塌,因此要仔细观察掌子面状态,管理排水量。

①排水钻孔

排水钻孔是利用钻机或钻孔台车钻孔进行排水、降低水压、地下水位的方法,一般采用较多。在未固结围岩中,要注意水与土粒子一起排出的情况。

②排水坑道

特别是在涌水多的场合,先使小断面超前坑道进行排水,多与排水钻孔并用。涌水量多而且高压含水层范围较广的场合,要修几个排水坑道。图 9.16 是排水钻孔和排水坑道并用示意图。

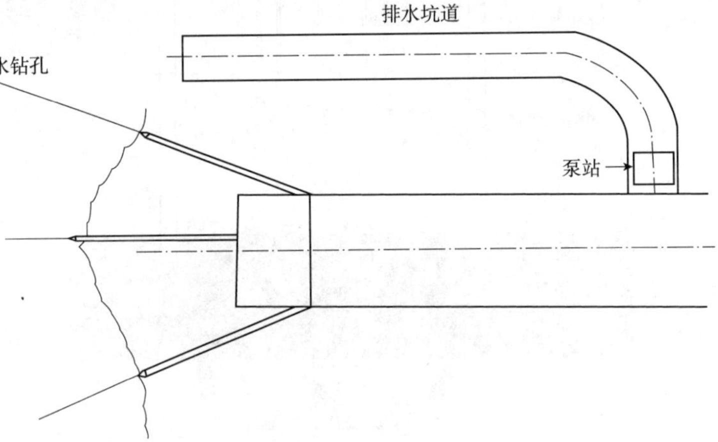

图 9.16　排水钻孔和排水坑道并用示意图

③浅井点法

浅井点法是在地层中设置集水管,给地层以负压吸引地下水的方法,一般地下水位降低在 5 ~ 8m 的范围内。从洞内施工的场合,上半断面要超前,但也有从地面施工的情况。图 9.17 是洞内井点法施工。

④深井点法

一般说,先开挖外径 300 ~ 600mm 的井,用水中泵排水的方法。井必须以一定间隔配置才能获得良好的效果,地表面有建筑物的场合,要特别注意井的配置。图 9.18 为深井点法施工。

(2)止水工法

涌水对策一般都采用排水工法,但在即使实施排水工法也不能减少涌水量的场合,或因排出地下水不容许地表面下沉的场合,或采取排水工法会造成地下水位降低和枯竭等环境问题的场合,为抑制涌水,可采用止水工法。但止水工法比排水工法的费用高,也要考虑对环境的影响。

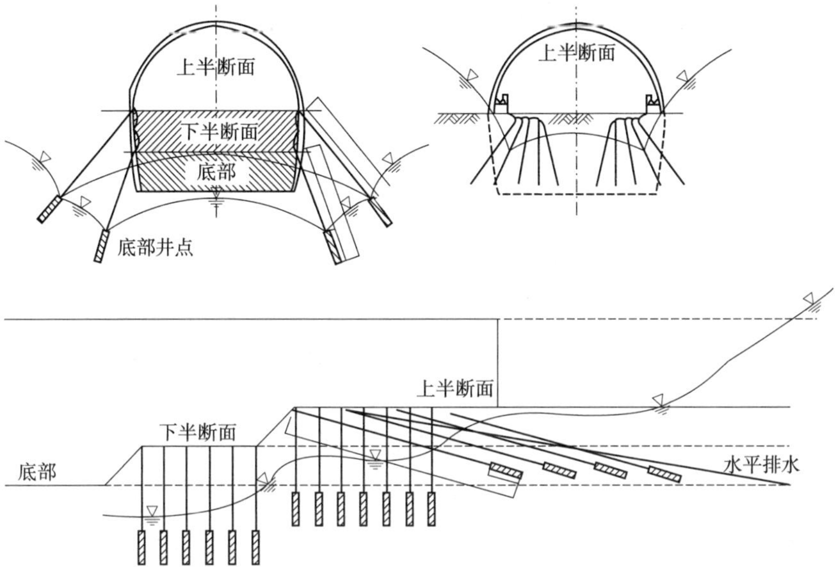

图 9.17 洞内井点法施工示意图

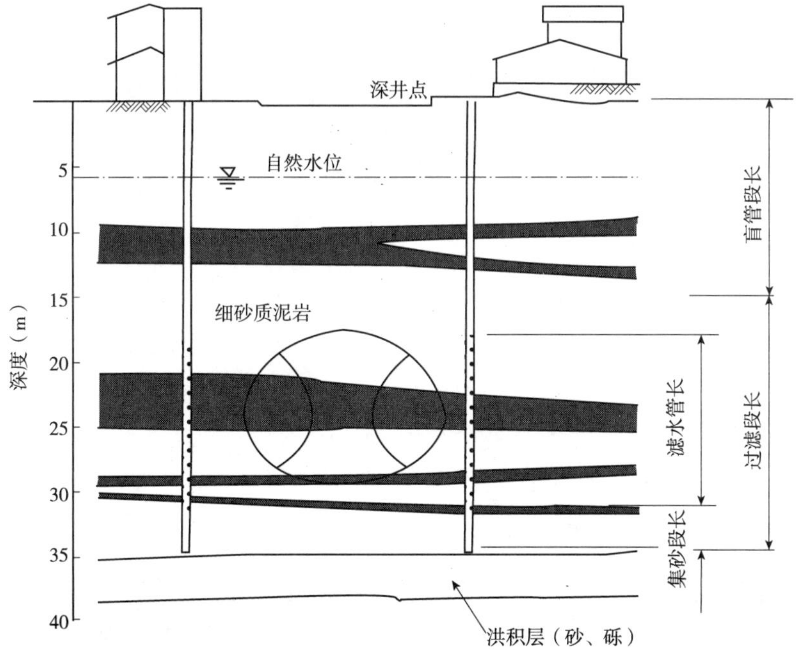

图 9.18 深井点法施工示意图

止水工法有注浆法、遮断壁法等。注浆法是向前方围岩和周边围岩压注水泥浆等非药液材料和水玻璃系药液材料，封闭围岩裂隙和孔隙，而降低围岩透水性的方法，也是作为降低涌水量和改良围岩，提高掌子面稳定对策的有效方法。

一般说，药液比水泥系材料对围岩的浸透性要好，而且能够在短时间内硬化，适合于涌水对策。采用注浆法时，要针对需要注浆的范围、对象围岩的性质、涌水压、涌水量的状况等施工条件选定工法和材料，同时要进行注浆试验予以确认。注浆方法可在地表面进行也可在洞内进行。在地表面进行的场合，可与开挖作业并行是其优点，但在埋深大的场合，是不经济的，因此要考虑施工条件、进度、经济性等决定。在洞内进行的场合，进行止浆壁的施工等要注意对围岩的破坏和注浆材料的溢出以及对进度的影响。注浆完成后要掌握各孔的涌水量、注浆量、注浆压力的变化及围岩状态的变化，用验证孔确认注浆效果。图 9.19 为洞内注浆的施工。

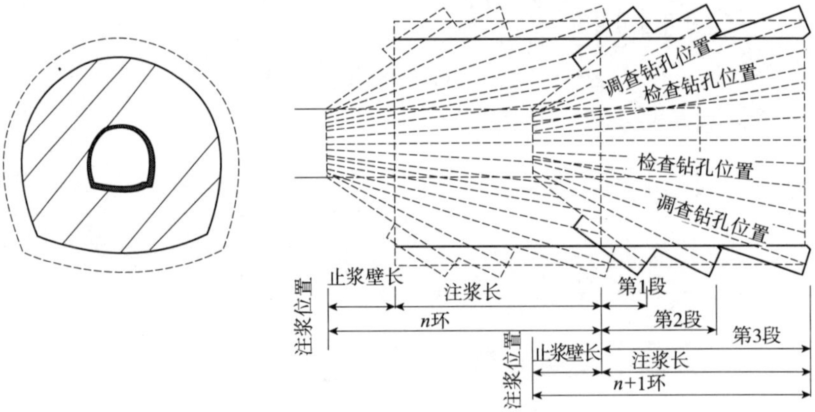

图 9.19　洞内注浆施工示意图

三、辅助工法的施工

8. 什么是地层稳定液工法？

答：地层稳定液工法是一个内容包括很广阔的工法的总称，其中包括脱水工法、振捣工法以及固化处理工法等。脱水工法包括砂井排水工法、沙袋排水工法、透水管排水工法、生石灰桩工法等，振捣工法包括压实砂桩法、振浮压实法、加载压实法、重锤下落捣固法等;固化处理工法包括深层混合处理工法、高压喷射压注工法等。

9. 什么是压注法?

答:压注法是向地层中压注浆液,造成固结土,降低地层的透水性,同时强化地层的方法,是构筑地下结构物中不可缺少的辅助工法。从压注目的和压注机理上看,可分为充填岩层裂隙的岩层压注和固化土质地层为目的的地层压注。

作为隧道辅助工法而采用药液压注法的目的,是为了加强隧道周边的围岩,以及为了止水而在隧道周边形成难透水带。

压注法分为双重管单液压注法、双重管双液压注法和局部施工的单管法等。压注原理有将压注材料渗透到土的空隙中的渗透压注和割裂围岩下沉割裂脉的劈裂压注,前者在砂质地层中,后者在黏性土地层中,获得广泛应用。

压注材料一般使用水玻璃系,有溶液型和悬浮型两类。注浆的方式一般有:

(1)从地表面进行压注。

(2)从隧道洞内进行压注。

(3)利用超前导坑进行压注,要求先行修筑导坑。

10. 什么是降低地下水位工法?

答:开挖工程中,在地下水位高时,要排除地下水,在无水环境下,安全有效地进行作业,为此要采取隔断地下水或排水等措施。隔断地下水的方法有压注法、支挡壁和地下连续墙等隔断水的方法,但即使采用这些方法,为保持低的地下水位,也要用泵排水。排水可以排除涌水,使开挖容易进行,可以保持地下水位在开挖底面以下,进行无水环境下的作业,还可以强化地层,保持地层的稳定。

围岩的透水性大,掌子面有涌水,掌子面可能发生崩塌时,可单独采用降低地下水位法或同时与其他辅助工法并用。

这种方法的适用土质是从粉砂至砂砾层,渗透系数介于 $10^{-1} \sim 10^{-4}$ cm/s 之间。

一般说降低地下水位的方法有:

(1)从地表降低地下水位的方法。

(2)从隧道内降低地下水位的方法。

由于地表条件的限制,有时不能在地面设浅井点,在这种条件下,可在隧道内设浅井点、水平钻孔、超前坑道等，降低地下水位。在隧道内部修深井点，应向隧道下方或前斜下方钻深井点，进行抽水，此时，开挖速度将受到一定程度的影响。在掌子面上进行水平钻孔时，开挖作业必须停止。

降低地下水位法根据土质条件，会产生地层下沉和井点枯竭等，因此，事前应研究地下水位降低对周边地层的影响。

在城市采用盾构法时，扬水量大时，不能向下水道放流，因此，在调查扬水量的同时，必须对放流方法进行充分研究。

降低地下水位工法从原理上有采用自然下流、使地下水位降低的重力排水方式和利用真空等强制排水的方式，一般说，工法的分类可参见表9.2。

降低地下水位工法分类 表9.2

降低地下水位工法	重力排水方法	降水槽排水方法
		井点降水方法
		明、暗渠排水方法
	强制排水方法	深井点降水方法
		真空深井点方法
		电气渗透方法

一般在开挖工程中多采用降水槽、井点降水、深井点降水及真空深井点降水等方法。

11. 什么是冻结法？

答：当采用其他方法难以达到围岩稳定的目的时可采用冻结法。此方法，冻土强度及挡水性能极高，只要能根据测定的地温确认冻土的造成状态并进行适当的施工管理，这种方法将是一种可靠性很高的方法。该法分为低温液化气方式（直接方式）和盐水方式（间接方式）两种。

冻结法作为辅助工法采用时，应注意的问题如下：

（1）根据地中温度的测定，确切地掌握和确认地层的冻结状态。施工时，如果洞内温度高，需采用盐水循环装置和冻土面的保冷措施。

（2）应注意因冻结管折损而使盐水泄漏，通常冻结管铺设后要进行耐压试验，接近冻土管开挖冻土时，要确认冻土管的位置。

（3）有流动的地下水（流速1～5m/d）时，有碍于地层的冻结，为此，在地下水丰富且透水性大的砂和砂砾层中，应注意地下水流问题，必须根据实际情况，采用化学注浆或板桩法阻止地下水流或降低流速。

(4)在冻土与地下结构物的接合面处,地下结构物成为妨碍进行冻结的热源,对此必须研究地中结构物的冷却措施。同时在横断河川、湖泊等采用冻结法时,要慎重研究河川底部到冻土顶端的距离。

(5)温度越低,冻土的强度就越大。但当围岩的含水率小时(10%以下),不可指望冻土会有较高的强度。同时,土中的盐分含量对冻土强度也有影响,因此在海滨地区,要加以注意。

(6)冻结时会产生地层的冻胀,解冻时会产生地层下沉及收缩。冻胀与地层条件、冻结时间、冻结规模、冻结速度、荷载条件等有关。一般说,在砂及砂砾层中小,在黏土、粉砂、亚砂土中大。对解冻时产生的地层下沉可采用温水循环强制解冻,用压注法充填空隙的强制解冻法。

(7)采用冻结法时,要对附近建筑物或地下埋设物采取防护措施。

地层冻结工法是地层改良工法的一种,在软弱地层和有地下水的地层暂时地人工冻结形成冻土,利用冻土的稳定作用和遮水作用构筑结构物,工程完成后再把冻土解冻,恢复原地层的工法。其特征是:

(1)几乎适用构筑地层。

(2)冻土坚固、遮水性高。

(3)容易预测冻结范围,可靠性高。

(4)对大气和地下水无污染。

(5)冻结所要时间比较长。

(6)有地下水流的场合,可能会妨碍冻结。

(7)会产生冻结膨胀,对接近的结构物可能有影响。

(8)与其他工法比较工费高。

12. 什么是深基础工法?

答:深基础工法是采用波形钢板(或木挡板)和环形框架保护孔壁,用人力开挖,用铲斗排土的一种方法。深基础工法的平面形状,从稳定性出发,多采用圆形,但也有采用椭圆形的。

深基础工法主要是用人力开挖的,从施工上看,最小直径要在1.5m以上,但也有直径达9m、深13m的事例,一般来说多采用直径4~5m、开挖深度在直径的10倍左右。

(1)特征和用途

人力施工的深基础工法的特征如表9.3所示。

深基础工法的特征　　表9.3

条　件	优　点	缺　点
地形、场所	能够在狭小的场所施工； 能够在陡倾斜地施工； 能够在净空低的场所施工	不能在水中、水上作业
环境	无噪声、无振动	因地下水位降低，也可能产生下沉、枯水等
地层、地质	能够清除障碍物、孤石； 能进行现位置的地质调查	围岩非常软弱或松散时困难，需要采取对策； 有大量涌水时困难，需要采取对策
规模	可进行大口径的施工	直径1.5m以下时开挖困难； 深度在直径10倍或30m以下
施工	如间距容许，可同时进行几个孔的施工； 可用简单的机械施工	要有深基础施工的经验； 非劳力； 洞内作业危险性大； 对缺氧空气、有害气体要采取对策

(2)施工步骤

①在深基础位置地点设置运搬开挖土的脚手架。

②开挖孔口，开挖一段后进行支挡，并固定好。

③而后开挖一段支挡一段，反复进行。

④达到所定深度后进行孔底的保护。

⑤采用深基础桩的场合，架设钢筋，而后利用导管浇注混凝土。

在施工中应注意的是：为了防止孔壁的崩塌，应尽可能少超挖，不得已产生的空隙应用砂浆、土砂充填。孔内有涌水时，当涌水量超过200L/min时，应采用强制排水或压注止水或隔水等。此外同时开挖几个深基础时，要注意施工步骤，以防止孔壁的崩塌和围岩的滑动。

13. 什么是地表垂直锚杆工法？

答：垂直锚杆工法是在隧道开挖之前，在隧道上部钻设直径100～120mm的钻孔，钻孔中插入粗钢筋（一般$D=25\sim32$mm），再充填砂浆或水泥浆，在地中现场任意程度的棒状的钢筋加固体。可以阻止因开挖产生的围岩变形，提高围岩的抗剪切强度。

此工法在下述情况下是有效的：

(1)防止地表下沉。

(2)稳定隧道掌子面。

(3)处理偏压。

(4)防止坡面崩塌。

此工法在浅埋的软弱围岩和滑坡地段等施工条件恶劣的地方应用较广,此法与开挖作业无干扰,是其优点,但视地表的土地利用情况,可能有不容许施工的情况。

目前在设计中,主要是采用经验的方法进行设计,如采用直径为25~32mm的钢筋,钻孔直径多采用100~120mm,间隔采用1.5m×1.5m~2.0m×2.0m。或者根据滑坡线及阻止坡体滑动的计算决定钢筋量、打设长度、打设间隔及钢筋直径等。

14. 什么是管棚工法?

答:管棚工法是在隧道开挖之前,沿隧道开挖断面外轮廓,以一定间隔与隧道平行钻孔、插入钢管,再从插入的钢管内压注充填水泥浆或砂浆,来增加钢管外周围岩的抗剪切强度,并使钢管与围岩一体化,形成由管棚和围岩构成的棚架体系。

在浅埋的情况下,地表有结构物存在时,或隧道接近地中结构物、地下埋设物开挖时,为把隧道开挖的影响控制在最小限度内,要尽量防止围岩的松弛,采用管棚工法是有利的。

在设计中,要充分考虑地质、周边环境、隧道开挖断面、埋深以及开挖方法等,决定管棚的配置、形状、施工范围、管棚间隔及断面等。

15. 什么是水平高压旋喷压注工法?

答:在未固结围岩,特别是城市条件下的浅埋隧道,必须克服防止隧道变形和地表下沉以及确保大断面的掌子面的稳定两大难题。而水平高压旋喷压注工法,是在一般的初期导管注浆的基础上发展起来的,能较大规模地、以高压旋喷的方式,压注水泥浆的超前支护工法。此方法是在水平钻孔内高压旋喷的技术,在隧道开挖外轮廓形成拱形预衬砌,以防护掌子面。

本方法具有以下特征:

(1)在隧道开挖之前,于掌子面前方构筑拱形刚性体,来减轻传到掌子面和支护上的荷载,控制开挖引起的变形。

(2)因采用高压旋喷,形成改良的、强度高的改良体。

(3)因采用专门机械施工,施工隧道快。

16. 什么是高压喷射搅拌工法?

答:高压喷射搅拌工法就是利用工程钻机钻孔至设计处理的深度后,用高压泥浆泵,通过安装在钻杆(喷杆)杆端置于孔底的特殊喷嘴,向周围土体高压喷射固化浆液(一般使用水泥浆液),同时钻杆(喷杆)以一定的速度边旋转边提升,高压射流使一定范围内的土体结构破坏,并强制与固化浆液混合,凝固后便在土体中形成具有一定性能和形状的固结体。

高压喷射搅拌工法按喷射介质及其管路多少可分为单管法、二管法、三管法等:

(1)单管旋喷法通过单根管路,利用高压(20~30MPa)浆液,喷射冲切破坏土体,成桩直径为40~50cm。其加固质量好,施工速度快和成本低,但固结体直径较小。

(2)二管旋喷法在单管法的基础上又加以压缩空气,并使用双通道的二重灌浆管。在管的底部侧面有一个同轴双重喷嘴,高压浆液以20MPa左右的压力从内喷嘴中高速喷出,在射流的外围加以0.7MPa左右的压缩空气喷出。在土体中形成直径明显增加(达80~150cm)的柱状固结体。

(3)三管旋喷法使用分别输送水、气、浆三种介质的三重灌浆管。高压水射流和外围环绕的气流同轴喷射冲切破坏土体,在高压水射流的喷嘴周围加上圆筒状的空气射流,进行水、气同轴喷射,可以减少水射流与周围介质的摩擦,避免水射流过早雾化,增强水射流的切割能力。喷嘴边旋转喷射,边提升,在地基中形成较大的负压区,携带同时压入的浆液充填空隙,就会在地基中形成直径较大、强度较高的固结体,起到加固地基的作用。

高喷法具有成本较低、施工速度较快、固结体强度大、可靠性高等优点,与普通灌浆法相比又具有以下特点:高喷法是利用高速水流强制性地破坏土体形成固结体,在覆盖层中一般不存在可灌性问题;同时由于高速射流被限制在土体破碎范围内,因此浆液不易流失,能保证预期的加固范围和控制固结体的形状;能在钻孔中任何一段内施工,也可以在孔底或中部喷射,此外,也可以水平方向喷射和倾斜方向喷射施工;高喷法通常采用水泥浆液,不会造成环境和地下水的污染,且耐久性较好;施工噪声较小,单管和二管法施工较简便。

17. 小导管注浆工序是怎样的?

答:小导管注浆工序见图9.20。

18. 超前锚杆施工工序是怎样的?

答:超前锚杆施工工序见图9.21。

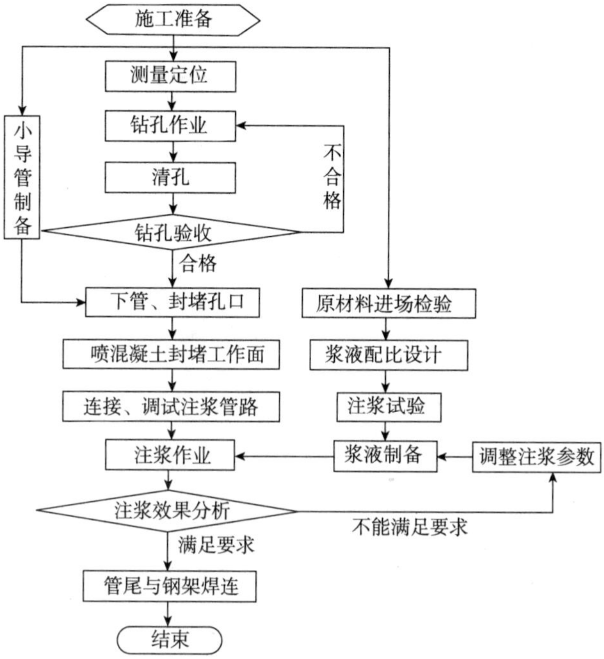

图 9.20 小导管注浆工序

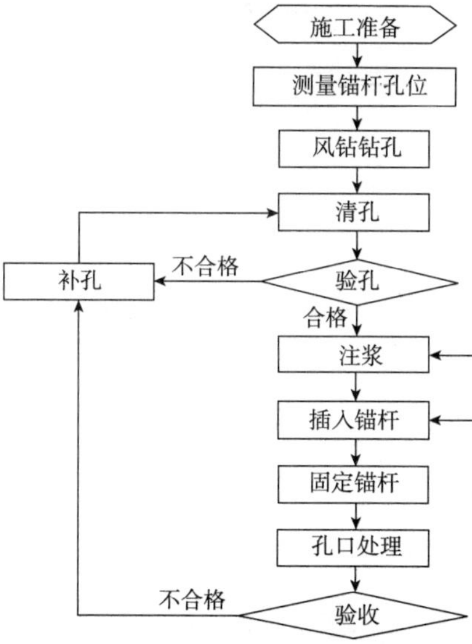

图 9.21 超前锚杆施工工序

19. 管棚施工工序是怎样的?

答:管棚引孔顶入法施工工序见图9.22。管棚跟管钻进工序见图9.23。

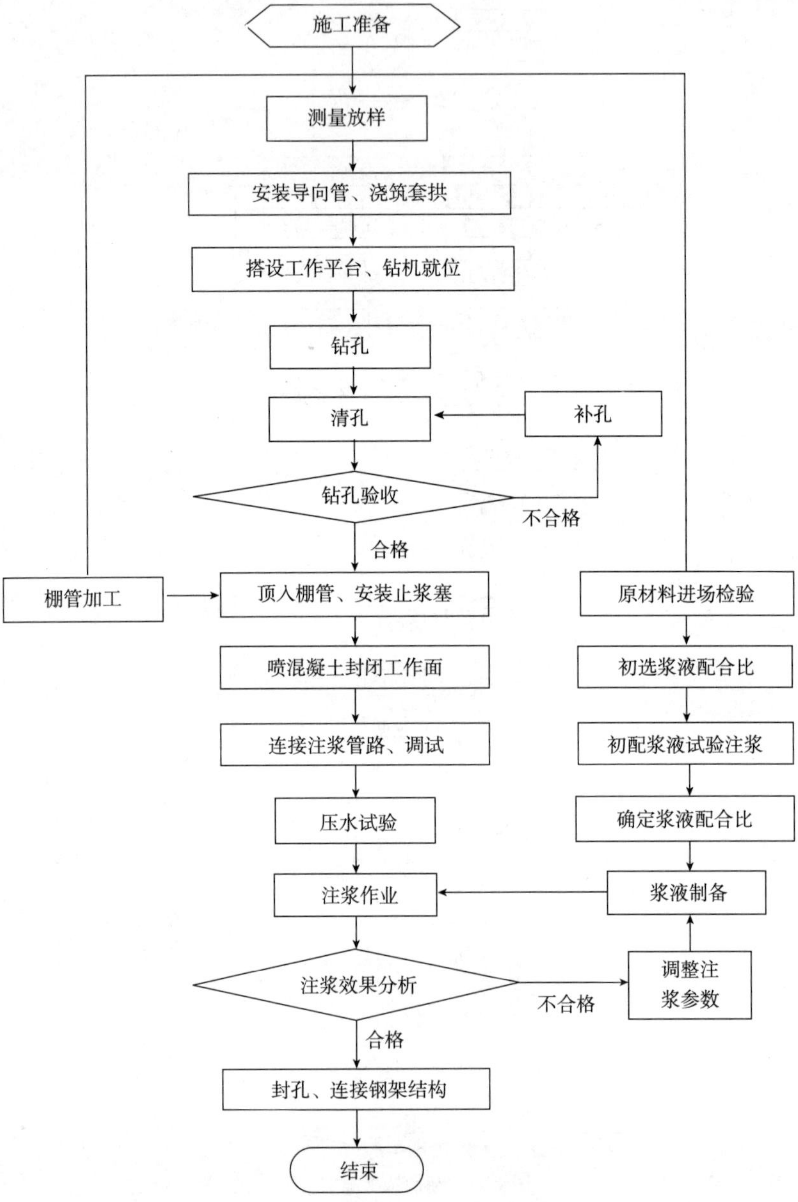

图9.22　管棚引孔顶入法施工工序

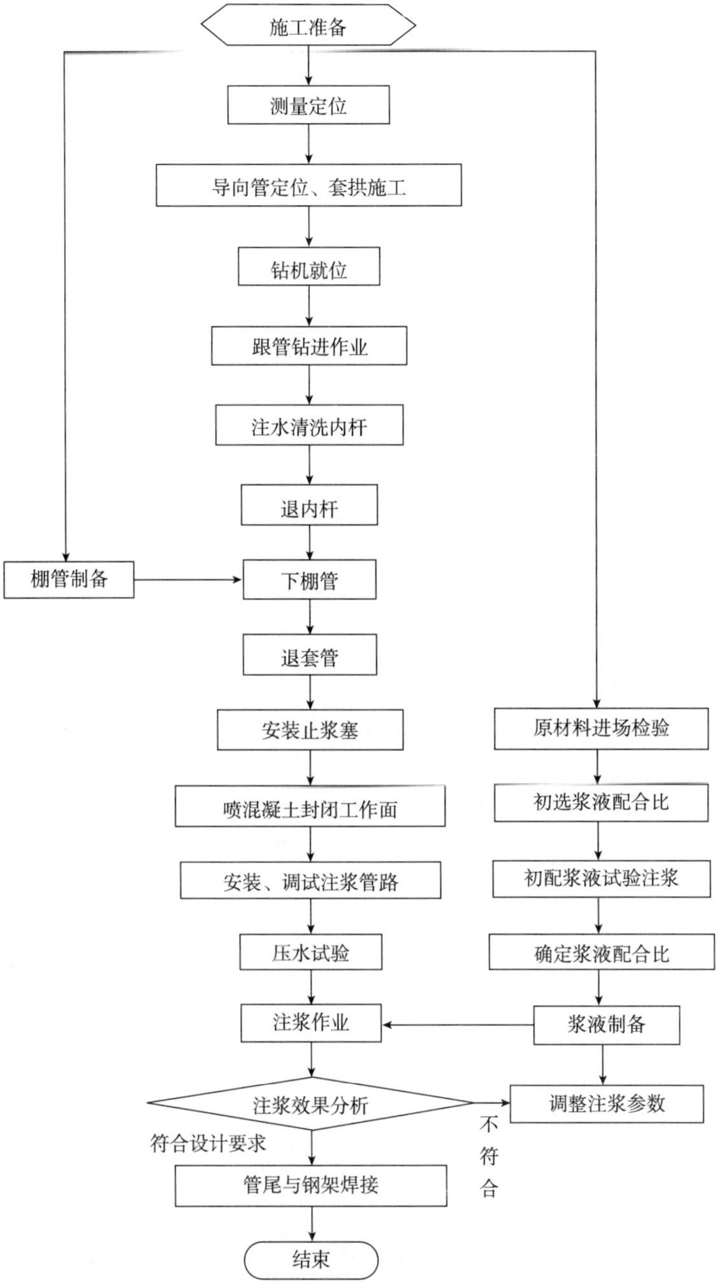

图 9.23　管棚跟管钻进工序

20. 预注浆施工工序是怎样的?

答:预注浆施工工序见图 9.24。

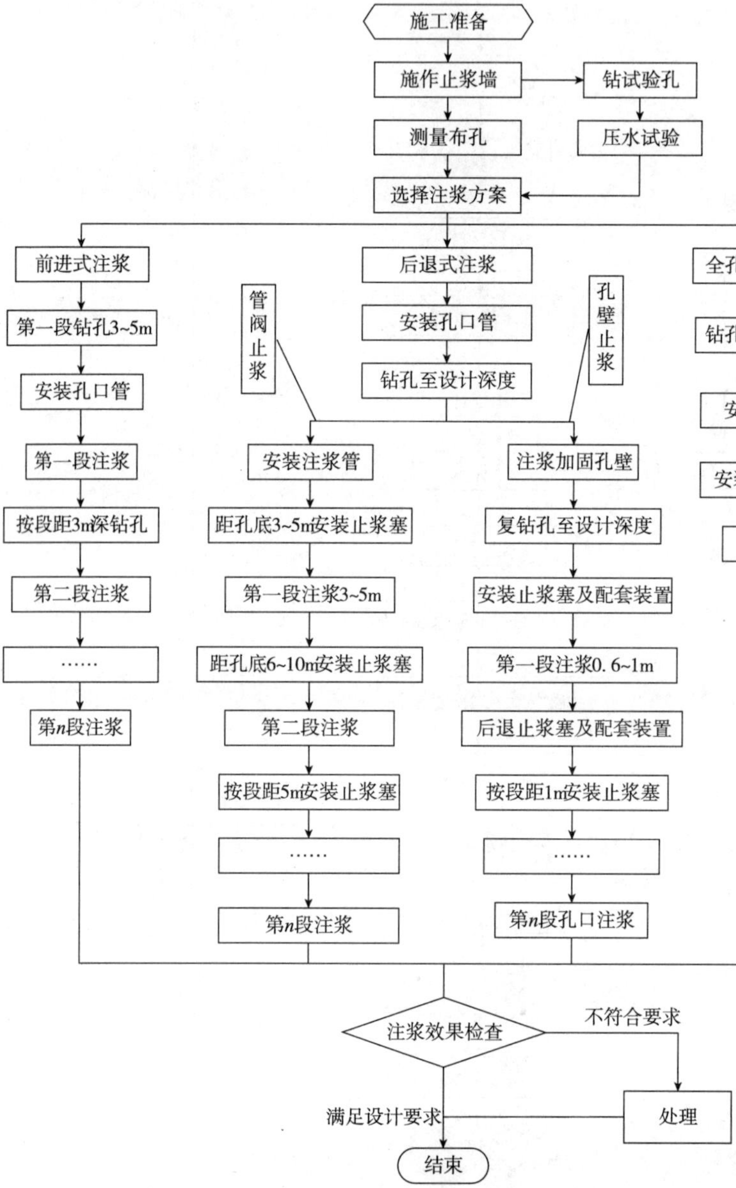

图 9.24 预注浆施工工序

第十章 特 殊 工 法

一、斜井、竖井、洞口等施工

1. 斜井由哪些部分组成？

答：斜井由井颈、井身及井底车场三部分组成，其轴线与隧道中线的平面交角宜大于40°倾角应与提升方式相适应。井身不宜变坡，而在井底变坡处须用竖曲线过渡。斜井若分设副井时，其轴线宜平行设置，间距视地质条件确定，一般为20m。

斜井横断面有拱形和梯形两种，按轨道布置分二轨单道断面、三轨双道断面和四轨双道断面。断面净空尺寸，根据提升容器外形尺寸、载人车尺寸、管路布置、人行道宽度、施工机具的运行、设备之间的安全间距以及满足施工通风的要求等因素决定。

斜井内人行道的有效宽度不小于1.2m、高不小于1.8m，并设成台阶状。调车场和井身每隔30～50m需设避车洞（宽1m、高1.6～1.8m，深1～1.2m），以供人员躲避及临时存放工具、材料用。

斜井内的管线一般都敷设在人行道一侧，便于维修。当管路及电缆在同侧时，电缆线应在上方，不得将电缆直接挂在管路上，电缆架上也不得悬挂任何东西。电缆线悬吊地点间距不应大于3m。斜井内的照明线、动力电缆和信号线应分开敷设，照明灯距不应大于30m。

在斜井与隧道的连接部位布置井底车场，作为隧道与斜井联系的中转站。

2. 井底车场布置有哪些注意事项？

答：井底车场布置注意事项如下：

（1）平曲线半径的大小与车辆的轴距和列车长度有关，一般可按表10.1选取。

平曲线半径的大小与车辆的轴距和列车长度　　表 10.1

曲线类型	使用条件	曲线半径(m)
平曲线	一般斜井	12～15
	主提升井	15～20
竖曲线	一般斜井	20～25
	主提升井	25～30

(2)斗车挂钩车场的长度:一辆斗车不小于2m,串联两辆以上不小于4m。

(3)甩车场空、重车溜放坡度采用1%～1.5%。

(4)在摘挂钩地点设避车洞,并兼作信号间。

(5)车场设水泵房时,其底板应比车场高0.5m,以免水淹。

3. 斜井施工有哪些要点?

答:斜井施工以掘进、支护、运输三个环节为主,考虑通风、排水和安全方面的要求。

(1)斜井开挖其钻爆作业与导坑基本相同,其炮眼方向与斜井倾角一致,底板眼的倾角大于斜井倾角3°～5°。当工作面积水不能完全排除时,为提高爆破效果,可将井身分为上部弧形、下部楔形爆破。通风排烟一般采用压入式。

(2)为保证施工安全,井颈段应做衬砌,井底车场部分净空较大及地质不良的井身地段应做局部加强支护。一般支护多采用喷锚混凝土或复合式衬砌。

(3)喷射混凝土的施工布置有两种形式:一种是将喷射机固定在井口,用管道作远距离压风送料;另一种是将喷射机安装在井筒中,在井口搅拌干料,用车辆将其运至喷射机。相比之下,以第一种布置为好,喷射机设在井口,不必随工作面前进而移动,而且避免了井内的污染和噪声。喷射机的工作风压,随输料距离增长而增大,在倾角为25°～30°处的斜井中,输料长度与工作风压的关系见表10.2。

输料长度与工作风压的关系　　表 10.2

输料长度(m)	0～100	100～200	200～300	300～400	400～500
工作风压	1.0～1.5	1.5～2.0	2.0～2.5	2.5～3.0	3.0～3.5

(4)如采用木支撑,其结构与导坑支撑基本相同,支撑立柱与重力方向成一交角β倾向井底,倾斜度约为斜井倾角之半。支撑间距视地质条件而定,一般在井口及井底变坡处要加密支撑。

（5）如采用石砌或混凝土衬砌时，沿井身自下而上砌筑，在石质较差或斜井倾角大于30°时，墙基做成台阶。

4. 斜井的安全设施有哪些？

答：（1）以井口为中心，在井口与井底之间和井口与绞车房之间，用声光信号联系，并安装直通电活，以随时掌握井上井下的运输情况。

（2）绞车应有深度指示器及防过卷装置，并在钢丝绳上设明显的深度标志。

（3）使用斗车的斜井在井口设阻车器，在井身及井底车场变坡点附近设挡车器，挡车器必须经常处于正位关闭状态，放车时方可打开。车辆本身设断绳保险装置以防跑车。

5. 竖井由哪些部分组成？

答：竖井一般由井颈（包括锁口）井身和连接段（包括井底水窝与通道）三部分组成。井颈和连接段受力较大，一般均设置支护，井身视围岩稳定程度及地下水情况决定其支护类型及部位。

竖井断面有圆形或矩形两种。当围岩压力较大时，宜选用圆形断面；当围岩稳定性好，井又不深时，则可选用矩形断面。竖井横断面一般布置有提升间、梯子间和管道间，其断面尺寸系根据提升容器尺寸、梯子间尺寸、管路数量以及设备间距等因素，用图解法决定。

竖井梯子间的平面尺寸一般不小于1.2m×1.3m，平台梯子孔长和宽分别不小于0.7m和0.6m，梯子宽度不小于0.4m，上下两层梯子平台的距离不大于6m。梯子下端距井壁不小于0.4m，梯子的阶间距离不大于0.4m，梯子间与井筒提升间要严密隔开。

竖井管道间按管道数量、管端法兰盘的外径尺寸布，并需留有安装、检修和更换管路的空间。

6. 竖井施工有哪些特点？

答：竖井施工的特点是井筒断面小，大部分施工设备须利用井架或井臂悬挂，出渣、进料均为竖直运输，井筒开挖与支护不能平行作业，因此施工干扰大、条件差、进度慢。

（1）竖井开挖一般多采用分段开挖与支护交替进行的单行作业。每段开挖的高度，按支护方式决定，表10.3可供参考。

开挖高度(单位:m)　　表 10.3

支护方式	木框架		混凝土		喷射混凝土
施工条件	围岩稳定	围岩较差	有临时支撑	无临时支撑	无临时支撑
开挖高	8 ~ 15	3 ~ 6	30 ~ 60	3 ~ 5	2 ~ 3

(2)在环形钻架上将多台气腿式凿岩机挂于钻架上,对井筒全断面上各种角度的炮眼施钻。使用环形钻架应注意:下井安装前,应进行地面预组装试验;环形钻架下放至所需高度后,利用套筒千斤顶固定于井壁,保持钻架水平对中;使用时作业面与环形钻架间、环形钻架与吊盘间应设安全软梯,供人员上下;钻眼结束,将环形钻架提升至适当的安全高度,防止爆破损坏环形钻架及机具、管路等。

(3)钻爆宜用直眼掏槽,可降低爆破抛掷高度,减少对井筒设备的损坏和便于多台凿岩机打眼。在有水地段,为了便于排水,宜采用立式梯台开挖超前掏槽。钻眼后经检查合格,立即用长约 50cm 的木楔将炮孔口临时堵塞,以免渣子落入孔中。竖井装药宜用把几个药卷串在一起装入炮眼的串装法。禁止使用火雷管、导火索起爆。起爆雷管严格防水,起爆前要严格检查,以免出现瞎炮。通风排烟一般采用压入式和压入、吸出混合式管道通风。

(4)简易浅井或深井建井初期,40m 以内一般多用人力装渣。当井深超过 40m 时,则用机械装渣。用抓岩机装渣,一般先抓平高处渣堆,然后分层抓取。清底时,由于石渣厚度薄、块度大、基地硬,抓取石块时叶片容易打滑、左右摇摆,必须善于运用提升手柄定位,并随时调换抓岩机叶片位置,以防机体歪倒或叶片夹块漏渣。抓取井帮石渣时,如操作稍有疏忽,极易发生机体倾倒、歪斜及起重缸抽帮现象。必要时,尽量用人力将井帮石渣堆积一起,为抓岩机工作创造条件。

(5)喷混凝土井壁施工,工序简单、速度快、效率高,在井帮淋水不大时,宜优先采用。喷射机可设在井口搅拌机处,如将喷射机设在吊盘上,用吊桶或溜灰管送料时,井内设备布置较复杂,吊盘负荷加重,井内粉尘较大,工作条件较差。

(6)整体混凝土衬砌可先不出渣,将浮渣整平即可立模浇筑。搅拌机设在井口,混凝土经漏斗、套管、输料管、缓冲器、活节溜灰筒输送到模板内。为防止混凝土产生离析和堵管现象,混凝土的水灰比不大于 0.65,坍落度为 80 ~ 120mm。为了能在浇筑混凝土后尽早进行爆破作业,混凝土内可掺速凝剂。

7. 竖井施工应有哪些安全设施?

答:竖井施工安全设施如下:

(1)竖井信号设施主要有电铃和色灯信号两种,同时加设专用电话。信号系统以井口为中心，在井口设总信号显示，在井口与井底之间和井口与提升机房之间分别设信号电缆及装置，用铃声、色灯、电话联系井上井下的作业。凿井时在吊盘上加设信号机。一般情况下井内信号不得直接向提升机房发送信号，必须经井口信号员转发至提升机房。

（2）提升装置应有深度指示器与防过卷装置。必要时，在深度指示器和井架上设终端开关。当提升器超过正常卸载位置50cm时，必须能自动断电和使保险闸发生作用。

（3）通向竖井的井开轨道设阻车器，防止车辆坠入井内。

（4）电葫芦或绞车必须配有限位器、限速器，防止过卷伤人、翻车。

（5）罐笼提升时，罐顶应设铁盖，罐底必须满铺钢板并不得有孔洞，如罐底下面有阻车器的连接装置时，必须设有牢固的检查门。在井口也需设置安全栅栏或安全门。

（6）若采用临时罐笼双钩单绳提升时，必须采用相同捻向的钢丝绳，以防两罐笼运行时，由于相对的扭转位移而发生撞罐事故。也可根据国标选用特制的不旋转钢丝绳。

（7）竖井井架大轮棚需加装避雷针装置，利用钢井架角柱作为引下线，为了接地安全可靠，引下线共设置两条。同时，防雷装置接地电阻不应超过10Ω，若实测超过此值，应增加接地极。

8. 洞口施工计划有哪些原则？

答：洞口施工计划有以下原则：

（1）现场进行详细调查洞口部的地形、地质、地下水、降雨等条件，充分研究在施工时发生滑坡、斜面崩坍、偏土压、地表下沉等的可能性。

（2）现场核对设计图纸，发现并提出问题点，按照需要进行追加地质钻孔等调查，在取得可靠数据的基础上，制订施工计划。

（3）选择恰当的施工方法，尽量做到少扰动周边围岩、确保掌子面自稳、适应地层的地基承载力、适应洞口部以内的施工。

9. 洞口施工方法有哪些？

答：洞口施工方法如下：

（1）按掘进方向区分：从隧道外向里掘进，称为进洞法；从隧道内向外开挖，称为出洞法；导洞进洞后向洞口扩挖，称为回头法；小断面开挖进洞后跟进扩挖，称为台阶进洞法。

(2)按预先构筑洞口区分:预先构筑明洞的方法,预先构筑洞门墙的方法,预先构筑超前支护的方法,实施了几个对策后筑洞口的方法。

(3)按超前开挖或开挖断面形状区分:侧壁导坑方式,上弧导坑方式,上半部断面方式,全断面方式等。

隧道入口的地形、地质极不稳定的场合,采用回头法认为是安全的,在以往常有采用。但现在由于掘进机械的大型化、洞口辅助施工法的进步等,现在采用此法的实例也少。最近为了解决洞口附近的防噪声问题,决定在工程上最后进行洞口开挖,也有从洞内进行扩挖的实例。

10. 为保证洞口施工安全有哪些对策?

答:为保证洞口施工安全有以下对策:

(1)平衡压重填土。当洞口部的开挖有可能引起滑坡等危险时,采用对地层斜坡面附近进行填土,增加抵抗土压力而力求洞口斜坡面的稳定。

(2)垂直加固锚杆。在隧道开挖前,先用长锚扦插入隧道洞口上部,用水泥砂浆固定,力求防止地层崩坏或拱顶下沉。

(3)管棚。在隧道开挖之前,沿隧道外周插入钢管等以形成隧道顶盖,使其减少拱顶位移,从而谋求掌子面的稳定。

(4)注浆加固。为达到洞口部斜坡面的稳定处理、加强掌子面的自稳能力和止水等目的,进行灌注水泥、高分子药液等。

(5)抗滑桩。作为滑坡的抗滑桩,有深基础桩、贝诺特钻孔(灌注)桩、钢管桩和Ⅱ钢桩等。

11. 洞口段施工要点有哪些?

答:洞口段施工要点如下:

(1)洞口段施工时,应将洞口上方有崩塌之虑的表土、树木、浮动的岩石等尽量清除。在不能完全清除掉的场合,有必要采取加固基础、挡墙、防落石棚等措施。

(2)洞口周围的地表水和渗透水要尽量排除,洞口周围的水道事先要进行迂回改道,还必须采取限制洞口斜坡上的雨水渗透或流下的措施。

(3)除坚硬地层情形外,洞口段必须用简单而安全的施工方法尽早开挖,用能充分承担隧道轴向荷载及偏压的刚性支撑将开挖断面全周早期闭合,尽量抑制围岩松动。衬砌也不要等待围岩位移收敛,而要尽快施工。

(4)洞口段施工时期最好避开降雨期和融雪期。

(5)洞口段施工时,应进行洞口周围围岩的移动、下沉及邻近建筑物变形的观察和量测,尽量做到早期发现异常情况。

(6)洞口周围发生异常情况时,应立即采取应急措施。发生的事故与预计相同时,应立即中止开挖,进行掌子面支撑及加强支撑,强化观察、量测,并采取必要的措施,如用土袋、石笼等在山上加压,处理雨水、径流水、地下水,清除浮石,设置防落石棚、组编栏栅,紧急回填,限制道路交通等。

图 10.1 为洞口段的施工工序。

12. 明洞施工工序是怎样的?

答:明洞施工工序见图 10.2。

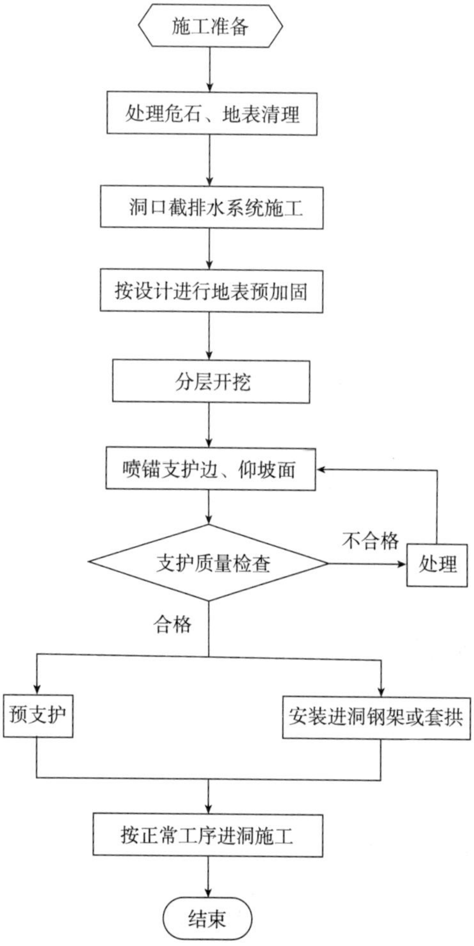

图 10.1　洞口段施工工序

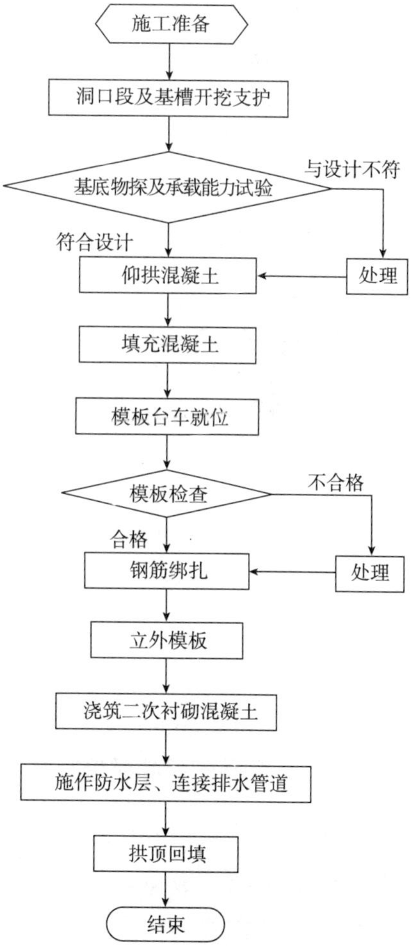

图 10.2　明洞施工工序

13. 洞门施工工序是怎样的?

答:端墙式洞门施工工序见图 10. 3。斜切式洞门施工工序见图 10. 4。

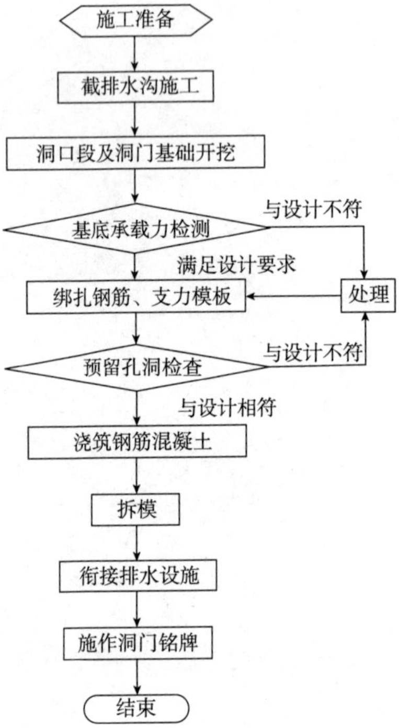

图 10. 3　端墙式洞门施工工序

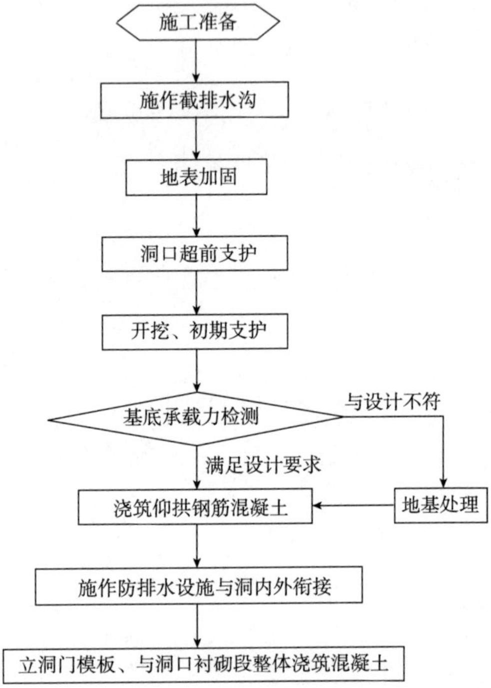

图 10. 4　斜切式洞门施工工序

二、特殊地质施工方法

14. 稳定掌子面的对策有哪些?

答:掌子面不稳定是指开挖后到支护施工结束前的一段时间内掌子面及围岩不能自稳,需采取稳定对策使之稳定。稳定对策可分为掌子面和拱顶的稳定对策、上半部围岩的支承力对策、涌水对策等。表 10. 4 为有代表性的掌子面稳定施工法的概要。

掌子面稳定施工法的概要 表 10.4

目的	对策		地质条件 硬岩	软岩	土沙	概要
拱顶稳定	前钻($L \leq 5$m)	充填式	○	●	○	由掌子面向前,沿拱部外周打设锚杆、单管、钢插板等,有充填式和积极改善地层的注入式
		注入式	○	●	●	
	前钻($L > 5$m)			○	○	由掌子面向前,沿拱部外周用双层管打设钢管,压注水泥浆,包括钻孔机械造成的管棚等
	斜锚杆			○	○	环形开挖,锚杆上斜向打设,发挥预支效果
掌子面稳定	掌子面喷混凝土			●	●	对掌子面喷射混凝土,充分对掌子面进行排水
	掌子面锚杆			○	○	向掌子面打设锚杆,加固前方地层
	开挖断面分割			○	●	缩小开挖截面积,如中留核心或环形开挖
	垂直搭接板桩			○	○	由地表垂直钻孔,插入钢筋、灌入砂浆等进行固化
上半断面支持力	扩大支护脚部的支撑面积(翼肋)			○	●	加强钢拱的脚部和加厚喷混凝土的脚部
	脚部加强锚杆(板桩)			○	○	于支护脚部下方打设锚杆和板桩,以增强支力
	临时闭合			○	○	对上半部或仰拱部喷射混凝土,以防止变形
涌水	药液注浆		○	○	○	向地层注入药液,减少涌水量
	排水	排水孔	●	○	○	排水钻孔、排水坑为自然流下方式,深井、井点等为强制排水方式,施工方法的选择要根据覆盖厚度、地质条件来决定
		排水钻孔	●	●	●	
		排水坑	○	○		
		深井			○	
		井点法			○	

注:● – 使用较好的施工方法;○ – 因场合不同而使用的施工方法。

15. 松散地层隧道施工有何方法?

答:松散地层的特点是结构松散、稳定性差,若有地下水时则更甚,在施工中极易发生坍塌。在这类地层中施工隧道,主要是减少对围岩的扰动,其常用的施工手段有先护后挖、边挖边封闭。目前采用的施工方法如下:

(1)超前支护法。隧道开挖前,先向岩体内插入钎、管、板等构件,用以预先支护围岩、防止坑道掘进时岩体发生坍塌。

(2)注浆加固法。通过注浆加固是将松散地层固结为整体,再进行开挖。在砂夹砾石、粗砂且有侵蚀性水的地层中,采用水泥砂浆压注;在粉、细砂地层或有侵蚀性水时,可压注化学浆液。注浆加固时,先沿开挖断面周边布置压浆孔,其间距视围岩松散情况为0.6~0.8m。压浆后要求在开挖断面外能有约0.1m厚的加固层。

(3)震松法。在稍有黏结力的堆积层中,每次爆破都根据地质的变化和前一炮爆破的效果,调整炮眼分布和装药数量,必要时还可采取辅助措施,以减小爆破对围岩的扰动,达到不抛掷石渣而经震动松落成型之目的。

16. 在松散地层中如何用超前支护法施工?

答:(1)超前支护法的基本工序如下:

①对新开挖面结合出渣进行初次喷射混凝土,喷层厚度一般为3~6cm。

②架立钢架支撑,并做好纵向联结支撑。

③第一次测量,标出结构锚杆、超前锚杆或超前钢管等孔的位置,并核对隧道净空。

④钻孔,插入锚杆或钢管。

⑤挂钢筋网,焊接钢筋网、锚杆或钢管外露端、横向短钢筋、钢架支撑之相接处。

⑥清除工作面底部附近的浮渣。

⑦第二次喷射混凝土,喷至设计厚度。

⑧第二次测量,在开挖面画出下次开挖轮廓线,并标出炮眼位置。

⑨钻炮眼,装药,堵炮眼及爆破。

(2)超前支护法的开挖大多采用下列方法:

①先护顶,后做墙。在超前支护的保护下先开挖上半部,随即进行喷锚等支护,然后再开挖下半部。

②分层开挖。最上面的分层设主台阶层,其超前长度视地质情况确定,

一般选用 35 ~ 50m。主台阶层至顶部的开挖高度受施工机械要求所限制，可定为 6.5m。如若遇地质条件很不好，需减小其开挖高度时，则可增加开挖层数。

③拱部环状开挖，留倒梯形核心土，用于极为软弱或破碎的地层。其优点：可减小人工开挖面积；利于顶部围岩和工作面的自稳；提供初期支护平台，便于架设钢架支撑、挂网和喷射混凝土；可在出渣较少的情况下及时进行支护，缩短了围岩的暴露时间。缺点是：无法及时安装径向锚杆，推迟了锚固工作，人工出渣距离较长。

(3)超前支护法的施工注意事项：

①当遇砂、软土等过于松软的地层，应慎重选择支护方法及其参数，以免造成支护失效。

②悬吊锚杆和结构锚杆均应保证施工质量，并将各种锚杆（钢管）末端焊接牢固。

③应保证钢拱的架设质量及拱脚处的地基有足够的承载能力。

④注浆锚杆的砂浆应达到设计强度后方可进行爆破。

⑤合理运用微震动爆破，以免引起围岩过大的扰动和破坏。

⑥喷锚支护既要及时，又要保证质量。

⑦当采用半断面掘进时，掘进长度不大于 2 倍洞径时就应施作临时工字钢底梁，使底梁与钢拱脚顶紧；若地层压力大时，采取焊接后再喷射 20cm 厚的混凝土的措施，待下部开挖施作正式仰拱后再拆除。

⑧及时检查、量测，对有异状或变形量较大处进行加固。

17. 如何控制注浆加固法的注浆数量？

答：注浆数量控制多采用定压和定量相结合的方法，其注浆数量及注浆压力基本是固定的，它是按需填充的孔隙量选定，以所处理围岩总体积的百分数表示。在砂层可高达 40%，而裂隙岩体则仅 5%。注浆率 N 具体计算公式如下：

$$N = \frac{Q}{A} = \eta \times \alpha$$

式中：Q——注浆总数量(m^3)；

A——围岩加固的体积(m^3)；

η——围岩加固的孔隙率(%)；

α——经实践采用的填充率(%)。

为了做好预注浆工作,必须事先对需加固围岩进行土力学试验,查看围岩透水系数、土颗粒组成、孔隙率、饱和度、密度、pH 值、剪切和抗压强度等,必要时还要做现场注水和抽水试验。围岩孔隙率及注浆填充率见表 10.5。

围岩孔隙率及注浆填充率　　表 10.5

土质		黏土	粉砂	砂					砂砾		
注浆目的		堵水加固		堵水			加固		堵水		
孔隙率(%)	范围值	50~70	40~60	46~50	40~48	30~40	46~50	40~48	40~60	38~40	22~40
	标准值	60	50	48	44	35	48	44	50	34	26
填充率(%)	约束	30	20	60	60	50	50	40	60	60	60

18. 震松法施工有哪些辅助措施和注意事项?

答:震松法对围岩扰动小,在堆积层中适用大型机械设备进行全断面开挖,从而在加快工程进度、降低劳动强度、减少炸药、改善通风条件、节省支护与衬砌材料、降低工程造价等方面都具有优越性。但在特殊地质应用时往往不尽完善,还需一些辅助手段。

(1)正洞施工为浅埋段,可减小开挖面积,一次进尺控制在 1m 左右;周边眼布置在设计开挖轮廓线内 1m,采用楔形掏槽,连续装药结构,单位耗药量以 0.30~0.35kg,支护紧跟掌子面。

(2)坑道周边遇到大孤石时,则需配合"插筋支架法",即在孤石上打若干深孔,插入长 3m 的 ϕ22mm 钢筋,钢筋的另一端支承在钢架支撑上,起挑梁的作用;再在其下打上若干深 1.2m 的炮眼,装少量炸药进行引爆,可避免爆破后因大孤石震落面形成局部超挖过大或发生坍塌。

(3)当坑道周边遇有黏土层时,则需采用局部"周边隔空装药法"、"轮廓线钻眼法"加以处理,即在设计开挖轮廓线上布间距 0.5m 的空孔,再在其内侧布间距 0.4m 炮孔。起爆后,利用爆破的震动和土体自重,开挖出平滑的轮廓线。

震松法施工注意事项:

①爆破参数需由现场开挖试验坑确定。

②推行专人负责制,指派一名爆破技术人员或熟练炮工负责指挥布孔及钻爆等作业。

③钻孔台车就位应保证炮眼方向和深度符合钻爆要求。

④严格控制台车钻眼的用水量,以减轻对地层的软化作用。

⑤喷混凝土、挂钢筋网、立钢架支撑等项工序应环环紧扣，并确保质量。

⑥注意围岩变形和浅埋地段的地表下沉观测工作，并将量测数据及时整理、分析，反馈给施工监控人员。

19. 松散围岩分部开挖施工方法及注意事项有哪些？

答：松散围岩分部开挖施工方法及注意事项如下。

(1)当遇到松散破碎地层时，隧道施工多采用导坑超前的先拱后墙法或侧壁导坑超前的先墙后拱法。根据围岩的松散程度、颗粒组成及自稳情况，在拱部施工常选用以下几种超前支护方法：

①插钎法。适用于粒径较大的石块、碎石堆积层，或有黏砂土充填而胶结为中等密实的漂卵石地层。导坑开挖时，用风锤或人力将2m左右长的钢钎成短钢轨(入土一端锻尖)，沿最前一排支撑上缘向工作面打入，方向略向上斜。其间距可根据具体地质情况而定。

②插板法。适用于石屑堆积、砂层或软塑地层。一般用宽0.1m左右、长0.8～1.0m的木板，前端劈尖，板与板间应相互抵紧或适当错搭，在横梁上的上下两块板间，以木楔楔紧。工作面设置护板，开挖时由上而下拆除，向前掘进。

③钻钎法。当遇颗粒大小不均，小者粒径几厘米，大者可达150cm，且无黏结物充填的漂卵石地层，极度松散，开挖时一触即坍。若采用一般插钎法，打入极端困难而且不易掌握方向，达不到护顶目的时，可运用钻钎护顶，不仅穿入地层速度较快，而且易于控制钻钎位置和方向。

(2)分部开挖的施工顺序：

①上导坑先拱后墙法。起拱线以上用上导坑及分部扩大法进行开挖，边挖边支撑，分段浇筑拱圈；起拱线以下用挖井法开挖边墙部位及浇筑边墙，也可用短段拉中槽加背板和横撑的方法，分段施工边墙，并随即做好仰拱。

②侧壁导坑先墙后拱法。起拱线以下用侧壁导坑开挖，边挖边支撑，分段浇筑两侧边墙；起拱线以上用上导坑及分部扩大开挖及浇筑拱圈；分段挖除中间核心土，随即做好仰拱。

(3)注意事项：

①上导坑与扩大之间的距离应尽量缩短，拱部衬砌要紧跟。

②在松散的碎石或砂层中开挖时，应准备草席或麻袋，随时堵塞缝隙，以免漏砂造成空洞，引起坍塌。

③扩大后，灌拱前，拱脚基础应根据松散地层的承载能力分别采用夯实、垫木板，在拱脚部位向围岩打入横向钢钎或短钢轨、注浆加固等法加固，以防止开

挖马口时发生坍塌。

④用挖井法施工边墙时，井身断面尺寸，应以浇筑2m边墙为宜。井身及井口使用框架支撑撑紧。边墙拆模后，边墙脚与未挖核心土之间亦应以支撑撑紧或进行回填，以后随核心土一起挖掉。

⑤支撑架设应预留沉落量。

⑥衬砌应隔适当距离设置沉降缝。

⑦不论松散地层中有无水，衬砌断面封闭后，均应向衬砌背后（包括仰拱下）压注水泥砂浆加固。

⑧当在有地下水的砂层中施工时，挖底后仰拱未浇筑混凝土前，为了防止流砂上翻，可进行抛压片石或以木板封闭（在两侧边墙脚处可打钢轨桩或锚杆），再分段砌筑仰拱。

20. 断层及岩堆体隧道如何施工？

答：（1）断层及断层破碎带施工要点如下：

①进行有效的地质超前预报。可利用辅助坑道及其他地质预报手段，对断层参数及影响带范围、水文地质特征、围岩力学特征、地应力特征与量值、断层与隧道相对位置、危害程度及可能的塌方形式与规模等进行探测、分析与预测。

②除挤压型、无水、围岩自稳性良好的区段外，均需采用超前支护技术。

③采用变大跨为小跨，正台阶开挖，开挖方法视围岩自稳能力状况灵活掌握。大断面自稳性较差，可采用双侧壁法，也可采用CD法。CRD法仅在特殊地段才可应用。

④尽量采用减少围岩扰动的开挖技术，如弱爆技术开挖、人工开挖、反铲开挖等方法。

⑤对围岩大、存在偏压的情况，应采用高强度、大刚度的支护技术措施，同时做好纵向支护断面间的连接，以增强支护结构空间力学效应的支撑能力。

⑥对于富水及用水地段，应采用“排”、“堵”结合的方式，处理好限排要求与实际工程施工安全与结构稳定的关系，因地制宜，制订专项设计与施工方案。

⑦采用“管超前、严注浆、短进尺、强支护、早封闭、勤量测”的施工基本原则。堆积破碎带地层若有横洞条件，尽量从稳定的地层进洞，然后从隧道里往外打，避免造成伤亡。

⑧做好应急预案与物资准备，做好风险防治工作。

（2）隧道通过岩堆体时的施工要点如下：

①隧道早进晚出，坚决不刷坡、不破坏原岩堆体坡脚，并予以加强。对原边

仰坡采用网喷混凝土,形成方格状框架,采用光面爆破修凿槽嵌入式进洞。

②进行地表注浆,将岩堆体胶结起来,达到一定强度后再进行开挖。

③采用台阶法(单线隧道)或CD法(双线隧道)开挖,台阶长度控制在3~5m,是否安设临时仰拱,视监控量测结果而定。

④台阶法开挖中,上台阶开挖预留核心土,下台阶两侧错开开挖,以防止拱脚突发沉降引起塌拱。

⑤仰拱超前,二次衬砌紧跟,掌子面到二次衬砌的距离不大于30m,随挖随撑,及时封闭。

⑥在岩堆中打管棚振动大、施工也困难,应采用以地表注浆辅以小导管超前支护技术。

⑦由于垂直压力大,宜采用强度高、刚度大的支护结构。

⑧除常规两侧外,应增加钢支撑应力量测,以检测钢支撑受力状况,及时采取施工措施。

21. 煤层瓦斯隧道施工技术要点有哪些?

答:煤层瓦斯隧道施工技术要点如下:

(1)挖煤前必须进行超前探孔,探测煤层的空间展布及瓦斯压力,并预留一定厚度的安全岩墙,以便采取相应的施工防范措施。其主要程序为超前钻孔探煤、超前钻孔探瓦斯压力、采取防突措施。探测由超前探煤孔和超前探压孔组成。

(2)在揭穿突出煤层前,预测有突出危害性或瓦斯压力大于1MPa时,必须采取相应的施工措施,包括钻孔抽放瓦斯、水力冲孔、打排放钻孔、超前施作长管棚预支护、爆破、施工通风、瓦斯监测等。

22. 高地应力隧道施工技术要点有哪些?

答:(1)岩爆隧道施工技术要点

①岩爆的防治措施包括勘测设计阶段的预防措施和施工阶段的治理措施。根据勘测查明的岩性和地应力状态,判断是否会发生岩爆。如果可能发生岩爆,则在隧道的设计阶段要采取预防措施,而在施工中要有足够的准备和治理措施。

②在条件允许的情况下,隧道位置应避开高地应力区,尽量选择在初始地应力较低的区域。

③尽量使隧道轴线与最大主应力方向平行或使其夹角小于30°,以减小隧道开挖时洞壁围岩的切向应力,减少岩爆的发生。

④选择圆形的隧道断面形状,以改善围岩受力状态;应避免高边墙设计;最大主应力方向与隧道轴向垂直或斜交时,可采用非对称断面或曲边墙设计。

⑤隧道开挖时对岩面进行洒水软化释能。一般轻微及中等岩爆地区,爆破后立即向工作面及其后15m范围内喷射高压水,以适当降低岩石的脆性,达到减弱岩爆烈度的目的。

⑥采用光面爆破并加强临时支护。采用光面爆破技术,保持洞壁的圆顺,避免应力集中。开挖后立即喷射高强度混凝土,改善围岩受力状态。工作面打设超前锚杆,稳定开挖面。岩爆严重的区段,采用加密锚杆、挂网、喷混凝土及增设拱架的方法,以提高结构的整体支护能力。

⑦布设超前钻孔进行围岩能量释放。预先在可能发生岩爆的部位有规则地打设空眼,以提前释放部分围岩应力;或在空眼中注入高压水,使水渗透到岩体内部的裂隙中,降低岩体强度和弹性模量,增强其塑性变形能力。

⑧采用浅孔弱爆技术。将深孔爆破改为浅孔爆破,缩短循环进尺,减少一次装药量,以减轻爆破对围岩的影响。

⑨采用分部开挖进行围岩释能。在岩爆严重的区段,采用分部开挖,将隧道断面分为多个开挖部,使围岩应力逐步得到释放,以达到降低岩爆危害程度的目的。

⑩加强岩爆监测。岩爆多发生在1~2倍洞径范围和掌子面处,一般在爆破后1h左右较激烈,以后则趋于缓和。岩爆严重区段,除在固定地点安设声发射监测点外,需组织专门人员全天候巡视警戒与监测。同时,加强隧道顶部监测,每次爆破后,作业人员及设备均应躲避一段时间,待岩爆平静后,再继续施工。

⑪增设临时防护措施。必要时,给施工人员发放防护背心,对主要施工设备安装防护栅架或防护网;掌子面架设移动防护网,防止岩块飞出,保护人员及设备安全。

岩爆是一个十分复杂的问题,影响因素众多,对岩爆的认识和研究至今没有形成统一的意见。现有的岩爆预测与防治方法及措施与生产实际的要求仍有很大差距。随着公路、铁路建设的发展,在高地应力地区修建深埋长大隧道的数量逐渐增多,出现岩爆的机会也相应增多,因此,必须将岩爆的系统研究引向深入,不断提高对岩爆的认识水平,努力提高预报水平,提出切合工程实际、技术可行、经济合理的岩爆防治措施建议。

(2)软岩大变形隧道施工技术要点

在软岩大变形隧道设计施工中,应树立以下观念,掌握施工技术要点:

①改善围岩应力状态有助于提高围岩"承载能力"。现行喷锚设计中,强调

初期支护的及时性,即使尚未达到整体破坏的周边围岩及时得到径向抗力,使局部应力状态由二维向三维转变,从而提高承载能力。支护抗力量值应足以阻止围岩整体破坏进程,喷网、拱架、锁脚锚管(杆)即为提供不同量值抗力的支护措施,二次衬砌则作为安全储备和实现其他功能施作。

②改善围岩力学响应的非均质性和各向异性有助于减少整体破坏,提高"承载能力"。在施工过程中的超前预注浆措施,若运用得当,可填充围岩中张裂隙、孔隙等连续空间,使围岩的连续性及力学性质的均匀性得到改善,从而减少岩体中不连续面尖端的局部应力集中,使以后的开挖过程中产生较小的整体破坏范围。

③围岩的承载能力是时间的函数,是可以加以利用和人工控制的。岩体破坏过程也是时间的函数。隧道施工过程中,每一时刻,在隧道周边产生的局部应力状态都在发生着遵循固有机制的变化。了解这种机制,就可以通过快速施工措施,降低整体破坏的岩体比例,从而达到保护、提高围岩承载能力的目的。施工中,常用的初喷射混凝土、改良地层、台阶开挖断面、调整循环进尺、支护的及时性、合理的时空效应安排等措施均符合减少整体破坏、提高承载能力的原理。

④岩体的损伤是不可逆的。岩体具有耗散结构,损伤过程是一种能量耗散的不可逆过程。由这一特性得到的启示:无论施工中对地层施加的措施是否达到预期效果,这种作用是不会被"抹去"的。

⑤开展超前探测技术研究,作为以信息化设计与施工为特点的隧道建设工程,对未开挖段的超前探测技术开展研究十分必要,它是进行围岩局部应力与承载力分析、地质灾害预报、施工方案制订的基础。在新理念及相关基础理论研究成果的指导下,尝试开展对未开挖段围岩内部能量变化、变形破坏特征及测试与计算技术研究,有助于围岩二次损伤演化过程中宏观变形机制的研究,对完善基础理论、加快应用步伐有深远意义。

⑥圆形断面形式能够很好地解决支护结构的均匀受力问题,是软岩大变形隧道设计的首选断面衬砌形式。优化合理的断面可以把大变形变为小变形,从而消除许多灾害。相反,不合理的断面会把小变形变成大变形,采用多余的支护,拖延及时加固围岩的时间,会越干越坏。

⑦不采用长锚索。因为实际上难以形成着力点,锚固是无效的。

⑧加强稳定掌子面的辅助措施。可采用打超前锚杆、掌子面正面喷混凝土和打锚管(杆)的方法稳定掌子面。

⑨加强控制底鼓和侧壁变形的措施。进行隧道底部地层注浆,隧道底部打

锁脚锚管(杆),及时增设底部横撑或临时仰拱,尽快形成坚强、封闭的初期支护结构。

⑩网构钢拱架在 x、y 向具有等强度、等刚度、等稳定性的特点,承载能力比工字钢拱架强数倍。从大变形破坏机理看出,工字钢支护在大变形地段不宜应用,必须改为网构钢拱架。

⑪缩短台阶长度,下半断面及仰拱同时施工,断面及早闭合。

⑫采取防止衬砌开裂的措施,如采用喷聚丙烯纤维混凝土,设加强钢筋网,在钢拱架间设纵向连接系。

⑬加强监控量测管理。加强初期位移速度监测,及时进行最终位移值的预测与反馈设计,建立施工控制管理基准值。

⑭这些措施是综合的,也是相互补充的,应视具体情况采用。这些措施还是一般性的,当条件变化很大时,要采用注浆加固、改良岩体等特殊的辅助施工措施。

23. 遇溶洞隧道施工要注意哪些事项?

答:在可溶性岩层中修筑隧道,可能遇到:

(1)溶洞位于隧道底部,充填物松软且深,隧道基底难于处理。

(2)溶洞岩质破碎,容易发生坍塌。

(3)大的水囊或暗河的岩溶水或泥砂夹水大量涌入隧道。

(4)坑道掘进至填满饱含水分的充填物溶槽边缘,含水充填物不断涌入坑道,难以遏止,甚至出现地表开裂下沉,山体压力剧增。

(5)有的溶洞、暗河迂回交错、分支错综复杂、范围宽广,处理十分困难。

隧道在溶洞地段施工时,应根据设计文件有关资料及现场实际,查明溶洞分布范围、类型情况(大小、有无水,溶洞是否在发育中,以及其充填物)、岩层的稳定程度和地下水流情况(有无长期补给来源、雨季水量有无增长)等,分别以引、堵、越、绕等措施进行处理。处理措施分述如下:

(1)当暗河和溶洞有水流时,查明水源流向及其与隧道位置的关系,用暗管、涵洞、小桥、泄水洞等设施,宣泄水流或将水排出洞外。

(2)当水流的位置在隧道上部或高于隧道时,应在适当距离外,开凿引水斜洞(或引水槽)将水位降低到隧道底部位置以下,再行引排。

(3)对已停止发育、跨径较小、无水的溶洞,可根据其与隧道相交的位置及其充填情况,采用混凝土、浆砌片石或干砌片石予以回填封闭,根据地质情况决定是否需要加深边墙基础。

(4)拱以上空溶洞,可视溶洞的岩石破碎程度采用喷锚支护加固,或加设护拱及拱顶回填的办法处理。

(5)当溶洞较大较深,可采用梁、拱跨越,但梁端或拱座应置于稳固可靠的基岩上,必要时用圬工加固。

(6)当隧道一侧遇到狭长而较深的溶洞,可通过加深该侧的边墙基础进行处理。

(7)当隧道底部遇有较大溶洞并有流水时,可在隧底以下砌筑装砌片石支墙,支承隧道结构,并在支墙内套设涵管引排溶洞水。

(8)当隧道边墙部位遇到较大、较深的溶洞,不宜加深边墙基础时,可在边墙部位或隧底以下筑拱跨过。

(9)当隧道中部及底部遇有深狭的溶洞时,可加强两边墙基础,并根据情况设置桥台架梁通过。

(10)溶洞上大下小,且有部分充填物时,可将隧道顶部的充填物清除,然后在隧道底部高程以下设置钢筋混凝土横梁及纵梁,横梁两端嵌入岩层。

24. 岩溶高压富水隧道施工技术要点有哪些?

答:岩溶高压富水隧道施工中应遵循以下原则:

(1)必须进行综合地质超前预报,查清掌子面前方地质情况,尤其是富水区、断层及破碎带、溶洞等,对发生涌水灾害的可能性进行预报,防止涌水。

(2)岩溶或富水带的规模、充填性质、水量、水压是地质探测的重点,采用钻探+电法+弹性波物探方法进行超前探测。

(3)岩溶区要采用高位选线,避开高压含水层。

(4)高压富水岩溶区隧道应做人字坡,必须采用双洞,不能采用大跨单洞;岩溶区必须设置泄水洞,并与溶洞连起来。岩溶地区不宜设置斜、竖井,以免产生新的灾害。

(5)不提倡全断面帷幕注浆,采用周边超前预注浆,径向注浆。水量太大时,应增设迂回导洞排水降压,配合正洞注浆,带水作业,快速施工。

(6)在高水压大流量溶洞(直径大于2m)隧道,施工应以排水为主,开挖泄水洞,将岩溶水从泄水洞中排走。对能量极大的溶水,宜采用释能降压法,溶洞和泄水洞形成一个永久性结构,长期排水,以保证施工安全。坚持“排、堵结合,以排为主;上堵下排”的原则。

(7)对于溶隙和溶管(直径小于2m)的充水岩溶,采用以堵为主的原则。

(8)预留防涌岩墙,厚度视水压大小可选择为5~8m。当围岩极度破碎时,这一距离还将加大。

25. 黄土隧道施工要注意哪些事项？

答：黄土隧道施工要点如下：

(1)做好湿陷性黄土中构造节理的产状与分布状况的调查。倾斜的构造节理多呈X形，施工时应加强支护措施，防止坍塌和片帮。同时，还应查明地层时代、成因，湿陷性土层厚度，湿陷性随深度变化的规律，地下水位变化幅度及工程地质条件。

(2)施工中应遵循"短开挖、少扰动、强支护、紧封闭、实回填、严治水、勤量测"的施工原则，紧凑施工工序，精心组织施工。

(3)开挖方法宜采用短台阶法或分部开挖法（留核心土法），初期支护应紧跟开挖面施作。

(4)支护措施采用钢拱架、喷网混凝土、地脚托梁及锁脚注浆锚杆联合支护。

(5)拱部不设置锚杆，设立拱架的区段不设锚杆，取消系统锚杆。

(6)不宜采用湿喷混凝土，若喷不上反而将黄土破坏剥离。喷射工艺宜采用机械手。

(7)采用复合式衬砌。黄土围岩开挖后暴露时间过长，围岩周壁风化至内部，围岩体松弛加快，进而发生塌方。因此，必须采用复合式衬砌，开挖后必须及时喷射混凝土、铺设钢筋网片和钢支撑作初期支护，以形成严密的支护体系。必要时，可采用超前小管棚支撑加固围岩。在初期支护基本稳定后，进行二次衬砌施工。衬砌背后回填要密实，尤其是拱顶回填。

(8)做好洞顶、洞门及洞口的防排水系统工程，并妥善处理好陷穴、裂缝，以免地面积水浸蚀洞体周围，造成土体坍塌。在含有地下水的黄土层中施工时，洞内应施作良好的排水设施。水量较大时，应采用井点降水等法将地下水位降至隧道衬砌底部以下，以改善施工条件加快施工速度。在干燥无水的黄土层中施工，应管理好施工用水，不使废水漫流。

26. 膨胀岩隧道施工技术要点有哪些？

答：膨胀岩隧道施工技术要点如下：

(1)膨胀性围岩地段隧道除了承受较大的拱顶压力外，边墙和底部也承受很大的膨胀压力。为适应这种四周均受压的应力状态，避免应力集中，支护结构形式采用圆顺的近圆形断面，仰拱与拱墙的厚度尽量一致，并采用较大的曲率半径。

(2)控制好施工用水,减少水的漫流和积水浸泡,以达到“保湿防渗”,减少岩体湿胀干缩对隧道产生不利影响的目的。采用保持原岩湿度状态,阻隔施工用水及施工开挖引起的地下水流入隧道周边的膨胀性岩体中,引发围岩膨胀加力。

(3)施工时,应首先做好防排水工作。洞外过沟地段,开挖前在地面将地表水引排至隧道一定范围以外,洞内做好排水系统,使水汇入集水坑。集水坑设在掌子面 50m 以外,并根据洞内水量大小定期抽排,开挖后立即喷浆封闭掌子面,较弱围岩辅以小导管注浆预加固,掌子面喷混凝土封闭岩面,以防隧道内渗水及施工用水浸泡岩体。

(4)在施工中体现“先柔后刚、先让后顶、分层支护”的思路。在膨胀性地层中采用强顶硬撑的方法,看起来似乎安全可靠,而实际上因没有适应地层变形的特点,支撑的刚度愈大,所受膨胀压力也愈大,结果往往使所设置的刚性支撑破坏,起不到对围岩支护的作用。

由于初期支护刚度不大,具有一定的变形能力,能够对围岩变形进行一定的约束,起到一定的“让压”作用。在大变形围岩地段,为了适应大变形的要求,可以在喷射混凝土中间预留一定宽度的纵向变形缝(10cm 左右),具体的预留宽度可以根据监控量测结果得到。另外,为满足这种大变形的要求,底部的支撑采用可缩式钢架,每榀设置 3 个可缩接头。这样初次衬砌混凝土就不会因受到大的变形压力而出现剥落、掉块、破坏等现象。当围岩变形趋于稳定时,预留的纵向变形缝已基本自行闭合。当围岩和初期支护变形到一定程度时,即在初期支护内部的应力达到极限应力之前,必须施作第二次初期衬砌。当监控量测基本稳定后,方可进行二次衬砌模筑施作。

(5)正确确定开挖尺寸。由于不同地段围岩膨胀程度各不相同,应根据具体情况,适当调整设计预留变形量,确保设计净空尺寸,避免衬砌厚度不够。

(6)做好超前地质预报工作,制订施工技术预案。在膨胀岩地区的隧道施工中,地质预报的主要任务是进行膨胀岩沿隧道施工影响范围内膨胀压力预测与工程危害性评估。施工时,应制订相应的技术预案。

(7)加强围岩净空位移、围岩压力及地下水渗透性动态监测。根据监测反馈成果,进行围岩预加固,同时调整初期支护直至确定二次衬砌设计参数。施工时,二次衬砌的施作时间是关键。而对围岩的膨胀程度,凭感性认识是不科学的,应对围岩膨胀变形情况进行监测,根据量测结果将信息反馈给施工人员,以便及时调整支护参数,指导施工,以达到安全、高效的目的。

(8)在高应力地区,施工措施应尽量保护围岩的自承能力,避免剪裂膨胀压力的发生。在开挖爆破时,采用短进尺、弱爆破,尽量减少爆破对围岩的扰动。

27. 岩爆地段隧道施工有哪些注意事项?

答:岩爆地段隧道施工注意事项如下:

(1)如设有平行导坑,则平行导坑应掘进超前正洞一定距离,以了解地质,分析可能发生岩爆的地段,以便正洞施工达到相应地段时加强支护,采取必要措施。

(2)使用光面爆破,并严格控制用药量,以尽可能减少爆破对围岩的影响。

(3)可选用预先释放部分能量的方法,如松动爆破法、超前钻孔预爆法或喷射高压水冲洗法,先期将岩层的原始应力释放一些,以减少岩爆的发生。

(4)加强支护工作,支护的方法是在爆破后立即向拱部及侧壁喷射混凝土,再加设锚杆及钢丝网。衬砌工作要紧跟开挖工序进行,以尽可能减少岩层暴露时间,减少岩爆发生和确保人身安全。

28. 流沙隧道施工技术要点有哪些?

答:流沙隧道施工技术要点如下:

(1)首先进行隧道沙层工程地质、水文地质特性的调查,掌握相关地层参数。

(2)根据工程工况特点进行施工方案及辅助施工措施设计。

(3)采用台阶法分部开挖,掌子面预留核心土,增设钢拱架,以稳定工作面。

(4)采用"短进尺、弱爆破"施工,及时支护,以减少开挖面显露时间,加快施工速度。

(5)在洞内掌子面前方开挖轮廓线外2~3m范围内进行围岩超前注浆,注浆孔采用长、短相间的方式布设,以加固围岩、封堵地下水。

(6)注浆孔应钻穿沙层不小于1m。当钻孔与注浆平行作业时,钻、注距离应不小于6m。

(7)为防止串浆,注浆应遵循一钻一注的原则。

(8)采用冻结法时,应根据断面尺寸、水文地质条件、冻结体强度等因素综合确定冻结深度,设计施工可参阅相关文献,但必须采用先注浆、后冻结的施工方法。该施工方法的优点是融冻时沉降小、布管少、冻结快、造价低。

29. 高原冻土隧道施工技术要点有哪些?

答:高原冻土隧道施工技术要点如下:

(1)由于特殊的地理环境造成施工机械功率下降,必须采用特殊的高原沙漠型风冷增压发动机,机械才能在该地区正常运转。同时,利用多级滤清器或湿式空气滤清器,以适应风沙气候。

(2)配置缺氧环境的低温启动装置,高原冻土区的低温启动装置须考虑缺氧条件。同时,还要考虑蓄电池、启动负荷等在高原低温条件下对启动的影响。

(3)高寒环境下机械长时间在低效区工作,产生的热量在高寒区不易迅速散去,需考虑增强机械液压系统的散热能力。

(4)采用高原机械专用油。采用具防冻性能的机械油,使机械各系统运行温度能够适应高寒地区的要求。

(5)人员容易产生疲劳,因此提高驾驶室的保温密封性及操作的舒适性是非常必要的。

(6)为适应缺氧、寒冷的环境特点,爆破设计时,单位耗药量应有所提高,具体量值通过试验确定。

(7)深孔爆破时,扩槽孔宜密、装药宜少。

(8)钻孔后,应及时装药爆破,防止钻孔在负温下的回冻,使钻孔变浅。

(9)做好排水系统的防冻保温,采取深埋或设置保温层的方法,确保排水系统排水畅通,不发生冻融。

(10)初期支护采用喷混凝土挂网、钢拱架,为防止热交换的产生,不设锚杆,在初期支护内铺设防水隔离层,再做二次模筑衬砌。隔离层有一定的弹性模量,可以吸收 1MPa 的膨胀力。这种结构形式在青藏铁路得到应用,效果很好。

30. 隧道塌方有哪些征兆和预防措施?

答:(1)塌方前的征兆:

①量测信息所反应的围岩变形速度或数值超过允许值。

②喷射混凝土产生纵横向的裂纹或龟裂。

③在坑顶或坑壁发现不断掉下土块、小石块或构件支撑间隙不断漏出砂、石屑。

④岩层的层理、节理缝或裂隙变大、张开。

⑤支撑梁、柱变形或折断,楔子压扁压劈,填塞木弯曲折断,扒钉受力变形,木支撑发出“噼啪”破裂声。

⑥坑道内渗水、滴水突然加剧或变浑。

(2)预防塌方的施工措施:

①先排水。在施工前和施工中均应采取相应的防排水措施,尽可能将坑外

之水截于坑道之外。

②短开挖。各部开挖工序间的距离要尽量缩短,以减少围岩暴露时间。

③弱爆破。用浅、密炮眼,并严格控制用药量或用微差毫秒爆破。

④强支护。针对地压情况,确保支护结构有足够的强度。

⑤快衬砌。衬砌工作须紧跟开挖工作面进行,力求衬砌尽快成环。

⑥勤检查、勤量测。对围岩发现有变形或异状,要立即采取有效措施及时处理隐患。

31. 处理隧道塌方需采取怎样的步骤?

答:塌方发生后,首先应防止塌方范围继续扩大,措施如下:

(1)对塌方范围顶部与侧壁的危石及大裂缝,应先行清除或锚固。

(2)加强原有支护,对塌方范围前后原有的支护进行加固,以防止塌方扩大。

(3)在塌方范围内架设支撑或喷射混凝土,必要时加设锚杆。

(4)对塌方两端应尽快做好局部衬砌,以保证塌方不再扩大。

处理塌方通常采用的方法有:

(1)如塌方体积较小,且塌方范围内已进行喷锚或已架设好较为牢固的构件支撑时,可由两端或一端先上后下地逐步清除坍渣,随挖随喷射混凝土,随架设临时构件支撑支顶。

(2)如塌方体积较大,或地表已下沉,或因坍体堵塞无法进入塌方范围进行支护时,则可注浆加固坍体,然后用"穿"的办法在坍体内进行开挖、衬砌。

32. 坍穴处理有哪些常用的方式?

答:坍穴处理有以下常用方式。

(1)喷锚处理

采用喷锚处理较大型的塌方,较之采用架设支撑,更加安全、快速,且省工省料。具体的施工措施如下:

①由外向内、由上而下,逐段随清坍渣随向岩壁先喷射一薄层砂浆,然后再喷射混凝土。混凝土宜分层喷射,每层厚5cm左右。

②喷射1~2层混凝土后,可随即加设锚杆再喷射混凝土。

③坍渣清除后,随即做好衬砌。

(2)构件支撑处理

主要采用木支撑构件,构成斜、横、竖构架,支撑坍穴壁面,并永久保留在坍穴内。具体的施工措施如下：

①在坍体不太高、坍穴略呈锥形、坍壁不太松散的情况下，使用人字架支撑。

②当坍体较高，但坍体两侧壁形状较整齐，且侧向压力不大时，可按垂直于隧道中线的方向架设横向排架。先将坍体顶的石渣扒平，铺上横梁，再在其上架设排架。排架间距根据树穴围岩情况而定，一般为1～2m。需注意在排架间用剪刀撑撑稳，下部横梁要随坍渣的清除随时倒换撑稳。

③当塌方较大，且围岩压力也较大时，宜在塌方范围内全部用纵向棚架支撑。先将坍渣顶部适当扒平，沿隧道中线方向平行设置纵地梁数根（地梁下预铺横梁），于纵地梁上按照导坑支撑的形式以左右的间距架设箱形棚架。以后逐层向上架设至塌方顶部，用填塞木塞紧。随着坍渣的清除，加设立柱，并以纵撑撑牢。

④当塌方直至地表而深度不大时（小于10m），可设置井箍。由地面向下逐步清除坍渣，随即架设箍架支撑。箍架的形式可为多边形、矩形或方形，视坍穴的形状而定，架距不大于1m。当坍穴较深时，则可先将井口至坍渣顶面一段箍好，暂不清理坍渣，而在洞内采用穿过塌方的施工方法。如坍井较大，宜采用喷锚支护井壁的方法。

⑤当坍穴成斜孔时，处理方法根据斜度而定，倾角≤30°时，可按斜井的施工方法进行出渣及支撑；倾角＞30°时，运用并箍支撑并且由上而下地清渣。

33. 隧道塌方段怎样衬砌与回填?

答：（1）塌方段衬砌施工措施：

①随着坍渣的逐渐清除，衬砌逐段推进，快速成环。最好由坍体的两端对向施工，随即回填密实。在坍穴最高处或两端衬砌接头处应预留回填及进出料孔。

②如塌方范围的围岩不够稳定，在处理塌方中有继续坍塌的可能时，可在塌方范围内选择适当位置做坍体护拱，以掩护施工操作。护拱上应以碎渣铺填约2m厚作为缓冲层。

③如坍体未进行预先注浆加固而采用“穿过”的施工法时，拱脚处的衬砌圬工应加宽灌抵开挖轮廓壁（开挖轮廓不过大时），以保证拱脚稳固。

（2）坍体回填应做到：

①塌方清除坍渣后，则拱背应先以浆砌片石回填2～3m厚，其上再用干砌片石回填，回填高度应尽量填满对方范围，坍体内木支撑应尽量拆除。

②在坍体的护拱与拱圈间应全部回填密实，坍体护拱以上回填厚度可根据具体情况而定，但不应小于2m。

③如塌方范围高大,在坍穴内进行回填操作不便时,可选择适当位置另行开凿专供回填用的坑道。

④如塌方直达地表,除按规定做好拱部回填外,另用一般土石回填夯实至距地表1~2m再用黏土回填至略高于地表并向四周倾斜,周围做好排水沟。

34. 隧道大变形问题有哪些对策?

答:(1)加强稳定掌子面的辅助措施

①正面喷混凝土和锚杆。

②打超前锚杆或钢筋。

(2)加强基脚的措施

①向底部地层注浆加固。

②向两侧打底部锚杆。

③支撑加底板及加劲肋。

④设底部横撑或临时仰拱。

(3)防止断面挤入的措施

①增打加长锚杆,主要在两侧,锚杆长度一定要超过围岩塑性区范围才有效果。

②设底部横撑,打底部锚杆,修筑仰拱,这是极为重要的工程措施。

③缩短台阶长度,及早闭合。

④下半断面、仰拱同时施工。

⑤设纵向伸缩缝,采用可缩性支撑。

(4)防止开裂的措施

①采用湿喷钢纤维混凝土。

②设加强钢筋。

③设纵向伸缩缝。

(5)建立日常量测管理体制及管理基准

①监测初期位移速度。

②最终位移值的预测。

③建立控制基准值。

(6)加强施工地质测试

①预测和预报掌子面前方的地质状态。

②建立地质数据库,及时反馈。

③各种岩类的特性试验数据的测试。

35. 大断面隧道有什么特殊施工方法?

答:从目前的施工技术水平出发,适合大断面的开挖方法,主要有以下几种:

(1)上半断面超前短台阶法,简称上半断面法。

(2)中隔壁(CD)法。

(3)侧壁导坑法。

(4)TBM 导坑掘进法。

其中,上半断面法采用最多,在大部分围岩条件下都可采用。在承载力不足的洞口段,可采用侧壁导坑法,在掌子面不稳定的隧道中,可采用中隔壁法(CD法)。在超大断面隧道施工方法的研究中,宜采用 TBM 导坑掘进法,即利用小断面 TBM,掘进超前导坑,而后用爆破法进行扩大的方法。

36. 如何快速、有效、安全地进行大断面施工?

答:为有效、安全地进行大断面缩短的施工,要进行技术开发。这些技术包括:

(1)光面爆破、使装药作业省力化。特别是因下半断面和仰拱的开挖部分所占比重增大,有必要开发适合此部位开挖的技术。

(2)采用长锚杆,特别是在孔壁不能自稳的围岩中,长锚杆更为必要。因此,开发在不能自稳的围岩中打设长锚杆的技术是必要的。

(3)喷混凝土的设计厚度和喷射量都变大了,因此,采用大容量的机械和高强混凝土以控制厚度的增加是必要的。

(4)因土方量的增加,需开发大型出渣机械和连续出渣系统。

(5)因大型机械投入施工,废气增多,要加强通风,需研究采用 TBM 导坑通风的可能性。

(6)研究采用 TBM 导坑施工的合理方法及可能的技术。

第十一章 质量管理及风险分析

一、质 量 管 理

1. 质量保证体系怎样建立?

答:根据工程的施工任务和特点,遵循质量管理体系文件和合同文件要求,建立健全质量保证体系及质量保证体系管理机构,制定项目质量目标及计划,明确各级人员质量范围及职责,正确、合理地分配质量管理职能,确保质量保证体系的完备性、运行的有效性,并进行质量管理的信息化建设,实施以全面质量教育、标准化作业为主要内容的全面质量管理,建立如图 11. 1 所示的质量保证体系。

2. 质量管理及检验的标准是什么?

答:建立完善的质量管理制度,落实质量责任制;通过质量管理体系的有效运行,实行全员质量责任制,对工程施工实施全过程的质量控制,保证所有涉及质量的过程均处于受控状态,质量过程有记录、可追溯;对施工质量进行自查、自检,并积极配合监理及业主的检查、抽查活动。

所有材料、设备、施工工艺和工程质量检验和验收均按招标文件技术条款中引用的国家和行业颁发的技术标准、规程规范规定的技术要求执行。在合同执行过程中,如国家或部颁标准和规程规范被更新,则执行最新版本。

隧道施工主要遵守的技术规范和行业标准如表 11. 1 所列。

3. 质量管理保证组织措施有哪些?

答:质量管理保证组织措施如下:

(1)健全质量检查制度,加强质量监督检查

根据工程质量目标制定质量管理制度及创优规划,认真做好施工组织及各项制度、措施的落实。质量检查程序如图 11. 2 所示。

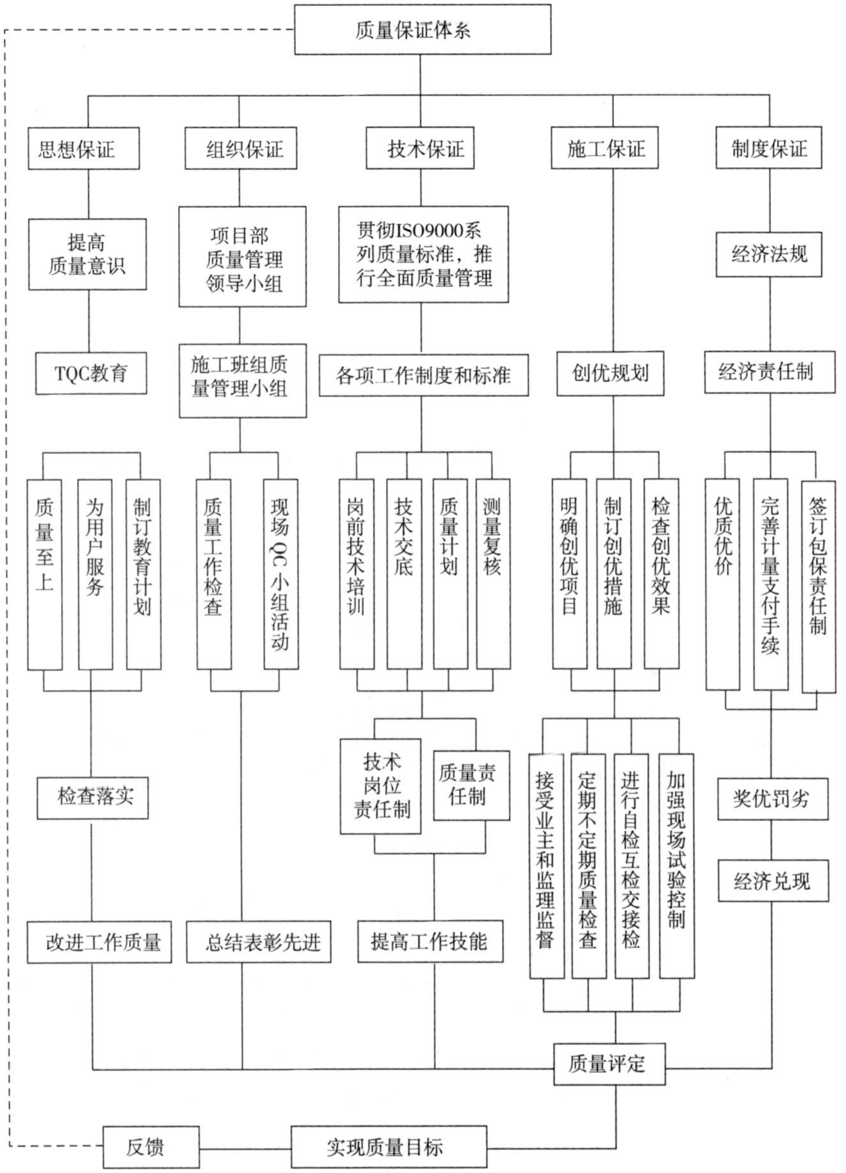

图 11.1 质量保证体系框图

质量管理引用的标准和规范　表 11.1

序号	标准和规范名称	标准和规范编号
1	《混凝土结构设计规范》	GB 50010—2010
2	《混凝土结构工程施工质量验收规范》	GB 50204—2002
3	《高强度混凝土结构技术规程》	CECS 104:99
4	《钢纤维混凝土结构设计与施工规程》	CECS 38:92
5	《钢纤维混凝土试验方法》	CECS 13:89
6	《混凝土结构工程施工质量验收规范》	GB 50204—2002
7	《砌体结构设计规范》	GB 50003—2011
8	《土工合成材料应用技术规范》	GB 50290—98
9	《土工合成材料测试规程》	SL 235—2012
10	《爆破安全规程》	GB 6722—2003
11	《混凝土强度检验评定标准》	GB/T 50107—2010
12	《建筑地基基础工程施工质量验收规范》	GB 50202—2002
13	《地下工程防水技术规范》	GB 50108—2001
14	《组合钢模板技术规范》	GB 50214—2001
15	《压缩空气站设计规范》	GB 50029—2003
16	《工程建设标准强制性条文》	
17	《滑动模板工程技术规范》	GB 50113—2005
18	《钢结构设计规范》	GB 50017—2003
19	《钢结构工程施工质量验收规范》	GB 50205—2001
20	《施工现场临时用电安全技术规范》	JGJ 46—2005
21	《预应力筋用锚具、夹具和连接器》	GB/T 14370—2007
22	《锚杆喷射混凝土支护技术规范》	GB 50086—2001

质检员在施工的整个过程中坚持旁站制，在现场进行质量跟踪检查，加强对各道工序特别是关键部位或技术复杂部位的专职检查，发现问题及时督促有关质量责任人纠正，对重大问题立即向质量部报告；质检工程师对关键工序和技术复杂部位坚持旁站制，并在施工过程中遵循严格的施工现场交接班制，对在施工中发现的问题作好记录，达不到工艺要求的工序未处理完不得进入到下道工序。

(2)编制质量管理计划，确保整个施工过程处于受控状态

开工前，各施工作业队依据设计图纸、招标文件、施工规范和施工措施等，编

制质量管理计划，制订出各分部分项工程程序控制图及质量控制点，编制施工作业指导书、操作规程、管理细则和岗位职责等，对施工质量进行全过程的管理控制，确保整个施工过程连续、稳定地处于受控状态。

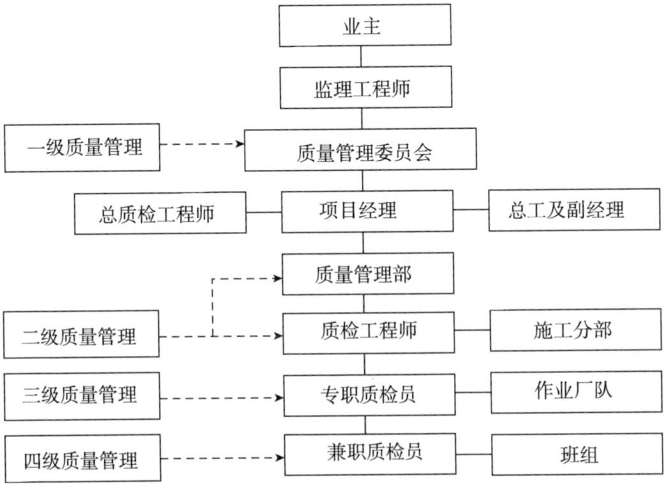

图 11.2　质量检查程序图

(3)实行质量岗位责任制和质量终身制，严格执行奖惩制度

按科学化、标准化、程序化作业，实行定人、定点、定岗施工，各自负责其相应的责任。施工现场挂牌，写明施工区域、技术负责人及行政负责人，接受全方位、全过程的监督。对不按施工程序和设计标准施工的班组和个人追究责任。

(4)坚持质量一票否决制

对施工过程中违反技术规范、规程，存在质量问题时，质检人员有权当场制止并责令其限期整改，禁止使用不合格的材料和工程设备，并按照招标文件要求和监理工程师指示处理不合格的材料和工程设备。对不重视质量、粗制滥造、弄虚作假的人，质检人员有权要求行政领导给予严厉处理，并追究其相应的责任。

(5)开展质量教育，增强质量服务意识和服务水平

开工前和施工过程中，对职工进行质量责任教育和质量管理意识教育，牢固树立"质量第一"的观念，加强对各级人员的培训工作，对主要工种进行技术业务培训和再培训，使职工具有保证作业质量的技术业务知识和能力。

由总工程师及主管部门亲自抓技术交底并组织关键和特殊工序的作业人员进行经常性的技术学习，严格贯彻执行制订的施工控制程序和提高职工技术素质。

(6)采用标准工法，实行规范化和标准化作业

整个施工作业过程，贯穿工前交底、工中检查、工后验收的操作管理方法，推

进施工工序作业程序化、标准化、规范化，把新技术、新工艺、新材料运用到各项施工生产中去，切实保证标准化作业质量。

（7）严格执行有关质量管理办法

严格执行国家、地方、业主、监理单位颁发的各项质量管理办法和实施监督管理。积极参加监理工程师组织的现场例会，认真落实会议纪要。定期召开内部生产协调会，总结和检查前一阶段工期、质量、安全情况，有针对性地采取改进措施，布置下一阶段工作重点，确保工程质量得到持续改进和提高。

（8）加强隐蔽工程和隐蔽部位的检查

在隐蔽工程具备覆盖条件后的24h内，通知监理工程师进行检查，并附上自检纪录和其他资料。对监理工程师发现的问题及时进行整改后重新检查。严禁监理工程师未到场检查即将隐蔽部位私自覆盖。

4. 质量管理资料与技术管理资料如何处理？

答：质量管理资料和技术管理资料是证明产品质量符合规定要求和判断质量体系有效运行的真实、准确的依据，因此，资料记录应按规定要求做到真实、准确、及时、完整。

（1）施工过程的质量和技术资料管理

施工过程中，技术工程师和质量工程师应按照业主规定的表格形式及时认真填写或编制各个分部、分项、单位工程、隐蔽工程、安装工程、TBM 掘进参数等的检查、验收、检验批、原材料检测、测量及监测记录、施工原始记录、工程技术方案、技术交底等文字资料，收集记录施工过程的声像资料、外部往来文件等资料。资料室负责整理、归档与质量、技术、安全、规范等相关的资料文件。

（2）完工文件资料准备

完工前，应组织质检人员、工程技术人员、作业班组长等，按照招标文件有关规定和国家规范对已完工项目进行预检，对照图纸逐一进行全面检查，找出存在的质量弊病或需完善的部位采取措施，及时落实处理。

完工资料室负责对整个施工过程中发生的资料进行积累、收集，并按归档要求整理、装订成册。文件资料的整理、打印、签章、装订符合招标文件和业主的规定及要求。

完工资料应包括：

①工程实施概况和大事记。

②已完工程移交清单（包括工程设备）。

③永久工程竣工图。

④列入保修期继续施工的尾工工程项目清单。

⑤未完成的缺陷修复清单。

⑥施工期的观测资料。

⑦监理工程师指示应列入完工报告的各类施工文件、施工原始记录(含图片和录像资料)以及其他应补充的完工资料。

(3)工程完工资料移交

当工程具备以下条件时,向业主和监理单位提交完工验收申请报告,并按招标文件规定的完工资料内容附完工资料。

①已完成了合同范围内的全部单位工程以及有关的工作项目,但经监理工程师同意列入保修期内完成的尾工项目除外。

②已按招标文件有关规定备齐了符合合同要求的完工资料。

③已按监理工程师的要求编制了在保修期内实施的尾工工程项目清单和未修补的缺陷项目清单以及相应的施工措施计划。

质检人员参加监理单位和业主组织的交工验收,并提供相应的验收资料,合格后监理单位签发交工证书。

5. 混凝土衬砌施工质量如何管理?

答:混凝土衬砌施工质量管理如下:

(1)确认衬砌所用混凝土的材料、配合比和强度均与设计符合。浇筑混凝土时必须考虑拱圈、仰拱等设施地点、气温、湿度等环境条件,至现场的运输距离,浇筑机械的种类等进行质量管理。在有涌水的场合,须检查并确认水中不含对混凝土和钢架有害的盐类成分。如将开挖出的岩石破碎后用作集料时,要注意其质量必须进行比一般情况更严格的管理。

(2)检查组装好的拱架模板,确认其中心线和水准装设正确,确保衬砌的形状和尺寸所需的空间,还应确认拱架模板能充分抵抗混凝土荷载,足以保证浇筑中不致产生扭转、倾倒、移动等情况。检测衬砌设计厚度,每断面要有测点10处左右。

(3)浇筑混凝土后,拱架模板如有移动或下沉,或因浇筑不饱满而在混凝土中留有空隙,必要时应检查衬砌的形状、尺寸、厚度等。检查衬砌厚度一般采用钻孔检查,钻孔时应钻到能确认衬砌设计厚度所需深度即停钻,应注意不要损伤衬砌背后的防水层。

6. 防排水施工质量如何管理?

答:对隧道防排水所使用的材料,应进行规定的试验和检查,确认质量、尺寸、强度等是否都与设计相符。此外,要观察其施工状态是否符合设计要求。对于防水工作应进行气密试验等以确认其性能;用止水板时,应保证其位置固定,在浇注衬砌混凝土时不致移动。排水作业时用的材料必须进行规定的检查,应确认质量、尺寸、强度等都与设计相符。设在路基下的排水管之类的排水设施,应在回填前进行检查,确认无漏堵现象。

二、风 险 分 析

7. 工程风险应对措施有哪些?

答:根据风险种类的不同,所采用的应对措施也不尽相同,主要方式如下。

(1)地质风险应对措施

突水突泥的防范措施见表11.2。

突水突泥的防范措施 表11.2

组 织 措 施	预 报 措 施	突水的处理	突泥的处理	未揭露的处理
①成立突水突泥应急小组; ②组织专家研究治理方案; ③轨道架高,加大导排系统的管理,保证畅通; ④设备防水防护,TBM进行防水设计制造; ⑤配齐配足排水机具设备; ⑥配备抢险物资和人员,经常进行抢险和救援的演练	①采用综合地质预报技术进行及时预报; ②对辅助洞及排水洞的地质揭露进行分析和预测	①待其水量减少或消退、水压降低后再进行注浆处理; ②水流很大、水压很高、人员无法靠近,且无减弱趋势,采用以下几种方式处理: a. 在地下水补给区与辅助洞突水点之间布置泄流钻孔分流泄压,降低隧道突水点的突水量和流速; b. 采用迂回导洞在出水的上游揭穿水道,排水减压,为引水洞掌子面处理创造条件; c. 直接封堵工作面进行超前注浆处理,阻断水流	①突水突泥通常来势猛、速度快、流量大,只有待其减退后再行处理; ②水量减退后,封闭掌子面,采用全断面帷幕注浆加固,超前小导管支护,短台阶开挖方案	①分清情况,区别对待,排堵结合; ②超前注浆,钻孔检验; ③绕行揭露,确保主洞安全

高地应力岩爆的防治措施见表11.3。

高地应力软岩隧道变形风险施工措施如下：

①超前地质预报，提高对前方地质的判断能力。

②紧跟初期支护，采用径向系统长锚杆、超前锚杆、钢支撑配合喷射混凝土（或钢纤维混凝土）形成整体，当掌子面不稳定时采用喷混凝土临时封闭。

高地应力岩爆的防治措施　　表11.3

改善围岩物理力学性质	应力解除法	调整作业方案法	围岩加固法	人员和设备防护
①掘进：短进尺掘进，减少药量和减少爆破频率，控制光爆效果，以减少围岩表面层应力集中现象； ②喷注水：主要措施是立即向掌子面及附近洞壁喷洒高压水或利用炮眼及锚杆孔向岩体深部注水，目的是降低围岩强度，增强其塑性，减弱其脆性，最终降低岩爆的剧烈程度	施工中，一边释放应力，一边掘进，使岩体原始应力提前释放，使之不发生岩爆或削弱岩爆强度。应力释放只是起调整围岩应力的作用，而不是消除应力。应力解除法主要有超孔解除法	对于岩爆强烈、危险程度高的岩爆地段，可以适当调整作业，甚至停工，退后一定距离待避。这种方案主要用于中等以上的岩爆地段	对于工程区的轻微～中等岩爆的片状爆裂，采用锚喷支护可以取得良好的止裂效果，并维持整体围岩的稳定	增设临时防护设施，给主要设备安装防护网和防护棚架，给施工人员配发钢盔、防弹背心等，必要时在掌子面加挂钢丝网、喷钢纤维混凝土。根据设计及时锚网喷联合支护；岩爆非常剧烈时，为了安全，在安全距离进行躲避，直至岩爆平静；加强巡回清撬爆裂的危石，确保人员设备安全

③使用超前小导管帷幕预注浆等辅助工法。

④短进尺、小药量、弱爆破等微震控制爆破施工或人工配合机械直接开挖。

⑤制订监控量测计划，及时检测，用于指导施工，适时衬砌。

（2）管理风险的应对措施

①调度与协调。成立调度协调部，负责工程调度以及与其他承包人的协调，建立彼此的沟通机制，实现信息共知、资源共享、统筹安排、衔接顺畅。

②人员管理。成立人力资源部，负责施工人员的跟踪管理。人员管理措施见表11.4。

人员管理措施　　表 11.4

生活区管理	外出管理	上下班制度	洞内管理	巡检制度
建立队、班组、宿舍三级管理体制,项目部办公室派管理人员具体协调和管理,建立洗浴、如厕、就餐、就寝、娱乐等分区	建立外出登记制度,要求结伴外出,说明外出事由、时间,留下电话,及时销假,超出预定时间要向上级报告	建立出发和到岗交接制度,由生活区值班人乘通勤车送施工人员到现场,与现场值班调度交接签字,值班调度与分区调度交接。下班也实行上述的管理模式	各支洞口和横通道由专人值班,记录人员流量;洞内闭路电视监控管理,实行实时跟踪管理	组织定期检查,对洞内设施的维护、运行的安全、人员的工作进行检查

③信息化管理。施工方建立施工信息化管理系统,并与业主的系统接口相连接,达到业主的标准和要求。包括:物料供应和管理模块、人员动态管理模块、机械设备使用和维护模块、技术模块、调度模块、质量安全模块、进度控制模块、适时监控模块、职工教育模块、会议模块、与其他施工方的沟通模块等,做到信息化管理、标准化作业、程序化报批、统一化物流。

④洞内外协调与保障。洞内外协调保护措施见表 11.5。

洞内外协调保护措施　　表 11.5

混凝土系统	皮带机协调	各种场库协调	运输道路	洞内系统	洞内交叉施工
按照招标文件要求报送计划,实现均衡生产	及时掌握皮带机维护时间,便于安排施工生产	合理安排场库的使用计划,确保现用,留有储备	及时维护,洒水清渣,派人指挥,确保畅通	电路配应急供电系统,轨道全程双轨,设备留有备用,系统及时维护	制订交叉施工专项方案,合理组织施工,立足主线工期,两洞互相支援

(3)TBM 设备风险应对措施

配置富有经验的施工人员、地质人员、操作手等人熟练地操作设备,及时进行保养,将设备维护做好,保障设备的正常运行。

①TBM 设备驱动系统高位设置,提高防尘、防水等级。

②为了保证排水的不间断性,后配套配备足够的排水泵,以便在水泵出现故障后及时更换,或增加强排水的排水能力。

③配备应急柴油发电机,当主电源断电时,自动起动备用供电系统,不但保

障了设备自身应急状态下的运转，而且也为 TBM 设备施工过程中预防大流量地下水突水、突泥等紧急情况，使用不间断电源提供了保障。

④TBM 设备操作室增强对高压水冲击、岩爆弹射岩块打击的抵抗能力，并配备自救的物品，便于处在半封闭状态下的操作人员遇险自救。

⑤TBM 设备操作室监视系统与营地监控室监视系统相联，摄像头可掌握施工工作面的情况，便于遇险时立即采取应急救助措施，从而争取时间、减少损失。

⑥在后配套上设置多处通往上部平台的阶梯，并设置紧急避险间等自救系统，如简单的医疗救治物品等，隧道内间隔 500m 设置人员紧急避险阶梯及足够的隧道安全照明，以便意外事故发生时施工人员能及时得到救助。

⑦运输的轨道和后配套台车的轨道均采用轨道架架高的措施，以应对大流量地下水影响 TBM 设备的正常运行和材料的通畅运输。

(4)其他防范应对措施

①成立紧急机构、建立紧急应急保证体系，设立专门的值班人员，配备专门的通信设备和物品、设备、设施，以确保在发生突水、突泥的情况下洞外人员能够立即组织力量采取应急措施。物品、设备、设施包括：安全带、避险室、钢爬梯(隧道内间隔 300 ~ 500m 设置)、救生圈、排水泵、供氧设施及救生筏、矿灯、救生衣、供氧设施、担架等。

②建立预防突水、突泥、岩爆等紧急应急预案。

8. 风险责任如何分配?

答:(1)业主的风险

工程(包括材料和工程设备)发生以下各种风险造成的损失和损坏，均应由业主承担风险责任。

①业主负责的工程设计不当造成的损失和损坏。

②由于业主责任造成材料和工程设备的损失和损坏。

③业主和施工方均不能预见、不能避免并不能克服的自然灾害造成的损失和损坏，但施工方延迟履行合同后发生的除外。

④战争、动乱等社会因素造成的损失和损坏，但施工方迟延履行合同后发生的除外。

⑤其他由于业主原因造成的损失和损坏。

(2)施工方的风险

工程(包括材料和工程设备)发生以下各种风险造成的损失和损坏，均应由施工方承担风险责任。

①由于施工方对工程(包括材料和工程设备)照管不周造成的损失和损坏。

②由于施工方的施工组织措施失误造成的损失和损坏。

③其他由于施工方原因造成的损失和损坏。

④施工方和业主均不能预见、不能避免并不能克服的自然灾害对施工方造成的损失和损坏。

⑤战争、动乱等社会因素对施工方造成的损失和损坏。

(3)风险责任的转移

工程通过完工验收并移交给业主后,原由施工方按上述"施工方的风险"规定承担的风险责任同时转移给业主(在保修期发生的在保修期前因施工方原因造成的损失和损坏除外)。

(4)不可抗力解除合同

合同签订后发生"业主的风险"第③和④项的风险造成工程的巨大损失和严重损坏,使双方或任何一方无法继续履行合同时,经双方协商后可解除合同。因不可抗力事件导致的费用及延误的工期由双方按以下方法分别承担:

①工程本身的损害、因工程损害导致第三方人员伤亡和财产损失以及运至施工场地用于施工的材料和待安装的设备的损害,由双方承担自身的损害;第三方人员伤亡和财产损失按导致原因的权属划分来承担责任。

②业主、施工方的人员伤亡由其所在单位负责,并承担相应费用。

③施工方施工机械设备和临时设施损坏及停工损失,由施工方承担。

④停工期间,施工方应业主和监理方要求留在施工场地的必要的管理人员及保卫人员的费用由业主承担。

⑤工程所需清理、修复费用,由业主承担。

⑥延误的工期相应顺延。

9. 工程和施工设备保险有哪些?

答:工程和施工设备保险如下。

(1)业主应以业主和施工方的共同名义向保险公司投保工程险(包括材料、工程设备),投保的工程项目及其保险金额在签订协议书时由双方协商确定。

(2)施工方以施工方的名义投保自己的施工设备险,投保项目及其保险金额由施工方根据其配备的施工设备状况自行确定,但施工方需充分估计主要施工设备可能发生的重大事故或自然灾害造成施工设备的损失和损坏对工程的影响。

(3)工程和施工设备的保险期限及其保险责任范围为:

①从施工方进场至颁发工程移交证书期间,除保险人规定的除外责任以外

的工程(包括材料和工程设备)和施工设备的损失和损坏。

②在保修期内,由于保修期以前的原因造成上述工程和施工设备的损失和损坏。

③施工方在履行保修责任的施工中造成上述工程和施工设备的损失和损坏。

10. 损失和损坏的费用补偿有哪些?

答:损失和损坏的费用补偿如下:

(1)自工程开工至完工移交期间,任何未保险的或从保险部门得到的赔偿费尚不能弥补工程损失和修复损坏所需的费用时,应由业主或施工方根据相关条款规定的风险责任承担所需的费用,包括由于修复风险损坏过程中造成的工程损失和损坏所需的全部费用。

(2)发生施工方设备(包括其租用的施工设备)的损失或损坏,其所得到的保险金尚不能弥补其损失或损坏的费用时,除相关条款所列的风险外,应由施工方自行承担其有关费用。

(3)在工程完工移交给业主后,除了在保修期内发现的由于保修期前施工方原因造成的损失或损坏外,由业主承担任何风险造成工程(包括工程设备)的损失和修复损坏所需的全部费用。

11. 人员工伤事故的保险有哪些?

答:人员工伤事故的保险如下:

(1)施工方为施工方执行本合同所雇用的全部人员(包括分包人的人员)承担工伤事故责任。施工方可要求其分包人自行承担自己雇用人员的工伤事故责任,但业主只向施工方追索其工伤事故责任。

(2)业主为业主现场机构雇用的全部人员承担工伤事故责任,但由于施工方过失造成在施工方责任区内工作的业主的人员伤亡,则应由施工方承担其工伤事故责任。

业主为施工方办理人身意外伤害险。施工方应根据自身经验及需要,为其现场雇用的人员可补充投保。业主及施工方投保的人员工伤事故的保险受益人皆为当事人或当事人的法定继承人。出现人员工伤事故时,施工方应按规定及时报案、索赔,保险单据及事故索赔资料格式在合同签订时由业主提供。

12. 对各项保险的要求有哪些?

答:对各项保险的要求如下。

(1)保险凭证和条件

施工方应在接到开工通知后的规定时间内向业主提交按合同规定的各项保险单的副本,并通知监理方。保险单的条件应符合本合同的规定。

(2)保险单条件的变动

施工方需要变动保险单的条件时,应事先征得业主同意,并通知监理方。

(3)未按规定投保的补救

施工方在接到开工通知后的规定时间内未按合同规定的条件办理保险,则业主可以代为办理,所需费用由施工方承担。

(4)遵守保险单规定的条件

业主和施工方遵守保险单规定的条件,任何一方违反保险单规定的条件时,应赔偿另一方由此造成的损失。

参 考 文 献

[1] 中华人民共和国行业标准. JTG D70—2004 公路隧道设计规范[S]. 北京:人民交通出版社,2004.
[2] 中华人民共和国行业标准. TB 10003—2005 铁路隧道设计规范[S]. 北京:中国铁道出版社,2005.
[3] 中华人民共和国行业标准. JTG F60—2009 公路隧道施工技术规范[S]. 北京:人民交通出版社,2009.
[4] 中华人民共和国行业标准. TZ 204—2008 铁路隧道工程施工技术指南[S]. 北京:中国铁道出版社,2008.
[5] 中华人民共和国国家标准. GB 50086—2001 锚杆喷射混凝土支护技术规范[S]. 北京:中国计划出版社,2001.
[6] 中华人民共和国行业标准. TB 10108—2002 铁路隧道喷锚构筑法技术规范[S]. 北京:中国铁道出版社,2002.
[7] 中华人民共和国行业标准. TB TZ214—2005 客运专线铁路隧道工程施工技术指南[S]. 北京:中国铁道出版社,2005.
[8] 中华人民共和国行业标准. TZ 210—2005 铁路混凝土工程施工技术指南[S]. 北京:中国铁道出版社,2005.
[9] 铁道部第二工程局. 铁路工程施工技术手册:隧道[M]. 北京:中国铁道出版社,1995.
[10] 李宁军,等. 隧道设计与施工百问[M]. 北京:人民交通出版社,2004.
[11] 王梦恕. 大瑶山隧道——二十世纪隧道修建新技术[M]. 广州:广东科技出版社,1994.
[12] 王梦恕,等. 中国隧道及地下工程修建技术[M]. 北京:人民交通出版社,2010.
[13] 王梦恕. 岩石隧道掘进机(TBM)施工及工程实例[M]. 北京:人民交通出版社,2004.
[14] 傅鹤林,等. 隧道安全施工技术手册[M]. 北京:人民交通出版社,2010.
[15] 夏明耀. 地下工程设计施工手册[M]. 北京:中国建筑工业出版社,1999.
[16] ITA Working Group and BG BAU and ITA. Safe working in tunneling for tunnel workers and first line supervision. Germany,2012.
[17] Egger P. Design and construction aspects of deep tunnels (with particular em-

phasis on strain softening rocks)[J]. Tunneling and Underground Space Technology,2002(15):403-408.
[18] Weishen Zhua, etal. Systematic numerical simulation of rock tunnel stability considering different rock conditions and construction effects. Tunneling and Underground Space Technology,2003(18):531-536.
[19] 黄光成. 公路隧道施工[M]. 北京:人民交通出版社,1999.
[20] 于书翰,等. 隧道施工[M]. 北京:人民交通出版社,1999.
[21] 覃仁辉,等. 隧道工程[M]. 重庆:重庆大学出版社,2001.
[22] 彭立敏,等. 隧道工程[M]. 长沙:中南大学出版社,2009.
[23] 钟桂彤. 铁路隧道[M]. 北京:中国铁道出版社,1987.
[24] 吕康成. 公路隧道运营设施[M]. 北京:人民交通出版社,1999.
[25] 关宝树. 隧道及地下工程[M]. 成都:西南交大出版社,2000.
[26] 关宝树. 隧道工程施工要点集[M]. 北京:人民交通出版社,2003.
[27] 关宝树. 隧道及地下工程喷混凝土支护技术. 北京:人民交通出版社,2009.
[28] 唐经世. 隧道与地下工程机械——掘进机[M]. 北京:中国铁道出版社,1999.
[29] 郑颖人,等. 地下工程喷锚支护设计指南[M]. 北京:中国铁道出版社,1988.
[30] 林才奎,等. 复杂地质条件下隧道施工安全保障技术[M]. 北京:人民交通出版社,2010.
[31] 李大心. 探地雷达方法与应用[M]. 北京:地质出版社,1994.
[32] 夏才初,等. 地下工程测试理论与监测技术[M]. 上海:同济大学出版社,1999.
[33] 李晓红. 隧道新奥法及量测技术[M]. 北京:科学出版社,2002.
[34] 代高飞,等. 地质雷达在隧道超前预报中的应用[J]. 西部探矿工程,2004.
[35] 林伍湖,等. 不良地质条件下隧道病害治理方法[J]. 公路,2000.
[36] 李治国,等. 衬砌开裂隧道的稳定性分析及治理技术[J]. 铁道工程学报,1999.
[37] 佘健,等. 隧道病害治理解析设计研究[J]. 西部探矿工程,2004.
[38] 杨会军. 深埋长大隧道涌突水预报技术[J]. 铁道工程学报,2005.